# Reimagining
# BUSINESS
# HISTORY

## 経営史の再構想

フィリップ・スクラントン、パトリック・フリダンソン

粕谷誠、矢後和彦 訳

経営史の再構想

© 2013 The Johns Hopkins University Press
All rights reserved. Published 2013
Printed in the United States of America on acid-free paper

2   4   6   8   9   7   5   3   1

The Johns Hopkins University Press
2715 North Charles Street
Baltimore, Maryland 21218-4363
www.press.jhu.edu

Library of Congress Cataloging-in-Publication Data

Scranton, Philip.
Reimagining business history / Philip Scranton and Patrick Fridenson.
p. cm.
Includes bibliographical references and index.
ISBN 978-1-4214-0861-3 (hdbk. : alk. paper) — ISBN 978-1-4214-0862-0
(pbk. : alk. paper) — ISBN 978-1-4214-0863-7 (electronic) — ISBN
1-4214-0861-9 (hdbk. : alk. paper) — ISBN 1-4214-0862-7 (pbk. : alk.
paper) — ISBN 1-4214-0863-5 (electronic)
1. Small business—United States—History.   2. Business—Research.
I. Fridenson, Patrick, 1944–   II. Title.
HD2346.U5S37 2013
338.6'420973—dc23      2012027069

A catalog record for this book is available from the British Library.

*Special discounts are available for bulk purchases of this book. For more*
*information, please contact Special Sales at 410-516-6936 or*
*specialsales@press.jhu.edu.*

The Johns Hopkins University Press uses environmentally friendly book
materials, including recycled text paper that is composed of at least 30
percent post-consumer waste, whenever possible.

# はじめに

　2007年の夏に私たちフィリップ・スクラントン（Philip Scranton）とパトリック・フリダンソン（Patrick Fridenson）は、欧州経営史学会の博士論文夏季講習の教員メンバーとして、同僚やおよそ15人の博士課程の院生諸君とウンブリアの丘陵で一週間の勉強をともにする機会に恵まれた。ある日、院生諸君に休憩が与えられ、この地域のすばらしい光景や街並みをめぐるバスツアーが計画された。私たち2人は、ベテランの学者がするように経営史の動向について話し込んだ。一時間もしないうちに私たちはメモをやり取りしながら経営史についてお互いの意見・評価・希望を語り始めていた。こうして6年後にでき上がったのが本書である。私たちは多くの都市を渡りながら企画や執筆の会合をもち、それぞれ独立に原稿に取り組み、テキストを交換してお互いにコメントや訂正を加えた。それは、私たちの気分を繰り返し張りのあるものにしてくれる知的に興をそそられる過程だったが、私たちが当初考えたよりもはるかに遠くまで伸びていくものになった。でき上がった成果は実験的なテキストであり、要するに2人の年長の学者が、前のめりになりながらも注意深く回りを見渡しながら作った不確実性の高いプロジェクトの産物である。

　私たちはこの努力が経営史の過去と現在についての議論と省察を刺激し、その未来についてイメージと計画を促すことを望んでいる。とはいえ最初に警告を一つ述べておこう。この本は最初から最後まで通読されるべき本だとは思われない。非線形のサンプリングがよりよい戦略だろう。あるいは四つのセクションから興味を惹くトピックスを取り上げ、他を無視してしまって構わない。本書は展望と推奨にかかわる本であり、目的を有してはいるが議論はなく、発展や批判への架け橋も用意されていない。40年前にイッピー〔アメリカのラディカル青年運動・青年国際党〕の在野のリーダーだったアビー・ホフマン（Abbie Hoffman）はアメリカのラディカルの活動家に向けて古典的な手引書を出版したが、そのタイトルは潜在的な読者に対して『この本を盗め』（*Steal This Book*）と挑発するも

*iii*

のだった。私たちの本のタイトルは『経営史の再構想』(Reimagining Business History) と、行儀よく学術的なものだが、サブタイトルをつけさせてもらえば、それは『この本を拾い読みせよ』(Browse This Book) となるだろうか。「エントリー」は（私たちはそう呼ぶようになったが）すべて短く、英文で1,200～2,500ワードである。通勤電車や、待合室、あるいはテレビコマーシャルの合間に読むのにちょうどよい長さである。章節のつながりや、小さな事項から大きな問題へとつながる体系もない。いくつかのトピックスは相互に関連しあえるとはいえ、それぞれのエントリーは独立している（読者は自在にリンクを張れるだろう）。したがって、概念や文献の繰り返しやエントリー間の相互の言及はみつかるだろう。提起されているテーマについて読者の理解はさまざまだろうから、多くの読者はいくつかの章節をわかりきった、平凡なものと思うだろうし、他の章節については喚起的で挑戦的と思っていただけることを私たちは望んでいる。こうしたばらつきは、私たちが章節を書いているときから予期していた。本書の読者は主に歴史とその他の領域を専攻する、同僚たちか院生だろうと期待したからである。読者の反応をいただくことは喜びである。以下にメールを出してほしい。scranton@camden.rutgers.edu へ。または pfridenson@gmail.com へ。一歩を踏み出し、楽しんでほしい。

　本書の著者たちは欧州経営史学会博士論文夏季講習のオーガナイザーのみなさん（ミラノ・ボッコーニ大学のフランコ・アマトーリ (Franco Amatori)、フランチェスカ・ポレーゼ (Francesca Polese)、アンドレア・コルリ (Andrea Colli) に感謝申し上げる。みなさんは2年ごとに私たちを招いて欧州、アジア、北米の優れた博士課程院生と経営史の展望を語る機会を与えてくれた。夏季講習に参加された50人以上の仲間たちにも多くを負っている。彼らは深く考え抜かれた質問や批判を寄せて私たちの思考の形成を助けてくれた。ボッコーニ大学の同僚たちも2012年春にミラノで開催されたセミナーを支援してくれた。そこでは本書の原稿のいくつかの章節が批判的に称揚された。欧州経営史学会は2012年晩夏に比較史パネルを開いてくれて、私たちも大いに恩恵に与った。これらの作業に参加してくれた以下の方々に御礼申し上げる。ヴェラ・ネグリ＝ザマーニ (Vera Negri Zamagni)、ユセフ・カシス (Youssef Cassis)、クレール・ルメルシエ (Claire

Lemercier)、スティーブ・トリディ（Steve Tolliday）、フランチェスカ・ポレーゼ、レイ・ストークス（Rey Stokes）。ジョンズ・ホプキンス大学出版局スタッフ、とりわけ歴史部門の上席編集者ロバート・J・ブラガー（Robert J. Brugger）にも感謝する。数えきれないミスプリから私たちを救ってくれたきわめて鋭敏な校閲者バーバラ・ラム（Barbara Lamb）にも謝意を捧げる。

　パトリック・フリダンソンは社会科学高等研究院の同僚とスタッフにいただいた支援と助言に感謝する。フィリップ・スクラントンはたび重なるパリへの出張を後押ししてくれたラトガース大学理事会旅費基金、および研究の素材を求めるリクエストに素早く応えてくれた同大学図書館に謝意を表する。最後になったが、両著者は、完成に6年を要した長い間に彼らの家族が本書に関心と（そして忍耐とを）抱き続けてくれた恩恵に負っている。

*v*

# 目　次

はじめに　　i

序　論　　1

## 第Ⅰ部　罠　－経営史家が避けるべきこと－　13

1：間違った具体化　14

2：国家が常に「なかに」あることを認識しない誤り　18

3：（必要な）制約としての時期区分　24

4：企業を特権化すること　29

5：後付けの合理化　33

6：新しい支配的パラダイムの探究　38

7：科学主義　43

8：言説を真に受けて、数字を当然のように受け取ること　50

9：合衆国（あるいは西洋）を基準・規範とみなすこと　53

10：急いで現代に向かうこと　57

## 第Ⅱ部　機会　　－主題の領域－　　63

1：人工物　64

2：創造と創造性　69

3：複雑性　75

4：即興　82

5：極小ビジネス　87

6：軍隊と戦争　93

7：非営利団体と疑似企業　97

8：公と私の境界線　103

9：再帰性　109

10：儀式的および象徴的行為　114

11：失敗の中心性　121

12：不確実性の多様性　128

第Ⅲ部　展望　―最新の文献にみられる期待されるテーマ―　135

1：所有権の脱構築　136

2：詐欺といかさま　143

3：帝国から新興国へ　149

4：ジェンダー　156

5：専門的サービス　165

6：プロジェクト　170

7：古典的なテーマの再評価　176

8：規格　183

9：サバルタン　189

10：国境を越えた交流　193

11：信頼、協力、ネットワーク　202

第Ⅳ部　資源　―創造的な概念と枠組み―　211

1：想定　212

2：実践共同体　216

3：流れ　224

4：主体を追いかけろ　227

5：過ぎ去った未来　231

vii

6：記憶　239

7：近代　246

8：危険　251

9：空間性　256

10：時間　261


結語　268

日本語版への結語　271

訳者あとがき　277

索引　279

# 序　論

私たちが継承した経営史学は、驚くべき力を有する道具になるであろう。他の社会諸科学に自由に依拠しながら、経営史家は各自の研究で活用したいと望む部分を自由に選び取ればよいのである。経営史の研究には経済学・社会学・政治学・行政学の普遍的に正しい混合比など存在しない。理由は単純で、歴史におけるビジネスの役割は普遍的ではないからである。

モスタファ・ヘフニ（Mostafa Hefny）『経営史について』

経営史は経済の機構を内側からみた見取り図を提供する。それは社会史のいう「人間の顔をした」見方である。…経営史はプラグマチックな制度主義を提供する。1970 年代以降、アメリカ合衆国とイギリスにおいて学際的な「新しい」経営史が成長の軸として勃興してきた。…この学問領域が学際性の筋肉を動かすごとに、ほとんどすべてが経営史の一部になってしまった。…それでもこのことは経営史の美徳でもある。新しい経営史家は先行する経済史家の普遍性を引き継いでいるのである。

ポール・グーテンバーグ（Paul Gootenberg）『岩とより柔らかい場所の間に』

　経営史は 21 世紀に豊穣の時期を迎えた。新たなエネルギーに満ちた専門家の組織を加え（欧州経営史学会）、そして近年には新しい雑誌（『企業と社会』〔Enterprise and Society〕）も創刊された。もっとも、年次総会・シンポジウム・出版においては、隣接領域の研究者たちの参加が、この分野の研究範囲とその射程を広げるうえでより多くの貢献をなしていることは事実であるが。本書の著者両名は、15 年前あるいはそれ以前からの「うすうす気づいていた」会合を思い出すことができる。──お互いによく知っている学者だけを集めた学会、研究領域の範囲についての相互了解、現代の企業の起源・発展・意義を研究するという核心となるミッションの共有、である。しかし 1990 年代から多くは変化した。

私たちはそれゆえ先を見通すために過去を振り返り、何が新鮮なのか、どこに関心をそそる沈黙が残っているのかを問いかけ、有益に活用できるかもしれない古典的諸概念について、そして未知の洞察に指針を与えられるかもしれない新しい展望について質していく良い機会が到来したと判断した。以下では、この短い本書の構成と目的を述べるに先立って、歴史、とりわけ経営史の有用性について簡単に考えることから始めよう。

　歴史家は何の役に立つのか。経営史家は何にとって有益か。これらの問いは私たちが最初に手がけた枠組みの作り直しを示している。というのは、歴史家ではなく歴史の有用性を問うのが一般的だからである。私たちはここでは焦点を歴史家に狭めている。なぜなら広告代理店・古美術商・政治家たちもまた歴史的な語りを作り出し、それらを活用することに価値を認め、年月とともにそれらを修正するからである。これに対して歴史家はこれら気まぐれな、あるいは偶発的な使い方とは何か異なったことをする者として、学術的な訓練を受けている者たちである。私たち歴史家は過去について焦点を絞った問い、しばしば現在との関連に根差した問いを発する。私たちは関連する実証の基盤を確定し、その問題の同時代に属する記録・図像・遺物とともに、その問題への後代の認識（「文献」）を厳格に探索し、分析を加え、それらを知見を有する批評と共有し、再検討と校訂を行い、最後に出版、展示あるいはオンラインで私たちの発見と解釈を広める。歴史家が重要とみなされるのは彼らが作り出すものが「考えるのに良いこと」であり、彼らの発見が、議論の余地はあれ、行動のためにいくつかの視点から検証された根拠を提供してくれるからである[1]。実際、経営史家たちは長らくビジネスの思考にとって役に立ってきた。それは伝統的な研究が核心的な主題として企業に焦点をあててきたからであり、しばしばビジネススクールで生まれ、またビジネススクールで使われてきたためであり、その目的はビジネスの計画と行動に情報を提供してきたことによる。とはいえ私たちは、この焦点を拡張し、さまざまな分析の単位を採り入れ、一般史と政治・社会・文化・環境・グローバル史のような特殊な領域とともに双方向のつながりを豊富化するような新しいトレンドを歓迎している。過去に問いかける職業的な歴史家というものは、訓練を積んだ、集団的な、修正可能な、終わりのない過程を創出し、それは学術的な能力を向上させ、市民・政治家・研究者仲間、それに多様な公衆に向けて考察と行動のために実証的に整えられた基盤を提供する。

　同様に、歴史家は彼ら自身や他人の用に供するためのモデルを作る。そこには

序 論

「興隆と没落」、「長期持続」対「事件史」といった語りの枠組みや、多面的で複雑な因果関係の諸概念・時期を区分したり、アイロニーやある行動の意図せざる結果を把握したりするためのさまざまな図式、また時空を超えて併存し、並行して進み、異なったサイクルとスピードを有して「出来事」が埋め込まれている諸過程についての認識が含まれる。歴史家はまた、人間や自然界の諸過程は異なった物差し（ミクロ・メゾ・マクロ）で分析されなければならず、それぞれは特定の問いかけと、それにふさわしい証拠の審級を区分する様式を要請するということを認識してきた。さまざまな社会・政治的あるいは市場的なものさしのダイナミックスもまた特有の仕方で相互に関連する。〔歴史上の〕アクターたちは、私たち後代の歴史家が閲覧する記録を残す際にこれらのダイナミックスを誤解したり誤って表現することがしばしばであり、このことは歴史家に対してこれらの史料を文脈に置き、批判するという、もう一つの職業的なスキルを強いるものである。こうした環境のなかで、経営史を再イメージ化する作業とは、企業を実践・制度・メタファー・イデオロギー・拘束として歴史的に探究している者たちの特定の関心を、歴史家のプロフェッションのより広大なプロジェクトのなかに包摂しようとする、進行中の過程をたどることになるであろう。

　私たちのみるところ、経営史家たちが歴史においてどのくらいビジネスに貢献しているかという評価の挑戦を受けるようになるにつれて、彼ら経営史家は一般の歴史家が装う洞察やモデルを補うものを提供するようになるであろう。『歴史と技術』(History and Technology) 誌の編集者であるマーティン・コリンズ (Martin Collins) が論じているように、技術はビジネスに似て「そこを通じて、基礎的な学際的重要性を有する諸問題に問いかけ、探求を加える決定的な場であり、その出発点をなすのは以下の仮説である。すなわち、技術〔またはビジネス〕はその有形性、実践、知的生産の様式、そしてその活用において、それまでにない規模で認知・権力・社会関係の秩序を創出・維持することに深くかかわってきた」[2]。このことを認めることで経営史家は、伝統的なプロジェクトを具体化しながらも新しい研究のベクトルを切り開く概念的に堅固な出発点に立つことができる。

　この精神に依りながら、この小さな本は、著者たちがこの時代の性格であり問題でもあると考えることにもとづいた一連の注意と推奨を提示する。ではその性格とは、そしてその問題とは何か。私たちが生きているのは、英語圏の先進諸国における新自由主義的な政治と経済学の勝利と危機、そしてファイナンス、技術、情報フローが相互に作用するグローバリゼーションによって定義された時代であ

3

る。この歴史的時代はおそらくは 1970 年代初頭に、冷戦の後退、先進諸国における金準備危機、変動相場制の到来、引き続くスタグフレーションとともに始まった。これらは合衆国における政治的転換（ベトナムにおける敗戦、大統領の不祥事、イランのイスラム革命と米大使館人質事件）と相まってマーガレット・サッチャー（Margaret Thatcher）が英首相に就任した直後の 1980 〜 81 年にロナルド・レーガン（Ronald Reagan）を権力の座につけた。彼ら二人のリーダーは国家の権能を縮小し、労使双方に対する保護への期待を削減し、集団的問題について私的市場的な解決へ依存することを称揚するという政治的な綱領を提示した。こうしたアングロ・アメリカ的新自由主義の目標は批判にさらされ、（政府の役割を減退させるという認識だけでなく）状況に適応してきたとはいえ、言説空間と政治的アジェンダは「新しい民主党」や「新しい労働党」政権のふるまいが示すように、明らかにそして永続的な転換をとげた[3]。グローバリゼーションはこれらの組織的再配置と手を携えて進行した。そこでは調達・ファイナンス・投資に直面したビジネスのオプション、また競争と成功・失敗にいたる過程が転換した。その際には、情報とマネーの移転のスピード、そして人間の移動・配置転換・再定置の規模の両方が増大した[4]。2008 〜 09 年以降の金融の諸関係と世界的な株価の崩壊、そして商品市場・株式市場における危うい変動は、広範でまた挑戦的な倒産・抵当流れ・レイオフと相まって、これらのダイナミックスが遍在していることを白日の下にさらし出した。こうした文脈のなかで、経営史家はたとえば、失敗・急激な変化・規制・詐欺・危機管理といった事例を記録し分析を加える考察を通じて、展望を示し価値判断を下すことに貢献できるであろう。これらは戦略と構造・統治・合併・企業と国家の関係といった伝統的な研究の境界の外にある主題である。

　同時に現代の諸個人は不確実な未来に直面している。それは大恐慌や第二次大戦の数十年、あるいはこれらに続いた冷戦とブレトンウッズの時代とは異なった様相を呈している。北米では労働者が永続的なビジネスキャリアを積む経路は分節化された、更新を繰り返す雇用に形を変え、同時に制度の文脈がますます不安定になるなかでビジネスの学位や一般教育の有効性に疑義が呈されるようになった。ヨーロッパ人は、20 世紀中葉から基礎的な健康管理と年金を保障してきた社会民主主義的な協約へのたびかさなる挑戦、そしてアメリカの職探しよりは深刻といえる構造的な失業パターンをこうむっている。これらすべては環境問題の挑戦と絡まっており、その複雑さから、一方では市民・消費者・

4

序　論

ビジネス・非政府組織（NGOs）・政府による国境を越えた行動が喫緊の課題となっており、他方では私たちが問題のカギをなすトレンドをモデル化し、定量化し、計算し、合理的に理解し、わずかながらでもそれに影響を当てたりコントロールしたりする能力の限界が際立っている。このように（少なくとも）最近の世代になってあらわれた現象は、ビジネスと経営史にとって最近ますます決定的で激烈な帰結をもたらすようになっている。

　こうした転換・事件・断絶について私たちは、他の方々と同様に、資本主義の歴史における斬新な局面であるとみている。それはグローバル市場と金融の流れが、国家レベルの規制や経営を、国家と経営ともども、絶え間なく置き換え、侵食する局面である。注目すべきは、このシステムの維持と成長がますます金融取引からあがる収益に依存するようになっており、そのことがまたイノベーションと勢いを生み出してきたということである。こうして、グローバル化したビジネスの最初の地殻変動的な危機に際して（この危機は以前の混乱と違ってアメリカ合衆国で起こり、他の先進諸国とともにアメリカの経済と国家の応答能力が試された）、伝統的な経営史が提起する問い・カテゴリー・論争が、新世紀に生起した問題群に対してわずかにふれるに過ぎなかったことは衝撃的であった。

　伝統的な経営史は冷戦のさなかに、まずはアメリカ合衆国で、アメリカ資本主義に対するニューディール期に（そしてそれ以前の革新主義期に）出された批判への反動として成熟していった。成語・官僚制・社会秩序に関するマックス・ヴェーバー（Max Weber）やタルコット・パーソンズ（Talcott Persons）の研究から都合のよいものを引用しながら、経営史は資本主義的な経営実践・組織諸形態・投資の優先順位・政治的イニシアチブの正統性を再確認した。伝統的な経営史は 20 世紀前半には論争のもとになっていたものを規範化し、当然のものにした。すなわち、資本主義的企業の存在意義と成長性、国家の規制と危機の際のイニシアチブ（特に大戦期）、繁栄の代価としての、そして民主主義への脅威としての格差拡大の始まり、である。伝統的な経営史の視点からはビジネスが資源の配分と利用を最適化し（自由市場にもとづく資本主義以上に良好な成果を上げられる代替案は存在しない）、国家の介入は破壊をもたらすものであり（時には必要ではあっても）、富の配分はリスクテークとイノベーションへの報酬を反映する。こうした物言いはニューディールによる労働側の取り分（ハウエル・ハリス〔Howell Harris〕の『経営する権利』〔The Right to Manage〕に活写されている）[5]に対するアメリカ企業および頂上団体の反撃を促した。それは、二世代に

5

わたる「強盗紳士」たちについて、キャリアの意欲あるエクゼクティブに統治され、効率性を広めて「ビッグビジネス」の勝利・大量生産・民主化された消費を可能にした経営ヒエラルヒーを集団で作り出した組織的革新者として描きなおすことにも負っていたのである。

　冷戦期の数十年にあってはこうした語りは、その顕彰的な調子が経営史を記述的で無批判的であるとみなした政治史・社会史さらには経済史家の間で違和感をもたれたものの、多くの人びとには真実と映った。ところがいまやこの物語のスタープレーヤーたち、すなわち US スチール、ゼネラル・モーターズ、デュポン、シアーズがもはや支配的な地位を失うとともに——実際、これら各社は凋落し、再編成され、あるいは混乱のなかにある——研究者たちは、一時期は利益と繁栄をもたらした能力の只中に、停滞と衰退の種子を詳らかにする新しい語りを作り出すことができるようになった。これは、伝統的な経営史のなかに偶然性を再建する総合性を作り出す方向に向かう一つの推奨される途になるであろう。しかしながら、この方向は私たちの対象ではない。私たちが奨励（あるいは企図）しようとしている研究は、ビジネスをより広い歴史に位置づけ、ビジネスに携わる人びとを歴史を作るものとみる、いずれも文化的実践に依拠し、これら実践を作り出すものである。私たちはビジネスおよびビジネスに関連する組織・個人・実践を単一の研究分野や研究領域の細目にふりわけられる制度としてよりも、むしろ学校・教会・政府・家計と並んで、資本主義の発展・危機・再編の動態的な見取り図に欠かせない要素であるとみている。私たちは、ビジネスが（あるいはコリンズとともにいえば、技術が）——社会に効率性・秩序・成長・合理性をもたらす——「文明化の使命」を帯びていたとするいかなる認識も拒否する。

　ここで三つの追加的な論点にふれておこう。経営史における（いまは陰りつつあるが）アメリカの知的ヘゲモニー、この領域における欧州の視点、そしてゆるぎないグローバリゼーションの挑戦である。本書の構成と焦点を作り出した長きにおよんだ対話を行うなかで、私たち著者は、伝統的経営史にかかわる問題の核心は「それはあまりにアメリカ的だ！」ということだ、ということをすぐさま悟った。英語圏の経営史家たちは（そして多くの欧州と日本の同僚たちも）ビッグビジネスを中心に据えた「戦略と構造」のアプローチを供給してきた。それはこの学問領域を 30 年にわたって支配し、数々の国々にこのアプローチを適用し、世界トップ 100 社のリストを積み上げ、それらを一世代あるいはそれ以上のちの世代にわたって書き直してきた。多国籍企業は、組織形態と海外直接投資戦略の

ゆえに特別な研究対象となった。しかし、こうした研究がともなったアメリカの優位性をいうための何重にもわたる前提は、1990年代初頭になって、アメリカ・ドイツ・イギリスの企業発展についての比較研究が手厳しい批判を呼び起こすにおよんで明るみにでてきたのである[6]。

　アメリカの慣行を基準にして他国のビジネス業務を評価するというのは、尊大かつ方法論的に無益なことである（このうぬぼれに落ち込むことは私たちが本書の第一部で強調する罠の一つである）。この無言の規格を認識し、それを回避することは大切であるが、伝統的経営史を歴史化することでその根を理解することも決定的に重要である。上記で素描したように、私たちがみるところ、伝統的経営史は冷戦の只中でアメリカが資本主義の政治経済におけるヘゲモニーを確保し、資本主義がグローバルに支配的であるようにソビエト・ブロックとの敵対関係を生き延びた相互作用のなかで凝固してきたものである。伝統的経営史は（20世紀半ばまでに確立した）アメリカの経済的リーダーシップにいたる企業の経路を見出そうとしてきたことは驚くに当たらないが、それを独自な装いのなかでやり遂げたのである。すなわち、技術のイノベーションとその展開とも、太平洋・大西洋に及んだ戦勝に具体化されたアメリカの国家と軍の能力の増大とも、無関係なものとしてである。伝統的経営史の設計者たちはむしろ、ヘゲモニーにいたる経路を効率性によって定義され、公式の組織・階層的分業・計測の手段によって記述され、要するに労働・計画・投資・デザイン・マーケティングに対する経営的規律によって描いたのであった。この枠組みの下で現代アメリカの企業はアメリカのグローバル・パワーの基礎を築いたのであり、こうした世界にモデルを示したのである。このような単純化された認識はもはや通用しないが、では経営史をどのように位置づけ、概念化し、推進するか、という問いは残っている。私たちはこの問いに対して多様な回答を用意している。

　第二の点についていえば、推測ではあるが、仮に経営史が20世紀の欧州の慣行と諸問題の基盤のうえに受け入れられていたらどのように機能していたであろうか。現時点で、国家レベルあるいは欧州レベルでそのような学問領域や枠組みは存在しているであろうか。もしそうであるとすれば、その鍵をなす問題や特徴的な研究対象とは何であろうか。もしそうでないなら、このことは経済史と経営史の進行中の連携、それも経済史の見通しが優位に立つと期待されるなかでの連携に関係があるであろうか。たとえば、近代フランスにおけるビジネス・国家・社会の複雑で挑戦的な関係を前提にすると（社会党・共産党の有力政治家、主

7

要な国家主導の企業、世界に通用するワインと食品を作り出す永続的な地方性、政治体制と経済の間の深い分裂）、ビジネスと歴史についてのどのような語りが、どのような訓練・関心・所属を有する歴史家によって作り出されたのであろうか。フランスについて想像できるのは、ビジネスに従事する人びとや資本家たちを人民の敵、民主主義の破壊者と指弾する側と、現代性と進歩の設計者、あるいは必要悪と認めながらも決して夕食には招待しない側との、敵対的なシナリオである。その語りは労働者階級・ブルジョワ・貴族の観察者によって提起されるであろう。このような階級別の言説は欧州の経営史に存在するであろうか。おそらく存在するであろうし、欧州以外のどこにでもあることであろうが、北米では、少なくとも伝統的経営史の支配が固まってからはまれなことであろう。このように経営史家の出発点をずらしてみることは、私たちからすれば前に進むための「良いこと」であろう。

　このことは私たちを関連する論点へといざなう。すなわち、新古典派経済学から離れ、大企業中心の見方から離れる限りにおいて、私たちはグローバリゼーションとビジネスをどのように扱うべきであろうか、という点である。このことの概念化に向かう一つの方途は、グローバリゼーションへのアプローチについて、フローと国際的な諸制度の多様性の評価に焦点をあわせることであろう。それらは相対的に自律的な（あるいは信頼できるほどに従属した）国民国家と諸地域経済を世界的な広がりを有する、うつろいやすい、筋書きを欠いた非線形のドラマの脆弱な要素へと変えてしまった。ここでいうフローには、投資・貿易・投機・贈賄・補助金あるいは影響を与えるための資本の移動が含まれ、それらは少なくとも、個人によって（世界中にいるウォーレン・バフェット〔Warren Buffet〕たちと並んで、移民による送金や美術品収集家たちを想起）、一国に拠点を置く利潤を追求する企業や非営利企業によって（後者の例として大学や博物館）、国民国家の機関によって（とりわけ軍事力）、そして多国籍機関（世界銀行、HSBC、ユニセフ、麻薬カルテル）によって動かされている。フローはまた人びとの移動を含む。彼らは機会・避難・再結合・復讐・教育・安息を求めて、彼らの居場所を頻繁に変え（企業の出張者、移民農業労働者）、あるいは継続的に移動し（地位のはしごを上昇したり下降したりする求職者）、あるいはまれにしか動かないこともある（X国からY都市に移り、共同体や同郷者集団さえも形成する古典的な移民）。人間のフローは、個人・家族・同族集団（通常はエスニック集団や階級クラスター）のみならず飢餓・戦争・人種差別・災害を逃れてきた命がけの大衆

序　論

を含む。ここに挙げられた多国籍機構のいくつかは、航空・船舶の路線、ホテル
のシステム、助言・援助機関（国境なき医師団・CARE）、労働雇用機構、宗教コミュ
ニティー、エスニック・地域協会（これらはしばしば連鎖的移民にとって決定的）
である。当面の課題にとって最後のものとして、可能性の範囲を広げすぎるわけ
ではないが[7]、フローはグローバルに、そして複雑な商品チェーンに沿って動く
情報と人工物の運動を含む。速報のニュース、市場価格、あるいは新しい研究成
果については、電子的メディアが電信・テレタイプ・日刊紙に取って代わり、ま
すますハードコピーの雑誌とレポートに代替しつつある。物質および物資的文化
は、絹から彫刻にいたるまで数世代前よりも遠くに、より速く旅するようになっ
た。同様に、食物と食物文化は富裕層にとって飾り立てられたものと食事の折衷
主義を作り出しながら、農家と小作人たちにとっては遺伝子組み換えの大豆への
画一化された需要に対してグローバルに依存する事態をもたらしている。ここで
も CNN、Google、FedEx、DHL が言葉・数字・紙・イメージそして国際的取引（お
よび支配）の素材のフローを支えていることにみられるように、国境を越えたコ
ミュニケーションと交通制度の役割は決定的である。

　これらのチャネルを経た不安定性を認識する経営史家にとって挑戦すべきは、
他の領域でもそうであるが、それらの不均等なダイナミックスと期待せざる含意
を歴史化することであり、それらの多層に重なるビジネスの諸次元を知覚・記録
することであり（その多くは伝統的経営史のかなたにある）、これらの現象のな
かにある相互作用とパターンを概念化することである。これらは読者や研究者に
対して、（一部にとっては安全と管理の幻想をともなう）相対的な孤立から、抜
本的な（他方にとっては孤独と無力さへの恐怖をともなう）接続性への、国境を
越えた長期的な転換を理解するこを助けるであろう。

　こうした挑戦にかかわるためには、経営史家は数々の「罠」にかからないよう
にしなければならないと私たちは考えており、それらは第Ⅰ部で議論する。それ
は隣接する歴史研究のさまざまな潮流との結合と概念的ツールの豊富化をもたら
すであろう。私たちの思考を歴史学一般に改めて方向づけることは伝統的経営史
のアプローチにとらわれない多様な研究のベクトルを開いてくれるであろう。そ
れらのうちより推論的でなおかつあまり手掛けられていないものについては、私
たちはこれを「機会」と名づけている（第Ⅱ部）。そして同僚たちがすでに探索
を始めているものについては「展望」と名づけて集めている（第Ⅲ部）。最後に
私たちは経営史家の構成的な想像力に新しいツールを付け加えるかもしれない研

究を組織するうえでの一連の概念や枠組みを提供する。アンソニー・ギデンス（Anthony Giddens）に倣って私たちは、理論的認識を、研究のロードマップとしてよりも、あるいは回答への近道としてでもなく、新規で生産的な問を引き出すことのできる「感応的な装置」（sensitizing devices）とみなしている。私たちはこれらを「資源」（第四部）とくくっている。それぞれのエントリーは、特定のトピックスを深く探求したいと望む読者の助けとなるようにさまざまな参考文献を含んでいる。

　全体として本書は史学史的分析の逆を提示している。連続性を称揚し、主流をなすトレンドを拡張して奨励する視点から過去を振り返って展望を示し、分類し、完成した研究の豊富な目録を評価するかわりに、本書『経営史の再構想』は将来に向けた史学史を描こうとしている。そこではありがちな質問をこえて発せられ位置づけられ、時空にわたる断絶性のなかからあらわれてくる新しい問いかけの可能性が提示される。要するにここで私たちが提供しようとするのは何か中軸があって展開される論理的な議論ではなく、整除され、グループ分けされた仮説の集まりである。いくつかのエントリーは目立たない既知の論点を提供しているが、私たちはそれらの特徴を補強するために押し出している。他のエントリーはより論争的なものになろう。それらすべては、このプロジェクト全体がそうであるように、議論の余地あるものである。いく人かの同僚たちは私たちに、歴史家というものは指導されたり講釈されたりすることをよくは思わないと忠告してくれたが、私たちは指導も講釈もするつもりはない。ときおりはそうしてしまうかもしれないが（あらかじめ断っておく）。むしろ私たちは私たちの学問領域の未来について対話を喚起し、経営史に携わる学者や学生がこの努力に付加価値を見出してくれることを望んでいる。ここに何がしかの創造的な主張があるとすれば、同学の歴史家たちとの対話を進めること、同時に数十年にもわたった経済学・経済史・経営学への依存から距離を置くことを、この学問領域の発展にとって本質的に重要であるとみなしていることである[8]。こうした主張を掲げることは、続く第二の対話をもまた作り出すであろう。すなわち、強調点とパートナーのこうしたシフトにかかわる知恵、新たに加えられた主題とイニシアチブの価値、社会諸科学と人文諸学からもち込まれた概念の有用性についてである。これらの議論ももちろん歓迎する。

序　論

注

銘句：Mostafa Hefny, "On Business History"（中東研究学会年次総会、ワシントン DC，2005 年に提出された論文）ShakilaYacob, "Hidden Disciplines in Malaysia," *Australian Economic History Review* 49（2009）:303 に引用。Paul Gootenberg, "Between a Rock and a Softer Place: Reflections on Some Recent Economic History of Latin America," *Latin American Research Review* 29（2004）: 246-47.

1. Martha Howell and Walter Prevenier, *From Reliable Sources : An Introduction to Historical Method* (Ithaca : Cornell University Press, 2001)，および Mary Douglas, *How Institutions Think* (London : Routledge, 1987) の Levi-Strauss への言及を参照。

2. Martin Collins, "Editorial," *History and Technology* 25 (Mar. 2009) :1-2.

3. 有効かつ批判的な概観として David Harvey, A Brief History of Neoliberalism (Oxford : Oxford University Press, 2005)を参照。新自由主義の核心をなす緊張と矛盾については、同書の 79-81 ページを参照。

4. グローバリゼーションについては Ulrich Beck, *What Is Globalization?* (Cambridge, UK: Polity, 2000)〔木前利秋、中村健吾監訳『グローバル化の社会学―グローバリズムの誤謬―グローバル化への応答』国文社、2005 年〕); Zygmunt Bauman, *Liquid Times: Living in an Age of Uncertainty* (Cambridge, UK, Polity, 2007)，および Manfred Steger, *Globalization: A Very Short Introduction* (Oxford: Oxford University Press, 2003)〔櫻井公人、櫻井純理、高嶋正晴訳『グローバリゼーション』岩波書店、2005 年〕を参照。

5. Howell John Harris, *The Right to Manage: Industrial Relations Policies of American Business in the 1940s* (Madison: University of Wisconsin Press, 1982).

6. この著作とは Alfred Chandler, *Scale and Scope* (Cambridge, MA: Harvard University Press, 1990)〔安部悦夫他訳『スケール・アンド・スコープ』有斐閣、1993 年〕である。

7. たとえば動物や植物、それに加えて災害のベクトル、天候・気象のパターン、公害（酸性雨）、核物質の降下を考えてみれば、これらのほとんどはビジネスの活動に重要な関係がある。

8. 経済学において有益で、おそらくは本書と同様の試みを行っている研究として Erwann Michel-Kerjean and Paul Slovic, eds., *The Irrational Economists: Making Decision in a Dangerous World* (New York: Public Affairs, 2000) を参照。本書はペンシルヴァニア大学ウォートン校で危機後に開かれた学会に提出された一連の短い論争的な論文からなる集成である。

*11*

第 I 部

罠

──経営史家が避けるべきこと──

# 1：間違った具体化


　会計業務は、こみいった経済的諸関係やトレンドを厳密に理解することを可能にしてくれる、脚光を浴びている分野である。とはいえ「効用のコストは存在しない」。この驚くべき命題は完全に正しい。なぜならここで抽象されているのは目にみえないものであり、これらのコストは支出を配分し、データを組織化する人間の行動によっていかようにも決められるからである。この過程はさまざまな仕方で操作されうるので、コストはすべて、既存の経験的な世界においてではなく、これからそれらを見つけ出そうとする力学のなかに置かれる。「存在するコストとは、参照されるシナリオのコストというよりは、意思決定や出来事のコストである。これを評価するには、二つの行動の間の差異を測定しなければならないが、そのうち一方は行動に移されなくても良いものである。同じ効用について、望まれる使途に応じてコストは異なることもある。すなわち、過去の行動を管理したり、いくつかの計画から一つを選んだり、販売価格を計算したり、といった使途に応じてである」[1]。さらにコストは、誰が観察と計算を行っているかによっても異なる。一般に会計士やビジネスリーダーたちは、コストは実在するのであり、作り上げられたものではなく、コストによって特定の戦略や政策を採用することが決められるのだ、と考える。これこそ、一つの抽象、一つの過程、あるいは一つの関係を社会や歴史における実在的な力であるとみなす間違った具体化の好例である。したがって私たち経営史家は、総計のかげに隠れた仮説を明るみに出すために、いかにして会計を扱うかについて注意深くなくてはならない。同様に経営学者らは生産性を一つの概念、そして一つの目標として定義し、しばしば新たな政策と連携して新しい分析用具を創造したが、実際は、彼らは資本、科学、機械、そして労働の間をつなぐ網の目のごく小さな一部をとらえたに過ぎないのである[2]。ここでも、生産性というものが過去と未来の間の関係というよりは、実在する目標であるかのような間違った具体化が展開してしまった。

　間違った具体化、あるいは具象化に関連して、三つの問題がある。数字の使い方、市場の概念化、そして進歩についての仮定である。数字はこの世界について何ら客観的な説明をしてくれるものではない。なぜなら計測という行為は、常に意図

第 I 部　罠──経営史家が避けるべきこと

と立場を有しており、少なからず政治的なものであるからである。三歳を過ぎて
から私たちが物を数えるのは楽しみのためではなく、議論を作り、あるいは利益
の条件を記録するためである。歴史家にとっての決定的な挑戦は物事を隠してい
るカーテンを開けて、誰が、いかに、なぜ、それらの数字をこしらえたのかを究
明することである。計測とは単なる言語ではない。それは複数の相互に連携して
いない作者の手になるものであり、言語の流動性や反射性はもち合わせていない。
言語が社会的な基盤を有しているのに対して、数字は社会的な産物である。テッ
ド・ポーター（Ted Porter）の研究は、たとえば数字を集めることは多くの国で
産業と国家との間の関係を作るうえで決定的であったことを示している[3]。ジョ
ヴァンニ・ファヴェーロ（Giovanni Favero）は最近の研究のなかで、19 世紀末
のイタリアの工場統計が、傑出した紡績工場のオーナーと政府の統計担当官との
間の個人的なつながりにいかに依存していたかを明らかにした[4]。紡績工場のオー
ナーは同業者からデータを集めて外部に公開するのに好都合と感じたデータを提
供し、統計担当官はデータの収集と公開に関する公式の手続きや立法が無かった
ので、より完全なデータを繰り返し要求したのであった。こうして公式統計の中
身は私的な要求によって決定され、それが公共政策に影響をおよぼしたのである。
ここにいたる文脈は理解されなければならない。

　同様に重要なのは、データを組み合わせ、そこから除外するものを選び出すカ
テゴリーであろう。19 世紀中葉のパリの労働者についての報告を検討したジョ
アン・スコット（Joan Scott）は「統計報告は、七月王政期のフランス内政を左
右した社会問題をめぐる討議における武器であった」ことを見出した。この問題
に関して歴史家たちは商業会議所の手になる膨大な記録を参照してきたのである
が、こうした記録のもとの統計やその目的については見逃していたのである。フ
ランスの調査官らは、従業員数と職場数を単に数えるのではなく、家内労働者、
下請業者、雑業労働者よりも、小経営が巨大な数にのぼることを「見せる」よう
に分類した。こうした見せ方を通じて、彼ら調査官は、経営者はパリではどこで
も繁盛していたのであるから 1848 年革命は誤解にもとづいていた、と論ずるこ
とができた。これは分類の誘導による政治的で歪められた判断であった。統計
諸表には作成者たちの意図が埋め込まれているということを自覚せずにこれら
を使う歴史家は、スコットによれば「別の時代の政治に知らず知らずに加担し
ている」[5]のである。

　次に進もう。合理的市場なるものは存在しない。市場とは関係であり、モノで

*15*

はない。市場は合理性や自由といった属性を提供できない。とはいえ、経営史にとって合理性に関する経済学説はしばしば経験的な探究に取って代わった。それは、行動から出発して市場の分析を構築し、それから理論的な立場を発展させる手助けになるであろう[6]。抽象化は説明を提供してはくれないが、最良の状態においては歴史的環境や実践の主要な性格を喚起してくれる。これらへの関心は歴史的な説明にも裨益するであろう。すべての市場は国家、関連するアクターたち、協約、顧客と消費者によって規制されている。規制されていない市場など、完全なカオスである。ここから以下の歴史的問いが出てくる。私たちはどのようにして市場行動のルールやルーチンを決定できるのであろうか。それらは時間を経るなかでどのように、いかなる方向に変化し、どのような帰結をもたらすのであろうか。たとえば、ユダヤ教の戒律に従ったカーシェール食の市場は、かつてもいまも一部の人びとに、別々の文脈から嘲られているものの、中世の市場並みに完全に規制されている[7]。

　進歩とは、経営史のすべて、そして実際に近現代史の大部分の背後に事実上存在する、いまだ実証されていない仮説である。しかしながら、それは複雑な過程から生み出される結果の一種に過ぎないのに、評論家たちが、進歩を超歴史的なものになるように組み替えているだけなのである。こうして進歩というものは自然に備わった潜在力とみられ、しばしば計画化を通じて動員される集合的な勢いとみなされるようになる。他の結果（停滞、退歩、崩壊）は単なる異常——ルールの例外あるいは再開されるべき進歩からの逸脱や進歩をはばむ障害——とみなされる。進歩をめぐる談論はまた、確証バイアスの起こる重要な場である。確証バイアスとは[8]説明に際しての古典的な誤謬であり、そこでは仮定を支持する証拠がそうでない証拠よりも重みをもたされ、さらに悪い場合には好都合な情報が説明に吸収され、不都合なものは脇に置かれるか言及さえもされない。こうして私たちは、予期せぬ失敗に陥りやすい複雑なシステムを進歩の例証とみなし、それらが失敗する段になって責任者を処罰しようとするが、私たち自身のカテゴリーを再検討することはまれである[9]。さらにいえば、当事者たちの視点から観察された論争や変化はあいまいで多義的であり、一貫性と方向性を欠き、進歩観に立脚したフレームワークが隠している混乱を露呈している。私たちはこうした機械的な見方が提供する整然とした線形性や無批判な系譜論に満足してはならないであろう。ファックス機器は一世紀以上の間に4回発明され、3回は拒絶され、ネットワークの能力が適切な水準に達したところでようやく成功をみたのである。

第Ⅰ部 罠──経営史家が避けるべきこと

そしていまや pdf ファイルの転送に取って代わられているのである[10]。

　結論をいえば、有効な経営史の叙述というものは、批判的に検証された、歴史的な諸概念を必要とする。こうした条件の下では、経営史にとっては具体性が強力なツールになり、人びとが行動し、思想・制度・抗争を生み出す過程を描く豊富な記述をもたらすであろう。研究者にとっては、諸概念について、その起源やそれらが分析にもち込んでいる諸仮定を認識することなく用いるのは誤りである（第Ⅳ部「資源」の「1：想定」を参照）。間違った具体化の代価は非常に高くつく──アクターになりかわって機能する概念や歴史的な実践や過程から切り離された説明は、理解することをほとんど消失する点にまで委縮させてしまう。

### 注　1：間違った具体化

1. Claude Riveline, *Evaluation des coûts: Eléments d'une théorie de la gestion* (Paris: Presses de Ecole des Mines, 2005), chap.6, para.2.
2. Charles Maier, "The Politics of Productivity: Foundations of American International Economic Policy after World War Two," *International Organization* 31 (1977): 607-33, and Régis Boulat, *Jean Forestier, un expert en productivité: La modernisation de la France* (anneés trente-anneés cinquante) (Besançon: Presses Universitaires de Franche-Comté, 2008).
3. Theodore Porter, *Trust in Numbers: The Problem of Objectivity in Science and Public Life* (Princeton: Princeton University Press, 1995).
4. Giovanni Favero, "Business Attitudes toward Statistical Investigation in Late 19th-Century Italy: A Wool Industrialist from Reticence to Influence," *Enterprise and Society* 12 (June 2011): 265-316.
5. Joan W. Scott, "Statistical Representations of Work: The Politics of the Chamber of Commerce's Statistique de l'industrie à Paris, 1847-48, " in *Work in France: Representations, Meaning, Organization, and Practice*, ed. Steven L. Kaplan and Cynthia J. Koepp (Ithaca, Cornell University Press, 1986), 335-63.
6. Mark Casson and John S. Lee, "The Origin and Development of Markets: A Business History Perspective," *Business History Review* 85 (2011): 9-37, and Justin Fox, *The Myth of the Rational Market* (New York: Harper Business, 2009).
7. Roger Horowitz, *Putting Meat on the American Table: Taste, Technology, Transformation* (Baltimore; Johns Hopkins University Press, 2006).
8. John Staudenmaier, "The Perils of Progress Talk," in *Science, Technology, and Social Progress*, ed. Stephen Goldman (Bethlehem, PA: Lehigh University Press, 1989), 268-93.
9. Charles Perrow, *Normal Accidents: Living with High-Risk Technologies* (NewYork: Basic

*17*

Books, 1984）.

10. Jonathan Coopersmith, "Old Technologies Never Die, They Just Never Get Updated," *International Journal for the History of Engineering and Technology* 80.2（2010）: 166-82, and Coopersmith, "Pretty Good Technologies and Visible Disasters," *Technology and Culture* 42（2001）: 204-7.

## 2：国家が常に「なかに」あることを認識しない誤り

市場システムがダンスなら、ダンスのフロアとオーケストラを供給するのが国家である。

チャールズ・リンドブロム（Charles Lindblom）『市場システム』

　およそ30年前にアメリカの理論・歴史双方の領域にある社会学者の一群が「現在における国家理論の研究上の含意」と題するコンファレンスを開催した。それは記念碑的な論集『国家をもう一度なかに取り戻す』（*Bringing the State Back In*）[1]に結実した。この本の広く引用された序論のなかで、シーダ・スコチポル（Theda Skocpol）は以下のように説得的に論じた。20世紀の大部分においてアナリストたちは「政府を…一義的には経済的利害集団や社会運動が相互に対立・連合して公共政策を形作る場」としてみてきた。しかしながら1960年代半ばから、若い研究者の一団が、その多くはヨーロッパ人であり、なかにはネオ・マルクス主義者もいたが、「封建制から資本主義への移行における国家の役割、先進工業的・資本主義的な民主国家における国家の社会経済的な関与、従属諸国における国家の性格と役割」[2]にかかわる一連の広範囲にわたる研究を推進した。場としての政府からアクターとしての国家へという、この術語上の転換は歴史叙述の枠組みを再構成するうえで決定的な役割を担った。そこでは国家が、操作する諸機関をもつと同時に社会経済秩序、文化、国家間の関係、そして日常生活の組織化を担う「代理人」を有する[3]。この学知上の系譜に一致するとおり、私たちは国家が存在するところではどこでも、それは「なかに」——市場、ビジネス、法そしてさらに多くの領域のなかに——存在するということを信じる。経営史家は、経済活動と制度的発展にとってのこの根本的条件を見過ごせば大きな損失を被ることになるであろう。とはいえ、国家とは何か、そしてどこにあるのであろうか。

第 I 部　罠──経営史家が避けるべきこと

　この点について比較政治史家のアルフレッド・ステパン（Alfred Stepan）は次の有益な概観を示している。「国家は『政府』以上のものとして考察されなければならない。それは持続する行政的、法的、官僚制的、そして強権的なシステムであり、ある政体のなかで市民社会と公権力の間に関係を構築しようとするのみならず、市民社会のなかに決定的な関係を構築しようとする」[4]。これらのシステムには歴史があり、それらの力能は数世紀にわたって満ち欠けを繰り返してきた[5]。人口をコントロールし、富を絞りだそうとする──おそらくよりよくいえば公共善と公共の治安のための──国家管理者の野望は、長らくビジネスやその展望に影響を与えてきた。しかしここでのより広い議論は、国家の行為と予測はビジネスを行うことのすべての可能性にとって根本的である、ということである。国家の能力は分割され、不完全で、多元的であり、時として矛盾を含んでいようとも、国家は経営史にとって重要である。というのは、国家は企業にとって必要な市場と制度を構築するうえでさまざまな役割を果たしているからである[6]。さらにいえば、国家は、フローの規制（交通、水路、移民、所得）およびイニシアチブの規制（許認可、法人化、特許、不法行為）について内包的であると同時に、国境・領土・地域の確定と統治に注力し、空間を超えて拡張的であり、現存し、アクティブである。

　以下の（歴史上にあらわれた）国家の諸活動を考察してみよう。それぞれはビジネス業務の条件と構造に深くかかわっている。

　1．国家による消費　消費者運動や消費文化を研究する歴史家はまだ気づいていないが、国家は財・サービスの巨大な買い手であり、時代を超えてそうであった。たとえば、略奪的な近世の「財政国家」は軍資金のために貴族層や商人から搾取しただけではなく、それらの収入を艦船、造船所、兵器、糧食、軍馬、さらには要塞、港湾またあらゆる資材（ロープ、砲弾、帆布）に消費した[7]。近代国家は財・サービスについてはずっと幅広い要求を有していたが、それでもその軍事的なニーズは深く多様なままであった。国家に対して誰が何を供給し、どのような帰結にみちびくか、という問題の探究は、確かに確実なプロジェクトである。たとえばそれはマーク・ウィルソン（Mark Wilson）による南北戦争時の南軍の物資調達についての研究[8]に示されている。

　2．規制　新自由主義者から異議を申し立てられているとはいえ、規制が一方的であることはまれである──国家は企業をあいまいで正統的でない理由から陥れようとする[9]。むしろ法律や関税や税金に関する国家の決定は、ビジネス界の

いくつかの部分は強く抵抗するものの、同じ「財界」の他の構成要素によってしばしば支持されたり推進されたりしている。一世紀以上にわたってチェーンストアの拡張と廃棄物処理に関する規制は、若干のビジネス集団を他の手段と争わせてきた。すなわち、在地の商人を全国的・国際的な卸売業者と対立させ、川岸に立地する製紙業者と水道当局を染料業者や化学工業と対峙させてきたのである[10]。正しい行動や製造物に関する責任の仮定をめぐって、企業やセクター間にあらわれた反目は、規制をめぐる抗争のもととなりがちであり、したがってそれは経営史家が注意を払うにふさわしい現象である。

　私たちはまた、規制があるところにはロビー活動（そして汚職）があること、それも近現代に限ったことではないということを憶えておかねばならない。こうした活動は政治・官僚の代理人とビジネスの間で長い対話を惹き起こした。一連の言説はしばしば記録にとどめられており、批判的な分析に値するものである。たとえば、フランス、イタリア、日本の政府が 1920 年代に百貨店の拡張を認可することを検討した際に、小商店主たちはこうした政策に反対してさかんにロビー活動を展開し、係争中の利害についての夥しい記録を残した。そこでは競争のあるべき性格についての異なった認識をめぐる抗争が記されている[11]。

　３．研究と教育　17 世紀の欧州で教育は、世俗よりもしばしば教会に属するものであり、科学的研究は主として教養あるアマチュアの領域であった。少なくとも後者については、王権は諸機関——ロンドンの王立協会やパリの王立科学アカデミー——を設置して自然の厳密な探究を奨励した。確かに王立協会は「理想を共有したものの…原則としては研究のプロジェクトや計画に落とし込んでいくことがない」「学院というよりはクラブ」であったとはいえ、国家の後見は、ビジネスに巨大な利益を保証した研究を維持するための長期的な効果をおよぼした。17 世紀後半には王立協会は軍民の船舶が航海する際に、経度を正確に測り、それを割と容易に判定された緯度と照応させるのを助けるべく、精密時計の開発に巨額の賞金を告知した。このやり方はジョン・ハリソン（John Harrison）によるクロノメーターの構想を進展させ、1800 年頃には大洋交易にかかるビジネスリスクを劇的に軽減させることになった[12]。続く世代においては国家の代理人はさまざまなレベルで、労働者の訓練、識字と計算、ビジネスにおける雇用とリーダーシップに係る教育の提供・監督・資金援助に責任をもった。研究に対する国家的支援は地図作成と天然資源の探索に始まり、軍事技術、測量、建築および（フランスの国立土木学校が古典的な例である）[13]、さらに隣接科学と連携した。い

第 I 部　罠——経営史家が避けるべきこと

ずれの努力も国民と帝国の双方に、経済的共同体とともに、それぞれに寄与した。

　4．所有権　いうまでもなく国家は、知的所有権を含む所有権の究極の擁護者である[14]。所有権は、土地の登記と取引の記録保持、契約・免許・職業資格の認定、輸入・工場・移民の監督、紛争解決に向けた信頼に足る手段のためのフォーラムや統治ルールの提供、わいろや犯罪の処罰、異議を申し立てられた資産・負債についての分け前の解決を通じて、保護されている。さらに、これらのサービスを展開するための機構や制度はそれ自体がビジネスになりうる。それはたとえば、フランスの長い伝統を有する民法の職業的行政職である公証人（notaires）や、イギリスで 1880 年に「有限責任会社と大規模製造・補給管理業の台頭に対応して」勅令で創設された特許会計士である[15]（第III部「展望」の「1：所有権の脱構築」を参照）。

　5．金融と通貨　国家は国民通貨の保証人を自ら任じているが際立ってさまざまな仕方によってであり、それはビジネスの実践にとって深い含蓄を有する。王立造幣局の長官・支配人であったアイザック・ニュートン（Issac Newton）から 19 世紀の合衆国の公安当局にいたるまで、強力な個人や機関が贋金造りと戦ってきた[16]。他の機関は、銀行に対する特許認可と監督の責任を徐々に担うようになり、のちには預金者を破綻や詐欺から保護したり、証券市場とブローカーを規制したりするようにもなった。近年の金融危機に際しての国家の対応能力の多様さと相対的な有効性は、ジャーナリスティックな評論が退いていくいま、歴史分析にとってさまざまな問題を提起するであろう（第III部「展望」の「2：詐欺といかさま」を参照）。

　6．市民による消費　国家は家計消費の性格と範囲を形づくることができるし、実際にそうしている。イギリスの治安判事（magistrate）がパン一斤の価格を定めた中世のパンの重量基準法に始まり[17]、許認可を受けた飲食店主だけが都市の家族に食品を提供しえた 18 〜 19 世紀の公設市場を経て[18]、国家が買い手を保護するための監督や法の制定を行う現代の小売業にいたるまで、日常的な消費に対する国家の関与は、その効果はまだら模様とはいえ、幅広く認められる。ここで鍵をなす国家の役割は公正さの定義と推進である。公正さという概念はしばしば使いならされたものであるが、マシュー・ヒルトン（Matthew Hilton）による戦後消費者運動の研究[19]にみられるように歴史化されるべきものである。租税政策も消費者の住宅購入について、利払いを所得から控除できるかどうか、あるいは市民の特定の階層（たとえば合衆国における退役軍人）に低利のローンが利

*21*

用可能となるかに応じて、推進したり抑止したりできる。政治的に重要な商品や財の生産者に対する国家の補助金、あるいはその使用に係る租税は（イギリスにおけるテレビ放映権のように）、家計の選択と日常生活に影響を与える。これらすべては経営史に関連を有しているのである。

　おそらく、効率的なビジネスの業務の可能性をめぐって国家が果たす中心的な役割について評価を下げた最大の出来事は、20世紀における1989年以降にみられた東欧諸国の国家社会主義から市場資本主義への移行であった。ハンガリーの政治学者ラズロ・ブルスト（Laszlo Bruszt）はそれらの力学を次のように要約している。市場は自己調整的であり、国家は「経済的無秩序の元凶である」とみなした新自由主義的認識にもとづくイデオロギー的動機に根差した「国家からの自由」をいう政策の10年間のあとに、いくつかのポスト共産主義国家は「経済的アクターたちは取引相手は契約を順守するであろうという期待をもちえない」ということに気づき、「最も原始的な経済的交換様式である…バーター」に戻る動きがあらわれた。その教訓は何か。「市場秩序と競争は、法の支配を維持し、諸権利を擁護し、経済的アクターが彼らの経済的取引から安全に利益を引き出せるようにすることを保証する能力を有する国家によって構成されている…。〈市場秩序を保証するという〉この問題がひとたび解決されるなら、国家は競争を監視し、規制することに焦点をあてることができる」[20]。まさにそのとおりである。

### 注　2：国家が常に「なかに」あることを認識しない誤り

銘句：Charles Lindblom, *The Market System: What It Is, How It Works, and What to Make of It* (New Haven: Yale University Press, 2001), 42.

1. Peter Evans, Dietrich Rueschemeyer, and Theda Skocpol, eds. *Bringing the State Back In* (NewYork: Cambridge University Press, 1985).
2. Ibid., 4（強調点は筆者による）and 5. この本の序論は、グーグル・スカラーによると2011年春までに14000回引用されている。伝統的なマルクス主義者らは、一般に、国家は資本家階級の利害の延長上にあるという考えにとどまっていたが、ネオ・マルクス主義者たちは経済、イデオロギー、政治の間の関係についてより鋭敏な理解を有していた。Bob Jessop, *The Capitalist State* (New York: NYU Press, 1982)〔田口富久治ほか訳『資本主義国家——マルクス主義的諸理論と諸方法』御茶の水書房、1983年〕を参照。この本はより「道具主義的」な古典である Ralph Miliband, *The State in Capitalist Society* (NewYork: Basic Books, 1969)〔田口富久治訳『現代資本主義国家論—西欧権力体系の一分析』未来社、1970年〕を乗り越えようとした作品である。
3. これに対抗する哲学的立場である方法論的個人主義は、一般にエージェンシーが組織の

第Ⅰ部 罠──経営史家が避けるべきこと

なかから発生することを否定する。私たちは、新古典派経済学のミクロ的な基礎に密接に結びついたこの立場には与しない。有益な論評として、以下を参照。Kenneth Arrow, "Methodological Individualism and Social Knowledge," *American Economic Review* 84.2 (May 1994) :1-9; Geoffrey Hodgson, "Meanings of Methodological Individualism," *Journal of Economic Methodology* 14 (2007) : 211-26; and Christopher Cramer, "Homo Economicus Goes to War: Methodological Individualism, Rational Choice, and the Political Economy of War," *World Development* 30 (2002) : 1845-64.

4. Alfred Stepan, *The State and Society, Peru in Comparative Perspective* (Princeton: Princeton University Press, 1978), xii (Evans, Rueschemeyer, and Skocpol, *Bringingthe State Back In,* 7 に引用). アレックス・プレダ (Alex Preda) も同様に「この立場の理論的基礎はとりわけニール・フリグスタイン (Neil Fligstein 1996) によって発展させられた。彼によると、政府は、所有権・統治構造・交易のルールを含む規制の枠組みを設けることで市場を創出すると論じている」と述べている。Alex Preda, "The Sociological Approach to Financial Markets," *Journal of Economic Surveys* 21 (2007) : 515. ここでのフリグスタインの引用は Neil Fligstein, "Markets as Politics: A Political-Cultural Approach to Market Institutions" in *American Sociological Review* 61 (Aug. 1996); 664-65 を参照。

5. ヨーロッパ近世の特徴的な事例については Jacob Soll, *The Information Master: Jean-Baptiste Colbert's Secret State Intelligence System* (Ann Arbor: University of Michigan Press, 2009) を参照。長期的な視点については James Scott, *Seeing Like a State* (New Haven: Yale University Press, 1998) を参照。

6. 有益で入手しやすい概観として Lindblom, *The Market System* を参照。

7. Patrick O'Brien and Philip Hunt, "The Rise of a Fiscal State in England 1485-1815," *Historical Research* 66 (June 1993) : 129-76; Richard Bonney, ed., The Rise of the Fiscal State in Europe, c. 1200-1815 (NewYork: Oxford University Press, 1999) ; and Jan Glete, *War and the State in Early Modern Europe: Spain, the Dutch Republic. and Sweden as Fiscal-Military States* (London: Routledge, 2001).

8. Mark Wilson, *The Business of Civil War: Military Mobilization and the State, 1861-1865*(Baltimore: Johns Hopkins University Press, 2006).

9. David Harvey, *The Emigma of Capital and the Crises of Capitalism* (NewYork: Oxford University Press, 2010) を参照。

10. Paul Ingram and Hayagreeva Rao, "Store Wars: The Enactment and Repeal of Anti-Chain Store Legislation in America," *American Journal of Sociology* 110 (2004) : 446-87, and Michal McMahon, "Makeshift Technology: Water and Politics in 19th-Century Philadelphia," *Environmental Review* 12.4 (1988) : 20-37.

11. Nobuo Kawabe, "The Development of the Retailing Industry in Japan," *Entreprises et Histoire* 4 (Nov. 1993), 19 (1937 年法); Alain Chatriot and Marie Chessel, "L'histoire de la distribution: Un chantier inachevé," *Histoire, économie et société* 24 (Jan.-Mar. 2006); 67-82 (フランスの 1936 年法); and Emmanuella Scarpellini, *Material Nation: A Consumer's History of Modern Italy* (Oxford: Oxford University Press, 2011), 123 (1938 年法).

12. Peter Dear, "*Totius in Verba*: Rhetoric and Authority in the Early Royal Society," *Isis* 76 （1985）; 147, and Dava Sobel, Longitude: The True Story of a Lone Genius who Solved the Greatest Scientific Problem of His Time （New York: Walker, 2005）（しかしながら、ここでのソーベルのサブタイトルは誤解を招くものである）.

13. Frederick Artz, *The Development of Technical Education in France, 1500-1850* （Cambridge, MA: Harvard University Press, 1965）.

14. Adrian Johns, *Piracy: The Intellectual Property Wars from Gutenberg to Gates* （Chicago: University of Chicago Press, 2010）.

15. "Institute of Chartered Accountants in England and Wales," より引用。http://en.wikipedia.org/wiki/Institute-of-Chartered-Accountants-in-England-and-Wales. による。

16. Thomas Levenson, *Newton and the Counterfeiter* （Boston: Houghton Mifflin, 2009）, and Stephen Mihm, *A Nation of Counterfeiters: Capitalists, Con Men, and the Making of the United States* （Cambridge, MA: Harvard University Press, 2007）.

17. Stanley Webb and Beatrice Webb, "The Assize of Bread," *Economic Journal* 14-54 （June 1904）: 196-218.

18. Sean Adams, "How Choice Fueled Panic: Philadelphians, Consumption, and the Panic of 1837," *Enterprise and Society* 12 （2011）: 761-89.

19. Matthew Hilton, *Prosperity for All: Consumer Activism in an Era of Globalization* （Ithaca: Cornell University Press, 2008）

20. Laszlo Bruszt, "Constituting Markets: The Case of Russia and the Czech Republic," in *Democratic and Capitalist Transitions in Eastern Europe,* ed. Michel Dobry （London: Springer, 2000）, 197-198.


# 3 :（必要な）制約としての時期区分


　経営史を叙述するということは、何よりも、組織戦略・政治環境・技術経路・時空間、等々とつながる諸領域のなかに型、危機、出来事を位置づける作業を含んでいる。しかしながら、もう一つ、批判的に議論されることがまれな、決定的でとりわけ際立った領域がある。それはすなわち、時代である。時期区分というものは文脈や状況をわかりやすく喚起してくれるが、同時に（ほとんどの場合）政治的な区分が優先され、私たちが探究を行うのに先立って観察される事象の意義と因果関連を注入してしまう。こうした申立て、その含意、そしてありうるべき解決を簡潔に振り返ることが当面の課題である。

　古代、中世、近代、というのは古典的な大くくりの時期区分であるが、最初の

第 I 部　罠——経営史家が避けるべきこと

二つは優れて欧州的である。エジプトやスメールは古代史に登場するが、ローマとは異なりいずれも中世にはあらわれない。南北アメリカは古代にも中世にも取り上げられず、むしろ「新大陸到達前」の時代と文明にくくられ、次いで植民地期、国家形成期そしておそらくはグローバル時代へとあらわれる。中央アジアの諸民族やズール・イヌイットにとって「近代」が意味するところは問題をもち込むものか脅威となるものの外にはほとんどない。これらの時期区分は東アジアや南アジアの歴史にもつながらない。これらの古典的なラベルは進歩の認識を可能にするような因果関係を作り出し、私たちの意識および研究や執筆に作用する。さらに、こうした進歩は合理性からみちびかれるのであり、複雑性や偶然性からは出てこない。私たちは、最も「基礎的」な時期区分でさえも、仮定や雑多な想定をともなっていることを忘れてはならないであろう。

　時期区分は強制力や統制力をもっている。強制力を有しているというのは、歴史家は時間を部分に区切ることを強いられているようにみえるからである。この点は『2000 年に 25 歳になるヨナ』という映画のなかでスイスの歴史の教師マルコが鮮やかに演じてみせた。教室に長いソーセージと肉切り包丁をもち込んだ教師マルコは、ソーセージを細切れにしていう。できた！　これが時期区分だ[1]。統制力をもっているというのは、これらの細切れを移したり、もう一度つなぎ直したり、他のものを改めて切り刻んだりすることはおそろしく難しいということがわかっているからである。さらにいえば、多くの領域で他人によって切り出された細切れが拡張的な勢いを得ている。たとえば、合衆国史では大統領の任期が一般的な歴史の型版となり、個別分野を植民地化し、転換点として大統領選挙に脚光をあてている。もちろん、それらはしばしば転換点ではない。ウォレン・ハーディング（Warren Harding）を後継したカルヴィン・クーリッジ（Calvin Coolidge）や、ジェラルド・フォード（Gerald Ford）に取って代わったジミー・カーター（Jimmy Carter）を考えてみればわかることである。

　パトリシア・クラヴァン（Patricia Clavin）が述べているように、他の領域では「新しいトランスナショナルな、あるいは国際的な歴史は…欧州史や世界史の大枠の時期区分を脱することができていない。せいぜい彼らは第一次・第二次大戦のように、歴史の容器に若干のへこみを付けることができたくらいである」[2]。ジェンダー史家たちも同様に、一般的には「欧州史の伝統的な枠組みと時期区分を、修正するというよりはむしろ承認している」。「産業革命のように欧州史上の重要な出来事の時期区分は、女性の労働と産業を含めてみれば変化する」[3]にも

25

かかわらず、こうした承認はとりわけ概論やテキストでみられる。

　ではどうしたらよいのか。経営史の視点から過去をみる際には革新と体系化、あるいは組織におけるスピードアップとスローダウンのリズムを見分けようと試みることが有益であろう。それらの現象は、別々に遠く離れた場所で起こる「大事件」とかかわるかもしれないが、これらに由来するものではない。欧州におけるレール、電信、動力、水、航空輸送、そして情報の流れの超国家的な発展を（各国別の発展より優先して、あるいは各国別の発展と相補的に）、私たちはどのように時期区分するのであろうか。また、欧州において階層的に区分された都市の消費の諸局面（製品開発、マーケティング、ショッピング、ファッション、輸送、公益インフラ）について、ほぼ同時に起こる性格や用意された競争を観察することは有益であるが、欧州の地方に消費が広がっていくことと、そこにおける企業の役割についてはどのように時期区分できるのであろうか。さらに、すべての階層の女性たちが購買行動を通じて家計に糧食を供給していたとすれば、こうした消費の諸局面は、これとは独立に考えられた欧州の女性史の時期区分とどこまで関連づけられるのであろうか。別の領域についていえば、私たちはどのようにして「1850年以降の欧州」という160年以上にわたる時間のソーセージを、アジア、西半球あるいは植民地地域との関連においてだけでなく、諸市場、輸出入のリンケージ、資源、思想、あるいは非植民地地域へ移入し、そこへ向かい、そこからやってくる移民たちの、実践と制度に共鳴させていくようなより細かい時間へと区切っていくことができるのであろうか。

　国境を越える思考におそらくはより適した別のアプローチは、グローバルヒストリーの問いかけからでき上がってくるであろう。たとえば、第二次大戦の開戦はいつであったかという問いである。何人かの欧州の歴史家はムッソリーニのエチオピア併合（1935年）あるいはスペイン内戦につながったフランコのクーデタ（1936年）をあげるかもしれないが、多くの人の意見はドイツがポーランドに侵攻した1939年9月に落ち着くのではないか。対照的にアジアの歴史家たちは日本による1931年の満州侵略をより常識的な開戦射撃としてあげるであろう。これに続く十五年戦争は1941～42年になって米ソが参戦してからより「世界的」になった（ソビエトの対日参戦は1945年を待たねばならないが）。「大国」にとっては、世界戦争とは彼らの関与が始まってようやく開始されるのである。経営史の講壇からは、開戦は再軍備に向けたなだれのような契約を特徴としており、それは枢軸国側では1930年代初頭から中葉にかけて裏をかいて行われ、連

26

第 I 部　罠——経営史家が避けるべきこと

合国側では合衆国を除いてごくわずかに遅れてあらわれた[4]。この事例はさまざまな歴史上のアクターや彼らの視野を広く見通すことで、受容の幅を広げることの有用性を示している。既存の時期区分に挑戦することは歴史を再イメージ化するうえで不可欠である。

　ほとんどの経営史により直接にかかわるのは、より小規模ながら重要な位置を与えられている区分である。合衆国では南北戦争後のアンティベラム期、金ぴか時代、革新主義時代、ニューディール、冷戦（もちろん、これはもっと広い領域をカバーする）が挙げられよう。そして他国では、ヴィクトリア期、復興期のイギリス、第二帝政、フランスの栄光の 30 年、戦後ヨーロッパ、スターリン期ソビエト、そして明治日本、などである。ごくたまにある例外を除き、これらの区分は表面上は、政治・軍事的アクターまたはその行動によって定義された首尾一貫した時間のブロックをカッコでくくり、この枠組みを経済的、制度的、文化的、人口論的あるいは空間的な力学へと便利に拡張することを仮定している。時と場所によってはこのことはきわめて有効に作用する。たとえば、冷戦期のアメリカでは「ベビーブーマー」の出生により 15 年間にわたった家族抑制計画がくつがえされた、というように。しかし次のような事例はにわかに信頼しがたい。たとえば、復興期のイギリスという時期区分は古典的な消費財生産（繊維、衣服、靴）の衰退も、戦争が解き放った経営的・技術的な主導権をも、包含できない。これらはいずれも 1970 年代にもちこされるからである[5]。

　ビジネスや経済を志向して設けられた時期区分にあらかじめ埋め込まれた含意は、別の問題も引き起こす。たとえば、合衆国で通常、学術的に言及される第二次産業革命とは、一般に 1880 年代から 1920 年代にかけての数十年間のことであり、この期間にビッグビジネスが金融的、技術的、経営的、マーケティング的な剛腕と合併を通じて国際的な存在に上り詰めたとされている。ここに埋め込まれている仮定は目も眩むほどである。この成り行きは結果的に論理的で自然な発展の帰結であった、この過程にとって国家の行動はとるに足らないものであった、アメリカのビジネスの間ではこれに比肩するような別の事態は起こっていなかった、これに先立つ産業革命が存在しており、この第二次産業革命の時期はレトリック上の意味ではなく真に「革命的」であった、というのである。こうした時期区分とそれが陰ながら意味する含意を受け入れてしまうことは、これらの問題を無意味なものとして退け、研究者たちに次の革命、すなわち情報やさまざまに関連づけられた第三次の産業革命を探すように仕向けることとなる[6]。

しかし、ビジネスの実践にとって無秩序と混沌、そして失敗がこれほど常に中心的であるというときに、私たちはなぜ、以上のような不連続と進歩の論理的な継起を認めなければならないのであろうか。さらに厄介なのは、情報革命といった具合に時期を区切ることは一つのセクターの実践を具体化することに過ぎないのであるが、それは研究上の主導権をあらわすことにもなる（第二次産業革命の研究に際してビッグビジネスは長らく研究計画を推進してきた）[7]。だとすると、1940 年代末から 1970 年代中葉にかけてアメリカ情報革命が起こっていたとすると（真空管の試作品から個人向け IC コンピューターまで）、これら数十年間にはアメリカのビジネス・システムには他に起こっていた重要なことはないのか。このことを時期区分のなかでどのように説明したらよいのか。本当に情報処理の過程は、1940 年代と 1950 年代に投資と革新の中軸であったのであろうか。そうでなければ（あるいは、当時はまだそうなっていなければ）コンピューターの軌跡の外部にあった領域のファイナンス、特許、創造性、企業家精神の扱いをどのように時期区分の枠におさめたらよいのであろうか[8]。私たちは、一つの IR（情報革命）からもう一つの IR（インターネット革命）へと、メタファーを拡張し、さまざまな職能の転換を概念化して研究すること、バイオメディカル企業の出現や医薬の革新、さらには基礎的資源の転換とそれらを創造し、市場を作り出す企業をいくぶんか脇に押しやりながら、いとも簡単に移ることができるのであろうか。よりラディカルにいえば、もし私たちが経営史に新鮮な展望と含意をもたらす実のある研究を牽引するような斬新な問いを生み出すことができたなら、この仕事を通常の便利な時期区分にあてはめようと努力するのではなく、単に日付にタグ付けしてはどうであろうか。

　時期区分とは、罠になりうる箱である。あなたの価値ある研究をその箱のなかに入れる前に注意深く検証しなさい。これは本書の著者たちが苦心して学んできた禁止命令である。


### 注　3：（必要な）制約としての時期区分

1. この動画は、www.youtube.com/watch?V=NBfhqHyRj6M を参照。
2. Patricia Clavin, "Time, Manner, Place: Writing Modern European History in Global, Trans-national, and International Contexts," *European Historical Quarterly* 40 (2010): 628.
3. Jitka Maleckova, "Gender, History and 'Small Europe'," *EHQ* 40 (2010): 688, 690.

第 I 部　罠──経営史家が避けるべきこと

4. David Edgerton, *Britain's War Machine: Weapons, Resources, and Experts in the Second World War* (London: Penguin, 2011), Chap.2.
5. たとえば、以下を参照。David Kynaston, Austerity Britain, 1945-51 (London: Bloomsbury, 2007), または Jean Fourastié, *Les Trente Glorieuses, ou la révolution invisible* (1979; Paris: Hachette, 2004), を Edgerton, *Britain's War Machine* とともに参照。
6. ジャーナリズムはこの点を繰り返し好んで取り上げている。最近の事例として以下を参照。"The Third Industrial Revolution," *New Scientist,* 13 Feb. 2010, 46 (経済学者・未来学者 Jeremy Rifkin へのインタビュー)。
7. しかし、以下も参照。Philip Scranton, *Endless Novelty: Specialty Production and American Industrialization, 1865-1925* (Princeton: Princeton University Press, 1997)〔廣田義人、森杲、沢井実、植田浩史訳『エンドレス・ノヴェルティ：アメリカの第二次産業革命と専門生産』有斐閣、2004 年〕.
8. 自動車製造の技術に注目した別の見方としては David Hounshell, "Automation, Transfer Machinery, and Mass Production in the U.S. Automobile Industry in the Post World War II Era," *Enterprise and Society* 1 (2000): 100-138 を参照。

# 4：企業を特権化すること

　経営史研究において、利潤を追求する企業を分析の中心的な対象にしているかどうかで研究対象を決定するという時代は、ここ数年で過去のものになりつつある。確かに、ほとんどの蒐集資料は企業に預託・保管されており、ケーススタディは依然としてビジネススクールにおけるリーディングスの主要な形式であるので、特定の企業とその記録から研究をスタートさせるのは抗しがたい見通しを与えてくれる。しかしながら、私たちは、今日では有効な経営史はより広い問いかけとより包括的なヴィジョンに始まると考えており、それは企業の枠を超えて広範な組織的エージェントやアクターたちを包含するものである。たとえば、マシュー・コネリー (Matthew Connelly) による 20 世紀を通した、とりわけ第二次大戦開戦と脱植民地化前における人口管理政策の超国家的な運動の概括的な評価を想起してみよう[1]。ここでコネリーが「人口エスタブリッシュメント」と名づけている集団は、大学の専門家、ビジネス、NGO (特に財団) から成る緩やかな連合体として発展し、第三世界が工業国を凌駕するかもしれないマルサス的危機を未然に防ごうとする活動家らを組織した。もしもコネリーが企業を出発点において研究を始めていたなら、なるほどビジネスは適切な避妊や高収量穀物の開発と

29

いった、それぞれ異なる角度からの過剰人口への取り組みにおいて決定的な役割を担ったとはいえ、彼の中心的な問いかけは有効に画定されることはなかったであろうし、そもそも問いかけがありえなかったかもしれない。ビジネスを含む有意義な主題と問題から研究を始め、さまざまなアクターや制度を包摂して研究を展開していくことは、創造的な研究戦略を牽引してくれるであろう。

　さらにいえば、入江昭（Akira Iriye）がミレニアムの転換期に論じたように、学者や行政官は、さほどビジネス的でもない組織の歴史についてより深い注意を払うべきである。こうした組織は、専門的知見と資金を擁し、投資と政策決定を行い、理論と実践を形作るために政府・企業の双方と交流する。これらはさきのコネリーの考えにとっても重要であったことである[2]。実際、この展望が与えられれば、私たちは、よく知られた「ビジネス・政府間の関係」の認識を補助的なフィールドに置き換えて、少なくとも企業・非営利団体・政府の三者の相互作用を考えることができるであろう。それはある世紀には「冒険商人・教会・王政」の複合体としてあらわれ、別の時代には「多国籍企業・NGO・国民政府」のダイナミックスとして現出したであろう。それらすべてはプロジェクト、基金、権力、技術、抗争、知識と財の生産、そしてコントロールとかかわっている[3]。より深い再検討を通じて、企業と社会の非営利集団（慈善団体、財団、文化・宗教・環境団体）とのかかわりを考究することと同様に、NGO について、彼らと国家や国内外のエージェンシーとの関係を検証する際に、彼らをたとえば企業として認識することができるようになるであろう（第Ⅱ部「機会」の「7：非営利団体と疑似企業」を参照）。

　ひとたび、私たちが経営史分析にとって適切な組織的生存形態の広義のエコロジーともいうべきものを考慮するのであれば、研究にとってのより広大な可能性がひらけてくるであろう。それらは、たとえばカルテル、クラブ、商業会議所、業界・職能団体、協力者の（水平的）ネットワーク、契約者・下請けの（垂直的）ネットワーク、産業集積、司法管轄をまたがるエージェンシー（地方港、交通当局、IMF）、官民提携（研究開発にとどまらない）、コンサルタントと専門アドバイザー、非営利企業と企業集団、等々である（第Ⅱ部「機会」の「8：公と私の境界線」を参照）。現在の研究の一例としては、ゲイル・ラドフォード（Gail Radford）が完成させつつある「公共企業体（public authorities）」についての研究が上げられる。「公共企業体」はデリケートな法的取引を経て所得非課税債券の発行によって資本市場を開放させ、合衆国の都市・交通インフラ（港湾、有料

第 I 部　罠──経営史家が避けるべきこと

道路、病院、州立大学）の多くを建設した[4]。これは私たちに、経営史と政治史
の境界を突破する研究として印象を残してくれる。

　別の戦線では、1990 年代はじめに北米と欧州の主要な多国籍企業の上級役員
がモントリオールに集まり、なぜ彼らの研究開発プロジェクトが一様に期待に添
う成果を上げられなかったのかをともに理解しようとしていた。彼らはすぐさ
まこの挑戦は単なるミーティングを超えて発展しうることを認識し、継続的な
フォーラムとしてモントリオール・クラブ（Club de Montréal）を組織した。そ
こではルール、機能とスキルの統合、業績指標、コミュニケーションについて、
ごく少数の関係者だけを指名した問いが発せられた。ここでも私たちはビジネス
の実践と歴史にとって有意義な疑似的制度を見出す。それは強固であることとは
程遠い協力関係であり、「ビジネスをやっている」ものではない[5]。もう一つの
挑戦的な歴史研究のテーマの一群は企業を飛び越えて、そのいくつかは個別企業
とはほとんど接点をもたないものになっている。たとえば、会計・技術の（とり
わけ国際的な）基準、企業家精神のカルチャー、経営実践における超国家的な交
流、トレーニング、教育、さまざまなセクター・空間・時代にまたがる多様なプ
ロジェクト経営、である（第Ⅲ部「展望」の「6：プロジェクト」を参照）。こ
れらのいくつもの線に沿った研究が進展しており、それらは少なくとも古典的な
経営史の型を乗り越えた以下二つの注目すべき潮流を示唆している。

　第一は、組織のエコロジー認識と入江昭の提案と一致するとおり、より広い視
野を備えた視点からは、多様な種類の組織を経営史のレンズから見通すことがで
きる。その視点からはそれらの組織が直面する課題のほとんど、とはいわないま
でもいくつかは、企業が遭遇しているものである、ということが指摘される。す
なわち、コア・プロジェクトやコミットメントを特定すること、競争に参加し、
資金をみつけ、戦略と革新を発展させ、スタッフと資源を管理し、失敗と成功を
勘定し、国家とつきあうこと、などは序の口である。これと相補的に経営史家は
組織研究の概念や理論により精通していることからこの活力ある学際領域から利
益をうることができる。第二に、もう一つの視点は経営史を資本主義の歴史とし
て再定置することにみちびく[6]。このことは以下の認識をふまえた学術研究に依
拠している。すなわち (1) 過去 4 世紀の間にさまざまな資本主義が生起した、(2) 高
度に計量的な装いをこらした経済史は複雑なシステムや偶発的な制度にはほとん
ど持続的な関心を寄せていない、そして (3)「資本主義」は、批判、解剖、再装
備するに際して経営史家が好適なポジションに立っているような概念である。も

*31*

ちろん、上記のいずれの経路にも欠点はある。組織についての研究を進めると、かつて狭義の経営史が直面したものと共鳴する境界をめぐる問題に直面する（家族は組織ではないのか。それなら経営史は同時に家族史でもあるのか。あるいは両者はともにより広い「組織史」の下部領域になるべきなのか）。資本主義に焦点をあてることは進行中のプロジェクトの核心に西洋、実際には西欧起源のストーリーを改めて刻印するとともに、改めて資本主義という言葉で何を意味しているのか（いつの、どこの）という問いを招くことになる。それでも、英語のタームとしての「ビジネス」のあいまいさ[7]がある以上、これらの手掛かりを探究することは十分に厳しい施策に値するものであり、その努力は活発な討論を呼び起こすであろうと信じる。企業の特権化を超えて動き出す研究はすでに進展しており、賞賛に値するものである。

## 注 4：企業を特権化すること

1. Matthew Connelly, *Fatal Misconception: The Struggle to Control World Population*（Cambridge, MA: Harvard University Press, 2008）. *History and Technology* 誌の 2010 年度の第一号に掲載された本書についての討論も参照。*History and Technology*: 26（2010）: 59-88.

2. Akira Iriye, *Global Community: The Role of International Organizations in the Making of the Contemporary World*（Berkeley: University of California Press,2002）〔篠原初枝訳『グローバル・コミュニティー―国際機関・NGO がつくる世界』早稲田大学出版部、2006 年〕.

3. このことはフーコー（Foucault）が彼の「統治性」の概念とともに論じた問題領域を想起させる。それは、ミッチェル・マーフィー（Michelle Murphy）がマシュー・コネリー（Connelly）の業績とのかかわりで論じているように「経営の技術、人口学、会計と監視」を含む。これらすべては経営・マーケティング・広告を扱う歴史家にはなじみの深いものである。Michelle Murphy, "Technology, Governmentality, and Population Control," *History and Technology* 26（Mar. 2010）: 69-76 を参照。基礎的なテキストとしては Graham Burchell, Colin Cordon, and Peter Miller, *The Foucault Effect: Studies in Governmentality*,（Chicago: University of Chicago Press, 1991）を参照。

4. Gail Radford, "Public Authorities When There's Nothing to Sell: The Evolution of Quasi-Public Agencies in the US after World War Two"（paper presented at the Business History Conference, St. Louis, 1 Apr. 2010）. ラドフォード教授はニューヨークのバッファロー大学で教えている。

5. Christian Navarre, "Planifier moins et communiquer plus," *Communication et organisation*, n.v., premier semestre, 1998, 25-40.

第Ⅰ部　罠──経営史家が避けるべきこと

6. この一部は「北米における資本主義の歴史」と題された一連の講演にもとづく。この講演は 2006 年に始まり、ハーバード大学の院生によって支援された。当初の講演に関連する素材については以下を参照。www.fas.harvard.edu/~polecon/conference/index.shtml（2011 年 4 月 13 日閲覧）.

7. ビジネスとは組織を指すこともありうるし（ゼネラル・モーターズ）、ある過程や実践を示したり（ビジネスを行う）、活動一般をあらわすこともある（国家の問題）。あるいは一連の個人的態度や諸関係を意味する（「私の私生活は誰とも関係ない」）。これらのあいまいさは非常に有意義になりうると同時に不愉快なものにもなりうる。

## 5：後付けの合理化

　前を向いて生きてきた個人を描いた歴史というものは、通常は明らかな混沌を呈している。決定の欠如、間違った出発点、つまらない誤りに満ちており、そして時折は霊感に満ちた洞察や深遠な達成がある。イギリスの情報将校であったノーマン・ルイス（Norman Lewis）は、1943 ～ 44 年にかけての連合国の侵攻と南イタリアの占領にふれた日誌のなかで、この不愉快な一群についてのヴィヴィッドな軍事的事例を、彼自身の後付けによる合理化への期待とともに語っている。

　「38 口径のウェブリー銃をもって、私たちは陸軍作戦本部の防衛を命ぜられた。そこには Mark IV とタイガー戦車が轟音とともに迫っていた。この〈アメリカ人の〉上官が私たちに隠していたのは、彼と他の上官たちは静かに退却し部下を見捨てていたということである。あとに残されたアメリカの部隊にはすぐさまパニックが起こり、広がっていった。私たちの陣地はドイツの歩兵に侵入されていると信じられていたので、彼らアメリカの部隊兵はお互いに発砲し始め、被弾した兵たちからは血も凍る叫び声があがった...。そして午前 4 時に私たちはバイクを発進させ...、そして神の恩寵のゆえに、援護物のかげからおよそ動くものすべてに浴びせられるパニックに駆られた発砲から逃れて、ショックを受けてモラルを失った兵の烏合の衆とともにこの戦場に到達したのであった...。公式の歴史家はしばらくすれば、サレルノでのこの行動の部分を美化するために仕事を始める

33

のであろう。しかし私たちがみたのは、司令部から落ちてくる不適当と臆病さであり、それはカオスにみちびいた。私がいまだによく理解できないのは、ドイツ人たちが私たちを殲滅し終えなかったのはなぜか、ということである」[1]。

およそ制度と企業において支離滅裂はよくみられることである。コーエン（〔Michael〕Cohen）、ウォルシュ（〔James〕Walsh）とオルセン（〔Johan〕Olsen）が 40 年前に鋭く指摘したとおり、多くの「組織は」、合理的な計画、信頼しうる技術、効果的なヒエラルキーよりもむしろ「問題のあるえり好み、不透明な技術、移ろいやすい参加によって特徴づけられている」——この叙述は、家族企業と同様に大学やコングロマリットにもあてはまる[2]。国家や経済の歴史的経験ももちろん非線形的であり、意図せざる結末、承諾されていない影響と期待、事故、失敗、驚きに満ちている（真珠湾攻撃や 1918 年の世界的インフルエンザ流行のように）。だとすれば、経営史が他のほとんどの歴史と同様に、成長、革新、コントロールをもたらす合理的な意思決定を共通に示すことなどできようか。おそらくは広告のようにクリエイティブな産業は例外であろうが、抗争、投機、直観、非合理的な決定過程は確実に失敗をもたらすであろう（第Ⅱ部「機会」の「2：創造と創造性」を参照）[3]。少なくともこれは私たちがこの領域を展望するべく自らを訓練してきた流儀である。

問題の一部は私たちの情報伝達手段、すなわち生きている情報源や紙やマイクロフィルムに残された情報にある。問題の他の部分は私たち自身にある。ビジネスの経過を（経常的なものであれ長期の過去のものであれ、株主、継承者や顧客に対して）示そうとするアクターたちは、さまざまな出来事に合理的な意味を付与しようとして勘定を装おうとする[4]。これに対して歴史家たちは、当事者たちの語りを叙述することを避けようとする。それは、順調なダイナミックスの職業的に厳密な要約や分析というよりも、抗争と誤解のコラージュのようにみえるからである。彼ら企業のアクターたちと私たち歴史家は、ともに人間とビジネスのパフォーマンスを、それがしばしば場当たり的で混沌に満ちており、決定力を欠き抗争だらけであるにもかかわらず、事後的に合理化しているのである。こうした無秩序は記録に残すのは難しいが、問題解決用のメモ、書き起こされた経営政策上の討論、危機や M&A に際しての e メールの記録、生産過程の再設計図を探してみることは称賛に値する。たとえば、イギリスの空軍省は、アメリカやフランスの官僚制とは異なり、「覚書を作る」慣習を有していた。そこでは専門家た

第Ⅰ部　罠──経営史家が避けるべきこと

ちの間を通過してきた提案に次々とコメントがつけられ、それぞれのアナリスト
が留保や訂正をつけたり、前任者の注記に応えたりしている。一つの記録に10
から20の覚書がつけられていれば、意思決定の対話の満干が新鮮に追体験され
るであろう。演説、レポート、法論の複数の原稿も、とりわけ見直しを勧める個
人によって注釈が付されている際は、同様に喚起的である。

　情報提供者の側の問題としては、ボルボにおける記念演説にかかわる逸話がか
かわり深い。1926年にボルボはヨーテボリ近くの島でほぼ手作業で最初の自動
車を完成させた。10年後、そして30年後に、ボルボに長期在任していたリー
ダーは二度にわたって、この企業の原点と成功への道のりを明快に論理的に語っ
た。しかしながら、これら二つの演説はまったく異なっていた。後者の30年後
の演説は、前者の10年後の演説にはまったく言及せず、異なったヴィジョンと
20年後の異なった合理性を表現していた。すなわち、1936年にアサー・ガブ
リエルソン（Assar Gabrielsson）は、企業は幸運であっただけで、いくつもの深
刻なデザイン上の誤りを犯し（ボルボの最初のモデルは、導入当初は陳腐なもの
であった）、利益も上がらなかったと述べた。1956年には企業の原点をめぐる
ストーリーからこうした要素は脱落し、1920年代中葉のスウェーデンにおける
自動車生産創発を取り巻く全般的な好環境と輸出市場確保とトラック生産に向け
た努力が強調された[5]。

　そもそもビジネス・アクターたちは前任者らと異なる方向に向かっているとき
には、歴史的展開を要約して、決定力・知力・主導性を強調し、根拠のない言説
を繰り出すことがある。その前任者たちはその過程がどうなるかわからないまま
に未知の領域に突き進んでいたのである。ボルボのケースは矛盾に満ちた回顧談
という点ではおそらく極端なものであろうが、こうした談論にまともに向き合う
ことが重要であることはいうまでもない。もっとも、私たちは創発期の出来事の
あと、さほど時期が経っていない間に作り上げられたストーリーは、いくぶんか
は偶然性やアクターの不確実性を含んでいるものだ、と考えがちである。しかし
ながらここで重要なのは（そして明示するのが難しいのは）その動機である。そ
れは何百もの急ごしらえされた企業広報用の逸話や合理化が、とりわけそれら
がのちに製造品として開示される際に示唆しているとおりである[6]。

　後付けの合理化という現象は、本書の著者二人も最近参加したパリの航空史コ
ンファレンスで、歴史家の間にもわかりやすく漂っていた[7]。そこでは相次ぐ報
告がいずれも、航空機のデザイン、空軍戦略の変化、フランスにおけるジェット

35

推進飛行の採用、軍用から民間応用への技術移転に際して、企業が果たした役割を扱っていた。これらすべては非線形であり、最初からその帰結が予見できるような十分に決定された過程ではなかった。すべては抗争をはらみ、新興の完全には理解されていない技術や、政策・資金調達・デザイン・パフォーマンスの失敗を含んでいた。にもかかわらず提出された報告の叙述は、成功にみちびいた論理的なステップの順調な一続きを示していた。そこではカオスとノイズは除去され、シグナル（合理的進歩）は邪魔されずにあらわれるのであった。私たち著者二人はフランスの文書館で時間をかけてこれらのテーマを探究し、そこで闘争、災厄、デザインの作り直し、革新におけるさまざまな努力の廃棄を含む論争を目にしてきただけに上述のような叙述は衝撃的であった。こうした報告は、歴史のダイナミックスを犠牲にしてまでも秩序と首尾一貫性を求める伝統的な学術的ニーズを表現しているのである。

　こうしたテクストを読むことで——ビジネスや技術の研究において彼らは多数派だ——他の歴史家たちは計画や予算とその帰結との関係について本質的に誤ったイメージを引き出すであろう。他方で現在の実務家たちは、現時点のプロジェクトがしばしば遅延、行き過ぎや不確実性にまみれていることを省みて、彼らの前任者たちがいかに有能であったかを知らされて茫然とするであろう。すなわち、私たちのみるところでは、企業・セクター・地域・プロジェクトの過程・発展・成長・衰退の「水増し」勘定を認識する能力は、経営史家、実際にはすべての歴史家が身につけるべき史料に対する懐疑の核をなす要素の一つである。こうした注意はオーラルヒストリーに従事する歴史家にもあてはまる[8]。過去の乱雑さが取り除かれてしまうと、史料の有効性は実に限定されてしまうのである。

　最後に、経営史と経済学との長いつながりは合理性への期待においてある役割を果たしている。とはいえ、ブリュノ・ラトゥール（Bruno Latour）が私たちに思い起こさせてくれるガブリエル・タルド（Gabriel Tarde）によるもう一つの経済学のヴィジョンは注目に値する。

　「タルドによって観察された〈19世紀末の〉新しい経済学は、階級闘争、最初の大規模なグローバリゼーション運動、大量の人口移動、大規模な万国博覧会ごとに画期を設けられた急速な技術革新、植民地帝国の構築を論じているが、理性の降臨を示しているものでは全くなかった。むしろそれは、「これまでになく強力な情熱、征服への驚くべき野心、ある種と宗教と社会主義、そして原始教会以来

第Ⅰ部　罠──経営史家が避けるべきこと

みたこともない改宗熱」といった光景を現出したのである。悲しいかな、タルド
は、経済的な理性の計算がねじまげられ、情熱によって簒奪され、かき乱された、
といっているのではない…。そうではなくて、経済学のすべてが非合理的なので
あり、経済学のすべてが、いってみれば（語の日常的な意味において）超・経済
的なのである。なぜならそれ〈経済学〉こそは、情熱によってでき上がっている
のであり、19世紀における驚異的な発展が彼らの相互関連を強めたに過ぎない
からである[9]」。

　歴史における、ビジネスにおける、大小の出来事の現実における合理性とは、
一つの情熱であり、いくつもの過程のなかの一つに他ならない。力強い過程と闘
争を押しのけて計画と論理に矮小化することはおそらくは心地よいことかもしれ
ないが、一つのねつ造であることに変わりない。


### 注　5：後付けの合理化

1. Norman Lewis, *Naples' 44* (NewYork: Pantheon, 1978), 18.
2. Michael D. Cohen, James G. March, and Johan P. Olsen, "A Garbage Can Model of Organi-zational Choice," *Administrative Science Quarterly* 17.1 (1972): 1-25. この論文の筆者たちは大学を研究対象としたが、彼らの分析はあらゆる種類の組織に拡張された。グーグル・スカラーによれば、彼らの論文は3428回引用されている。
3. Jerry Della Femina, www.amazon.com/Those-Wonderful-Folks-Pearl-Harbor/dp/0671205714/ref=sr_1_1Pie=UTF8&S-books&qid:1267028594&sr:1-1, *From Those Wonderful Folks Who Gave You Pearl Harbor: Front Line Dispatches from the Advertising Wars* (NewYork: Simon &Schuster, 1970) を参照。
4. Karl Weick, *Sensemaking in Organizations* (Thousand Oaks, CA: Sage, 1995)〔遠田雄志、西本直人訳『センスメーキングインオーガニゼーションズ』文眞堂2001年〕.
5. Nils Kinch, "Managing Strategic Illusions: The Volvo Strategy in Retrospect" (University of Uppsala Working Paper [1991]), 8, この論文はhttp://uu・diva-portal・org/smash/record.jsf?pid:diva2:128556（2010年2月25日閲覧）で入手できる。
6. Malcolm Salter, *Innovation Corrupted. The Origins and Legacy of Enron's Collapse* (Cambridge, MA: Harvard University Press, 2008).
7. この会議は International Conference on Aeronautical Culture: Artifacts, Imagination and the Practice of Aeronautics, 14-16 Nov. 2008 である。
8. R. Kenneth Kirby, "Phenomenology and the Problems of Oral History," *Oral History Review* 35 (2008); 22-38 を参照。
9. Bruno Latour and Vincent Lépinay, *The Science of Passionate Interests: An Introduction to*

37

*Gabriel Tarde's Economic Anthropology* (Chicago: Prickly Paradigm Press, 2009), 24-25.

# 6：新しい支配的パラダイムの探究

　経営史学が出発したのは、一世代にわたるチャンドラー（Alfred Chandler）学派の認識枠組みによる支配の下においてであった。すなわち、みえる手のメタファー、規模の帰結としての効率という仮説、戦略が組織を統治するという認識、製造・管理・マーケティングからなる三方面への投資の強調、等々である。しかしながら本書は（そして他の多くの著作も）[1] 一つの方向転換が始まった証拠を提示する。私たちのみるところでは、この領域についての新たな定置観測点を設けるよりも、経営史家はいまあらわれている展望や見通しの多様性を尊重するのが有益と思われる。経営史という領域の内外で研究者たちは制度として、（文化上のコンテクストのように）文化の場として、あるいはローカルから超国家にいたるさまざまなレベルにおける政治・社会的変化における重要なアクターとして、ビジネスを探究しつつある[2]。「多様性の尊重」は、私たちを経済学以外の平行する研究領域（社会学、人類学、組織論、法学）に、また企業・成長・進歩といったものとは異なるテーマにみちびくであろう。学術的な研究領域というものは慣習によって位置づけられており、転換期においてはいわば職業的な初期設定へと戻ってくるものと思われる。とはいえ私たちが望むのは、多様な声が経営史に新しい視点をもたらし、経営史をこれまでなじみのなかった、あるいは不愉快でさえあった隣接領域にみちびいてくれることである。経営史にとっては、チャンドラーに代わる主導的な主張や支配的な方法論を特定することよりも、こうしたダイナミックな動きのほうが有益であろう。

　ひとたび確定された学術的な領域の境界を乗り越えようとしているのは私たちだけではない。数十年前に社会人類学者たちは同様の転換を経験した。彼らの経験を再訪してみることは教訓になるであろう。おおむね 1940 年代から 1970 年代中葉にかけて人類学は構造主義の時代を経験し、そこでは血族関係の普遍的な諸要素が社会秩序と社会関係の基礎をなすものと考えられた。クロード・レヴィ＝ストロース（Claude Levi-Strauss）によってみちびかれたこの中心的な枠組みは、

第 I 部　罠——経営史家が避けるべきこと

言語学から「原初文法」の認識を借用している。それは、私たちがそれと気づかなくても、ある言語の文法が思考や会話を組織するのと同様に、私たちの社会生活を静かに組織しているという認識である。しかしながらこのアプローチは、それが問いかけた世界が変容し、批判が高まるなかで衰退していった。そもそも社会科学としての人類学は「原始社会」という認識のレンガを積み重ねることで発展してきたのであり、それゆえ植民地の諸関係に深く依存しており、そのことが先住民の生活に探りを入れる能力を提供してきたのである。ところが脱植民地化と「原住民」の政治認識の高揚がこうした作業の基盤を掘り崩すと、人類学者たちは彼らの方法を本国にもち帰り、彼らの実践を現代の都会的な産業社会に応用することに困難を感ずるようになった。さらに、彼らの標準的なフレームワークは、西欧のコードと仮説を「他者」を評価する手段として用いて主題を探究し、変わらない普遍的なものを求め、歴史を表層の些事として拒絶するという、根深いバイアスがかかっているとの批判を惹き起こした。最も問題であったのは科学的精神を有した構造主義者たちは、十分に検証された理論によって彼らの方法を根拠づけることに失敗したということである。血族関係が根源的であるという主張は、一つの仮説であり、原理的基礎ではないということが明らかになったのである。こうしてほとんどの社会人類学者たちは科学に奉仕することをやめて、その代わりにこの学術領域の中心的な問いかけとそれを発する手段に、より開かれた形で立ち返っていった[3]。

　同じように現在の経営史家も変化する経済の世界に向き合っている。チャンドラー学派のアプローチの有効性と妥当性についての批判が沸き起こっていることは驚くにあたらない。すべての歴史は、ある時点のある場所から、過去に問いかけるための弾力的ではあるが真正の文脈を提供するものである。チャンドラーの好みや判断はアメリカの世紀におけるものであった。それらの好みや判断は企業を、腐食するものとしてではなく、価値あるアクターとして正統化し、いかにしてアメリカ人が資本主義的近代の構築を主導してきたかを理解するうえで企業史を中心的なものと認めたのである。しかしこうして称揚された企業は今日私たちが直面しているものではない。多くは倒産し、合併され、明確に転換され、認識できなくなっている[4]。製造業がかつて占めていた基軸的な地位はファイナンスに取って代わられた。合衆国の製造業はいまなお広大であるとはいえ、少なくともかつては強力であったセクターのいくつかにおいて中国や EU の後塵を拝している。アナリストらは工業生産指数と同様に、あるいはそれ以上に注意深く、負

39

債・消費・商品にかかわるデータを眺めている。

では経営史では何をなすべきであろうか。一つの途はレヴィ＝ストロースが人類学について試みたように時空を超えた不変の根源的な原則を探すべく他の学術領域に従うことである。経営実務家、ビジネススクールの研究者、会計ソフトの開発業者、それに幾人かの組織論研究者たちは「パフォーマンス」の概念を企業にとって根源的なものとみなすようになり、これを予算、投資、等々の非数量的な側面に適用できるものと信じている[5]。私たちはこうした動きを科学主義的と呼び（第Ⅰ部「罠」の「7：科学主義」を参照）、確かなものを求めるがための誤った実証主義への転回とみなしている。すべてを数量化することは経済史研究をほとんど活性化しなかった[6]。他方で、合理性の範囲を拡張し、社会の眺望に効率性の尺度をあてはめたことで現代経済学のいくつかの分野は奇異で一風変わったものとさえみなされるようになった[7]。

私たちが考える別の途は、日常のビジネス生活とその歴史に存する多様性を認め、探究する方向の研究を奨励することである。ビジネスに従事する人びとはレシピや公式を単に適用しているわけではなく、これまでもそうしてきたわけではなかった。彼らはかつてもいまも、予想もしない情勢にさらされ、さまざまな制度的前提の下におかれ、多様なゴールと成功についての理解をともないつつ、彼らの権利においてクリエーターである（第Ⅱ部「機会」の「5：極小ビジネス」を参照）。この多様性は、ビジネスにおいて何か基本的なことを教えてくれる。それは、私たちが掲げる優先順位というものは気まぐれで、状況に左右されるということである。それら優先順位は、命令、伝統、論理、感情から選ばれる。これらの次元のいずれかでも除外することは有益ではない、なぜならより広い範囲に思考と探究を広げることで、これまではまったく気づかなかった扉が開けてくるからである。うまくビジネスを営む方法など存在しない、そして「うまく」ということ自体がさまざまな次元を有している。この洞察は、競争と協調の両面で開かれた関与を提供してくれるであろう。要するに、新しい研究のイニシアチブにとって機会はどこでも開かれているのである。

一例としてオーガニック・フードを言説分析の視点から考察してみよう。それは他の方法では得られない隠された状況の諸相をみせてくれるであろう。「オーガニック」という語の政治的な諸次元は「オーガニック」のマーケティング戦略上の取り込みと交錯しているのである。農業と加工プロセスにおける安全なものと危険なものとの明確な区別は、議論と混迷のもととなり、前者の議論は公的な

第Ⅰ部　罠——経営史家が避けるべきこと

討論で取り上げられ、後者の混迷は一連の広告の対象となった[8]。この環境の下では、言葉というものは、経営史家が時折考えたり企業が想像したりする以上に重要なのである。他方で、変わったイニシアチブが通常のカテゴリーによくおさまらない予期せざる結果をもらすこともある。1960年代に欧州の航空機メーカーがアメリカの支配的なメーカーであるボーイングとマクドネル・ダグラスが広幅で短距離向けの乗客200人超・航続800kmの航空機の設計に関心がないと認識した際に、彼ら欧州メーカーは代替案を作り上げるために共同した。その結果が、民間のイニシアチブで三カ国（仏、独、英）から資金援助を受けたエアバスである。エアバスはA300を同社で最初の製品として配給し、それはほぼ間もなく成功を収める。エアバスはさらなるモデルを開発し、ボーイングとのグローバル競争に入り、1990年代には経営陣は民営化により、主としてラガルデールとダイムラー・ベンツとの合弁を通じて効率性を高めようとした。より最近にはこのハイブリッドな企業の民間セクターのステークホルダーたちは２階建てA380の開発にともなう過度なデザイン刷新とコスト超過に直面して事業から撤退し、エアバスを国家経営に戻す声をあげるようになった。こうしてエアバスを公私混合企業から完全国家所有企業へと移そうというのである[9]。この一連のやや変わった経過をあれこれの理論的フレームワークに押し込むことは生産的ではないであろう。それよりも私たちが信じるのは、この事態を大規模な技術革新的な企業がもたらすいくつもの可能な帰結のうちの一つと認識するほうがよいということである。こうした多様性は想像力にあふれて教訓的でもある研究を奨励してくれるであろう。それは、経営史といわれるものが再び特定のチャネルに入れられてしまうと具体化することは難しくなるであろう。

**注　6：新しい支配的パラダイムの探究**

1. たとえば、2011年5月に出された *Business History* 誌の特別号への投稿呼びかけは「戦略」への批判的な提起に焦点をあてたものであり、その目的の表明は明示的にポスト・チャンドラー的であった。www.egosnet.org/jart/prj3/egosnet/data/uploads/CfP/ CfP_ Business-History_ Strategy-Special-issue.pdf（2011年5月6日閲覧）.
2. この歓迎すべき「侵入」の一つの徴候は、合衆国の経営史学会や欧州経営史学会の年次大会の際に、経営史の外で研究をしている研究者たち（すなわち自身を経営史家とは定義していない者たち）によって提出される報告やパネルの数が増えていることにあらわれている。
3. John Sturrock, ed., *Structuralism and Since* (New York: Oxford University Press,1981),

*41*

および Johannes Fabian, *Time and the Other: How Anthropology Makes Its Object* (1983: NewYork: Columbia University Press, 2002). を参照。後の世代の視点としては James Clifford and George Marcus, eds., *Writing Culture: The Poetics and Politics of Ethnography* (Berkeley: Universityof California Press, 1986)、および Clifford Geertz, *The Interpretation of Cultures* (NewYork: Basic Books, 1977)〔吉田禎吾、柳川啓一ほか訳『文化の解釈学』1-2、岩波書店、1987 年〕を参照。

4. 興味深いことにモルガンによって合併を遂げた巨大企業 US スチール は 1970 年代には生産を一巡させて多くのプラントを閉鎖させた。次いで 1980 年代には二つの石油会社を買収し、化学工業と不動産業に進出し自らを USX と改名した。このあと 2001 年に全面的な（かつ免税の恩典を受けた）再編を行うことになる。この動きのなかで製鉄業務からエネルギー部門がスピンオフし、次いで他の破綻した製鉄企業（セルビアにおける一社を含む）が買収され、もとの US スチールの名がつけられた。数千人ものピッツバーグの製鉄労働者が中欧からやってきた。US スチール は、いまやスロバキアとセルビアにおけるプラントを統合し、世界 5 位の鉄鋼メーカーになっている。ロックグループ The Greatful Dead の曲にもあるように「何と長く不思議な旅路であったことであろう」。www.uss.com/corp/company/Profile/history.asp（2011 年 4 月 29 日閲覧）を参照。

5. この分野における先端的な論集として *Harvard Business Review on Measuring Corporate Performance* (Boston: Harvard Business School Press, 1998)〔Diamond ハーバード・ビジネス・レビュー編集部編訳『業績評価マネジメント』ダイヤモンド社、2001 年〕.

6. たとえば、L. Costa Dora, "Height, Weight, Wartime Stress, and Older Age Mortality: Evidence from the Union Army Records," *Explorations in Economic History* 31 (1993): 414-49 を参照。

7. この点はノーベル賞を受賞した経済学者ゲーリー・ベッカー（Gary Becker）の得意とするところである。彼の *The Economics of Life: From Baseball to Affirmative Action to Immigration* (New York: Mc-Graw Hill, 1998)〔鞍谷雅敏、岡田滋行訳『ベッカー教授の経済学ではこう考える―教育・結婚から税金・通貨問題まで』東洋経済新報社、1998 年〕（これは彼が Business Week に連載したコラムである），および Gary Becker and Richard Posner, *Uncommon Sense: Economic Insights from Marriage to Terrorism* (Chicago: Universityof Chicago Press, 2009)〔鞍谷雅敏、遠藤幸彦、稲田誠士訳『ベッカー教授、ポズナー判事の常識破りの経済学』東洋経済新報社、2011 年〕を参照。これに対立する見方としては Frank Ackerman, "Consumed in Theory: Alternative Perspectives on the Economics of Consumption," *Journal of Economic Issues* 31 (1997): 651-64; Ackerman, "Still Dead after All These Years: Interpreting the Failure of General Equilibrium Theory," *Journal of Economic Methodology* 9 (2002): 119-39; および Paul Hirsch, Stuart Michaels, and Ray Friedman, の古典的論文 ""Dirty Hands" vs "Clean Models": Is Sociology in Danger of Being Seduced by Economics?," *Theory and Society* 16 (1987): 317-36 を参照。

8. Oscar Broberg, "Labeling the Good: Alternative Visions and Organic Branding in Sweden," *Enterprise and Society* 11 (2010): 811-38.

第 I 部　罠——経営史家が避けるべきこと

9. Bill Gunston, *Airbus: The Complete Story* (1988; Sparkford, UK: Haynes Publishing, 2010); John Newhouse, *Boeing vs. Airbus* (New York: Vintage, 2008); Jean-Paul Callède, "Voies et voies autour de l'Airbus A380: réseaux et territoires en conflits," *Flux*, nos. 63-94 (2006): 71-74; and Christophe Barmeyer and Ulrike Mayrhofer, "Culture et relations dupouvoir: Une analyse longitudinale du groupe EADS," *Gérer et Comprendre*, no.88 (June 2007): 4-20.


# 7：科学主義

要するに、われわれは人間の知識は常にわれわれの知覚と経験によって制約されていることを認めることができるが、だからといって世界そのものが同様に制約されていることには論理的にはならない。こう考えるのは認識論上の誤謬である。

——ジョン・ミンガース（John Mingers）『統計モデリング批判』


　科学主義とは何か、そしてなぜそれが経営史にとって罠なのか。科学主義は、知識を保証する「実証的・分析的アプローチ」の厳密な、狭く形式主義的でさえある適用であり、「科学の実践が則るべききわめて厳格な一連の規律を定義する」定式である。「…これらの規律は有効な知識にいたる唯一の道をなしている。こうした方法に従わない人間の活動もそれなりに継続はするであろう、というのはそれらの活動は実際的か、芸術・宗教上の瞑想か、何か他のものを含んでいるからであるが、これらは有効な知識にいたることはなく、すなわち科学の一部ではないのだ」[1]。これらのルールは、「ハードな」科学の万能ツールたる数学的な定式化とモデルにもとづいた方法や発見を特権化することにみちびく。実務家たちは、数値データを通じて遭遇し、数値データに還元され、数値データに転換されることのできる研究主題だけを科学的に前途あるものとみなしている。さらに彼らが確立しようと努めている真理と規則性とは、場所と時間にかかわらず有効で歴史と文化を超越して普遍的なものなのである。こうした計画を達成できない者は、科学的達成の品質証明たる形式的説明と信頼に足る予見を可能にする科学的知識を生み出すことはできない、とされる。こうしたことができない人びとは、確かに勤勉で霊感があり、創造的かもしれないが、自然から真理を引き出すこと

はない、というのである。

　ほとんどの経営史研究にとって、こうした規範と判断はごく些細な影響しかもちえないとはいえ、忘れてはならないのは隣接する社会科学（特に経済学）、経営科学、それに工学はしばしば大きく科学主義に偏向しており、上記のように上からの（あるいは制約された）視野から私たちの仕事を評価していることである。事実、社会科学者として自らを位置づけている歴史家の間では、こうした枠組みが時として採用され、人文的な主題設定や相互交流の「よりソフトな」環境に科学的な価値と実践をもち込むものとみられている。こうした熱意は半世紀にわたって続く批判をもたらしてきたが、ここではその議論を繰り返すのではなく参照するにとどめよう[2]。現在の研究動向を前提にすると経営史家にとっては、とりわけビジネスにかかわる諸領域について科学主義を理解することは喫緊のこととなっている。

　一つの出発点を示せば、より包容力があり、アングロ・サクソンの領域から遠く隔たった科学の定義は、物質的・社会的な世界に関する人間の知識を増やそうとするすべての体系的な試みに言及している、という点に留意するのが有益であろう。二人のアナリストたちが述べているように、この科学の「『大陸的』定義は、科学をコミュニケーション可能な、成文化できて進化的にアップデートできるものにするような研究の手順や知識の体系化」[3]に焦点をあてている。こうすることで有効な知識への複数の道が認められることとなる。この節では私たちは、科学の誤用を警告しつつ、実践としての社会科学が私たちのリソースとなりうるかについてのいくつかの励まされる思考とともに、この洞察を補強することを望んでいる。

　経営史家であればもちろんフレデリック・テイラー（Frederick Taylor）の「科学的管理法」の試金石となった「ワン・ベスト・ウェイ」のことを聴いたことがあるであろうし、多くの方はロバート・カニーゲル（Robert Kanigel）によるテイラーの世界の詳細な説明を読むことにもなるであろう[4]。テイラーの方法、要求、そして労働観は科学的であった。テイラーは身体現象と人間の能力の間に強いアナロジーを想像し、そこから詳細な計画と注入された従順と受動性をつうじた労働者の効率性にもとづく経営コントロールが生み出された。アメリカの産業労働に対するテイラーの直接のインパクトは大きくはなかったが、国際的には幅広い採用と適用が続いた。それは、ジュディス・マークル（Judith Merkle）が「体系的で広範な産業エンジニアリングの十字軍」と呼んだものであり、それは「利

第 I 部　罠——経営史家が避けるべきこと

益を増やし、労組を追い出して...生産性を上昇させるために『科学』を使うこと」を約束した。長期的には、科学的管理法は「民主主義と効率性は相互に排他的であるという考えを広めようとしただけでなく、もう一つの遺産を問題解決アプローチの形で遺したのである。それは潜在的なコンフリクトは経営エリートの介入によって解決されうるし、また解決されなければならないというアプローチである」[5]。何人かの「経営科学者」たちはテイラー主義を粗野で非効率的だとの批判を繰り返しているが、彼の科学を通じた管理への探求に始まり、今日の主流をなす経営政策にいたる直系の継承線は、揺るぎないものである。

この他にも科学の誤用は続いている。科学と技術の関係に関する「線型モデル」は技術変化を科学的原理の適用に由来するものとみなしているが、こうした見方は研究者たちからは繰り返し拒まれている。しかしながら、科学と合理性という語が通常、敬意をこめて使われている仕方にみられるように、それはありがちな前提を残している[6]。たとえば、「保険科学」「科学としてのファイナンス」「会計科学」「合理的市場」といったようなものである。これらすべては高度な定量化と仮説の栄光を体現しており、それらは理性が統御する、あるいは人知の誤りが訂正可能なら、統御しなければならないものとされている[7]。こうした科学主義は拡張していくと不適切な適用にたどりつく——それは、分析する者が科学を文脈から離れて、カオス・複雑性・進化理論などとともに使うことである。この調子で研究者たちが漸進的で増加傾向を有する変化に言及するときに「進化」を引き合いに出すのはよくあることであるが、彼らはエドマンド・ラッセル（Edmund Russell）が開拓した論点、すなわち、進化理論が要請する不規則性と確率論的な事象への依存、さらには現代の定式化が課すもっと複雑な変数に取り組むことはしない[8]。完全な隠喩、類推、あるいは手段を探すにせよ、こうした思考が見落としているのは、社会的・組織的諸関係やビジネスの実践は純粋に合理的なものではなく、複数の論理・感情・歴史の混合物であり、数値に効率的に集約されることはなく、単純な表記に還元されることはまれである、ということである[9]。

別の領域では、数十年も前に H・トマス・ジョンソン（H. Thomas Johnson）とロバート・カプラン（Robert Kaplan）が『管理会計の盛衰』のなかで第二次産業革命期のアメリカ製造業における会計モデルの多様性の概略を示し、それらのモデルが第二次大戦後に続かなかったこと、そしてそれらが 1960 年代と 70 年代に普遍化する財務会計システム（数字による管理）に取って代わられたことを嘆いていた[10]。ここでの本質的な問題は何であったのであろうか。ジョン

45

ソンがのちに説明したところでは、経営者たちが、会計データが業務をコントロールしてトレンドを予測してくれる、と期待し始めたことだという。こうした科学主義的な転換は、新しい情報処理技術に助けられ、経営者の関心を製造過程・従業員の能力・顧客満足から逸らせる結果になった。アメリカの企業にとっては不幸であったことに「手ごわい競争者たち」はこのアプローチには与せずに、そうしたアメリカの企業を追い抜いて行った。日本企業や欧州企業は「トップダウンの財務コントロールシステムで、顧客を説得対象とみなしたり、従業員を決定機構のギアの歯車とみたりするような経営を行わなかった」。アメリカのトップ経営者たちは、企業を「リモートコントロールで動かしながら」、グローバルな競争力を鼓舞する技術的・組織的・市場的イニシアチブを探求するよりは、短期的なコスト削減を求めて「彼らの戦略的な責任を放棄」したのだ[11]。こうした戦術が「アメリカの世紀」の早すぎる終焉に貢献したである。

　確かに科学と技術は 18 世紀以来、ビジネスの業務にとってかつてないほどに重要なものになった。このことを無視ないしは軽視して、これらの経路を回避した歴史を描くのはばかげたことであろう。代わりに経営史家は、科学や技術についてのあらゆる幻想を払いのけたうえで（技術決定論は科学主義のパートナーである）、技術史や科学史の学殖にもっと通暁すべきであろう。いずれの課題にとっても、これらの投企が私たちに教えてくれるのは、科学も技術もビジネスの（あるいは経営史の）挑戦を解決してくれる単純なツールではないということである。それぞれの体系的な実践は、世界について考える有益な仕方を提供してくれる——すなわち、制度、変化のダイナミックス（と不規則性）、人知の限界、そしてこれらの境界を広げる挑戦について、そのためにかかる費用と（複数のパラメーターにおよぶ）含意とを示してくれるであろう。

　科学がいかに作用するか（異なった領域で異なった基準がどのように働くか）を理解しない研究者は、変化を説明するために科学をたやすく使う。それはたとえば、コンピューターがビジネスを変えた、というように。しかし、そうではないのである。コンピューターを使っている人びとがビジネスを変えたのであり、コンピューターを使っている企業の集まりがビジネスの環境を同様に変えたのである。同じように、ビジネスに対する科学の重要性は過大評価されやすい。フランスでは科学とその応用にフォーカスしていた企業は最も高い収益を上げているグループには属していなかった。困難を抱えた科学志向の企業では、テークオーバーを仕掛ける経営者は、しばしば買収の対象企業の資産を（彼らの研究上の目

第Ⅰ部　罠──経営史家が避けるべきこと

標によってではなく）顧客のニーズに合うように再編成する。これは前述のジョンソンがいう関連と共鳴する戦略である。その結果、科学についての二つの可能なビジネス上の役割がみちびかれる。それらは両方とも経営史家にとって重要なものである。第一に、計画とオペレーションにおいて企業は科学的知識をコアとなる資産とみなし、科学的実践を真に技能とみなしうる。企業はそれら双方とも、受動的というよりは生成する資源としてみてしまうのである。第二に、企業は彼らの能力を、科学を拡充するために動員するのか（科学的装いのなかで行動するか）、それとも科学技術をユーザーのニーズのために適応させるのか（商業的装いのなかで行動するか）、非常にしばしば選択を迫られる。こうした決断を迫る状況がいかなるものなのかは、詳細な研究に値する主題である。こうした状況はコンフリクトと記録を生じさせ、何年にもわたって続くことがある。いずれの選択も、知的な立ち位置にとどまらない、ビジネスの行動を要請し、いずれもが成功を収めるか、失敗に沈むか──あとは偶然のなせる業である。

　最後に、私たちは、数世代にわたって普遍性を追い求めたあげく、科学研究の「大陸的」動機を奉ずることになった社会科学の一領域をみておこう。それはすなわち、社会人類学である[12]。フランスでは、地方や「原始的」な人びとに関する民俗学をビジネスや官僚制の研究に転用しようとする当初の試みは、幅広い一般化や検証可能な理論の構築に失敗し、たとえば宇宙空間における労務管理プロセスにみられる緊張を取り上げた雑誌の特集号のようなものを作り出してしまった。とはいえ、企業文化の考えはいたるところに広がり、人類学への参照を通じて正統化され、地域にも根差したアピールを有することになった。次第に研究者たちは、彼らの初期の科学的な企図を放棄して地域の領域や特定の実践に焦点をあわせるようになった。これらの事例が有する形式、儀礼、賞罰を通じて研究者たちは、実際にそこにあるが、なおかつ人類学のツールがなければみえないものをみることができるようになった。こうした考究からは、伝統が発する声、空間の利用、組織における儀礼的なものや実践を評価する道が開かれていった（第Ⅱ部「機会」の「10：儀式的および象徴的行為」を参照）。

　クリエイティブな民俗学者が今日の組織について発した問いは同様に歴史研究に有益な情報をもたらしてくれる。そのためには経営史家が現代の人類学の方法や文献に親しむ必要がある[13]。こうした努力が実を結べば、経営史はハードサイエンスの真似に努める罠にはまることなく、分析の語彙と探求のレパートリーを広げられるであろう。他の社会科学のアプローチと同様に、現に動いている組織

47

に適用されている儀礼が歴史的記録に合うように残されるという保証はない。こうした課題への挑戦が経営史家の創造性を測る試金石になることを期待する。


## 注　7：科学主義

銘句：John Mingers, «A Critique of Statistical Modelling in Management Science from a Critical Realist Perspective,» *Journal of the Operational Research Society* 57 (2006): 202-19, 引用は p.204.

1. Heinz Klein and Halle Lyytinen, "The Poverty of Scientism in Information Systems," in *Research Methods in Information Systems,* ed. Enid Mumford, Rudi Hirschheim, Guy Fitzgerald, and Trevor Wood-Harper (New York: Elsevier, 1985), 123-51, 引用は p.124. 以下も参照。J. M. Legget, "Medical Scientism: Good Practice or Fatal Error?," *Journal of the Royal Society of Medicine* 90 (Feb. 1997): 97-101, 引用は 97 ページ。

2. 以下を参照。Harry Redner, "Science and Politics: A Critique of Scientistic Conceptions of Knowledge and Society," *Social Science Information* 40 (2001): 515-44; Herbert Reid and Ernest Yanarella, "Political Science and the Postmodern Critique of Scientism and Domination," *Review of Politics* 37 (1975): 286-316; および Josef Bleicher, *The Hermeneutic Imagination: Outline of a Positive Critique of Scientism and Sociology* (London: Routledge, 1982).

3. Augusto Carli and Emilia Calarescu, "Language and Science," in *Handbook of Language and Communication: Diversity and Change,* ed. Marlis Hellinger and Ann Pauweis (New York: de Gruyter, 2007), 523-52. この見方は科学主義への科学的批評にも広がっている。

4. Robert Kanigel, *The One Best Way: Frederick Winslow Taylor and the Enigma of Efficiency* (New York: Viking, 1997), およびネルソンの古典的著作 Daniel Nelson, *Managers and Workers: Origins of the Twentieth-Century Factory System in the United States, 1880-1920* (Madison: University of Wisconsin Press, 1975)〔小林康助、塩見治人監訳『20 世紀新工場制度の成立―現代労務管理確立史論』広文社、1978 年〕を参照。

5. Judith Merkle, *Management and Ideology: The Legacy of the International Scientific Management Movement* (Berkeley: University of California Press, 1980), 1, 2, 298.

6. David Edgerton, "'The Linear Model' Did Not Exist: Reflections on the History and Historiography of Science and Research in Industry in the Twentieth Century," in *The Science-Industry Nexus: History, Policy, Implications,* ed. Karl Grandin, Nina Wormbs, and Sven Widmalm (Sagamore Beach, MA: Science History Publications, 2004), 31-57.

7. Justin Fox, *The Myth of the Rational Market: A History of Risk, Reward and Delusion on Wall Street* (NewYork: Harper Business, 2009)〔遠藤真美訳『合理的市場という神話――リスク、報酬、幻想をめぐるウォール街の歴史』東洋経済新報社、2010 年〕.

8. 残念なことに、同様の誤解は医学界にもあらわれている。以下のコメントを参照。Na-

第 I 部　罠——経営史家が避けるべきこと

thaniel Robbin, "Why Physicians Must Understand Evolution," *Current Opinion in Pediatrics* 21（2009）: 699-702. 洗練された訂正としては Edmund Russell, *Evolutionary History*（Cambridge, UX: Cambridge University Press, 2011）.

9. フランスの異端の社会学者で判事でもあったガブリエル・タルド（Gabriel Tarde）は、社会科学者は感情の状態、関係性の力、および愛着を計測しようと不適当な情熱を傾けていると論じた。ブリュノ・ラトゥール（Bruno Latour）は、現代のデータ収集と経営ソフトウェアがやっているのはまさにこのことだと論じ、タルドの批判と経済学への実証的な展望をよみがえらせている。Bruno Latour and Vincent Lepinay, *The Science of Passionate Interests: An Introduction to Gabriel Tarde's Economic Anthropology*（Chicago: Prickly Paradigm Press, 2009）を参照。

10. H. Thomas Johnson and Robert Kaplan, *Relevance Lost: The Rise and Fall of Management Accounting*（Boston: Harvard Business School Press, 1987）〔鳥居宏史訳『レレバンス・ロスト—管理会計の盛衰』白桃書房、1992 年〕.

11. H. Thomas Johnson, "Relevance Regained," *Critical Perspectives on Accounting* 5（1994）: 259-67, 引用は p.262. ジョンソン（Johnson）の初期の共著者であったロバート・カプラン（Robert Kaplan）は長らく、本来は企業ごとに異なっているはずの戦略的意思決定の金融的・非金融的な要素を扱う「バランスド・スコア・カード」によるビジネス設計へのアプローチという抽象主義（reductionism）に対抗する軸の創出と再設計にかかわってきた。こうした柔軟性にもかかわらず、その対抗軸もまたデータに依拠した評価に寄りかかっているようにみえるが、それは「顧客・サプライヤー・従業員・過程の技術および革新」への考慮を含んでいる。引用は以下による。www.brefigroup.co.uk/consultancy/balanced-business-scorecard.html（2011 年 4 月 25 日閲覧）.

12. Thomas Eriksen and Finn Nielsen, *A History of Anthropology*（London: Pluto, 2001）を参照。

13. フランスからは Nicolas Flamant, *Une anthropologie des managers*（Paris: PUF, 2002）を参照。英語では以下を参照。Melissa Fisher and Brian Downey, *Frontiers of Capital: Ethnographic Rejections on the New Economy*（Durham, NC; Duke University Press, 2006）; Brian Moeran, *Ethnography at Work*（NewYork: Berg, 2007）. これは広告業界に参画した人物による分析である。Ellen Hertz, *The Trading Crowd: An Ethnography of the Shanghai Stock Market*（Cambridge, UK: Cambridge University Press, 1998）; Melissa Cafkin, ed., *Ethnography and the CorporateEncounter*（New York: Berghahn, 2010）; および び Karen Z. Ho, *Liquidated: An Ethnography of Wall Street*（Durham, NC: Duke University Press, 2009）. 方法と事例についての概観としては Sierk Ybema, Dvora Yanow, Harry Wels and Frans H. Kamsteeg, eds., *Organizational Ethnography: Studying the Complexity of Everyday Life*（Thousand Oaks, CA: Sage, 2009）を参照。

## 8：言説を真に受けて、数字を当然のように受け取ること

　歴史の方法に関する入門書はどれも学生たちに対して史料への批判的スタンスをとるように教える——推論の進め方、史料にあらわれない言説や行為者自身のテクスト、諸機関が作成した記録、数量的な証拠に対してのみならず、地形、イメージ、器物に対してさえも批判的スタンスが求められる。ここでの罠とは、私たちが厳かにこれらを遵守することを意図しながらも、こうしたスタンスをとることに失敗するというだけではない。これはしばしば起こることだ——私たちは史料に魅了されてしまい、史料への親しみと依存が深まるほど、当初の批判的距離は縮まってしまう（史料に対して根源的に批判的なスタンスとは何も書かないことであろう。なぜなら完全に信頼しうるものなどないのだから）。この罠とはまた、史料を文脈に位置づける必要や懐古趣味の峻拒といった、一般に歴史家が警戒していることとも無関係である。私たちが言説や数字に関して直面する罠とは、むしろ、それらが実践を隠しながらコード化し、コンフリクトと矛盾を脇に追いやりながら表面的には統一性と明晰を提供することにあるのだ。

　テクスト、イメージや数量的な証拠は歴史の理解にとって重要であるのはいうまでもないが、私たちは同時に、特定の立場をとらない言辞、イメージの作者なきイメージ、計算する知性を欠く数字などないのだ、ということを認めなければならない。事実やデータは誰かによってある目的のために作られたのであり、その際になされた行為は舞台の幕のかげに隠れているのである。それは、私たちが批判的に主張し、別の視点からの文脈に位置づけようとしない限り、表には出てこない。基礎的な視点からの文脈化とは、体系的に「あたりを見渡すこと」、制度的・経済的・技術的行為、政治的な情勢やトレンド、されには社会的なパフォーマンスのルールとルーチンにとっての場を設定することである。しかし別の視点からの文脈化は、古典的な古文書学の問いかけに呼応するものである。なぜこの文書が作られ、なぜこの現象が計測され、なぜこの表が公開されたのか。誰によって、いかなるツールを用いて、何の目的で、いかなる過程と除外をともなって、これらがなされたのか[1]。経営史家にとっては、いまアーカイブに記録されているマーケット分析が取締役会のクーデタの道具であったかもしれないことを知ることで、

第Ⅰ部　罠——経営史家が避けるべきこと

こうした分析に対する私たちの認識も変えられるであろうし、時間・空間・過程に位置づけてみればこうした分析もさほど不信を向けるほどのものではないこともわかってくるであろう。しかしながら、こうした記録をその由来や目的についての検証なしに使うことはリスキーな戦略となるであろう。

　100年の歴史を有する経済新聞に公刊された詳細な営業報告を、この企業の広告ページをみないで読解することは、こうした素材により高度な実証上の地位を与えてくれるであろうが、適切とはいえない。営業報告書の概要が主な広告掲載者の意向を並べたて、労働問題や訴訟、あるいはオーナーや相続人の間の紛争にふれないのは珍しいことではない（これはまた、定期刊行物をマイクロ化するプロジェクトにおいてしばしば広告の部分が削除されてしまうのがなぜ遺憾なのかを説明してくれる。）反対に、研究者が広告を「読み」、それらの象徴や文化的意味を解読していけば、広告が出された同時代の読み手や広告作成者の考え、デザイン、製造過程、広告費用と流通、そしてその効果についての証拠を見通すことができる。広告は、とりわけ批判的に文脈に置きなおされるならビジネスのさまざまな次元への入り口を用意してくれるが[2]、こうした文脈に関する考察を欠くと文化、意味、意図についての実証なき思い付きを助長してしまう。

　同様に重要なのは、計測も意図に発するということである。その意図とは、ジェイムズ・スコット（James Scott）が調査したように人口と経済活動を当局にとって「読みやすく」するためのものであり、またテッド・ポーターが述べたように数量的な描写のなかから秩序と信頼を生み出すためである[3]。何が計測されるかを決めたのは一連の政治的・制度的・戦術的・個人的決定であり、のちにこうしたデータや統計によりながら行動・構造・過程を分析しようとする私たちにとってはこれらを別の視点からの文脈に位置づけることがやはり必要になる。数十年も前にジョアン・スコットは19世紀中葉に出たフランス工業統計の政治的文脈とそれがよって立つ基盤とを探求した。この統計はふつうの事実と情報を集めて分類したものではなく、パリの暴動や騒擾に際して権力にとって「危険な階級」の理解を固めるためのものだったのである。スコットは以下のように述べている。研究者は「ある意味で…19世紀の論争で取り上げられた概念を額面どおりに受け取り、その悪影響に手を貸してきた。そこでは、数字というものは他の情報よりは幾ほどかは純粋であり、主観的な影響を受けにくいとされていた」。しかしながら統計や数字を満載した報告書は「権力が一定の社会秩序のヴィジョンを創出し、『経験』の知覚を組織化する方法なのである」[4]。したがってこの環境の下

51

では、経営史家にとって決定的なのは、計測とは、分類と同様に一種の議論なのであり、いずれも「その読者に対して彼らの認識を承認する必要を説得するための」[5] データを定義し、分析し、提示する者らの企てに根差していることを認めることである。

制度上は、アクターの必要や計画に沿って「数字」を整えようとする誘惑に抗するのは難しい。そのため監督機関が設けられ、他の機関から上がってくる数値や報告を点検・吟味・保証することとされた。このことは、新聞・雑誌の出版に対して流通機関が、あるいは、テレビ視聴者のために視聴モニターがやっていることであり[6]、信用格付け会社が買い手や借り手を破綻しやすいことからランク付けしているのと同じことである[7]。最近関心を集めた明らかな事例は債券格付けであり、そこでは、広範でみかけは厳密なデータの収集・分析にもとづいて、リスクが文字をつけて分類され、テクストによるヒエラルキー（AAA）と定量的な評価が組み合わされている。他方で証券をカテゴリーに分類した力関係や利害の連携はあいまいにされている。組織的な圧力や評価がもたらす効果、それに政治的妥協が事実を歪めることが十分にありうることを想像せずに、こうした格付けを額面どおりに受けとめた買い手は、証券の売買可能性や流動性が掘り崩されて相場が急落した際に悲惨な目に遭うことになったのだ[8]。

歴史家としての私たちの役割は、以下を問うことである。これらのカテゴリーはどこから来たのか、それらが結びつく主張や説明はどのような結論を支持しているのか、そもそもこうした定量的な証拠を集めたり整えたりした者らの利害とは何であったか。ビジネスが自らの勘定を超えて数値データに頼り始めたのはいつからで、それはなぜか。こうした情報の作り手とビジネスはどのような関係を有したのか。企業は政府が作り出した統計を求め、信頼していたか、それとも不信の目を向けていたか[9]。改めて、それはどこで、なぜ起こったか。どのような種類の企業が、とりわけ彼らの外部環境をモニターする際に彼ら自身の勘定・系列・数量による分析を行い始めたのか。信頼性を保証するためにどのようなテストが始められ、それらはどのようにして確証されたのか。数字を通して世界をみることに対する批判はいつ、どこで表面にあらわれ、こうした批判はどのように受けとめられ、受け入れられ、あるいは歪められたか。データをモニターする特殊な機関はどのようにして正統性を勝ち得たのか。繰り返すが、定性的・定量的いずれの言説もある特定の立場に立っている以上、その立場を見きわめ、その立ち位置を時間と空間のなかに位置づけることは意味ある歴史研究にとって本質的

第Ⅰ部　罠──経営史家が避けるべきこと

に重要なことである。

### 注 8：言説を真に受けて、数字を当然のように受け取ること

1. Martha Howell and Waiter Prevenier, *From Reliable Sources: An Introduction to Historical Methods* (Ithaca: Cornell University Press, 2001), Chap. 3. を参照。
2. Roland Marchand, *Advertising the American Dream: Making Way for Modernity, 1920-1940* (Berkeley: University of California Press, 1986).
3. James Scott, *Seeing Like a State* (New Haven: Yale University Press, 1999), および Theodore Porter, *Trust in Numbers* (Princeton: Princeton University Press, 1995).
4. Joan Wallach Scott, *Gender and the Politics of History* (New York: Columbia University-Press, 1999), 114-15〔荻野美穂訳『ジェンダーと歴史学』平凡社、1992 年〕.
5. Ibid., 115〔同上訳書〕.
6. Pierre Bourdieu, "Television," *European Review* 9 (2001): 245-56.
7. Richard Levich and Giovanni Majnoni, eds., *Ratings, Rating Agencies and the Global Financial System* (Norwell, MA: Kluwer, 2002) を参照。顧客については Louis Hyman, *Debtor Nation: The History of America in Red Ink* (Princeton: Princeton University Press, 2011) を参照。
8. John Patrick Hunt, "Credit Rating Agencies and the 'Worldwide Credit Crisis'," Berkeley-Center for Law, Business and the Economy, Jan. 2009. 以下で入手可能である。www2. wiwi.huberlin.de/finanz/skripLsemfin/t12.pdf（2011 年 4 月 12 日閲覧）.
9. この点については Giovanni Favero, "Business Attitudes toward Statistical Investigation in Late 19th-Century Italy," *Enterprise and Society* 12 (2011): 265-316 を参照。

## 9：合衆国（あるいは西洋）を基準・規範とみなすこと

　学問領域としての経営史学は、1930 ～ 40 年代のハーバード・ビジネススクールを強調する起源論にみられるように、主としてアングロサクソン諸国で創始されたといえる。経営史学が「本来の」一般的な歴史学の一分岐としてではなく、経済史から発生してきたことは明らかなようにみえるが、経営史学はまたアメリカ歴史学の文化が長く続いた慣習に関与してきたのでもあった。簡単にいえば、経営史家たちは研究計画を概念化したり、彼らの成果を評価したりする際に、何十年にもわたってアメリカ合衆国を基準点とみなしてきたのである。たとえば、

53

アメリカの大企業についての研究は欧州や日本の大企業研究の型を決定し、国家・資本市場・会計に関する見方はアメリカの制度や政策からみちびられ、アメリカの外にあっても行為を評価するベンチマークになった。それは望ましく進歩し続けているが、不均等にアメリカモデルを反映するようになっている。アルフレッド・チャンドラーの『スケール・アンド・スコープ』がこうむった冷たい反応はこの問題を際立たせている。この本はアメリカ、イギリス、ドイツの大企業のパフォーマンスを60年以上にわたって比較検討したものであるが、チャンドラーが意図したかどうかにかかわらず、彼の分析はアメリカの基準をもって達成度を測るベンチマークによるものであった。そこでは、イギリスやドイツの企業の欠点が企業家的・マーケティング的弱点やカルテルを振興する国家の政策に起因するものとしてコード化されていたのであるが、他の視点からすれば、それはアメリカのビッグビジネスの盲点や表面化しつつあった短所を見落としたものであった[1]。

　残念ながら英語圏の歴史学における他の分野も、同じようにアメリカの制度や実践を所与として他国の実践を逸脱・欠陥として評価する限界を有している。ほとんどの場合、アメリカ合衆国の歴史家たちは、移民や外交政策が彼らの物語にふれてくる以外には、世界の他の部分を無視してきた[2]。こうして民主主義、革新、家族関係に関するアメリカの基準が、20世紀中葉におけるアメリカの勝利はアメリカの優越した価値、信念、制度、能力、資源に由来するのだというホイッグ的な示威を支えてきたのである。こうした見方は永続できなかったが、こうした仮定の遺産は経営史学の環境をなす一要素として残っている。

　たとえば、海外直接投資（FDI）の歴史について考えてみよう。著名なアメリカの経営史家たちは傑出したアメリカ企業による海外への資本輸出について計測してきたが、非米系企業や諸国がこうした資本流入を制限したり（あるいは妨げさえしたり）することで一国レベルの発展を支援することができたという関連を等閑視してきた。それは転じて成長にとっての含意も有することになる。こうした資本規制は単に通常のビジネスの原則からの乖離を意味していた。それはマルチェロ・ブケーリ（Marcelo Bucheli）が1930年代から1990年代にいたる外国からの投資に対するチリの対応に即して記録していることに照応する。チリでは、FDIの流入に対する統制ののち、1973年のCIAに率いられたクーデタと公選された大統領の殺害によって最も凄惨な局面を迎え、対外資本に友好的な軍事政権の一世代が続いた[3]。しかしなぜ各国は自国の企業・労働者・制度的取

第Ⅰ部　罠——経営史家が避けるべきこと

り決めを、国境を越えた資本移動に対して正当に守ろうとしないのであろうか。
2008 ～ 09 年の深刻な経済危機の一撃はこうした議論を政策論として復活させ
ることとなり、IMF のエコノミストたちでさえも、短期トレーダーが恐慌にみち
びかれ（そして恐慌をむしろ深化させながら）繰り広げる清算と資本移転をとど
めさせる手段としていまや海外投資の統制を再検討しているのだ[4]。実際、こう
した投資が「受取国」の視点から分析されることは比較的まれであり、分析され
る際にも投資家が現地の法・慣習・制度を独断で操作することは視野の外に置か
れてしまう。たとえば、ネクラ＝ゲイクダギ（V. Necla Geyikdagi）によるフラ
ンスのオスマン帝国領に対する投資の研究は、ビジネスの利害がオスマン帝国国
家を掘り崩し、「銀行・保険・鉱業・海港・貿易・鉄道建設（運行）などのセクター
で」事業機会を切り分けた仕方を描き出している。そこではフランスの企業は単
に地域の生産能力と長期的利益のポテンシャルを築くのではなく、たとえば鉄道
建設に際しては〔現地〕政府が、建設される鉄道の 1 キロごとに最低の収益を
保障することを条件とする一方で他の領域では非・仏系の企業からの競争を除去
するように策動していた[5]。他方で、より現代的なところでは、アメリカの会計
原則がグローバルに普遍化するのに明らかに失敗したことは、多様な利害が多様
な行為を生み出すという認識とともに、アメリカモデルへの収斂からは実質的に
離れようとする動きを示唆している[6]。それゆえ、経営史家にとって鍵をなす問
いはいかにして私たちは、歴史的な行動や類型をみるための地域的ないしは国際
的に枠をはめられた概念や期待について、異なった視点から定義し充足させるこ
とができるのか、ということである。その概念や期待には北米のものも含まれる。
　より広くいえば、西洋工業国の実践があまりにしばしば模範的とみなされ、あ
まりに不釣合いに奨励されてきたがゆえに、ビジネスと技術に根差したある取り
組みが逆に注目に値するのである。植民地末期、そしてポストコロニアル期のサ
ハラ以南地域では、当初のビジネスや経済の力点は都市化と工業化に置かれてお
り、その一部は最新式の西洋の機械を使ってインフラを整備すること（「良い道
路」）であった。しかしながらこのアプローチは大いに非効率で不十分なことが
明らかになった。部品のサプライヤーから遠く離れた地にあって、地ならし機や
関連する機械は誤作動を起こしたり低効率で動いたりした。その解決のために
は海外から「パラシュート」でやってくる企業が工事の全工程を扱わなければな
らなかった。現地に赴いたエンジニアや熟練工は、機械の操作や修理について現
地人をほとんど訓練してこなかったため、竣工後のメンテナンスは問題だらけで

55

あった。広範な批判を受けて、1970年代の初頭に世界銀行はまったく異なった土木工事の探求を支援した。それは機械に替えて労働力を配置するという逆の代替化であった。たとえば、ケニヤでは政府が指揮した「地方アクセス道路」計画で、1976年からの10年で8000kmの道路建設のためにピーク時には1万5000人の労働者を雇用した。予算オーバーは11%にとどまり、全支出の70%がケニヤ国内にとどまった。これは、機械設備と海外のマネジャーを採用した場合の30%以下と好対照をなしている。地方で稼得された賃金は支出の60%以上にのぼったが、これは機械ベースのアプローチの場合だったら10%であった。この方式はボツワナや他の諸国でも模倣され、労働集約的な建設業は高度な小器具を使うことに向かい、生産性の急上昇にみちびいた。なおかつ雇用が提供され、優秀な労働者には監督やエンジニアとしての訓練に上昇する技能の階梯も用意されたのである[7]。西洋の「先進」諸国も、不況や上昇する構造的失業のなかでこうした革新を回顧することで利益を得られるであろう。その際は、インフラ建設や訓練の双方にわたる挑戦において、効率性の基準を逆転させて集約的な解決よりも外延的な解決が目指されるであろう。経営史家としては、革新をより地に足がついたレベルで過去と現在にわたって理解しようとするのであれば、「最適解」とか「技術進歩」といった所与の認識をまずは忘れなければならなくなるであろう。

### 注　9：合衆国（あるいは西洋）を基準・規範とみなすこと

1. Alfred Chandler, *Scale and Scope: The Dynamics of Industrial Capitalism* (Cambridge,MA: Harvard University Press, 1990)〔安部悦生他訳『スケール・アンド・スコープ—経営力発展の国際比較』有斐閣、1993年〕. 論評者たちはチャンドラーがイギリス帝国のビジネス環境や米英両国の戦時経済の文脈や内在するダイナミックスをとらえ損なっていると議論してきた。これらはチャンドラーの核心をなす尺度である「組織ケイパビリティ」の輪郭を条件づけた主要な要素でもある。アメリカの問題は重工業における商品化とそれゆえに利益が減少するグローバル競争、誤解に満ちたM&Aを容易にした移ろいやすいシェア、イギリスの統一的なシステムとも、ドイツ連邦共和国の産業を再興させた冷戦の協力体制とも異なる（国家・州・地域レベルの）規制の不統一を含んでいた。
2. もちろん、欧州・アジア・アフリカ・ラテンアメリカの歴史を研究するアメリカの研究者たちが他国の国民や文化を無視したわけではないが、彼らアメリカの研究者たちはしばしば現地の実践や諸過程をアメリカの期待や関心から眺めたのであった。
3. Marcelo Bucheli, "Multinational Corporations, Business Groups, and Economic Nationalism: Standard Oil (New Jersey), Royal Dutch-Shell, and Energy Politics in Chile 1913-

第 I 部　罠——経営史家が避けるべきこと

2005," *Enterprise and Society* 11 (2010) : 350-99.

4. "Controls on Capital Part of the Policy Mix, Says IMF Staff," 19 Feb. 2010。この論文は以下で入手可能。 www.imf.org/external/pubs/ft/survey/so/2010/POLo21910A.htm（2011 年 4 月 14 日閲覧）.

5. V. Necla Geyikdagi, "French Direct Investments in the Ottoman Empire before World War I," *Enterprise and Society* 12 (2011) : 525-61.

6. たとえば、以下を参照。Ronald Dye and Shyam Sunder, "Why Not Allow FASB and IASB-standards to Compete in the US?," *Accounting Horizons* 15 (2001) : 257-71.

7. Robert T. McCutcheon, "Labour Intensive Road Construction in Africa," *Habitat International* 13.4 (1989) : 109-23, および McCutcheon, "Employment Creation in Public Works," *Habitat International* 19.3 (1994) : 331-55. これらのアプローチをアフリカ以外にも拡張した論考として Bent Thagesen, ed., *Highway and Traffic Engineering in Developing Countries* (London: Spon Press, 2001) も参照。

# 10：急いで現代に向かうこと

　過去 10 年の間に、研究の時間枠は直近の過去、すなわち 20 世紀の末にまで大きく移動したようにみえる。私たちが編集している学会誌（*Enterprise and Society* および *Entreprises et Histoire*）への投稿、経営史会議・経営史家協会・欧州経営史学会の年次大会プログラムへの応募において、ビジネスと政府の関係、国際マーケティング、商品開発、等々の主題は直近の過去の史実をともなってますます現代的なテーマを扱うようになっている。

　こうした動きをもたらしている一つの源は、ビジネススクールが歴史の型と効用に寄せる期待であろう。すべての経営史家のざっと半数がこうしたビジネススクールに勤務していることを考えるとこれは実質的に意味あることである。古典的な時代には、経営や戦略についての将来を見据えた研究は、企業の経験をせいぜい 5 年から 10 年だけさかのぼって調べて、ごくたまにそれより前の時期に言及していた。こうしたアプローチや関連する方法論の背後には、予測を行い、トレンドを予見し、検証に耐える仮説や理論を構築しようとする社会科学的な要請がある。しかし、このことは歴史をもっぱら現在の挑戦のレンズから眺め、過去のなかに便利な対照・事例・教訓を見つけ出そうとする、ある種の「現在主義」や「道具主義」を条件づけてしまう。現在主義はまた、あたかも歴史にゴールが

57

あるかのようにいう進歩主義や没落論にむすびつけられた、われわれ・わが国・われらの時代を強調する目的論的な言辞にたやすくつながっていく。さらには残念なことに、現在につながる経路にはずれているようにみえるものは、以下三つの次元にふりわけられて、いとも簡単に除外されてしまう。すなわち、深い過去、近い過去の文脈、そしてより深い長期のダイナミックスに由来する近い過去である。他方、道具主義は、「そこ」にあるもののうちで私たちが「ここ」で直面しているものと密接にかかわりがあるものが何なのかを、私たちが（いく分なりとも）知っていて、過去の行為を現在の問題に確かにつなぐことができると仮定する。実際、この視点からは過去はその経験が私たちの経験に関連を有する限りでのみ価値があるのであり、それはほとんどあたかも「そのとき」の人びとと制度は私たちの「いま」を作るために行動したかのようである。これは歴史の「教訓」の領域であり、その基盤は危うい。同じ状況、現象、過程を扱い、同じ史料群を用いても、異なった方向を指し示す複数の歴史が可能なのである。私たちがあまたあるなかから一つの解釈を選ぶのは、いかなるルールによってなのかという問いは二次的な道具主義を含んでいるが、これを正当化することは議論の余地があるものの取り上げられることはまれである。

　私たちは過去により深く入っていくほど、分析者・解釈者として認め、また取り組まなければならない過去と現在の違いはより一層大きくなる。深い過去の不可思議さは私たちの現在の認識を再構築して、連続性と変化の双方を可視化してくれるがゆえに、このことは非常に重要である[1]。他方、近い過去が探求を行う者に対して連続性の範囲や深さを決するための十分な見通しや明晰さを与えてくれることはまれであり、明らかな変化の意義を評価する手段を与えてくれることもない。実際、私たちは、記録のファイルが未公開の（消失していなければであるが）最近の事件よりも、50年か100年前の制度と出来事について、いく分なりとも多くの証拠をもっている。反対に、私たちは最近の出来事については広範で矛盾を含む一連の情報を有しており、しかももみ殻と小麦を振い分ける手助けとなるマトリックスも（イデオロギーや問われることのない「有用性」の認識の他には）もっていない。ビジネスの目的に関連する過去を探す者は、トレンド、類推や教訓譚を求めて直近の数十年の表層を探っているうちに過ちを犯すことになる。なぜなら、賢明な、あるいは愚かな経営や規制の枠組みはいま動いているものとは異なるダイナミックスのなかから生まれてきたものだからである——この違いは、行為が文脈から切り離されるとみえなくなってしまう。直近の歴史か

第 I 部　罠——経営史家が避けるべきこと

ら引き出された事例（あるいはデータ）は、それ自体の歴史を有しているのであり、私たちが意思決定に役立てるためにそれらを現在の状況と十分に同様なものにしようと説得を試みるとたちどころにみえなくなってしまうのである。

　たとえば、現在の自動車メーカーはガソリン車やハイブリッド車の後継として電気自動車を準備している。老舗の電力会社でさえ（あるいはいくつかの新企業も）広範に展開する充電ポイントシステムの実験を進めている。彼らはみな 20 世紀初頭に試みられた電気自動車の製造と維持の失敗を研究したはずであるが[2]、それでもなお多くの未知のことや重要なギャップが残っている。要するに初期の電力は信頼のおけない重いバッテリーのセットに依存しており、スピードと展開範囲が限られていた。合衆国の電化の不均一性を前提にすると電気の「配給所」を設けることには受け入れがたい文脈があったのである。21 世紀の電気自動車は「どこにでもいく」車両となることを期待されており、それはインフラ建設の問題を提起するが、この点について歴史的経験は何がしかの照明をあてることはできてもほとんど回答することはできない。他方、M&A がしばしば失敗する理由の一部は投資関係者が彼らの投資対象の過去数年だけの歴史をみて長期的なトレンド・資源・弱点に関する情報を集めていないことにある[3]。あるいはビジネスや労働に関する法律は、ふつうはきわめて古いものであり、何度も改定されている。現在の形だけをみていては、その法律が行動の制約になるのか、資源になるのかを示すことはできず、いわんやその解釈や訴訟の経緯を明らかにできない。利用する対象の先行事例はその成否にかかわらず現在の解釈に役立つ文脈を提供してくれるが、どの先行事例を選ぶかは、繰り返し述べているようにそれ自体、解釈的な行為に依存しているのであり、その選択にかかわる保証は言及されないことしばしばである[4]。歴史とは、私たちが一般に認めている以上に重要な資産ではあるが、現在の文脈に置かれた戦術を明確に指示してくれることはまれである。

　経営学や戦略論の研究者にとって（そして経営史家一般にとって）遠い過去を呼び覚ますことが何をもたらしてくれるかといえば、それは永続する伝統を解読し、いまは負担であったり無関係と思われたりする行為の根を理解し、常識的な形式や境界をこえてものを考えることを手助けしてくれることである。第一に、欧州の多国籍企業と発展途上国の関係を研究している研究者は植民地時代の実践や政策が現場で実際に残っていることを見い出すであろう[5]。住宅市場における道徳的な次元（そして道徳的な危険）の存在に急に気づいた市場関係者は、世界

59

の財の争奪をめぐるキリスト教圏の神学と社会の歴史的両義性を検証することから利益を引き出せるであろう。第二に、合衆国において商業技能業務と投資銀行業務を分離したグラス・スティーガル法を1990年代に廃止させようとしていた銀行家や議員たちは、1920年代に家計貯蓄と投機的な賭けをまぜこぜにした金融的リスクについて確かにもっと深い理解をもつべきであった。グラス・スティーガル法があったおかげで、半世紀にわたって銀行業はアメリカで最も熱狂を誘わないセクターとなり、巨利を追い求める野心家が活躍する余地はなかった。このことは2000年以降に劇的に変化し、それは2007-8年の大崩壊の一因ともなった。いまや私たちは——経済学者ポール・クルーグマン（Paul Krugman）が最近述べているように——「銀行業については、つまらないことは良いことだ」[6] という古い真理を再発見したのである。

　「箱の外側で考える」ということは決まり文句になったが、経営者にとっては、違った仕方で考えることは、とりわけ急激に転換する環境や危機的な情勢の下では巨大な資産となる。そしてここでは長期的な視点が注目されうる。たとえば、ジェシー・リヴァモア（Jesse Livermore）が1907年ともう一度、1929年において行ったように、近年のグローバルな金融崩壊のアンチ・ヒーローは、大きな危機を迎えつつあった市場をショートさせることで転換を呼びかけ、常識的思考に挑戦したのであった[7]。ウィリアム・デレジーヴィッツ（William Deresiewicz）は以下のようにみている。「私たちはリーダーシップの危機に直面している。…なぜなら私たちに先行した世代のリーダーの下で稼得された巨大な権力と富は、私たちを自己満足にみちびいてしまい、長らくルーチンを守ることだけを知っているリーダーだけを育ててきてしまった」[8]。直近の事例に頼ることは、経営者や経営史家にとってルーチンの流れを保つためのレシピであるが、それは過去に深く分け入れば崩壊してしまうであろう。それは私たちに傑出した先行者たちを見出すように呼びかけるからではなく、歴史的相違を一つの分析カテゴリーとして認識することにみちびくからである。ビジネスや他の組織にとって「それはかつてどうであったか、何が機能し、何が機能しなかったか、そしてそれはなぜか」を問うことは、いま常識的なものは何かを明確に考え、想像的には今日と明日の間で何が違うことになるかを考える鍵を握るステップである。どちらもいずれも過去を理解し、私たちの現在の実践を探求する助けになるであろう。

第 I 部　罠——経営史家が避けるべきこと

## 注　10：急いで現代に向かうこと

1. この点についてディビッド・ロウエンタール（David Lowenthal）はハートレー（L. P. Hartley）の *The Go-Between* を引用しながら印象的に述べている。「過去は外国である。そこには異なったやり方がある」。Lowenthal, *The Past Is a Foreign Country* (Cambridge, UK: Cambridge University Press, 1985), xvi を参照。

2. David Kirsch, *The Electric Vehicle and the Burden of History* (New Brunswick, NJ: Rutgers University Press, 2000), および Michael Brian Schiffer, *Taking Charge: The Electric Automobile in America* (Washington, DC: Smithsonian Institution Press, 2010).

3. この問題についての経営的な視点としては Mike Schrader and Dennis Self, "Enhancing the Success of Mergers and Acquisitions: An Organizational Culture Perspective," *Management Decision* 41 (2003): 511-22 を参照。近年の歴史については Patrick Gaughan, "Failed Merger: Failed Corporate Governance?," *Journal of Corporate Accounting and Finance* 16.2 (Jan.-Feb. 2005): 3-7 を参照。

4. 学術的な議論における保証の意義については Wayne Booth and Gregory Colomb, *The Craft of Research,* 3rd ed. (Chicago: University of Chicago Press, 2008), chap. 7, "Making Good Arguments: An Overview" を参照。

5. 注意深い分析として Alexander Lee and Kenneth Schultz, "Comparing Britishand French Colonial Legacies: A Discontinuity Analysis of Cameroon"（未公刊論文、Stanford University, 2009）を参照。この論文は以下で参照できる。www.sscnet.ucla.edu/polisci/wgape/papers/17_Lee.pdf（2011 年 4 月 10 日閲覧）を参照。

6. Paul Krugman, "Good and Boring," *NewYork Times,* 31 Jan. 31, 2010.

7. Richard Smitten, *Jesse Livermore: World's Greatest Stock Trader* (New York: Wiley,2001)〔藤本直訳『世紀の相場師ジェシー・リバモア』角川書店、2001 年〕, および Michael Lewis, *The Big Short: Inside the Doomsday Machine* (New York: Norton,2010)〔東 江一紀訳『世紀の空売り』文藝春秋、2010 年〕. リヴァモア は 1907 年に株の空売りで 300 万ドルを稼ぎ、同様の手法で 1929 ～ 30 年にずっと多くを手にしたといわれる。しかしいずれの時も彼は空売りを続けた結果、稼いだ額のほとんどあるいはすべてを失った。ルイスの 2007–9 年の空売りは抵当証書担保債の先安感に賭けて数億ドルの規模に上った。空売りの詳細については以下を参照。www.investopedia.com/university/shortselling/shortsellingl.asp（2010 年 5 月 18 日閲覧）.

8. William Deresiewicz, "Solitude and Leadership," *American Scholar* 79 (Spring 2010); 20-31. 引用は 24 ページから。合衆国の労働組合をめぐるこの点については Jefferson Cowie, *Stayin' Alive: The 1970s and the Last Days of the Working Class* (New York: New Press,2010) も参照。

第Ⅱ部

機会

──主題の領域──

# 1：人工物

　博物館から蚤の市、さらに廃品投棄場まで、ビジネスが生み出したりビジネスに関連した人工物は、歴史的な解釈のための素材を提供する。販売促進の景品、すばらしい磁器から簡素なマッチ箱までの製品、設計者の机、そして青写真を入れておく鉄製キャビネット、これらはすべて製造、経営、そして消費についての、文章によるものではない物理的な時代考証の材料である。生産の素材の境域では、たとえうち捨てられた工場・鉱山・港湾・作業場においてすら、産業の作業現場から発生する人工物はありふれたものである。ここでは明らかに機械が重要であるが、道具、記章、安全性・位置・機能に関する標識もまた企業の物理的特徴の証拠となる。さらに産業考古学の視点からは、建物、道路、景観、廃墟なども経済の企業心や疲弊の歴史を表している。人工物は証拠であり、すばらしいかもしくはずさんな職人の手並み、優れたもしくは無頓着な設計、さらには使用・再専有・即興について語るに値する物語をもっている。それでも私たちがこれらの物語が何に関するものであり、なぜそれらが意味あるのかを決定する必要があるので、効果的な解釈をするには十分に考えて定式化された問いかけが必要である[1]。ゆえに以下に示す一連の問いかけはこの節を構成するのに役立ちうるであろう。

　1．何がビジネスの物質文化を構成するのであろうか、さらにそれは時間とともにどのように変化するか、そしてそれはなぜか。どのような人工物（自動車のボンネットの装飾品、株式相場表示器、溶鉱炉など）が企業の文化的方針をとらえているか、あるいはある産業の聖像的な参照として機能しているか。外部の変化——電気や戦争の到来、馬や蒸気機関車の退場などがたぶんそうであろうが——がビジネスの人工物にいかに影響するであろうか。人工物は歴史的な過程をいかに反映し、もしくは創始するであろうか。どのような人工物がオフィスを図書館や教室から区別し、またどのように、どこで、そしてどのような意図にもとづいてそのような分離が行われたのであろうか。ビジネスの人工物はどのように感情にもとづく心証（そして誰のであろうか）、階級的立場、もしくは支配の意図的性格を表現するであろうか。そしてビジネスの人工物は空間や過程の生成をいかに反映するのであろうか。

第Ⅱ部　機会——主題の領域

　最後の点については、デルフィーヌ・ガルデー（Delphine Gardey）が最近フランス第三共和政におけるオフィスの技能や目的の再生成を分析している。彼女は「メカニズムが解明される必要がある特定の過程に従って統治と行為の関係を構築する上において、技術と人工物は決定的に重要である」と記している。たとえば、ガルデーは、タイプライターが女性を職場に進出させたという標準的な話とは異なり、女性の職場への進出がタイプという機械に先行すること、および男性が「最初のタイピスト」であったことを見い出した。それでは女性はどのようにこうした機械に結びついていたのであろうか。部分的にはその答えは、当初は非常に困難でそれゆえに男性の仕事の領分とみなされていたタイプの仕事に要する文化的な熟練度が低下し、やがて決まり切ったものになって困難なものではなくなり、やがて女性の仕事へと変化していったことに求められる。ゆえに「物体が組織設計に記載され」かつ熟練が定義され、人工物・手順・そして人びとの統合に関連するようになる方法を例証するということを思い出すことがきわめて重要である。さらに 1920 年代にこの仕事が女性のものになると、「タイプのための椅子、特別なテーブルや後には机、電気スタンド、そして文書フォルダーなどの家具が身体の場所、仕草の正しさ、そしてタイプライターを使う正しい方法を決定するために使われた」[2]。ゆえにブリュノ・ラトゥール（Bruno Latour）の意味において、物体は仕事と生活の演劇における役者となり、経営の意図を要約し、それらを人間に実現させるように仕向けるのである。

　2．次いで、確かな家具・備品・設計図・通信システム・そして情報の交換や貯蔵を行う企業のための技術はどこから来たのであろうか。さしあたり私たちは、オフィス、商業機関、取引所などに焦点を絞ることとする。どのように、なぜ、そして誰の意図もしくはすすめによってこれらのものは再構成されたのであろうか。より具体的には、机の歴史とは何であり、そしていかにそれが一人用の仕切りとなったのであろうか。ジョアン・イエーツ（JoAnne Yates）が電信文やメモの歴史やファイリングや文書の取り出しの歴史を解き明かすなかで行ったことは、人工物に影響されたオフィスの慣行についての他の局面に注意を引きつける[3]。たとえば、電話通信はガルデーの男女の役割パターンに従うのか、そして空間的に広がったシステムの導入が権力や面会の関係を変えるのであろうか。携帯電話の第一世代は重くて、複雑でその結果再び男性のものとして分類されたので、携帯電話の幅広い普及に関する性的な帰結の偏向はありうるのであろうか（それとももはやそれは過去のものであろうか）。日常生活にとって決定的に重要な

65

ありふれた人工物を考慮する余地を残すために革新の重要性を過度に強調しないようにしようというディビッド・エドガートン（David Edgerton）の懸念を再考してみると、どのような耐久性のある人工物がビジネス活動を条件づけ、さらにその周りのものが変化しているのにそれそのものはなぜ変化しなかったのであろうか[4]。ここでは私たちは、紙と鉛筆、申込用紙と領収証、特定の机・椅子・窓（それを占有したり手に入れたりできるという労働者の期待とともに）の世代を超えた力と、さらには設計や仕事の流れを改善するとか効率を上げようとかする人が、それらをなくしてしまうときに引き起こされる闘争を認識するところから始めるべきかもしれない。

　3．私たちはいかに主体が占有し、複雑で予想もしない方法で変更する人びとの集まる場所である職場を、設計されもしくは組み合わされる場所であるところの人工物として分析し、史実にもとづかせることができるであろうか。どのような方法をとれば、職場における管理者、設計者、職長、労働者といった相互に交流する主体を再構成することがうまくいくであろうか。職場の世界の住人たちは、管理者、技術者、コンサルタントらが効率性、監視、監禁のために行った仕掛けや配置をいかに再組織し、打ち倒し、転用したのであろうか[5]。たとえば、組立ライン、トイレ、洗面所は権力と抵抗をいかに関連づけたのであろうか[6]。この傾向でいえば、照明、換気、カフェテリアはどうであろうか。人工物、文化、企業が相互に組み合わされ、それについて私たちがほとんど知らないようなどのようなものにも歴史がある[7]。

　4．工場、船渠、企業本社における職場空間を構成する重役と建築家の関係もしくは摩天楼や「企業大学」を通じて象徴的になされる主張をいかに私たちは解き明かし、解釈できるであろうか。アメリカにおいては、おそらくフォード自動車のリバー・ルージュ工場に始まるが、閉じ込められた会計事務室からけばけばしい多層階の吹き抜けや角部屋のオフィスに変化させることで、企業は生産や経営の場所をいかに象徴、理想郷、あるいは観光場所として視覚化していったのであろうか。企業の空間の表現において、この2世紀を通じて、どのような国際的な流れや対照が描き出しうるであろうか。

　5．オフィスの外の広い仕事の世界において、建物、生産の空間の組成、病院・給水所・公共輸送システムを通じる人びとやものの流れの物質性によって、企業やさまざまな組織はどのような文化的メッセージを投げかけてきたのであろうか。そしてこれらのメッセージは、誰にとって、どのような方法で、どのよう

第Ⅱ部　機会——主題の領域

な時点において、そしてどのような制度的および個人間の影響を与えることで重要なのであろうか。こうした環境において、「影響」とは何であり、意図された影響に加えて、もしくはその代わりに、どのような付加的な影響が生み出されたのであろうか。インフラが人工物だとして、なおそのうえ、それらは経営史において、どのような形をもってあらわれうるのであろうか。パリの地下鉄をビジネスの利害や政府の能力によって解決される都市化の人工物として考えるとか、ドナルド・リード（Donald Reid）が強調したように、パリの下水を非常に対立的な社会的・経済的関係を調和するものとして考えてみよう[8]。営利企業や活動家はこれらの設計や資金調達にどのように関与したのであろうか。どのような形態や規格を、誰が、いつ、なぜ推進し、あるいは反対したのであろうか。地下のルート（あるいは地下鉄では駅も）はどのような一連のつながりをもっていて、地下鉄と下水の展開する建設パターンはパリの成長の経済的局面とどのように相関していたのであろうか（他の大都市においても繰り返すに価する問いかけに注意せよ）。

　6．最後に、特定の人工物およびその歴史について考えるときに、携帯電話は「トランシーバー（ウォーキートーキー）」という軍事的な先行者をもち、のちに建設の現場監督、映画監督、そして世界を移動する企業家のために設計されたものではなかったであろうか。そして経営史には、いきづまりや再設計に富んでいる探索の物語へと統合されていく設計者、発起人、投資家、製作者が生み出した人工物やある種のものの系譜の歴史を再構成する余地があるのではないであろうか。薄いコーヒーやパッケージされたサンドイッチを購入するときの私たちの日常的な仲間である自動販売機を考えてみよう。その歴史は消費主義と自動化の双方に関係があるが、経営史家はまだこの方向には動いていない[9]。（おもしろいことに、1980年代のベルリンでは、自動販売機の手始めは、薬物中毒者に利用可能なように注入器を清潔で安価にすることに焦点があった）[10]。イタリアと日本の自動販売機製造者は設計の名人であるが、彼らの優れた能力（そして失敗も）の歴史的説明は少ないように思える。同様にアメリカに生まれいまはなくなってしまったジュークボックス（コインを入れて動かす音楽プレイヤー）は記憶の対象で、コレクターが評価し、研究もよく行われているが、十分な歴史的分析は行われていない（さらに詳しくいえば、とても複雑な機械で、使用中に故障しやすいのであるが、その技術的・工学的な分析も行われていない）。ビジネス、技術・消費を統合する人工物についてきちんと考察することは、経営史にとって明るい方

67

向である[11]。

　これらのあるいは他の分野でも、ビジネスの物質文化を探求することは、職業生活とその緊張、組織階層のいろいろな階層における権威や主導権の実行、さらには人工物と製造および消費の歴史の関係を創造的に再構成することにとって実りの多いテーマである。

## 注　1：人工物

1. Arjun Appadurai, ed., *The Social Life of Things: Commodities in Cultural Perspective* (Cambridge, UK: Cambridge University Press, 1986), および Bill Brown, ed., *Things* (Chicago: University of Chicago Press, 2004).
2. Delphine Gardey, "Culture of Gender, Culture of Technology," in *Cultures of Technology and the Quest for Innovation*, ed. Helga Nowotny (New York: Berghahn, 2006), 73-74.
3 JoAnne Yates, *Control through Communication: The Rise of System in American Management* (Baltimore: Johns Hopkins University Press, 1993).
4. David Edgerton, *The Shock of the Old: Technology and Global History since 1900* (New York: Oxford University Press, 2007).
5. 19世紀後半から20世紀のアメリカにおける「監視の構成」については、Anna Andrzejewski, *Building Power: Architecture and Surveillance in Victorian America* (Knoxville: University of Tennessee Press, 2008) を参照。
6. 生き生きとした例として、Stephen Meyer, "Rough Manhood: The Aggressive and Confrontational Shop Culture of U.S. Auto Workers during World War Two," *Journal of Social History* 36 (Fall 2002) : 125-47 を参照。
7. Peter-Paul Verbeek, *What Things Do: Philosophical Reflections on Technology, Agency, and Design* (University Park, PA: Penn State University Press, 2005).
8. Donald Reid, *Paris Sewers and Sewermen: Realities and Representations* (Cambridge, MA: Harvard University Press, 1993).
9. Kerry Segrave, *Vending Machines: An American Social History* (Jefferson, NC: MacFaland, 2002) は評判の良い歴史的説明である。シーグレイブは同じ出版社から比較しうるジュークボックスを概観した著作も刊行している。英語文献に限った話であるが、両著作に対しては主に文化史の研究者が少し注目しているのみである。
10. Klaus Stark, Astrid Leicht, and Reinhold Muller, "Characteristics of Users of Syringe Vending Machines in Berlin," *Social and Preventative Medicine* 39 (1994) :209-16.
11. 非常に興味深い出発点としては、ポール・オーマロッド (Paul Ormerod) の *Why Most Things Fail: Evolution, Extinction, and Economics* (New York: Random House, 2005) がある。

第Ⅱ部　機会——主題の領域

## 2：創造と創造性

　本書を通じて私たちは経営史家が他の歴史分野や他の社会科学からひらめきを得るように奨励している。ビジネスの実践において正当な評価を受けていない分野の一つとして、創造性があることは確かであろう。たくさんのビジネスの活動は、特許取得から研究開発、マーケティング、産業スパイ、株式詐欺、攻撃的なダウンサイジングに役務を提供することまで、マイナスのものも含めて創造性を含んでいる。私たちは創造性の知的中心が研究開発部門やコンサルタントのなかにあると考えるべきではない。むしろすべての企業家、技術者、管理者、労働者が独自の方法で問題を解決し、また問題解決の過程にアイデアを出す潜在性を秘めているのである。創造性は科学、社会的必要性、夢、文学、映画、大衆文化（例、空想科学小説）などのたくさんの源泉から生じ、また問題解決の繰り返しや学習から生じる。

　どのような条件が創造性を育むであろうか。短期的な目標、一時的な仕事の割り当て、具体性（規則に縛られた現場）は、長期的責任、過程の強調よりも効果が少ないとはいえるであろう。緊急性、人員不足、不完全な知識、資金的制約もまた技術的・組織的想像力を刺激しうる[1]。しかし創造性には多くの障害が存在する。生み出すことは伝統的な管理者を立腹させうるか混乱させうる緩やかで制御しにくい動学的なものである。多くの創造性に富んだアイデアは価値がないとわかり、そして拒否されるので、創造的な人を立腹させうるか混乱させうる。それとともに間違った創造性、すなわち「創造性がある」とされているが、しかし厳しく管理されているか、そうではないにしても同じことの繰り返しになっている環境や過程を見分けることが絶対に必要なことである。たとえば、金融関係者は、しばしば企業合併や会社の一部門の分社化を、いくつかの企業の資産や利害を創造的に混合するものとか才能のある人材を自由にするものとして提案するが、ここでの唯一の創造性は広報活動におけるものである。結局、企業買収や部門分社化は繰り返されるプロジェクトで、課業のようなものであり、関係者によって不十分な証拠にもとづいて行われるか、十分に特定化されずに行われるため、多くの場合に失敗し、その関係者は創造的ではなく機械的な過程に巻き込まれて

いると判断するのである。合併や分社化は、会社規模の縮小、新しいロゴと予算、不慣れな市場に進出することも含めて、慣行・期待・洞察・そして人びとを混じり合わせることに予期しない複雑性がつきまとうことから、関係者が認識できない方法で困難に陥る。1982 年のダッソー・システム（Dassault System）で行われた分社化ほど創造的なものはまれであるが、そこではこれらの困難が認識され、すべての階層の労働者が新しい一連の作業条件、設計の方向性、そして創発的な能力を作り出すことにかかわった[2]。創造を行うための資源についてさらに考察することには価値がある。いくつかの努力は希少な資源を管理することを含んでいる。1999 年に金融的制約に直面したパリの二つのビジネススクールはパリ商工会議所によって合併に追い込まれた。1819 年からパリで活動していた ESCP と 1972 年より欧州の各地で活動していた EAP は、合併して欧州 ESCP となり、欧州大陸で唯一の完全に国際的なビジネス教育を行う学校となった。二つの機関が直面していた深刻な苦境を前提とすれば、この合併は確かに思いがけない創造的な結果であり、パリ商工会議所も欧州 ESCP が成功するとは考えていなかった[3]。一つの結果は、単純に数量的な一連の条件（これこれの予算とか非常に多数の学生や部局）ではなく、新しい文化が生み出されたことである。他の創造的な事業も単に希少な資源を別の方面に振り向けるだけではなく、新しい資金調達を必要としている。こうした投資が事前にいかに予測できないかを前提にすると、資金調達は一般的に不確実で、最も悪いときに打ち切られるかもしれない。ゆえに創造性は献身的な人びとと信頼できる資金の流れに依存する。

　創造を研究するときには、商品やサービスのライフサイクルを考慮に入れなければならない。ある消費財は旧式化に直面し、別のものは永続する人気を博するが、これが経営史家に問題を投げかける。二つのタイプの「永遠の」商品の時間軸について考えてみよう。一つはイギリスのファイロファックスというシステム手帳であり、同じ形で数世代にわたって生産され続けている。もう一つは発電所であり、同じものを数世代にわたって生産することが期待されている。対照的に衣類のファッション品や家屋の装飾品は、異なる速度であるが、着実に変化していく。1950 年代には革命的であったデンマークの現代的な居間は今日では古風なものとして売られている。同時に日本の結婚式の着物はある世代から次の世代へと引き続いて使われるが、西洋のウェディングドレスはスタイルの周期を通じて急速に変化していく。ここでの要点は、創造をするときに、生み出されるものがどのくらい長く効果があり、実際的な価値があり、利益があるかということで

第Ⅱ部　機会——主題の領域

ある。創造にかかわっている人たちが製品をどのような時間の層に向けて送り出そうとしているかに関心があるのか、ということは経営史家にとって一つの問題たりうる。

　創造の驚くべき局面の一つは、創造が無駄なしには達成されないということである。先に述べたように、たくさんのアイデアが出され、そのほとんどが成功しない[4]。宣伝のキャンペーンは、宣伝を行う顧客が最終決定をするまでに、何回もの試行の標語、映像、色の組み合わせを経ることで有名である。技術的分野では、技術者が複雑な問題の解を求めるときに、複数の設計を評価し、原型試作品が試され、性能が不足する場合には、再設計がときには数十も行われる。これらの仕事は、ダメになった努力も時間と物理的および知的資源を消費するから、とても費用がかかる。それでも最初の直観が正しいことはめったにないし、最初の草稿が適切なこともめったにないが、経営や政治ではこのことは必ずしもめったに理解されない。ゆえに無駄は創造性について回るものであるが、「創造性のある人」はみんなと違い、操縦できないし、しばしば失敗するので、経営者にはしばしば信用されない。結果として、経営の文献の指令に従って、しばしば企画の革新やときには予算カットや集中的監督によって、企業は「不生産的」支出なしに創造性を得ようと追い求める。皮肉なことに制約はしばしば創造性に拍車をかけるが、確実なものではない。

　ベンチャーキャピタルの助言に従い Google がエリック・シュミット（Eric Schmidt）を 2001 年に雇ったとき、彼は無定形な枠組みに代えて、階層的経営組織を導入した。その結果は、技術的困難に対し想像力に富んだ解をみつけることで有名であった企業における創造性の急速な低下であった。このことを認識して、シュミットや創業者たちは技術者に対し仕事時間の 20％を自分のアイデアやプロジェクトの発展にあてることを許した[5]。特に経営陣が少なくとも一部分は「創造性のある人」の自律性を承認したことにより、創造的な勢いが再び戻った。

　操業開始企業（start-up）は、平均より高いリスクを冒す資本をもとに、創造性を求めて設立される（それがマクドナルドのフランチャイズでなければ）。そこで創造性を重視する新しい企業にとって重要な問題は、どのような環境がその発展をもたらすのかということである。操業開始企業は、税制支援と新しい企業が特許と知的財産権を確保するのを支援する規則を設定する法律の条項を必要とするであろう。操業開始企業が革新的な製品を生み出すための時間軸は、実行されるプロジェクトの複雑さと、その分野における研究と現象理解の程度と一貫

性がなくてはならない。実験的な開発と市場探索を急いで行うことはできない
が、これは投資家にとってつらいことである（たとえば、Google は最初の 3 年
間は何も稼がなかったし、2011 年に 85 億ドルでマイクロソフトに買収された
Skype はまだ利益を上げていない）。見込みはライバルについてどれほど知って
いるかにも依存する。ドットコム企業の成長が示すように、多くの操業開始企業
はアイデアが一つの会社であり、多くはこの狭小さで失敗したが、それでもいく
つかのアイデアは小さな企業を主要企業のランキングのなかに押し上げた（ボー
ダフォンや Skype など）[6]。他の場合では、一つのアイデアにもとづく成功は、
さらなる生産的な洞察につながらず、創業者たちは自らの持ち分を投資家に売り
渡した。これはルイ・ルノー（Louis Renault）が最初の自動車を 1898 年に作
り出して 1 年もたたないうちに試みたことであるが、進んで買い取ってくれる
人をみつけることができず、がっかりしてその事業を継続した[7]。すべての創造
的な企業家が創造的であり続けるわけではなく、どの世代においてもトーマス・
エジソン（Thomas Edison）のような人はまれである。

　一つの中心的な洞察が一連の製品アイデアを呼び起こし、産業部門を変えるこ
ともありうる。フランスにおいて、日曜日に釣りをするのが好きなフランス国立
科学研究センターの技術者のポール・リヴィエ（Paul Rivier）は、改良された釣
り竿を設計し、特許を取ったが、全く市場に相手にされなかった。彼の妻がフラ
イパンの性能が悪いと文句を言ったときに、釣り竿の開発から得たアイデアを把
手のないフライパンの問題を解決するために使った。再び特許を取得したものの
やはり商業的利益はなかったが、その革新についての口コミが広まり、ついに
は投資家を引きつけ、ティファールという把手のない台所道具のブームを 1950
年代に巻き起こした。他の家庭用品や日常使用品を批判的にみると、リヴィエ
は多くのデザインが停滞していて、新しい素材や製造工程を用いた抜本的な革
新（radical innovation）の余地があることに気がついた。鉱業学校（Ecole des
Mines）の研究者はこの標準的なデザインの再評価を「徹底的な革新」（intensive
innovation）と名づけたが、この革新は当今の市場を狙った日常の道具を再構成
する他の新しい操業開始企業を刺激してきている[8]。

　第二に操業開始企業の後援者は、どのように自らが望むことが行われるように
その企業を仕向けられるであろうか。第一に取締役会の株主メンバーとして、投
資家は経営者に自らの指導に従うように指示する権限をもっている。しかしつか
ず離れずの関係ではこれを行うのは難しく、取締役は現在行われていることを学

第Ⅱ部　機会──主題の領域

ぶおきまりの手順を発展させる必要があるかもしれない。そうすれば経営政策を
みちびけるであろう。後援者たちは大きな情報の非対称性が存在している大抵の
場合においては、操業開始企業の経営者が位置している技術的領域や市場領域に
関連した自分自身の能力を発達させる必要が明らかにある。創造性に立脚した操
業開始企業を離れたところから監視し、報告や「数字」を検討することは、トラ
ブルのもとである。その代わりに投資家は操業開始企業の経営者との契約を交渉
することができるが、これは投資家が情報を得たうえでの企業統治や柔軟性の必
要性を認識するのであれば役に立つ方法である。両方のアプローチはともに 19
世紀にまでもとをたどることができるのであり、これらの問題は情報経済ととも
に突如わいて出てきたものではない。

　いかにしたら成熟した企業は、自らに創造性を注入する必要があると認識でき
るであろうか。徴候は外部環境からやってくるかもしれない。たとえば、その企
業の製品やサービスのラインの衰退、資本市場での資金調達コストの上昇、もし
くは金融もしくは産業アナリストによる批判的な評価などである。同じように企
業の中核的な能力に対する代替品の登場もまた警告信号である。内部的には重要
な人材が競争企業へと離脱するかもしれないし、製薬企業ではしばしば生じてい
ることであるが、試作品や治験の段階で計画された新製品が失敗するかもしれない。

　それでは何をすべきであろうか。二つの戦略が効果的であると明らかにされて
いる。経営者は責任者を明らかにして、社内に創造性を育む新しい部門を形成す
ることかもしれない。ここで重役にとっての難問は、創造的な解をみつけるのに
十分な資源と時間を専門家に与えているときに、その埒外に居続けることは困難
であるという古典的なものである。あるいはその代わりに、経営陣は他の企業と
共同で企業を設立するか、共同のプロジェクトを立ち上げるか、それとも従来の
やり方を打ち破るという役割をもった新規プロジェクトを始めることかもしれな
い。ここで難問は権威と支配を軽減することである。たとえば、1960 年代まで
富士通（1935 年に富士電機から分社化されたものである）は電話とコンピュー
ターを製造していたが、電気装置のロボットや機械制御への応用の可能性を認識
した。この潜在的可能性は、大量生産企業の内部で適切に支援されるにはあまり
にも発達途上のものであったので、重役は 1972 年に 100％所有の操業開始企業
としてファナックを分社化したが、同社はロボットとコンピューター数値制御に
おいて世界を支配する企業となった。さらに同社は技術的機会を探索するために、
たくさんの共同企業を立ち上げ、2009 年には富士通から完全に独立している[9]。

最後に連続企業家（serial entrepreneur）は創造性を職人的熟練——明らかに経験を通して学べるが、教科書では学べない何か——に変換する。発明家と同じようにこれらの人びとは、繰り返し企業を立ち上げ、成功した企業を売り払い、失敗した企業を閉鎖し、そして新しいプロジェクトへと移動していく[10]。スチュアート・スコーマン（Stewart Skorman）やジュディー・ジョンストン（Judy Johnston）のような人びとは、拡大するビジネスを経営者にまかせることを含むこうした能力の権化である。最近スコーマンは、25年間で6番目の操業開始企業である「究極の映画おすすめエンジン」を立ち上げるために活発に活動している。現在の Whole Foods の元重役である彼は、Real.com をハリウッド・ビデオ（Hollywood Video）に1億ドルで売却したが、ドットコム・バブル崩壊により HungryMinds.com では2000万ドルを失った。「私はあなた方が一緒に事業を始めたいと思う創造性に富んだ男であるが、あなた方がそれを経営して欲しいと思う経営の人間ではない」と彼は自分をみている。ジョンストンはヒューレット・パッカードの地位を離れ、同社が拒否した子供向けの印刷キットを作る会社を始めた。彼女はこの会社をマテル（Mattell）に2600万ドルで売り、いまでは彼女にとって3番目の会社である子供向け雑誌の会社を率いている。「創造性に中毒になることは企業家の役に立つ」と彼女は述べるが、また「企業家が起こした会社も含めてであるが、私自身は大きな会社を経営するのに適任ではない」とも述べている[11]。連続的に起業された操業開始企業のすべてが創造性を基礎としているわけではない。むしろアメリカ、欧州、日本では、料理店主は、定期的にレストランやバーを始め、それらを2、3年経営し、休みを取り、やがて新しい店を始めるのである。

　創造性の多くの局面と同じく、連続企業家精神は歴史をもつが、新しい企業を息子たちのために作った19世紀の家族企業の家長にしかさかのぼれないというものではない。フィラデルフィアのブロムリー（Bromley）織物工場の家族は、この点で有名で、レース、糸、編み物企業をもともとの羊毛カーペットのビジネスから生み出される利益によって作り上げた[12]。ゆえに経営史家にとって、創造性を研究することは単に企業の流れに同調する手段であるのみならず、過去におけるビジネスの経験の豊かで多様性に富むタペストリーを再構成する手段でもある。

第Ⅱ部　機会——主題の領域

### 注　2：創造と創造性

1. Michael Gibbert and Philip Scranton, "Constraints as Sources of Radical Innovation? Insights from Jet Propulsion Development," *Management and Organizational History* 4 (2009): 385-99.
2. Benoît Weil, Patrick Fridenson, and Pascal Le Masson, "Interview with Pascal Daloz: Concevoir les outils du bureau d'études: Dassault Systèmes; une firme innovante au service des concepteurs," *Enterprise et Histoire*, no. 58 (Apr. 2010): 150-64.
3 Arnoud de Mayer, "Strategic Issues Facing Business Schools," *Decision Line*, Mar. 2003, 4-9.
4. Bruno Latour, *Aramis, or the Love of Technology* (Cambridge, MA: Harvard University Press, 1997), および Vincent Guigueno, "Building a High-Speed Society: France and the Aerotrain, 1962-1974," *Technology and Culture* 49 (2008): 21-40 を参照。
5. Eric Schmidt and Hal Varian, "Google: Ten Golden Rules," *Newsweek*, 2 Dec. 2005, http://analytics.typepad.com/files/2005_google_10_golden_rules.pdf(2011年7月5日閲覧).
6. Syed Tariq Anwar, "Vodafone and the Wireless Industry: A Case in Market Expansion and Global Strategy," *Journal of Business and Industrial Marketing* 18 (2003): 270-88.
7. Patrick Fridenson, *Historie des usines Renault*, 2 ed., vol. 1 (Paris: Le Seuil, 1998), 46.
8. Vincent Chapel, "La poêle magique, ou la genèse d'une firme innovante," *Enterprises et Historie*, no. 23 (Nov. 1999): 63-76, および Pascal Le Masson, Benoît Weil, and Armand Hatchuel, *Strategic Management of Innovation and Design* (Cambridge, UK: Cambridge University Press, 2010).
9. Seiuemon Inaba, *The FANUC Story: Walking the Narrow Path* (n.p.: n.p., 1992); Tomoatsu Shibata and Mitsuru Kodama, "Managing Technological Transformation from Old to New Technology: Case of Fanuc's Successful Transition," *Business Strategy Series* 9 (2008): 157-62.
10 Ari Hyytinen and Pekka Ilmakunnas, "What Distinguishes a Serial Entrepreneur?" *Industrial and Corporate Change* 16 (2007): 793-821.
11. Jennifer Wang, "Confessions of Serial Entrepreneurs," 8 Jan. 2009, www.entrepreneur.com (2011年3月17日閲覧).
12. Philip Scranton, *Figured Tapestry* (Cambridge, UK: Cambridge University Press, 1989).

# 3：複雑性

複雑性は定義を疑わしいものとする。…ジレンマに陥って始めるときに、

> 複雑性とは重要で、本質的なものであるということを受け入れることは、
> 英知の始まりである。...規則、事例、他の歴史的環境、そして何よりもお
> そらく制度の歴史の所与で存在している秩序に従えば、いかなる複雑な形
> 態の人間行為にとっても、意味ありげにそれを結びつけ、解釈し、支配し、
> 囲い込む文脈の諸局面が存在するものである。
>
> ジョン・ケリー（John Kelly）『アメリカのゲーム』

複雑性の研究は 1990 年代に十分に発達したが、その理由は動学システム、創発的特性、フィードバックの環、自己組織現象、そして非線形過程といった問いかけに注意することを通じて、物理学・生物学・システム理論・経済学の諸局面をまとめるように企図したことにとどまらないであろう[1]。経済・国民・市場・企業が、研究の究明にとってすべて利用可能な特有の形態をもった空間・時間の複雑性を、異なった尺度で表しているので、複雑性の分野に親しむことは経営史家にとって非常に大きな価値をもちうる。この節では、まず複雑性や複雑システムについて批評し、次いで複雑（complex）と込み入っている（complicated）の相違を簡単に論じ、さらにある経済が複雑性をいかに例示するかを示し、多様な複雑性について批評し、最後にこの系列の研究が提示する歴史問題や可能性について述べる。

　最近の経営学研究文献への貢献として、二人のベルギーの学者が役に立つ枠組みの議論を展開している。

> （複合体においては）各構成要素は相互に絡み合っており、その結果、一つの構
> 成要素における変化は、他の構成要素への相互作用をおよぼし、さらに最初の変
> 化をした構成要素を含む別の構成要素へと波及することで、一連の変化へと増殖
> していく。このことはシステム全体としてのふるまいを各要素の点から追跡する
> ことを著しく困難としている。古典力学において研究されている単純な「玉突き
> の球」のシステムと異なって、複雑なシステムは例外というより標準的なもので
> ある。典型的な例は、生きている細胞、社会、経済、生態系、インターネット、
> 天候、脳、都市である[2]。

複雑性の量的な尺度はまだ開発されていないが、その代わり経験から「十分な」理解と「部分的な順位付け」が生じてきており、それは一般的に「ある企業が他

第Ⅱ部　機会——主題の領域

の企業より多くの事業部をもつのであれば、事業部により多くの従業員がいるのであれば、事業部により多くの相互作用の経路があるのであれば、そして（あるいは）相互作用の経路により多くの人対人のやり取りがあるのであれば、ある企業は他の企業より複雑であろう」というものである。ゆえに従業員数、資産、投資収益それ自体は、複雑性を示すものではない。さらに複雑なシステムには、「生来備わった予見不可能性」があり、均衡状態に向かっていく傾向があるわけではなく、古典力学や新古典派経済学のような均衡をベースとした理論は、この分野においては確かに役に立たない。自分の企業が安定していて、合理的で、階層的であるというふりをしている経営者は、自社を「周囲と行動の間の結びつきの進化するネットワークとして」現実的にみることができず、ゆえに「経験から学ぶ手順をほとんどもっていない」[3]。この点からみて、家族企業のなかでしばしばみられるより特徴づけられた洞察は、従業員が進化する結びつきをより適切に理解するのを助けるであろう。

　複雑性にかかわる研究を行ううえで、その概念をそれと近い概念である込み入っていると区別しておくことは有用である。「複雑は独立の反対であり、込み入っているは単純の反対であるから」、複雑を単純の逆とみることは間違いである[4]。なぜこれが正しいのであろうか。ポール・シラーズ（Paul Cilliers）は、「もしもシステムの個々の構成要素の完全な記述ができるのであれば、そうしたシステムは単に込み入っているだけである。…複雑なシステムにおいては、システムの構成要素間の相互作用とシステムとその環境の相互作用がそのシステムの本質であるので、単にその構成要素を分析するだけではそのシステム全体を十分に理解することはできない」と説明する[5]。ブロガーのフレミング・ファンチ（Flemming Funch）はその違いを巧みに敷衍している。

　込み入っているとは、何かが多数の入り組んで結びついている部分を含んでいるときであり、理解するのが困難な何かである。たとえそれを理解したとしても、物事が意味ある方法で組み合わされるという保証はない。複雑とは、何かがシステムとして行動し、明白ではないシステムとしての特性を示しているときであり、部分の単純な総和より多いかそれとは異なっているものである。たくさんの部分があるかもしれないし、ないかもしれないが、結果はある種のそれ自身の生命を帯びる、余り明白ではないものである。エアバスのA380旅客機は込み入っており、クラゲは複雑である。パリの地下鉄ネットワークは込み入っているが、人びとが

77

それをどう使うかは複雑である。あなたの骨格は込み入っているが、あなたは複雑である。建物は込み入っており、都市は複雑である[6]。

賢明なオンラインの解説者は次のように加えた。「これは還元主義によって理解されうることと創発によって理解される必要があることを比較しているように見受けられる」[7]。確かにそうである。いくつかの込み入った実態は、その重要な構成要素と構造を認識することで（エンジンの概略図におけるように）、少なくとも人工物として理解されうるが、動学的システムは、過程、フィードバック、再構築、適応的変化、すなわち時間と変化に集中しなければ分析されえない。

　複雑なシステムは、少なくとも以下の10個の外観を示す。(1) 多数の構成要素、(2) 動学的に相互作用する構成諸要素、(3) 多くの他の構成要素に影響し、その代わりにそれらに影響もされる構成諸要素、(4) 非線形の相互作用、そのため小さな原因が大きな結果をもたらしうるし、「大きな」出来事が小さな影響しかもたらさないこともある、(5) 通例ほんの少しの段階しかない相互作用の道筋、(6) 広範なフィードバックの環、(7) 環境とシステムの相互作用（システムは開放的である）、(8) 均衡における複雑なシステムは生命がなく、機能しない、(9) システムの歴史は、現在の動きに「共同責任」がある、(10) 構成諸要素は利用できる限定された情報に反応して活動し、どの構成要素もシステムを全体としては「知らない」。この視角は企業、産業、経済を解明する新鮮な方法を提供する。シラーズは経済について、一つひとつ説明している。(1) 経済は多数の経済的に活動的な人びと（さらに私たちは組織も加えられるであろう）からなる、(2) これらの主体は貸出、借入、交換（さらに製造も）によって相互作用する、(3) 相互作用は多様であるが、システムへの主体の相対的な影響を直接に示すものではない、(4) 非線形性はいたる所にある、(5) 通例、主体は通常の組み合わせの仲間と相互作用する（オンラインでも）[8]、(6) フィードバックは、主体の継続する決定にとって根本的なものである、(7) 経済の開放性は、経済の境界を引くことをほとんど「不可能」とする、(8) 経済は決して静止せず、信用恐慌によるなどして凍結されると、大惨事が訪れる、(9) 遠い昔および最近の双方の歴史が、主体の選好や選択に影響を与える、(10) 経済のすべての情報をもつ上位主体は存在せず、決定は利用可能で、不完備な情報にもとづいて行われねばならない。

　ゆえに経済は複雑なシステムであり、協調と競争の双方に備えるが、それでも基本的に予見不可能であり、部分的にしか包括的ではない。経済行動を中核的

第Ⅱ部　機会——主題の領域

な原則やアルゴリズムに還元する際に優雅さを犠牲にしているが、この接近方法の行動や意思決定に関する現実性は、歴史分析にとって多様な入り口を提供している。たとえば、アレッサンドロ・スタンジアニ（Alessandro Stanziani）が示したように、19世紀のワイン交易はほとんど計りしれないほど複雑であった[9]。輸出業者は海外市場について不完全でしばしば紛らわしい情報しかもっておらず、港に入ってくるぶどう園の製品の構成や品質についての不確実性はいつも問題であった。ラベルは偽造され（得たし）、素性や産地はよく定義されていなかった。香りや品質保持期間によくわからない影響があるのであるが、販売人はアルコール度を高めるために混ぜ物（通常は砂糖）を加えることもしていた。共同のおよび国家の規制はある程度複雑性を減殺したが、この過程には数世代を要した。

　さらに複雑性は単なる一つのことではなく、それぞれ逆の条件を示すためにひっくり返されうるような三つの手法における認識や行動の基礎となる条件としてあらわれてくる。その三つの手法の候補としてありうるのは、認知複雑性、生成複雑性、物質（あるいは環境）複雑性であり、その逆（順序、行動、もしくは方向が反対）とは、歴史複雑性、回顧複雑性、知的複雑性である。第一の認知複雑性は、主体が状況・問題・「刺激」を評価するときに用いられるか（差別化）、もしくは「産出物を作る」ことを考えるときに考慮に入れられる（統合）、複数の局面もしくは「尺度」を含んでいる。どちらも認識にかなったり、意味をなしたりするための中核的な社会活動を含んでおり、ゆえに論理的な順序に従う意思決定の規則よりもはるかに複雑である。さらに認知複雑性の難問は、「データのスモッグ」——質が不明で現在の状況に不均一か不確実な関連性しかない利用可能なデータが過剰に存在する——によって悪化される[10]。ゆえに認知複雑性は前向きであり、ここで私たちは何をもっているか、私あるいは私たちは何をいかにするか、にかかわっている。歴史複雑性は現在から過去へとは逆の方向で機能し、他人（あるいは私たち）によって取られた行動の残留物、跡、断片から意味や認識を引き出そうと試みる。傾向、パターン、通常では出来事を今日の問いとのかかわりで認識しようと努力するなかで、歴史複雑性は、データのスモッグとは逆の現象すなわち「大忘却」——記憶が部分的であり、まとめられており、意図的である（記録することだけにとどまらない）ことや記録にされるのが大いに選択的であることを含み、文字やイメージを作り出す人や作為的に歴史的な証拠を滅却する人びとによって行われる——に対処しなければならない。研究者がつかみうる範囲を超える不知のもしくは不可知の（資料や事実の）源泉が常にあるとい

79

うことを認識しつつも、このような多様な複雑性は、不均一性や不確実性と似た問題に直面する。

　生成複雑性は、いまだ発生途中で、ほとんど知られておらず、まだ決定されておらず、行動のための「二者択一がまだ規定されていない」ことにともなってまだ規定されていないありうる未来とやり取りすることを含んでいる[11]。組織学習の理論家のピーター・センゲ（Peter Senge）とオットー・シャーマー（Otto Scharmer）が記すように、「生成複雑性は、協同生産の過程における複数の主体をいかに巻き込むかにかかわることである。…それは自己知識と現実との間の不鮮明な境界に明らかに結びついている。生成複雑性は、創発的でいまだ生じていない現実とかかわり合う過程のなかのすべてに備わっているものである」[12]。認知複雑性は、現状を理解することに広がっていくが、生成複雑性は、未来を作り、定義していくこと、進行中の主題を明確に描くこととかかわっている。これを逆にすることは、確かに生成するものとして、しかし大惨事（ボパールのガス事故やチャレンジャー号の爆発事故を考えよ）を明らかにし、不十分な証拠で説明する感覚で、衰退と失敗の動学を構成する回顧複雑性につながっていく。

　最後の構造複雑性は、行動への制約でも新規計画への制度的開放性でもある環境の物質的局面（金銭、物質、天候、インフラストラクチャー）にかかわる。もし認知が複雑で、創造性が将来の不確定要素に依存するのであれば、構造と環境は、危険なしには放っておくことができない現実の継続的存在という状況をあらわす。物質を観念化の状況を組み立てるために逆にして、外側から内側へと移動すると、行動の案内を求める人びとに利用可能な競合し、交差し、矛盾する考え、技術、枠組みのうねりを認識することになる。これらの特徴は知的複雑性——ここで記される複雑性の最後のものであるが、複雑性はこれですべてではない——を定義するものである。

　経営史家にとって、この精巧な繊維から糸を取り出す糸口はどこにあるであろうか。たぶん私たちは、経営者、組織、専門家、国家によって経済、技術環境、作業工程、生産と消費の社会関係などに対処するために開発された手法を探索することができるであろう。これらの主体は、一方で企業のなかでは、単純化をもとめ、統計を集め、会計を洗練させ、報告を正式なものにするための努力が表面化するという還元主義の戦術を用いる。企業や産業のなかでの標準化のための新規計画はこれによく当てはまる。もう一方では、創発に集中した接近方法はあまり研究されていないであろうと予想される。複雑性は多数の大きな建設プロジェ

第Ⅱ部　機会——主題の領域

クトのなかで出現することが予想されるが、それは予期しない難問を引き起こす
行為を展開する局面として出現する。柔軟で適応的な装置を導入することが需要
と技術双方の創発的な性格を知らしめたように、1世紀前に（そしていまでもな
お）企業の内部を歩き回ることで管理することは、確かに複雑性に従事する技能
であったのである[13]。万能性を維持するのと同じく、すべての前線から情報を求
めることは、傾向の予測不可能性と管理の限界を認識させる。このような作業を
文書化し、分析しうる歴史的な問いを発することは、経営史家に創造的な研究の
機会をもたらしうるのである。

### 注　3：複雑性

銘句：John Kelly, The American Game: Capitalism, Decolonization, Global Domination, and
　　　Baseball（Chicago: Prickly Paradigm Press, 2006）, 37.
1. 特にサンタフェ研究所（Santa Fe Institute）に関していえば、そのモットーは「科学の境
　　界を広げる複雑性の研究」である。1984年に設立されたこの研究所の初期については、
　　M. Mitchell Waldrop, *Complexity: The Emerging Science at the Edge of Order and Chaos*
　　（New York: Simon & Schuster, 1992）〔田中三彦、遠山峻征訳『複雑系』新潮社、1996年〕
　　を参照。この研究所は数百ものワーキング・ペーパーを刊行しているが、そのうちの
　　いくつかは、歴史に関するおよび歴史家への洞察を提供している。たとえば、Samuel
　　Bowles, "The Co-evolution of Institutions and Preferences: History and Theory"（work-
　　ing paper, 09-04-008）もしくはFrank Schweitzer, Giorgio Fagiolo, Dider Sornette,
　　Fernando Vega-Redondo, and Douglas White, "Economic Networks: What Do We Know
　　and What Do We Need to Know?"（working paper 09-09-038）を参照。二つともサン
　　タフェ研究所のウェブサイトでアクセス可能である（www.santafe.edu/research/work-
　　ing-papers/year/2009）。フランスの視角については、Edgar Morin, *On Complexity*（New
　　York: Hampton Press, 2008）, およびEdgar Morin et Patrick Viveret, *Comment vivre en
　　temps de crise?*（Paris: Bayard, 2010）を参照。
2. Carlos Gershenson and Francis Heylighen, "How Can We Think the Complex?," in *Manag-
　　ing Organizational Complexity*, ed. Kurt Richardson（n.p.: Information Age publishing,
　　2005）, 49.
3. 同上論文、49-51, 55ページ。強調は著者が加えた。
4. http://en.wikipedia.org/wiki/Complexity/（2010年6月8日閲覧）.
5. Paul Cilliers, *Complexity and Postmodernism: Understanding Complex Systems*（London:
　　Routledge, 1998）, vii.
6. "Ming the Mechanic: Complicated and Complex," 29 June 2008, http://ming.tv/flem-
　　ming2.php/_show_article/_a000010-001928.htm（2010年6月8日閲覧）.
7. Mike, 4 July 2008, 同上サイト。
8. アンソニー・ギデンスによれば、この顔対顔の遭遇からの大きな変遷——長距離化——は、

近代性の中核的な特徴の一つである。Anthony Giddens, *The Cosequences of Modernity* (Stanford: Stanford University Press, 1990)〔松尾精文、小幡正敏訳『近代とはいかなる時代か？―モダニティの帰結』而立書房、1993 年〕を参照。

9. Alessandro Stanziani, "Negotiating Innovation in a Market Economy: Foodstuffs and Beverage Adulteration in 19th-Century France," *Enterprise and Society* 8（2007）: 375-412, and "Information, Quality, and Legal Rules: Wine Adulteration in 19th-Century France," *Business History* 51（2009）: 268-91.

10 George Por, "Collective Intelligence and Collective Leadership: Twin Paths to Beyond Chaos," *Working Papers on Information Systems* 8（2008）, no. 2（http://sprouts.aisnet. org/8-2）（2010 年 6 月 8 日閲覧）.

11. 同上論文。

12. Bolko von Oetinger, "From Idea to Innovation: Making Creativity Real," *Journal of Business Strategy* 25.5（2004）: 38 に引用されている Senge と Scharmer の著作。

13. 初期のコンピューターによる工作機械の制御に携わった MIT の設計者はこのことを認識し、多様な金属加工の仕事をする「柔軟な機械」を生み出すことが彼らの目標であると宣言した。William Pease, "An Automatic Machine Tool," *Scientific American* 187（Sept. 1952）: 101-15 を参照。


# 4：即興


　経営史家は何世代にもわたって革新に魅せられてきた[1]。即興はそれよりずっとなじみのない用語であり、経営者や組織の道具箱の道具としてよりは、音楽家や喜劇役者がもつ能力として考えられがちである。私たちの即興への関心の欠如は、合理化および責任といつもの手順が重視され、変化が徐々に起こり、しばしば計画され、通例都合のいいことにそれがある限界のなかにあるという、規則重視の階層組織や環境に注目してきた経営史の長い伝統に部分的にはさかのぼるであろう。対照的に即興は、あいまいな状況、危機、複数の主体が協力（あるいは対立）する 1 回限りのプロジェクト、もしくは知ることができることや時間がともに不足しているような意思決定の状況において、非常に重要である。ある解説者にとって、「即興は現場での批判、再編成、経験した現象についての直観的な理解のテスト」をあらわすが、「進行中の行動がやはり重要である」[2]。当初には認識できない未知のこと、突然の費用、遅延、失敗をもたらす予期できない出来事、困難に直面して人数的にも専門的にも計画されていなかった参加者が加

第Ⅱ部　機会——主題の領域

入することを含むので、プロジェクトは即興にとって特に有望な場所である（第Ⅲ部「展望」の「6：プロジェクト」を参照）。

　先に進むために、最初に即興の行為のいくつかの例を提示し、さらに即興をユーザー主導の範疇に属する一群の知りうることに関する概念と結びつけ、最後に即興という概念が経営史家にいかなる価値がありうるのかを示唆することとする。2009年1月15日にUS Airwaysのパイロットのチェスリー・サレンバーガー（Chesley Sullenberger）は、乗客乗員155名を乗せたエアバスA320機を操縦して、ニューヨークから北カロライナ州のシャーロットに向けて離陸し、その2分後に目的地が不明のガチョウの群れに衝突した。飛行機のターボファンエンジンは多くの鳥を飲み込み、1000メートル（3200フィート）の高度でほとんどすべての推力を失った。どの飛行場にも到達する見込みがなかったが、サレンバーガーは機体をハドソン川に安全に不時着水し、ボートの集団が搭乗していた全員を救助した。サレンバーガーの危機への対応は、ある航空評論家が「英雄的即興」と名づけたものを表しており、予期されない状況への想像力に富んだ個人の反応であった[3]。大惨事を起こした飛行機の操縦者は、生命を脅かす失敗から逃れる方法を確かに即興でみいだそうとしており、このような反応は成功するよりうまくいかないことの方が多いのであろう。それでも時速150マイル（240キロ）で85トンの機体を川に着水するというサレンバーガーの型にはまらない考えは傑出したものであった[4]。

　危機における即興は困難であり、個人よりも集団にとってさらに困難であるように見受けられる。B・A・ターナー（B. A. Turner）は緊急事態に対応するために訓練された集団について観察している。「前例のない危機は緊急組織の職員の期待や毎日の手続きに挑むものである。職員は有用な行動を取りうる前に、何が起こっているのかについての理解を整える必要がある、ということがわかるであろう。さらに即興は決まり切った反応とは異なった態度や作業の実践を必要とするので、あるやり方に慣れた職員にとってすぐにより柔軟なやり方に変更することは難しいであろう」[5]。確かにいくつかの作業集団（消防士、戦闘軍隊、株式および商品取引所のマーケットメーカー）は、危機や前例のない状況にいつもどおりに対応するので、事態に対処するための非公式のしきたりや共有された期待を生み出していく。1980年代にジュリアン・オアー（Julian Orr）が観察したゼロックスのコピー機の修理工は、「持続された即興」とでもよぶものの古典的な例を提示している。彼らに割り当てられた仕事は、サービス契約のもとで込み入った

機械を保守することであり、もちろん非常に多様な障害が発生する。ゼロックスは修理工に各機種についての大量の文書と、欠陥を特定し、構成部品を取り替え、結果を試験するための明示的な指令を備えた手引書を交付していた。もちろんそうしたうえで、オンラインの「しばしば聞かれる質問」集（FAQs）のように、手引書はとてつもなく多様な不具合を処理するには不適切であった。ゆえに修理工は即興で処理し、先に述べた「直観的な理解についての現場での批判、再構成、試験を実行に移し」、さらに自分たちの洞察と新しい診断を、次の日の仕事が始まる前に、朝のコーヒーを飲みながら共有した。一連の即興を通じ修理工の共同体は、手引書の固定された情報を超える機械の気まぐれと顧客についての、検証しうるひとかたまりの知識を集めたのである[6]。

経営学者のカール・ワイク（Karl Weick）は経営史の問題と共鳴する即興的な状況についての多様な主張を行っている。第一に「もし出来事が即興で起こり、意図が実行に緩く結びついているのであれば、主体は勢いよく仕事を始め、起こっていることをみる意外にほとんど選択の余地がない」。すなわちもしあなたの作業モデルが機能せず、いかなる行動がどのような結果を引き起こすのかがよくわからないなら、手引書に書いてない何かを試して、結果を待ち構える必要がある。第二に「実際に何が起こるかは、それについて何かをするには遅すぎるときになるまで、わからないであろう」。これは基本的な点であり、もしあなたが何をしているのかわかっているのであれば、あなたが即興で何かをするということはないであろうから、予期しない結果が起こるときには、あなたの理解の欠如は誤りを正す行動を合理的に取ることを不可能にするのである。即興はリスクが高く、見返りも大きい行動である。第三に「何であれのちに事実がみえるようになった後は、その人ができるすべてのことは正当化と意味づけである」。のちの状況が即興を強いるような経験と機能的に似ているのであれば、一連の行為の終わったときに過程や結果を内省することで、私たちは即興が上手になれるのであり、ゼロックスの修理工の事例がまさにそうなのである。ゆえに即興を通じるパターンと実践についての学習と、即興の技能についての向上する洗練化の双方がありうるが、成文化され、信頼でき、予見できる知識が出現するということはありそうもない[7]。

もしもこれがそうであれば、危機と持続された即興の双方を経営史になじみのあるもう一つの範疇である研究開発、およびあまり気づかれることのないその逆の開発研究に結びつけることができる。理想的には研究開発は、人工物と手順の

第Ⅱ部　機会——主題の領域

革新のための指針を生み出すかもしれないし、生み出さないかもしれない基礎
となる科学的知識を求める探索から始まる。これはベル研究所のモデルであり、
化学産業や医薬産業でも同様であり、社会科学では RAND 研究所がそうである。
RAND 研究所での研究は、自然および社会の状態についての信頼できる理解を打
ち立てる体系的試みに関係していた。対照的に産業において研究開発といわれて
いるものの非常に多くは実は開発研究であり、不適切な知識の状況に直面してい
る開発目標（新製品や能力）から始まる。プラスチックやジェット推進の開発で
繰り返し発生したように、1940 年代のポリマー化学、冶金、内燃、流体力学の
ためのばらばらな科学の基礎を前提にすると、焦点を絞った科学（そして技術）
研究が、開発過程で直面した障害に続いた。研究開発・開発研究の両者は明示的
な知識や管理を生み出す公式的な接近方法であり、いくつかのモデルではこれこ
そが革新が発生する場所であるとしている。それに対して危機と持続された即興
は、すぐそこにある困難な状況に応じた問題解決を生み出す非公式的な接近方法
である。その結果として得られる理解は、あいまいで、操作上のもので、反復を
通じて相当の改訂に直面するかもしれないが、変動の激しい海路において企業を
動かしていくには決定的に重要である[8]。

　なぜこのうちのいずれもが経営史家にとって、価値があるべきなのであろうか。
まさしく企業の問題解決の世界が体系的研究のための研究開発・開発研究の機会
を含んでいるためであり、緊急事態や失敗しつつある部門、欠陥のある製品、も
しくは一貫しないサービスに取り組むための度重なる挑戦もまた、そうした機会
を含んでいるからである。研究開発・開発研究にとって成功しそうな決まったや
り方や規則は、本当に予測していなかったことに主体が直面したときには、だめ
なものである。ゆえにビジネスがこうした混乱の霧や不知の洪水にいかに対処し
てきたかは、その柔軟性と創造性を測る尺度といえる[9]。先例のない状況に決ま
り切ったやり方を用いることが資源の配分の誤り、間違いの再生産、競争力の逆
転を生み出す秘訣であることをよく味わうには、1970 年代のアメリカ自動車産
業の経営的な苦闘を考慮するだけで良い。即興はまた 2008 年における世界経済
の崩壊寸前の状況に、金融機関がいかに対処したのかにおいても特徴的な役割を
果たし、ときには金融機関への圧力を和らげるどころか増幅した[10]。金融、研究
開発、革新になじみのある経営史家は、それを用いる主体が成功するか失敗する
にせよ、即興を促す非線形性、不確実性、創造性についてより注意することを通
じて、恩恵を被ることができるのである。

85

## 注　4：即興

1. 私たち著者も革新に魅せられているが、このテーマは非常に議論されているので、ここでは節として取り上げないこととした。

2. Donald A. Schön, *Educating the Reflective Practitioner* (San Francisco: Jossey-Bass, 1987), 26-27. これは Karl Weick, "Improvisation as a Mindset for Organizational Analysis," in Weick ed., *Making Sense of the Organization* (Oxford: Blackwell, 2001), 285 に引用されている。

3. James Reason, "Heroic Compensations," in *Innovation and Consolidation in Aviation,* ed., Graham Edkins and Peter Pfister (Aldershot, UK: Ashgate, 2001), 1-6, quoted from 2.

4. 詳細については以下のウィキペディアのサイトを参照。http://en.wikipedia.org/wiki/US_Airways_Flight_1549.

5. B. A. Turner, "The Role of Flexibility and Improvisation in Emergency Response," in *Natural Risk and Civil Protection*, ed. Aniello Amendola, Tom Horlick-Jones, and Riccardo Casale (London: Chapman & Hall, 1995), 463-75. 引用は 466 ページ。この論文は 9.11 の世界貿易センターの大惨事の 6 年前に刊行されたが、タワーが燃えて崩壊するときに特徴的であった先例のない緊急事態が起こったときに生じた不確実性と協調性の根本的な問題を描いている。

6. Julian Orr, *Talking about Machines: An Ethnography of a Modern Job* (Ithaca: Cornell University Press, 1996). 携帯電話は集合的な問題発見と問題解決を結局のところ行ったが、ユーザーがその機器を不具合にする新しい方法を始めたにもかかわらず、常に機器が新しい故障の方法をみつけたかのようであった。

7. 音楽家については、Paul Berliner, *Thinking in Jazz: The Infinite Art of Improvisation* (Chicago: University of Chicago Press, 1994) を参照。この叙述は注 2 に引用したワイクの論文から取られている。Karl Weick and Kathleen Sutcliffe, *Managing the Unexpected* (San Francisco: Jossey-Bass, 2001)〔西村行功訳『不確実性のマネジメント——危機を事前に防ぐマインドとシステムを構築する』ダイヤモンド社、2002 年〕も参照。

8. Claudio Cibarra, "Notes on Improvisation and Time in Organizations," *Accounting, Management, and Information Technologies* 9 (Apr. 1999): 77-94; Dusya Vera and Mary Crossan, "Theatrical Improvisation: Lessons for Organizations," *Organization Studies* 25 (2004): 727-49; および Christine Jaeger, "Bureaux, micros, réseaux: Des entreprises aventureuses," *Réseaux* 4.18 (1986): 19-44.

9. Paul Adler and Clara Xiaoling Chen, "Combining Creativity and Control: Understanding Individual Motivation in Large-Scale Collaborative Creativity," *Accounting, Organizations and Society* 36 (2011): 63-85.

10 Andrew Ross Sorkin, *Too Big to Fail* (New York: Viking, 2009)（加賀山卓朗訳『リーマン・ショック・コンフィデンシャル』早川書房、2010 年）and Michael Lewis, *The Big Short* (New York: Norton, 2010)〔東江一紀訳『世紀の空売り——世界経済の破綻に賭けた男たち』文藝春秋、2010 年〕.

第Ⅱ部　機会──主題の領域

## 5：極小ビジネス

　経営史家は通例は大企業と中企業を分析する一方、小企業という用語で、興味深い残差を時たま特徴づけてきた。確かにアメリカの法律では、「小」企業とは従業員500人以下の企業であり、政策的理由から生み出された分類であって、明確さや分析上の有用性から生み出されたものではない[1]。極小ビジネス（microbusiness）とは小規模のなかの最も小さいものであり、従業員9人までのものである（あるいはもう一つの定義では、従業員5人以下で、商業銀行と取引がなく、開業費用が3万5000ドル未満のもの）。総体で推計3200万人を雇用しており（2003年頃、総雇用の約6分の1）、アメリカの2400万もの企業の98％をしめ、4分の3が自営業者である。さらにアメリカの労働省は「1992年から2005年までの新規開業極小ビジネスが、グロスの雇用形成の67％をしめた」ことを見い出した。極小ビジネスの5分の3は、不動産、建設および家屋の修理、小売業、専門・技術・科学サービスの四つのサービス部門に集中している。さらにそのオーナーは、特に小さな町や地方においては、「地域の指導者としての人的資源の供給源となっている」[2]。これは些細な現象ではなく、歴史しかも世界的な歴史を有している。小企業はこれまでもそして現在もどこにでもあるのであるが、その多様な経路をどのように概念化し、分析し、理解したらいいのであろうか。

　ここでは自営の歴史化、最小のビジネスへの資金供給、極小ビジネスと世帯、極小ビジネスと法律・国家の四つの題目について、特に非公式経済との関連において明らかにしていく（先進経済と発展途上経済の間の共鳴と対照については、第Ⅲ部「展望」の「3：帝国から新興国へ」を参照）。自営は単純に聞こえるが、過度に込み入っている。自宅の地下で契約にもとづきコンピューターの部品を組み立てている技術者は、自営でありまた従属下請業者であり、借家で相談を受けている治療専門家は、自営でありまた独立専門家であるが、1日3000ドルでコンサルタントをしている経営大学院の教授は、自営であり終身在職権をもっている。これらの事例から、自営は経済的混乱に対する一時的な防衛、生涯にわたる経済的役割、期限の定めのない仕事の一時的な付属品となりうることがわかる。すべての階級や所得階層で起こっているが、極貧の研究は、自営を他者に雇われ

て働くことの不確実性を前提として、「まあまあやっていける」ための群生した戦略の一部とみている[3]。

　一世紀あるいはそれより前には、自営には農民、巡回行商人、機械組立工、酒場や下宿屋の管理人、靴や機械の修理工の他に、多数の内科医、弁護士、店のオーナー、建築家を含んでいた。自営には階級構造のすべての部門が存在していて、女性も私たちが思うよりずっと多数いた[4]。現在においてもそうであるが、過去において自営業者のいくぶんかは、家族をしばしば生活の糧以外の支払いなしに職場にいれたし、また不十分な支払いで実習生、助手、見習いを雇い、さらには書記を雇ったり、共同経営者を迎えたりするものもいた。自営専門家の作業場所が狭くなっていったこと、自分自身の上司となろうという欲求が続いたこと、自分自身の経験、教育、資本の欠乏を前提として、貧しい人が非自発的に自営となることが続いたこと、などは数世代にわたって、妥当なことであるようにみえる。広告収入（および相談の機会）を生み出すブログ、およびフリーランスの人（興味深いことにこの人たちも自営業者である）に記事を書く仕事を契約で割り当てる編集者によって所有されている報道のサイトを通じて、インターネットは自営に新しい活動場所を生み出している。これらの現象は、仕事・オーナー・顧客・主体の間の関係の錯綜した網が、オンライン生産の空間的に広がった世界に張り巡らされていることを示唆している。

　極小ビジネスはいかに開業および拡張資金を入手するのであろうか。計画段階では銀行の注意を引くにはあまりに小規模であり、確かに生活の資を稼ごうとしているのであって財産を作ろうとしているわけではなく、働こうとしているのであって革新をしようとしているのではないから、極小ビジネスの所有者で、資金調達の点において企業家としての資格をもつものはほとんどいない[5]。ゆえに最も一般的には、家族、友人、貯蓄、小規模貸金業者、もしくは社会的関係から資金を調達する。最近では少なくともアメリカとイギリスにおいては、国家機関が開業者の支援を行うようになっている。オレゴンの計画では、こうした支援を公共サービスと認識し、顧客の60％が女性、半分が民族的・人種的少数者であるとしている。ポートランドでは、9.11事件のあとニューヨークを逃げ出したある芸術家が、花売場を始めるために7000ドルを確保し、すぐに生活が成り立つようになった。より一般的には、障害者や「子供を世話してくれるところが必要な人」のための「雇用の場がきわめて限られている地域に住んでいる人にとって、極小企業はとりわけ有力な選択肢でありうる」[6]。

第Ⅱ部　機会──主題の領域

　政策の不一致が歴史家の注意を引く産業化した西洋諸国におけるこのような実験的な行動は、ひどい貧困によって悩まされている発展途上経済における小規模貸出・小規模貯蓄の新規戦略によってはるかに追い越されてきている。バングラデシュの地方における必需品の欠乏と闘うための独立後の計画が、三つのいまや巨大となった貧困者のための銀行（グラミン、ASA、BRAC）を生み出し、それらは「小規模貸出・銀行口座・保険・幅広い金融サービスの利用を拡大することに捧げられる世界的な『小規模金融（microfinance）』運動」を牽引した。インド・フィリピンその他数十の国で、債務不履行率が40％から95％にのぼるという、国が出資または補助金を出した地方信用銀行の失敗のあとに、このような小規模金融が盛り上がった。対照的に市場指向的な小規模金融機関は、一貫して95％を超える返済比率を（最近まで）記録している。特にインドでは、「小口（retail）」銀行業務で得られなかった利益を夢見て、投資家が小規模信用事業に殺到してきた[7]。歴史的には小ビジネスに対する信用の源泉に関する研究は、クレア・ザルク（Claire Zalc）が戦間期のフランスにおける移民の操業開始企業について検討し、イワン・ライト（Ivan Light）とエドナ・ボナチッチ（Edna Bonacich）がロサンジェルスでの戦後の移民ビジネスに資金を供給する韓国の無尽（kye）仲間について書いてはいるが、比較的まれである[8]。地理学者のジェーン・ポラード（Jane Pollard）は、最近のイギリスのバーミンガムにおけるデザイナー中心の宝石関係極小ビジネスの金融と空間的動学を分析してきた[9]。これらの仕事はすべて歴史家のプロジェクトにひらめきを与えることができるであろう。

　世帯はバリハー・サンヘラ（Balihar Sanghera）が「競争、支配、交渉、習慣の交錯であり、家庭内に埋め込まれたもの」とよぶもののなかに、極小ビジネスとともに絡み合っているものである。イギリスへの移民のなかでは、夫が小売店や食堂の唯一の所有主として取り扱われているが、妻は夫を直接に助けるか、女性が公の場で「働く」ことが文化的に不適切とみなされる場合は、家族と家庭の暮らしを一人で支えることで夫を助けることによって（多くの場合その両方を行っている）、妻も一様に参加している。「家族成員の力関係と異なる利害を反映して」、子供の労働もまた「交渉が行われ、争われている」。このような経営者たちは、「資本を蓄積する機会というよりは『遣り繰りする』方法として」ビジネスを営んでいる。極小ビジネスを行っていることは、「雇用関係に入る必要をなくさせ、臨時で賃金が低い仕事よりも良い選択肢を与えている」ので、彼らは「若干の社会的名声」を得ている。結果としてオーナーの目的は、ビジネスを生き残

89

らせることであり、また「家族がやっていくのに十分な稼ぎを上げる」ことである[10]。スーザン・インガルス・ルイス（Susan Ingalls Lewis）のおかげで、歴史家は女性が所有する極小ビジネスが全く珍しいものではないということをいまや理解しているが、ルイスは1830年以降の半世紀の間に、ニューヨーク州の州都のオルバニーにおいて2000もの女性が所有する極小ビジネスを発掘し、その多くが家庭で活動していたことを見出した[11]。一世紀ののちに、エイボン（Avon）やその他の直接販売の組織は、各戸訪問販売の他ホームパーティーを使って化粧品を知人に売ることで、何万人もの女性が極小ビジネス企業家となることを鼓舞した。ゆえにサンヘラの発見を用いることで、経営史家は家庭内に埋め込まれたものが、他の時代や場所において、男および女が経営する極小企業の双方にとってどのように機能し、その構成要素の相対的重要性が時間を通じてどの程度変化したかを探究できるであろう。

　極小ビジネスは大きな組織とはほとんどつきあいがないが、法律には直面し、二つの反対の方法でつきあうことになる。19世紀のフィラデルフィアから今日のハノイまで、国の政策機関は「物売りを通りから追い出すか、出店を制限しようとする長い歴史がある」[12]。確かにチュニジアの免許を受けていない果物売りが「複数の監督官」から何回も殴打されたあとに自殺したことが、ザイン・アル＝アービディーン・ベン・アリー（Zine el-Abidine Ben Ali）大統領の政権を打倒したアラブの春の革命の第一段階のきっかけとなったと報道されている[13]。管理・監督・抑圧といったことが、極小ビジネスを歓迎しない国家がしばしば取る反応であり、「非公式経済」として知られるようになったときには、なおさらそうである[14]。フランスは1790年代にさかのぼる商業の自由の長い歴史があるが、第一次世界大戦時の「外国人」に関するパニックのなかで、第三共和政は移民が所有する企業をその管理の網に取り込んでいく商業登記の制度を確立し、それが市民権のないユダヤ人のビジネスの合法的な強奪へと高まっていき、さらにヴィシー政権がホロコーストに荷担することに貢献していったのである[15]。これらの合法的な強奪は思考の糧と研究の基礎をきっと提供するであろう。

　対照的に極小ビジネスを育成しようという国の努力は、それらへの援助や先に記したアメリカやイギリスにおける資金調達の仕組みを確かなものとする。フランスではこの30年位の間の報道における雇用の変化が、報道機関のリストラや破綻により解雇された報道記者によるフリーランスの普及をもたらした。労働組合や経営者組織の要求に応じて政府は、複数の企業と契約している個人のための

第Ⅱ部　機会——主題の領域

特別立法を行い、その人たちが社会福祉の給付（医療や社会保障など）を得られるようにした[16]。「右派」の文脈や「右派」の人びとにとっては、極小ビジネスへの敵意や管理は、支援や対策として再評価しうることは明らかであろう。これらの異なる方向性を探索することは、経営史を拡大し、より豊かにしうるのである。

### 注　5：極小ビジネス

1. これは助言，貸付，特別な計画にふさわしい企業をつきとめるためのアメリカ中小企業庁の専門的な技術領域である。

2. Michael Woods and Glenn Muske, "Economic Development via Understanding and Growing a Community's Microbusiness Segment," in *Entrepreneurship and Economic Development*, ed. Norman Walzer (Lanham, MD: Lexington, 2007), 187-209. ここでの地域での指導者は，学校や慈善団体でのサービス，立案集団，もしくは選挙されたものであれ任命されたものであれ，政府での仕事に従事する人をさしている。

3. Denise Anthony, "The Promise of Micro-Enterprise: Understanding Individual and Organizational Impacts," *Contemporary Sociology* 35 (2006): 231-34.

4. Susan Ingalls Lewis, *Unexceptional Women: Female Proprietors in Mid-19th-Century Albany, New York, 1830-1885* (Columbus: Ohio State University Press, 2009). 見た目には普通の女性についてのこの熟達した著作は，経営史におけるすばらしい本に与えられる2010年のハグリー賞を受賞し，想像力に富んだ研究が見事におこなわれていると認められた。

5. Balihan Sanghera, "Microbusiness, Household, and Class Dynamics: The Embedding of Minority Ethnic Petty Commerce," *Sociological Review* 50 (2002): 241-57.

6. Valerie Plummer, "Microbusiness, Macro-impact: Capitalizing on Potential," *Community Investments*, Spring 2006, 10-14, 22, および Jeffrey Ashe, "Microfinance in the United States: The *Working Capital* Experience," *Journal of Microfinance* 2.2 (2000): 22-58. イギリスについては，Bernard Offerle, "Innovation, Micro-Business, and UK Government Support," *Revue LISA* 4 (2006): 171-188, http://lisa.revues.org/2237 (2011年6月7日閲覧) を参照.

7. Beartriz Armendaniz and Jonathan Mordrich, *The Economics of Microfinance*, 2nd ed. (Cambridge, MA: MIT Press, 2011), chap. 1, および David Roodman, "Grameen Bank, Which Pioneered Loans for the Poor, Has Hit a Repayment Snag," *D.R.'s Microfinance Open Book Blog*, 9 Feb. 2010. http://blogs.cgdev.org/open_book/2010/02/grameen-bank-which-pioneered-loans-for-the-poor-has-hit-a-repayment-snag.php (2011年6月9日閲覧). 数百もの競争する小規模貸付業者がバングラデシュで発生したが，複数の貸付を受けてそれを返せなくなった家族が発生した（複数のクレジット・カードの借入残高が膨らんでいく西洋人への類推が指摘できる）。世界経済の破滅における小さな機関の破綻とその後のいくつかの事例における小規模金融機構への圧力が，国家による買収を生んだ。ロッドマンの小規模金融についての綿密な研究である Due Diligence は

91

Center for Global Development によって 2012 年に刊行された。James Brau and Gary Waller, "Microfinance: A Comprehensive Review of the Existing Literature," *Journal of Entrepreneurial Finance and Business Ventures* 9.1（2004）: 1-26 も参照。

8. Claire Zalc, *Meeting Shops: Une histoire des commerçants étrangers en France*（Paris: Perrin, 2010），および Ivan Light and Edna Bonacich, *Immigrant Entrepreneurs: Koreans in Los Angeles, 1965-1982*（Berkeley: University of California Press, 1991）. 無尽（kye）は将来のオーナーが定期的に拠金し，くじを通じて開業資金を分配する贈与者のクラブである。すべての参加者が資金の支払いを受けるまでそれは続けられる。初期に資金の支払いを受けた人がその後の拠金の支払いを停止することは不名誉なことである。信用は長い間，道徳の規則と判断に結びつけられており，これがどのように，どこでうまくいかなくなったのか否かは，問いかけるに値することである。

9. Jane Pollard, "Making Money,（Re）making Firms: Microbusiness Financial Networks in Birmingham's Jewellery Quarter," *Environment and Planning* A39（2007）: 378-97.

10. Sanghera, "Microbusiness," 242, 247-49.

11. Lewis, *Unexceptional Women*, chap. 1. ルイスは，自営の教師（音楽，ダンス，言語），看護師，助産師，内科医，作家，下宿人の世話をしているが下宿屋の管理人として記載されていない女性，ビジネスの場所が記録されていないドレスメーカー・洗濯婦・婦人帽製造業者，企業に投資しているが経営に参加していない女性資本家を除いている。

12. Martha Lincoln, "Report from the Field: Street Vendors and the Informal Sector in Hanoi," *Dialectical Anthropology* 32（2008）: 261-65. フィラデルフィアについては，Regina Austin, "'An honest living': Street Vendors, Municipal Regulation, and the Black Public Sphere," *Yale Law Journal* 103（1994）: 2119-31 も参照。

13. Kareem Fahim, "Slap to a Man's Pride Set Off Tumult in Tunisia," *New York Times*, 21 Jan. 2011. www.nytimes.com/2011/01/22/world/africa/22sidi.html（2011 年 6 月 9 日）.

14. Alejandro Portes and William Haller, "The Informal Economy," in *The Handbook of Economic Sociology*, ed. Neil Smelser and Richard Swedberg（Princeton: Princeton University Press, 2005）, 403-27.

15. Claire Zalc, *Meeting Shops*, and Zalc, "De la liberté du commerce pour tous à la carte de commerçant étrangère, 19ème siècle-1938," in *Petites entreprises et petits entrepreneurs en France（19e-20e siècles）*, ed. Anne-Sophie Bruno and Claire Zalc（Paris: Publibook, 2006）, 29-48.

16. Simone Sandier, Valérie Paris, and Dominique Polton, *Health Care Systems in Transition: France*（Copenhagen: WHO Regional Office for Europe, 2004）. さらにフランスにおける非常に小規模な企業（*très petites entreprises*）が従業員を自営の契約業者（*auto-entreprises*）に分類替えしてきたので，極小ビジネスの数が増加し，雇用者が医療と年金の分担金を支払わないので，国の収入が減少している。

第Ⅱ部　機会——主題の領域


## 6：軍隊と戦争


　軍事機関を訓練と軍事衝突の実践をともなう企業として概念化することは、経営史家にとって、時間と空間を超えたその予算、階層組織、優先事項、失敗を分析する道を開く。ビジネスと同じく軍事組織には、資源と資金の使用、新規のもの（軍需品、兵站、戦略）の開発、資源の配分を巡る活発な内部の政治闘争がある。企業と同じく軍事組織は商品とサービスを購入し、コンサルタントや専門家の助言を求め、競争への不十分な準備や競争での敗退から回復しようと先を争う。特に第二次世界大戦や冷戦の間に、張り合っている陸軍、海軍、空軍は、軍事行動の遂行のみならず、通信、情報管理、運輸を変革する最先端の技術ベンチャーを後援した。別の前線では、経営史家は、交戦国の戦略的・戦術的作戦行動を不確実性——不完全情報、実践からの繰り返されるフィードバックの環、不適切な資源・突然の危機・予期しない勝利の機会に直面した即興をともなう意思決定を含む——という条件のもとでの経営の多様性として分析することができる（第Ⅱ部「機会」の「4：即興」を参照）。
　40年前、批判的なアメリカの学問の波が、冷戦の世界的軍拡競争の基本的局面である軍産複合体に焦点を絞り、一般的には、拡張的軍事支出が他の社会的な仕事のために必要な資源を浪費し、経済的誘因を歪め、成長を阻害していると論じた。たぶん今日は、武器の能力が形成され維持された公的機関と私的機関の間の結びつきを再検証し、軍事と民生の間の双方向のやり取りを再評価しつつ、より以前の時代を見直すときなのであろう。相当な平時軍事力の維持は、巨額の公費の支出と広範な軍事基地・人員・地域での活動の存在の双方を含むので、社会とビジネスの軍事化は明らかに需要側面で起こる。軍隊への従事は（参謀将校や技術兵でなくても）「経歴」として形成されるようになり、また予備部隊は毎日の生活と戦闘や支援の任務の間を行きつ戻りつするので、いまや軍事の文民化もまた並行して行われうる。
　さらに軍事的な技術革新の一部は軍民双方に適した結果があり、経済一般に波及し、商業的に採用され、発展していった（たとえば、光電子工学を含む現代の機械器具や測定器の技術の多くはこのような進路をたどった）[1]。軍事的革新の

93

市場にねざした用途をめざした民間での利用は、計算機の領域の外ではあまり研究されてこなかった。たとえば、通信機器やジェットエンジンのための軍事的規格は、「同じ」技術を民間で使用するためのバージョンよりはるかに困難な条件での使用を想定していることを反映している。そこでこうした装置が、民間への適用のためにいかに再構成——再設計され、価格づけされ、市場に出され、補修などのサービスがなされる——のであろうか。このような変容はいかに管理され、資金が配分されるのであろうか。イギリス・ドイツ・フランスでは、軍事的研究開発が企業の研究開発に結びついていた（さらに、いる）のであろうか。軍と民の研究開発は相当の相互作用がある補完的な領域なのか、それとも分離された領域なのか、そしていずれにしてもなぜなのか。時間とともにそれらの関係は変化してきたのか。軍事組織はどの程度ビジネス経営や会計慣行の変化する気まぐれに反応するのであろうか。採用され、適応していくやり方にはどのような選択性があり、それはなぜなのであろうか。技術の流れは逆転するのであろうか、もしするのなら、どのような条件のもとであろうか（一つの可能性は、民間の領域へと波及していった冷戦期の軍事プロジェクト管理のやり方であろう）[2]。一世紀あるいはそれ以上さかのぼると、供給のビジネスはどのように管理され、無駄や汚職のどのような証拠があり、どのような創造性や革新があったのであろうか[3]。こうした傾向や軌道についての経営史研究は、技術的・組織的変化の単純化された普及の観念を改めようとする時には特に、新しいものを明らかにしていくものになりうる。

　戦争中に産業、労働組合、金融機関は軍事的必要に応えるために、どのように相互に作用し合うのであろうか。どのような多様性のある交渉が行われ、生産や資本を動員し、それを別なところに向けることでどのような帰結が得られるのであろうか[4]。結局、国家機関は実質的に価格を設定し、大量に要求し、効果のない取引相手や契約者を罰し、その極限においては、企業や輸送体系を支配し、その経営を軍事化することができるので、国家は典型的な顧客ではない。平時から戦時へおよび戦争経済から平時経済への移行もまた詳しく研究するに値する。アメリカの経験では、大陸や大洋をこえて戦争関連の商品を動かすには兵站上の問題が非常に大きかったので、二つの世界大戦において、軍事供給業者のリストに入ることへの企業家的抵抗は著しいものであった。イギリスではナチスドイツの潜水艦隊にもかかわらず、大英帝国の諸機関や頑健な海運産業がこうした懸念を解決した[5]。動員はまた既存の労働市場や労働関係を破壊し、企業もしくは産業

第Ⅱ部　機会——主題の領域

における政策を置き換え、経験のない労働者（女性、少数民族、受刑者、［日本、ドイツ、ソビエトでは］強制労働）および考慮中の仕事に経験のない労働者の双方を工場に連れてくる。

　関連する重要な問題は、戦争が勝利にせよ敗退にせよ終了したときに、戦争機構が「獲得した」労働者たちに何が起こるのか、ということである。19世紀にさかのぼると、南北戦争から平時へ復帰するときに、北軍は90％以上も縮小したが、余剰となった小火器、馬、四輪荷馬車、軍服、もはや必要のなくなったその他の荷物はどのように処分されたのであろうか。州（および連邦）は退役軍人にどのような対策を施したのであろうか[6]。第二次世界大戦後アメリカには、数百万の余剰の機械や工具、数千の戦争のために建てられた工場があった。これらはどのように、どのような経路を経て、何に使われるために、国庫にどの程度の見返りがあって、民間の手にわたっていったのであろうか。以前の体制が崩壊して、軍事占領が行われているときに、ビジネスはどのように再開し、別の方向に誘導され、再び活気づけられるようになるのであろうか。最近ではローヌ・アルプ歴史研究所（LARHRA）が、ドイツ占領下（1940 ～ 44 年）のフランスのビジネスの進路を研究する重要な国立科学研究センター（CNRS）のプロジェクトに着手したが、それが同じような疑問についてのモデルとして機能しうるものと信じられている[7]。

　最後に軍事組織は、当該国や潜在的な敵国におけるビジネスや経済的能力についての情報を収集しており、それが機密解除となれば、その多くは経営史家にとって価値があるものとなりうる。たとえば、アメリカ国防省は、冷戦期に他国の機械や工具についての研究を援助し[8]、その一方で空軍は RAND 研究所の分析者による経済動学に関する調査を支えたが、その研究はそれが影響した政策論争が下火となったずっとあとも非常に有益なものであり続けている[9]。軍隊の技術者集団は、数世代にわたってビジネスの実践に含意をもったもう一つの独創である標準単位と標準化の人工物およびたくさんの分野における操業上の取り決めを生み出す仕事を先導した（第Ⅲ部「展望」の「8：規格」を参照）。近代の軍隊の調達自体がとても大きなビジネスであるということを認識することは同様にとても重要であるが、契約が軍事的主体の観点から調査されることはほとんどない[10]。革新に備えて軍事機関は、試験や性能向上（もしくは拒絶）のために競争試作品を求める。ここで要求性能や仕様書の設定や再交渉は、不十分な知識、性能や価格に関する不確実性、関係者すべてによってしばしば変更される期待をさらけ出す。

95

実際の戦争の緊急事態や冷戦の高まりにおいては、過激なアイデア、「勝利の兵器」の概略、新しい人物や組織が舞台上に群がるので、秩序であった行動が中断されるのももっともである。注意深い平時のプロジェクトを特徴づける詳細で正確な仕様書は、可能な限り早く実戦配備するために前面に押し出されてくる実験的開発——それは不確実な結果をともなうのであるが——に道を譲る。

　戦時でも平時でも国による多様性もまた明らかである。アメリカについては、兵器や通信システムの複雑性や不確定性が競争入札を古風にした遥か後になっても、競争入札は政治的に賢明で、みたところ経済的に合理的な戦略を代表していた。この競争入札重視は冷戦期における請負企業への責任の移転にとって代わられたが、ソビエトの脅威が小さくなるにつれて、請負企業の私益が愛国的動機を埋没させてしまったのも無理はない。一方でフランス軍は、自らが優位を占め、支配できる小規模で技術的に優れた会社かもしくは国家機関のお気に入りであった独占企業を探し求めた。結果は、競争の美徳ではなく、権力と知識とともに危険にさらされている。このような対称性も比較研究を要請するのである。

### 注　6：軍隊と戦争

1. Larry Masten, *Understanding Optronics* (Dallas: Texas Instruments, 1981)〔山本善信、山口義昭訳『オプトエレクトロニクス入門』啓学出版、1983 年〕，および J. P. Fouilloy and Michel Siriex, "History of Infrared Optronics in France," *Proceedings SPIE 2552* (1995): 805-14. これらの著者はフランスの光電子工学を 1940 年代の後半に始まったジェットエンジンの使用までたどっている。
2. Harvey Sapolsky, *The Polaris System Development: Bureaucratic and Programmatic Success in Government* (Cambridge, MA: Harvard University Press, 1972). サポルスキーはプロジェクトの管理と統制の技術（PERT、プログラムの評価と再検討の技術）は広範な影響力があったこと、またそれらはしばしばポラリスミサイル潜水艦を就役状態にするために無視されたことの双方を記している。
3. この分野での研究の信頼できる例は、Mark Wilson, *The Business of Civil War: Military Mobilization and the State, 1861-1865* (Baltimore: Johns Hopkins University Press, 2006) である。軍隊の購入から原型試作と複雑な兵器の調達への変化については、Kate Epstein, "Inventing the Military Industrial Complex: Torpedo Development, Property Rights, and Naval Warfare in the United States and Great Britain before World War I" (PhD diss., The Ohio State University, 2010) を参照。
4. より広い問いとより長い時間軸にかかわっているが、アダム・トゥーズ（Adam Tooze）は、*The Wages of Destruction: The Making and Breaking of the Nazi Economy* (New York:

第Ⅱ部　機会——主題の領域

Viking, 2007）のなかで、これらの問題を深く調査している。

5. Nelson Lichtenstein, *Labor's War at Home* (New York: Cambridge University Press, 1983),
および Robert Cuff, "United States Mobilization and Railroad Transportation: Lessons in Coordination and Control, 1917-1945," *Journal of Military History* 53 (1989): 33-50. また David Edgerton, *Britain's War Machine: Weapons, Resources, and Experts in the Second World War* (London: Penguin, 2011) も参照。

6. Theda Skocpol, "America's First Social Security System: The Expansion of Benefits for Civil War Veterans," *Political Science Quarterly* 108 (1993): 85-116.

7. Les entreprises françaises sous l'Occupation," Groupement de recherché, no. 2539 (GDR CNRS, 2002-9). http://gdr2539.ish-lyon.cnrs.fr/index_fr.php のウェブサイトを見よ（2010年5月19日閲覧）。このグループは、海外におけるフランス企業、文化・メディア企業、消費物資メーカーの三つに関する価値ある論文集を刊行した。さらにコペンハーゲン・ビジネス・スクールでのコンファレンスに続いて、ヨアヒム・ルンド（Joachim Lund）は、同様の書籍である *Working for the New Order: European Business under German Domination* (Copenhagen: Copenhagen Business School Press, 2006) を編集し、オランダ、スカンジナビア、ベルギー、ベラルーシ、ギリシャについて述べた。

8. これらの研究のいくつかは現在防衛技術情報センター（Defense Technical Information Center）を通じてオンラインで入手可能である。www.dtic.mil/dtic/（2010年5月19日閲覧）.

9. 数百もの RAND 研究所のリポートはダウンロード可能である。www.rand.org/（2010年5月19日閲覧）. 概観のためには、Alex Abella, *Soldiers of Reason: The RAND Corporation and the Rise of American Empire* (Boston: Houghton Mifflin, 2008)〔牧野洋訳『ランド—世界を支配した研究所』文藝春秋、2008年〕を参照。

10. Thomas McNaugher, *New Weapons, Old Politics: America's Military Procurement Muddle* (Washington, DC: Brookings Institution Press, 1989),および John Alic, *Trillions for Military Technology: How the Pentagon Innovates and Why It Costs So Much* (New York: Palgrave Macmillan, 2007).


# 7：非営利団体と疑似企業


　利益の誘因がビジネスとして私たちが理解するものの中心をなすことを前提とすると、非営利団体はいかに経営史のテーマとなりうるであろうか。第一に非営利団体は資本主義であろうと資本主義以前であろうと経済の重要な部分である。ある推計は、アメリカの労働力の 10％以上が非営利の仕事で活動していることを示している[1]。さらに数世紀前の近代初期の時代には、宗教組織と共同体が、

97

営利企業によっても担われていた多数の役割を引き受けていた。たとえば、修道院がワイン、食料品、布を作り、工芸品（神聖なもの）を売り、貧しい人・旅人・悔悟者に医療の世話を施した。修道院は地域の金融機関としてのつとめも果たした[2]。どちらの時代においても非営利団体は、雇用を生み出し、資金の流れを促進し、苦境に陥っている人を援助し、営利システムによって無視されている必要性や機会に精力を注ぐことでビジネスのシステムを助けていた。今日多数の国で非営利団体が単科大学、総合大学、学校（宗教教育施設を含む）、病院（アメリカではいくつかの病院が利益志向のものとして再構成されつつあるが）、相互保険会社、協同組合を運営していることは、しばしば忘れられがちである。具体的な例としては、イギリスの衣料店チェーンのジョン・ルイス（John Lewis）と協同組合グループ（Cooperative Society）はイギリスの小売の相当な部分を占めている[3]。

　しかし資本主義の発展が非営利団体の活動に大きく浸食していったことは見過ごすことができない。商品化の過程は非営利の活動領域を狭めてきた[4]。輸血を考えてみよう。一世紀前には科学者、慈善組織、医療施設が輸血を研究し、取り扱っていた。もともと血液を供給することは、倫理的もしくは愛国的務めであり、提供者は感謝されたが、対価は支払われなかった。1970年代以降、営利企業がこの過程に介入し、血液の市場を作ったが、その市場が今度は一連の致命的な問題を生み出した[5]。血液供給の国民的基盤は世界的市場へと移り、主に革新的なアメリカ企業が提供するようになったが、その結果血液は社会に埋め込まれたものではない日用品となり、しばしば貧困層の対価を支払われた志願者によって供給されるようになった。アメリカのブランドのついた血液を使用することによる費用の上昇と複雑化は、フランスの非営利団体と病院による地域の「ただの」血液供給を求める試みをもたらしたが、AIDSに汚染された血液が医療システムに供給されて、悲劇的結果を生み出すこととなった[6]。

　私たちの見地からすれば、三つの局面について非営利団体の経営実践を考察する価値がある。第一に、それらはより大きなビジネスのシステムのなかでどのように運営されているのであろうか。以下のような問いかけが含まれるであろう。付加価値（非営利団体の「利益」）はどうなるであろうか。誰が出資者で、その人たちはどのような意見をもっているのであろうか。根本的に、非営利団体（拡張すれば宗教団体）にとって経営とは何を意味し、その歴史はどのようなものであろうか。たとえば、株式会社は自らの非営利団体をしばしば設立してお

第Ⅱ部 機会——主題の領域

り、日本では主導的な企業はすべて財団をもっている。このような機関はいかに生まれてきたのであろうか。第二に、初期近代から 20 世紀の間に、病人、高齢者、貧困者、孤児、障害者、被追放者の世話をするビジネスの局面はどのようなものであったのか。国家や私的企業がこのような必要性に適切であることが明らかにされたことはなく、国家は政治的意思を失い、私的企業はこのような顧客には利益の機会が乏しいと認識するので、第三のタイプの機関がたくさんの形態で持続してきた[7]。フランスの戦後史における一つの例が特筆に値する。1940 年代後半には、家屋がないことが大きな困難であったが（戦争によって家屋を失った人や平時の社会に対応できない兵役経験者）、国家も会社もそれに対応するために適切な主導権を発揮しなかった。その代わりピエール神父（Abbé Pierre）はエマウスの共同体（Les Compagnons d'Emmaüs）という家屋を失った人に特化し、雨露をしのぐ宿や仕事をみつけ、公衆から資金を集める非営利団体を設立した。初期に運営を担った人たちはその使命に引きつけられた貧しい人たちであり、のちにはこうした種類の社会的な仕事は企業家精神を発揮する新しい領域となった。エマウスの共同体は公共の仕事、宗教上の仕事もしくは根本的に人生を変えるために退職した民間部門の経営者、会計士、技術者に第二の経歴を提供した。今日では似たような組織も含めて、能力のある専門家を経営者として雇うことが決定的に重要であるということが明らかになっており、間違い、訴訟、ありうる失敗を避けるために専門家を雇っているが、それでもそうした経営者は市場で簡単に調達できるものにはなっていない[8]。

　第三に、文化および教育の非営利団体がいかに運営され、どのような経営史を有しているのであろうか。国によって異なるが、博物館、管弦楽団、歴史的な土地、文化遺産の組織（イギリスのナショナル・トラストを考えよ）、文書館、保存組織は、多くの教育機関と同じく一般的に非営利組織である。このような機関の形成にはどのような経済問題が絡まっているであろうか。たとえば、フィラデルフィア管弦楽団は、20 世紀初頭の地元の金融業者や産業経営者の文化的関心から発生したが、数十年もの間にわたって相当な額の私的な援助を必要とした[9]。それが 2011 年に連邦破産法の適用を申請したということは、労働やコンサート・ホールへの支出の予算に関してと同じくらい地域の富の性格が変化したことを物語っているといえるであろう。他のこうした機関はいかに資金を得ているのであろうか。この一世代から二世代の間に、ますます資金調達が中核的な任務とほとんど同じくらい重要になってきているが、このことは文化的経験の価格付けやマーケ

99

ティングについて何を物語っているのであろうか。

　非営利団体の革新的業績や見通しは、あまりにも簡単に見過ごされうる。非営利団体は国も市場も引き受けないリスクを取るのを厭わない。たとえば、1960年代後半に始まった国境なき医師団（Médecins Sans Frontières）は、他の機関が傷ついたり、脅威にさらされたりしている人びとを救う方法を見い出せないような、戦争で破壊された地域に内科医や看護婦を派遣している[10]。同じように古典的には1890年代に始まったアメリカの都市における都市定着ハウスによって行われたように、非営利団体は移入民を教育しまた援助して、なじみのない社会へ統合しようと努力している[11]。また非営利団体は、多数の国において、歴史的保存の最先端に位置してきている。

　私的な利害と公的機関の双方とも密接に、ときには競合する方法で、非営利団体と密接に結びついている。家族が家父長の遺産の財団への寄付をめぐって、家族に権利があると期待する財産が財団のものではないと主張して争う場合もいくつかみられる。確かにアメリカでカーネギー（Carnegie）やロックフェラー（Rockefeller）が行ったように、年老いた富裕な個人は、時どき公共のサービスのために資金を必要としている改革者と契約を結んだり、遺産の贈与に同意したりすることがある[12]。一方で国の規制が寄付、その使用、その税制上の位置の合法的な範囲（すなわち、それらが所得や財産から控除しうるか否か）を規定する。結果として非営利団体は、こうした法律の変更すべてに直接の利害があり、また少なくともアメリカでは、会社が行うのと同じように、自らの利害に沿うように議員にロビー活動を行うことが知られている。

　非営利団体はどのような空間的規模でも活動しているが、通常は強い局地的起源をもって始まる。リヨンでは障害をもった子供の教育の必要性に注意するためにある集団が発生した。それは全国規模に拡大したが、特に増加する寄付金の流れを前提にすると、拡大によって資金の取扱に苦慮するようになった。国の統制と資格のある会計士を招聘する努力は機能しなかった。その代わりに障害のある自分の娘について心配した化学品生産会社の中間管理者が、その団体の役員となった。彼は自分の会社から同じような境遇の親をさらに雇い入れた。会社の管理者が役員会の3分の1をしめるようになると、財務再編成を実施して成功した[13]。外部者は献身的ではなく、先見性もないので、非営利団体はそのメンバー自らが行動を起こすときに最も効果的に組織されうるので、この事例は重要である。ある人には先見性があるかもしれないが、組織を前進させるには集団が必要

第Ⅱ部　機会——主題の領域

である[14]。

　異なった方向では、アメリカの重役がそれぞれ地域——ニューヨークであろうとシカゴであろうとロサンジェルスであろうと——の主要な慈善団体や財団の役員会に加わることを重要視しているということはよく知られている。アメリカにおける非営利団体への参加を通じて、ロータリークラブ、ボーイスカウト、ガールスカウト、共同募金（1890年代から1950年代まで）について、この共同体の会員は歴史的にどのように管理されてきたのであろうか。非営利団体の役員会の構成員としての地位は明らかに欧州でも広まってきているので、他の産業化した国における長期的なパターンはどのようなものであろうか。多国籍企業と同じく非営利団体も国際的組織となっている。赤十字や赤新月社からすべての種類のNGOまで、これらの組織は自らの使命を地球規模で認識している。結果として、彼らはより小規模な同志とともに、政治的・経済的危機、自らの運営環境を変化させる政権変化、基金や資金募集結果を縮小する市場の崩壊に対して脆弱である。同じくビルおよびメリンダ・ゲイツ（Bill and Melinda Gates）によって設立された団体のように財団は、意識的に小さなものから大きなものまで構想を援助することで地域的かつ世界的に活動している。この戦略は、資金援助が個人的および政治的優先事項を強化した伝統——アメリカの石油産業のきわめて保守的なピュー家族財団（Pew Family Foundation）の初期の時代のような——とは異なっている。ピュー家族財団のビリー・グラハム（Billy Graham）師の福音書派運動への援助が、アメリカの地方色を反映している一方で、ゲイツ財団の慈善事業は明らかに広い世界主義から発している。これらを考慮すると非営利団体は企業の進化しつつある領域としてみることが可能で、ゆえに経営史家はその長期の発展を明らかにしようと欲するかもしれない[15]。

### 注　7：非営利団体と疑似企業

1. Molly Sherlock and Jane Gravelle, *An Overview of the Non-Profit and Charitable Sector* (Washington, DC: Congressional Research Service, 2009) www.fas.org/sgp/crs/misc/R40919.pdf（2011年7月5日閲覧）.
2. Adrian Bell and Richard Dale, "The Medieval Pilgrimage Business," *Enterprise and Society* 12（2011）: 601-27, および Kathryn Burns, *Colonial Habits: Convents and the Spiritual Economy of Cuzco, Peru* (Durham, NC: Duke University Press, 1999).
3. John Wilson and Rachel Vorberg- Rugh, "Management and Organization of the Coorperative Wholesale Society, 1863-2010"（paper presented at the Association of Business

*101*

Historians annual conference, Reading, UK, July 2011).

4. Susan Strasser, ed., *Commodifying Everything: Relationships of the Market* (New York: Routledge, 2003).

5. Sophie Chauveau, "De la transfusion à l'industrie: Une histoire des produits sanguins en France (1950-fin des années 1970)," *Entreprises et Histoire*, no. 36 (Oct. 2004): 103-19.

6. Jane Kramer, "Bad Blood," *New Yorker*, 11 Oct. 11, 1993, 74-95; Philippe Steiner, "Gifts of Blood and Organs: The Market and "Fictitious" Commodities," *Revue française de sociologie* 44.5 (2003): 147-62, および Kieran Healy, *Last Best Gifts: Altruism and the Market for Human Blood and Organs* (Chicago: University of Chicago Press, 2006).

7. Helmut Anheier and Wolfgang Seibel, eds., *The Third Sector: Comparative Studies of Non-Profit Organizations* (Berlin: De Gruyter, 1990).

8. Axelle Brodiez, "Entre social et humanitaire: Générations militantes à Emmaus (1949-2009)," *Le Mouvement Social,* no. 227 (2009): 85-100.

9. Hannah Kim, "Funding Practices and Strategies of the Philadelphia Orchestra: 1900-1940" (master's thesis, Rutgers University, Camden, NJ, 2000).

10. Corina Gregoire, Georgeta Nae, and Gheorghe Grigoire, "Private Actors' Involvement in International Public Policy Making," *Transactions MIBES* [Management of International Business and Economic Systems], 2008, 684-93 http://mibes.teilar.gr/conferences/MMIBES_CD_2008/POSTER/Grigore%20C_Nae_Grigore%20G.pdf (2011 年 7 月 5 日閲覧).

11. John Ehrenreich, *The Altruistic Imagination: A History of Social Work and Social Policy in the United States* (Ithaca: Cornell University Press, 1985).

12. 国籍を超えた視角については、イギリス、ドイツ、東ヨーロッパ、日本、フィリピンについて検討した Helmut Anheier and Jeremy Kendall, eds., *Third Sector Policy at the Crossroads: An International Non-Profit Analysis* (London: Routledge, 2001) を参照。

13. Magali Robelet, David Piovesan, Jean-Pierre Claveranne, and Guillaume Jobert, "Secteur du handicap: Les métamorphoses d'une gestion associative," *Enterprises et Histoire*, no. 56 (Sept. 2009): 85-97.

14. 同上論文。

15. 非営利団体活動の一要素に関する最近の意義ある研究として、ピュー家族財団はじめ多くの財団を扱った Olivier Zunz, *Philanthropy in America: A History* (Princeton: Princeton University Press, 2011) がある。

第Ⅱ部　機会——主題の領域

## 8：公と私の境界線

　仮に公と私の領域があったとして、それらがきっぱりと別れていると想像することはもはやできない[1]。いくつかの政府はビジネスを行っているし、いくつかのビジネスは営利のために政府の機能を果たしており（アメリカでは商業監獄がある）、企業と政府機関が浸透的な分界を隔てた双方の側で活動しているという境界的な例も多数存在する。ゆえに西側と東側の双方における国有化と民営化を前提とすれば、経営史家は財産、企業、政策における公と私の属性や資格が一時的な性格を帯びているということを認める必要がある。このことを認識すると広範な研究上の問いかけが引き起こされる。私たちの議論は二つの部分に分けて行われる。第一に公と私の間の境界がすり抜け容易であったり、両者が重なり合ったりしていることを論じ、第二に取引と収用についてコメントする。

　歴史的にも公と私の境界には孔がたくさんある。さらに私たちの言葉では、公と私の重なり合いを意味する公と私の二重の資格や公と私の権限の共有も、時に確立されてきている。境界線はしばしば不安定かあいまいあるいはその双方であるが、特定性の欠如が新たな試みを容易にしうるので、このことは必ずしも欠点ではない。重要な歴史的問題は、それにかかわった人びと、その人たちの関心と交渉、金融的側面、公と私の利害の定義、そしてもちろん問題解決における創造性などに関連している。これらの現象には、私的な能力を公的な目的のために収用すること、あるいは私的利益のために公的施設を充てることも含まれるであろう。加えて軍民双方が使用する両用技術がほぼ間違いなくあることを前提にすれば、軍民双方の必要性に応える両用企業も存在しないのであろうか。軍産複合企業はこのクラブの明らかな会員であるが、政府や会社などの債券を綿密に調査し、売りに出したロスチャイルドの銀行家たちもまたそうであろう。現代の軍隊ですら民間世界との境界線をしきりに無視している。軍隊は民間企業なしでは、あるいは国有企業との関係なしでは存在しえないのにもかかわらず、公衆から兵員を採用しているが、もしそうしなければ軍事力はもちえないのである。軍とビジネスの相互作用は話し合いによって決まるもので、経済的・政治的問題を含み、双方の当事者を活発化したり、衰弱させたり、あるいはそのいずれかがかわるがわ

*103*

る起こりうる両義に取れる動学を生み出す（第Ⅱ部「機会」の「6：軍隊と戦争」を参照）。

　特定の場所でのビジネスの独占に許可を与えるという民間企業への免許付与は、フランス革命前にさかのぼり、植民地鉄道・フランスの石炭鉱業・国際的石油探索を通じて継続し、今日の空港管理やスポーツ競技場での小売で現存している[2]。それらは官民共同事業へと拡大し洗練されているが、これはイギリスに端を発し、世界へと広がっていったものであり、現在ではフランスで高速鉄道 TGV のネットワークを拡大することも含まれている[3]。線路を増設するのに莫大な費用が必要なので、鉄道当局は建設運営の共同事業者として VINCI 社を選定したが、同社は資金を調達し、労働力を供給し、設備を建設する代わりに、鉄道からの収入を当局と永遠に分かち合っている[4]。このような共同事業は、20 世紀後半に水道事業で世界的に行われたように民営化へとつながっていくかもしれないが[5]、民営化主体のオーナーが必要とされている大規模な資本投資に消極的なため、民営化過程は不安定であり続けている[6]。こうした関係は、行動や業績についての規則を確立せずに始まることもあり、そうした場合、汚職、信頼の乱用、利益の相反に行き着くこともありうる[7]。

　公私の間の境界に孔があるもう一つの明らかな例は、数千もの公務員になる技術者や管理者を公費（授業料なし）でグランド・ゼコール（grandes écoles）において教育するフランスの高等教育システムである。これらの学校の学生は学びながら給与を得ている。公務員としてことによると 10 年間勤務した後、多くの人は民間部門の企業に雇用される。この時フランス企業は、過去の給与を政府に支払い（アメリカとは逆の慣行）、そうすることで相当の経験と数々の人脈をもった出世途中の管理者や技術者を獲得している。この違約金支払い（pantouflage）と呼ばれるシステムは、たとえ長く勤務するにしても能力に恵まれない職員を省庁に残し、最も優れていて聡明な公務員を退職させるように仕向けているとして批判され続けている[8]。日本で企業は能力のある公務員を 50 歳代で雇うが、これは日本の経営における長老支配の成熟に貢献している。この過程は公務員の第二の経歴を生み出し、「天」が財務省であるため「天下り」と名づけられているが、国の省庁の主導者はかつての貴族と機能的には同じである[9]。

　対照的にアメリカとイギリスでは、本当のトップを除けば、政府機関と民間会社の管理者、技術者、科学者との分離はずっとしっかりしている。政府は高い技能をもつ職員に主要企業よりもずっと少ない給与しか支払わないが、公的サービ

第Ⅱ部　機会——主題の領域

スとおそらく政策への影響の魅力は非常に大きい。それと同時に卓越した行政官
と軍隊の士官は、管理的な地位で引退し、ロビー活動や特に防衛産業の経営の上
位の仕事につく。フランスでもこうしたことは時たま起こったが、退職した将軍
がプジョー（Peugeot）、ダッソー（Dassault）、その他の企業の人的資源部門の
責任者になっている。アメリカの天下りも上位の連邦の管理者が、彼らの政党が
選挙で敗退すると、法律企業やシンクタンクに移動し、のちの選挙の勝利で政府
機関や委員会の責任者として戻ることが容易になるまで時節を待っている領域を
確保している[10]。

　公と私の領域の重なり合いとは、私と公の機関が競合しているか、同じような
責任を共有している状況である[11]。フランスの公立および私立病院がこの現象を
例示する。政治家は医療を公共財とみるし、ゆえに病院は重要であるが、重大な
問題は費用である。公立病院が、遅くて、個人個人に対応していなくて、患者へ
の反応が悪いサービスを提供する一方、私立病院は利益があがる地域と富裕な患
者に焦点を絞っている。1990 年代に合理化過程を立案し、競争を分業で置き換
えようとした。たとえば、公立病院が私立病院では費用が出せないハイテクの装
置を供給するなどである。この取り組みでは、大半の市民にとって近接性がなく
なって来院できなくなり、金持ちのための私立病院とその他の人のための公立病
院を作り出すとして、地域医療の擁護者は反対した。確かに懸念どおりの結果と
なった。病院は増えたが、労働者や貧困者のための病院は閉鎖が始まった。国の
資金が縮小する一方で、洗練されたハイテク装置の使用から生じる収入では、初
期診療から生じる赤字を補填できなかったのである[12]。

　アメリカでは公衆衛生は 19 世紀の移民が多かった時期に州の優先事項になり、
大都市には大きな公立病院や診療所、小さな町や地方には地域病院が設立された。
宗教集団と医科大学も病院を設立したが、その多くは非営利団体によって私的に
運営されていた。すべてのレベルの政府が新しい技術や貧困者の面倒をみるため
に必要な補助金を削減したために、1970 年代に多数のアメリカの公立病院（従
軍経験者のための病院を除く）が崩壊した。それゆえ、非常に複雑な政府機関（従
軍経験者サービス〈Veterans Services〉、老齢者医療保障制度〈Medicare〉、低所
得者・身障者国民医療保障制度〈Medicaid〉、州レベルのプラン）や私立の営利
保険会社から資金が出ているが、アメリカの医療は非常に民営化されている。結
果として、利益を求めるハイテクの全国的医療会社が特権的な人びとのための病
院チェーンを合同しつつあるにもかかわらず、数千万人の保険に入っていない人

105

びとは通常の医療を受けず、病気になったときには緊急病棟に群れをなしている。その結果、膨らんでいく損失を克服する戦略を求める調査が強化されたため、医療サービス提供者と保険会社との間のサービス1件ごとの交渉がはびこるようになり、医療サービスの価格付けが混沌としたものになっている[13]。

批評家は国と民間ビジネスの競争は、両者の間に保有する資源や能力に相違があるので、非効率をもたらし、民間の新規構想を閉め出してしまうと論じてきた。それでもアメリカの医療システムをよく観察してみると、そうではなくてこうした競争が多大な公的恩恵を生み出し、効率性をもたらしうるということを示唆していることがわかる。結局のところ、すべての利害関係者に恩恵をもたらす政策はなく、アメリカの医療を再構成することは民間企業の害になりうるが、もしも公衆衛生が改善するのであれば、それは価値のある結果となりうる。もう一つの公私の競合局面として、戦後フランスの金融市場監督官が、国家の承認を得た場合にのみ債券を発行できると定めたことが上げられる。国家機関が政府と国営企業の目的のために発行される債券のみに認可を与えたときに、もう一つの民間締め出しの効果が現実となったのであるが、これはほぼ間違いなくプラスとはいえないものである。大規模な軍事契約は、企業をそれ自身の関心や計画からそらしてしまうにもかかわらず、国家が変化をもたらす可能性のある革新に対し支払いを行うので、より複合的な評価を生み出してきている。

銀行業では、民間金融機関がとても目立っているが、公的銀行も取るに足らないものではない。イングランド銀行、連邦準備銀行、それまで民間銀行であったが1930年代に国有化されたフランス銀行を考えてみればわかる。人びとにより近いところでは、2007年にフランスの郵便システムがその貯蓄と小切手勘定部門（1918年に創始）を、全国で商業銀行と競合するフルサービスの公的銀行に転換した。法律により郵貯銀行（La Banque Postale）は貧困者を無視することができないが、貧困者と取引しながら同時に、融資が行われることの見返りに多額の預金ができる富裕な顧客を求めることができるのかは明確ではない。小口勘定をもつ人は当座貸越その他のサービスについて高い手数料に直面しているが、これは公・民競争の予期しない帰結である[14]。私たちはまた、民営化と国際化の世界において、多くの国が政府資金で国内や国外の企業の株式を購入する政府系投資ファンド（sovereign investment funds）を始めていることに注目している。この現象の起源については、公・民の共同事業の比較的および国際的歴史、国境を越える人材の移動、医療や銀行やその他のサービスの国家と市場との重複につ

106

第Ⅱ部　機会——主題の領域

いてと同じく、調査が必要である。

　最後に、私的な利得のために公的資産を動員する際や、私有財産とその使用の国有化・没収・再利用の際において、民間組織が公有財産を専用したり、その逆がなされたりするときには、ある一線が超えられている。アメリカでは歴史的に、民間の開発業者が樹木の伐採、石油資源の開発、最近では頁岩地質における天然ガス開発のときに、公共の土地の使用が免許されてきた。アメリカの大西洋岸では、海に面した家屋の持ち主は、海岸へ公衆が立ち入ることを慣習的に禁止しているが、州政府は何件かの事例においてのみ、この家屋所有者による権利奪取を覆す動きをしてきたに過ぎない[15]。フランスでは同じような海岸の奪取を規制し、市民が海岸に入れることと海岸を保持する手段として海浜公園を造る国の権利とを確認するために、政府が特別法（1986年）を通過させねばならなかった。しかしこうした保留地を維持する費用が非常に大きくなったので、管理当局は最近、官民共同体を設立し、小売商業運営のための免許付与を含めて、資金を確保している[16]。

　国有化と没収は経営史にとっての終わりではなく、むしろ国による買収やそのあとに続く組織変更の理由、およびこれらのことが関係する国の機関や企業の将来の行方にどのように影響するのかについての重要な疑問を提起する。国有化や没収は産業や地域の観点からみると、どのように分布しているであろうか。欧州とアジアの企業が、私から公へ、そして公から私への周期をたどったケースはまれではないが、最近の金融危機の脅威を受けて、再び相当な（公的監督ではなく）公的援助を求めている。こうした軌道は、長期的な歴史の研究にとって刺激的な可能性を提供している。地域レベルで政府は、没収と呼ぶ人もいる動きである計画や規制を通じて、不動産の利用に介入しうる。1970年代にニューイングランドのマーサズ・ビニヤード島（Martha's Vineyard）で、郡の委員会が観光業や家屋の開発を制限するために自然保護地域を設定し、不動産取引手数料を設け、農地や森林地区を買収することと買収地を市場取引から永久に切り離すことに振り向けた[17]。土地や家屋を購入した人は、将来において利用可能な土地を減らしたが、そうすることで、島のすべての不動産の価値を上昇させたことは二重の皮肉である。限界まで拡張されれば、この活動によって島の開発はできなくなるであろう。非常に異なった時代と場所であるが、17世紀からフランスの君主は、国の塩採取独占に供給を保証するため、個人的に所有していた塩水性湿地と沼沢地を王室の管理に従わせていた。ゆえにこのような強制は近代的なものではなく、

107

公私の境界線を何世紀にもわたって研究することの重要性と複雑性の双方についての私たちの感覚を強めるものである[18]。

### 注 8：公と私の境界線

1. Morton J. Horwitz, "The History of the Public/Private Distinction," *University of Pennsylvania Law Review* 130 (1982): 1423-28, および Jeff Weintraub, "The Theory and Politics of the Public/Private Distinction," in *Public and Private in Thought and Practice*, ed. Jeff Weintraub and Krishan Kumar (Chicago: University of Chicago Press, 1997), 1-42.

2. Dena Goodman, "Public Sphere and Private Life: Toward a Synthesis of Current Historiographical Approaches to the Old Regime," *History and Theory* 31 (1992): 1-20 を参照。

3. Roger Wettenhall, "The Rhetoric and Reality of Public-Private Partnerships," *Public Organization Review* 3 (2003): 77-107. 影響力のある経営分析として、James Perry and Hal Rainey, "The Public-Private Distinction in Organizational Theory: A Critique and Research Strategy," *Academy of Management Review* 13 (1998): 182-201 がある。

4. Stéphanie Leheis, *Profil du projet: France-TGV Méditerranée* (Paris: Laboratoire Techniques, Territoires, et Sociétés, Université de Paris-Est, July, 2009) http://halshs. archives-ouvertes.fr/docs/00/55/01/87/PDF/case_study_report_tgv_med_part_5_1_ project_profile.pdf (2011 年 7 月 6 日閲覧).

5. George Pagoulatos, "The Politics of Privatization [in Greece]: Redrawing the Public-Private Boundary," *West European Politics* 28 (2005): 358-80. 官民共同体の歴史については、Martha Minow, "Private and Public Partnerships: Accounting for the New Religion," *Harvard Law Review* 116 (2003): 1229-70, および E. S. Savas, Privatization in the City: *Successes, Failures, Lessons* (Washington, DC: Congressional Quarterly Press, 2005) を参照。

6. Karen Bakker, "A Political Ecology of Water Privatization," *Studies in Political Economy* 70 (Spring 2003): 35-58, および Bakker, *Privatizing Water: Governance Failure and the World's Urban Water Crisis* (Ithaca: Cornell University Press, 2010).

7. Sven-Olof Collin, "In the Twilight Zone: A Survey of Public-Private Partnerships in Sweden," *Public Productivity and Management Review* 21 (1998): 272-83; Graeme Hodge, "The Risky Business of Public-Private Partnerships," *Australian Journal of Public Administration* 63.4 (2004): 37-49, および Hodge and Carsten Greve, "PPPs: The Passage of Time Permits a Sober Reflection," *Public Administration Review* 69 (Mar. 2009): 32-39.

8. Christophe Charle, "Le Pantouflage en France (vers 1880-vers 1980)," *Annales: Economies, Sociétés, Civilisations* 42 (1987): 1115-37.

9. Chalmers Johnson, "The Reemployment of Retired Government Bureaucrats in Japanese Big Business," *Asian Survey* 14 (1974): 963-75. Kent Calder, *Strategic Capitalism: Private Business and Public Purpose in Japanese Industrial Finance* (Princeton: Princeton University Press, 1993)〔谷口智彦訳『戦略的資本主義―日本型経済システムの本質』日本経済新聞社、1994 年〕,および Richard E. Colignon and Chikako Usui, *Amakudari*：

第Ⅱ部　機会──主題の領域

*The Hidden Fabric of Japan's Economy* (Ithaca: Cornell University Press, 2003) も参照。

10. Toni Makai and John Braithwaite, "In and Out of the Revolving Door: Making Sense of Regulatory Capture," *Journal of Public Policy* 12 (1992): 51-78 (オーストラリアについて),および Thomas Susman, "Lobbying in the 21st Century: Reciprocity and the Need for Reform," *Administrative Law Review* 56 (2006): 738-52.

11. David Ammons and Debra Hill, "The Viability of Public-Private Competition as a Long-Term Service Delivery Strategy," *Public Productivity and Management Review* 19 (1995): 12-24.

12. Rosemary Stevens, *In Sickness and in Wealth: American Hospitals in the Twentieth Century* (Baltimore: Johns Hopkins University Press, 1999).

13. Philip Mangrove, *Public and Private Roles in Health* (Washington, DC: World Bank, 1996),および Jacob Hacker, *The Divided Welfare State: The Battle over Public and Private Social Benefits in the United States* (Cambridge, UK: Cambridge University Press, 2002).

14. Marc Milet, "La Banque Postale 'pas comme les autres': Entre identité postale et rhétorique du marché," *Revue française d'administration publique*, no. 119 (2006): 427-38.

15. Mark Poirer, "Environmental Justice and the Beach Access Movements of the 1970s in Connecticut and New Jersey: Stories of Property and Civil Rights," *Connecticut Law Review* 28 (1996): 719-812.

16. Gérard Bellan, Jean-Claude Dauvin, and Denise Bellan-Santini, "Knowledge, Protection, Conservation, and Management in the Marine Domain: The Example of the Mainland French Coast," *Open Conservation Biology Journal* 4 (2010): 9-18.

17. Carla Rabinowitz, "Martha's Vineyard: The Development of a Legislative Strategy for Preservation," *Environmental Affairs Law Review* 3 (1974): 396-431.

18. Yannis Suire, *Le Marais poitevin. Une écohistoire du XVI à l'aube du XX siècle* (La Roche-sur-Yon: Centre Vendéen de Recherches historiques).

# 9：再帰性

　再帰性（進行中の一連の変化における能動的学習）（reflexivity）は、今日の社会学[1]、財務管理[2]、歴史分析における根本的な問題となっている。第一に、再帰性が私たちを、原因と結果が双方向的で、その結果組織においても物質世界においても、原因と結果があいまいになる環境について熟考し、再構成することに誘うので、このことは正しいといえる。第二に再帰性は、結果が主体の理解や前へ進む意思決定に影響し、主体の優先順位や利害をときには電光石火の速度で変

*109*

化させ、それゆえに後の行動を変えさせる連続的なフィードバックの環を強調する。さらに再帰性は、主体（学者を含む）が時とともにますます自分の地位、状況、想定、利害の対象に注意を払う態度に用心深くなり、そして自分の行為についてよく考え、それらを再評価し、変化させるようになる過程を特徴づける。最後の環は、個人が静かに「将来の行動の進路」を決めるときには、個人の「内的会話」——マーガレット・アーチャー（Margaret Archer）が見出した動学——を含んでいる[3]。中心的な結論は、「人間科学」は、分析の対象が作用手段をもち、学習と行動を通じて意味と過程の双方を再構成しうるときには、いかなる万人共通の一般化も不可能であるがゆえに、「厳格な科学」たりえないということである[4]。この節では、こうした多様な学習の動学と経営史にとっての重要性を論じるが、まず適応的過程としての再帰性を論じ、次いで批判的考察のための場としての再帰性を論じる。

　中心的な問いは以下のとおりである。ビジネス、経営者、規制当局者、投資家は学習によってどのように変化したのか。こうした学習はどのようなきっかけで始まり、伝達され、どのようにその成果が蓄えられているのか。どのような過去の学習様式が、今日の実践と対照をなしたり、あるいは共鳴したりするのであろうか。どのようなタイプの組織が他よりも学習の周期を必要とし、それはなぜなのか。学習はしばしば現在の進め方や習慣と軋轢を生むが、主体はどのようにこうした軋轢に注意を向け、新しい知識を現行の活動に統合すべく行動するのであろうか。同様にまた歴史的に、身につけたことを故意に捨てることがいつどこで求められ、いかにそれが促進されるのか。ビジネスの主体は、いつも自らの環境を精査し、目標と実務との関連から入ってくる情報を処理しているが、主体はいかに役に立つ情報と本筋から外れている情報をその流れのなかで見分けるのであろうか。また環境の変化は、何が役に立つのかについての観念をいかに変化させるのであろうか。

　世界は変化するものであり、私たちもそれにつれて変化するというのは簡単であるが、再帰性に注目すると、この動学の複雑性が強調されてくる。私たちの行為は、ひとたびそれが認識されると、次の一連の行動の前提を再測定する変化を引き起こす。このような環が存在していること、およびフィードバックされる情報が私たちの側における新たな方向づけを必要としていることを認識できるということが、職場や市場という競争的な状況において生き残るための重要な要素である。さらに私たちの再帰的行動が他者の選択やいつもの手順のための環境を変

第Ⅱ部　機会——主題の領域

えるかもしれない。どのような再方向づけを行い、いつ、どのように実施するか
を決めることは、成功する行動への一つの鍵である。このように位置づけをかえ
ることは組織のなかでは決して自動的なものではなく、むしろ階層的な組織がし
ばしば避ける議論や論争から生じるものである。たとえば、欧州の企業は、効率
的といわれている ERP（情報管理のためのソフトウェア）のような経営の道具を
一般に使用するが、フィードバックや予期しない情報にもとづいて評価を再帰的
に改訂するためというよりは、企業の能力を機械的に測定するために用いている。
コンサルタントとは顧客の意思決定を高めるために相互に影響し合う再帰的な過
程を生み出すように考えられているが、実はコンサルタントがあまりにも頻繁に
重役の聞きたいことを重役にいう報酬の高いごますりの人であるか、同じような
手段をさまざまな状況に適用している万人受けのする販売人であるということを
私たちは知っている。このような慣行と再帰性および批判的学習の分析とを見分
けることは、明らかに歴史家の役割である[5]。

　それでは新規で予期していない情報の流入による議論の場は、ビジネスのどこ
にかつて存在し、そして現在存在しているのであろうか。私たちの知るとおり、
企業は君主政体ではなく、階層組織はもれが多いことで名高い。ゆえに経営史家
は企業と「世界」との境界領域にあるスタッフ・リポート——予期しない方法で
変化していく需要を示しているマーケティングの研究、求職者の人口集団の変化
を記している人間関係部署の文書、経営者が無視していた驚きを示しているユー
ザー調査、能力を向上（減少）させる新しい素材（サービス）を検討している技
術分析——を探すことができるであろう。より広い文脈では、研究者は、取引や
技術の状態に関する専門的な公開討論（技術雑誌に公刊されているような）もし
くは会議報告書、および流行・失われた機会・他の地域や国における競争相手の
評価を実施しているコンサルタントの分析などを探し求めることができるであろ
う。

　会社の政策がコンサルティング集団と契約をしたから変化したのか、いつ変化
したのか、なぜ変化したのか、あるいはその集団の勧めることがいつ、なぜ無視
されたり、拒否されたりしたのかについて、研究者の目標の一つとして私たちは
しばしば悩まされてきている。どのような範疇のフィードバックが理解され、あ
るいは受け入れられ、どのようなタイプの情報がはねつけられ、捨てられるので
あろうか（文化的規範の変化を扱うための数量分析を得意とする企業の努力を考
えるとよいであろう）。結局、見せかけの再帰性の訓練は実施されうるのであり、

*111*

新しい途を指し示す代わりに、現行の戦略や義務、価値の方向性、資源の配分を強化するために使われうる。RAND 研究所のアメリカ空軍との長く争われた関係は、企業と公共政策の双方にとっての関係する圧力とその影響を照らし出している[6]。高次のレベルでは、情報の流れのなかで特定の要素に注意を払うことを学ぶために、組織はどのような所定の順序を作り出し、普及させうるのであろうか。用心深さと柔軟性を所定のこととすることは確かに困難であり、どこでそれはうまくいったり、いかなかったりするのであろうか（うまくいかなかった例として、2003 年に破産申請したイタリアの食品会社のパルマラット〈Parmalat〉、や 2009 年に国有化された GM とクライスラー〈Chrysler〉がある）[7]。

　外部（すなわち人、企業、産業、地域、国の外）から好ましくないニュースを取り入れることはたぶん費用をともなう。金融顧問、政府の規制当局者、もしくはハーバード・ビジネス・レビュー誌に依存しているときに、危険にさらされているのは、主要な主体の自律性、名声、見識である。外からの再帰性の挿入は、内部においてどのように折り合いがつくのであろうか。権威を求める、危機の誇張、「学習する組織」についての進歩的な会話など、選択肢は確かに複数あるが、フランスの航空機産業が 1970 年頃までに、その後国際的な共同事業体で仕事をしなければならないであろうと定められた過程（自律性を堅持する結果となった）は再構成する魅力があるであろう[8]。確かに、危機、資源が不足するとき、競争が激しくなったとき、戦争、技術的変化（蒸気から電気へ、固定電話から携帯電話へ）のときにおいて、再帰性がいかに機能するのかを分析することは有益でありうる[9]。遅延や不実行、現行のやり方を深める投資、逐次的に新しい方向に向けること、そして根本的な変化に賛成する主張は、産業を通じる議論や計画する集団における議論に満ちているのかもしれない。結局、この適合過程の形態において、再帰性が行いうることあるいは行うべきこととは、現行のやり方に対する別のやり方に人の目を向けさせることである。

　別の状況では、再帰性は主体にとって決定的な「内部の」資源を表している。ギデンスが説明するように、

　　今日の社会生活の再帰性は、社会慣行について入ってくる情報の観点から、社会慣行がたえず試され、改良され、結果として構造的にその性格を変えていくという事実のなかに存在している。…すべての形態の社会生活は、部分的に主体のそれに関する知識によって構成されている。ヴィトゲンシュタイン（Wittgenstein）

第Ⅱ部　機会——主題の領域

の意味において「どのように先に進むか」を知っているということは、人間の活動によって引き起こされ、再現されるしきたりに本来備わっていることである。…しかし近代という時代においてのみ、しきたりの改変が（原則として）急進化して人間生活のすべての局面に適用されている。…近代性に特徴的なことは、…見境のない再帰性の信念であり、再帰性それ自体の本質に関する再帰性ももちろん含んでいる[10]。

ゆえに歴史家を含む主体は、研究をたきつける情報を含む情報を集め、評価するための自らの慣行についてますます自覚をもつようになるという立場にたち、さらに情報の性格と質が変化するにつれて、慣行も変わりうる方法について思いを起こすことを期待されているのかもしれない。このような根本的な再整理にいかに接近するかをうまく整理することは、もちろん継続している集合的な過程である。すでに相当質的な学問分野である経営史は、伝統的な手法からは大きな成果が見込めず、歴史学部やビジネススクールにおける編成において周辺に追いやられているが、この小さな著作が貢献したいと思っている、比較できる再帰過程へと進みうるのである。

### 注　9：再帰性

1. Anthony Giddens, Ulrich Beck and Scott Lash, *Reflexive Modernization: Politics, Tradition, and Aesthetics in the Modern Social Order* (Stanford: Stanford University Press, 1994)〔松尾精文、小幡正敏、叶堂隆三訳『再帰的近代化—近現代における政治、伝統、美的原理』而立書房、1997 年〕; Pierre Bourdieu and Loic Wacquant, *An Invitation to Reflexive Sociology* (Chicago: University of Chicago Press, 1992)〔水島和則訳『リフレクシヴ・ソシオロジーへの招待—ブルデュー、社会学を語る』藤原書店、2007 年〕, および Pierre Bourdieu, *Science of Science and Reflexivity* (Chicago: University of Chicago Press, 2004).
2. George Soros, "General Theory of Reflexivity" (a lecture at the Central European University, Budapest, 26 Oct. 2009): www.soros.org/resources/multimedia/sorosceu_20091112/reflexivity_transcript (2010 年 6 月 11 日閲覧).
3. Margaret Archer, *Structure, Agency and the Internal Conversation* (Cambridge, UK: Cambridge University Press, 2003).
4. ゆえに経済学も経営学も隠喩の言及以外では科学になりえない。
5. アメリカのコンサルティングについての中心的で重要な分析については、Christopher McKenna, *The World's Newest Profession: Management Consulting in the Twentieth Century* (Cambridge, UK: Cambridge University Press, 2006) を参照。

113

6. Alex Abella, *Soldiers of Reason: The RAND Corporate and the Rise of the American Empire* (New York: Houghton Mifflin, 2008)〔牧野洋訳『ランド―世界を支配した研究所』文藝春秋、2008 年〕.

7. アメリカ自動車産業が差し迫る挑戦と危機に対して無頓着であったことについては、次の古典 Stanley Aronowitz, *False Promises* rev. ed.（1973; Durham, NC: Duke University Press, 1991), および J. Patrick Wright, *On A Clear Day You Can See General Motors* (New York: Wright, 1994)〔風間禎三郎訳『晴れた日には GM がみえる―世界最大企業の内幕』ダイヤモンド社、1980 年〕を、また最近の業績では、Paul Ingrassia, *Crash Course: The American Auto Industry's Road from Glory to Disaster* (New York: Random House, 2010), Alex Taylor III and Mike Jackson, *Sixty to Zero: An Inside Look at the Collapse of General Motors* (New Haven: Yale University Press, 2010), および Richard Gall, *General Motors: Life Inside the Factory* (Bloomington, IN: Author-House, 2010) を参照。

8. 尊敬すべきビル・ガンストン（Bill Gunston）は彼の著書 *Airbus: The Complete Story*, 2nd ed.（Sparkford, UK: Haynes, 2010)で根拠を与えている。ガンストンは少なくとも四半世紀の飛行機とエンジンについての高い品質の技術分析を行っている。

9. 2008 年の金融危機への道程をリーマンブラザーズに対象を絞り、情報の流れと再帰的な戦略策定に焦点を当てた挑戦的な分析については、Michael Lewis, *The Big Short: Inside the Doomsday Machine* (New York: Norton, 2010)〔東江一紀訳『世紀の空売り―世界経済の破綻に賭けた男たち』文藝春秋、2010 年〕を参照。

10. Anthony Giddens, *The Consequences of Modernity* (Stanford: Stanford University Press, 1990), 38-39〔小幡正敏訳『近代とはいかなる時代か？―モダニティの帰結』而立書房、1993 年〕.


# 10：儀式的および象徴的行為


　歴史分析に利用可能な儀式的および象徴的なビジネスの行為の範囲は非常に広い。工場や商店が最初にビジネスを始めるやり方を考えてみると、旗や風船、景品やテープカット、政治家や経営者によるだらだらとしたスピーチがある。事務室や鋳造所のようなところでは、仕事仲間や管理者が、公式にであれ非公式にであれ、定期的に誕生、記念日、婚約、結婚を祝い、死を悼む[1]。会社は式典で賞や名誉、賞与や昇進を提供する（あるいはそれは一度きりで、二度とないかもしれないが、それはすぐに歴史の問題を提起する）。休日と同じく、賞与は毎年の暦を引き立たせるものであり、アメリカの金融業では年末、日本の管理者には6 月と 12 月に支給される。契約書調印、合併合意、集会での製品の初公開、見

第Ⅱ部　機会——主題の領域

本市、およびファッション・ショーは象徴的な行動や人工物（ロゴの入ったペン、浮き出し模様の入ったプログラム、Tシャツ、マグカップ、キーホルダー）でいっぱいである。

　個人のレベルでは、新しい労働者は通例、冗談やいたずら（「私に左利き用の自在スパナをもってきてくれ」）のみならず、標準化された導入見学、訓練集会（安全規則、計算機使用、機密性）あるいは給付や休暇期間に関する情報の伝達を通じて、自分自身が仕事に「入ることを許された」とわかる[2]。経験豊かな従業員が新参者に、誰に向かって議論してはいけないか、どのような手続きが習慣的に飛ばされるか、遅れることで有名な部署を迂回することでいかに物事を素早く、静かに成し遂げるのかについて教え込むことは、珍しいことではない。昼食時間や食堂が社交の実績（あるいはそれからの離脱）を示しうるのと同じように、仕事中ではコーヒーや紅茶の休憩時間が従業員の間の社交への中核的な期待を表しうる（休憩時間を挟んで働くのはその関係を破壊する）[3]。残業（緊急時においてか、いつもの手段としてか、経営者にとって職員を増員するのを避けるために行われる）もまた、組織内での関係を象徴的に示し、それを変容させる。職務遂行評価は儀式であり、組織におけるある従業員の過去と未来についての面と向かった意見の交換である。解雇もまた儀式化されてきたというのも驚くことではない。アメリカの企業では、人材センターへの気の進まない訪問、きびきびした解雇の通告（たぶんその理由も含まれる）、警備職員に付き添われて、私物をとり、鍵やIDカード（もしあれば）を返すための数分間の自分の机や作業場所への再訪問が含まれ、すべての儀式は駐車場へ付き添われて歩くことで終わる[4]。これがどのように行われるようになるかは、当然ながら、歴史の問題であり、時と場所によって多様性がある。

　一連の仕事や職業の守護聖人、関連した人工物や言説、そしてそれぞれの一体となった独自性への関連を理解するためには、歴史も動員されなければならない。たとえば、アレクサンドリアの聖カタリナは、婦人帽製造業者や高級な仕立屋の神聖な監督者であり、聖アウグスティヌスは印刷業者と醸造業者の守護聖人である（印刷業者が聖アウグスティヌスの日に休みを取り、飲酒することを説明するかもしれない）[5]。これらの儀式は何を、誰に、いつ、なぜ意味するのであろうか、そして労働者、雇用者、企業の顧客は含まれるのであろうか。20世紀の世俗化が世界的に進んだときに、他のどのような宗教的儀式がビジネスの運営に関係性をもっているであろうか。非キリスト教徒の間で、そして非キリスト教地域

115

で、どのような比較しうる傾向があらわれたのであろうか。

　企業における衣服と態度は高度に儀式化されうるものであり、ずっと昔からそうされてきた。リチャード・セネット（Richard Sennett）が説明するとおり、「2世紀前のロンドンとパリの通りは、社会的な地位の正確な表示計器であるという特徴をもっていた。召使いは容易に労働者から区別することができた。同業組合のなかでの労働者の地位が、その人のまとっている特定のリボンやボタンをみることでわかるように、行っていた労働の種類は、それぞれの仕事によって採用されていた特定の布から読み取ることができた。社会の中流層のなかでは、弁護士、会計士、商人はそれぞれ区別できる装飾、カツラ、リボンを身につけていた」[6]。この多様性のビジネスでの衣服への変容（ゆったりとした背広の上下、青いサージ、ダブルボタンの細縞）と工場での衣服（作業用胸当てズボン、綾織りズボン、会社の記章と労働者の名前の刺繍が入った無地のカラーシャツ）は、仕事や職業よりは階級や身分を指し示している多数の制服の一様ではない進歩を表している[7]。性別の問題は衣服の期待——洗練されている対荒々しい男らしさ（上述）もしくは20世紀初頭アメリカの事務員の控えめではあるがそれでも女性らしいスタイルとしてのシャツ・ブラウス（1960年代にはジャケットとスカートの組み合わせやパンツ・スーツがそれに続いた）——とすぐに絡まり合っている[8]。

　同じように衣服は、企業のなかだけでなく、伝統的もしくは創造的なビジネス——劇場、映画撮影現場、画廊、ファッション専門店、広告企業の一続きの部屋——で活動している個人の間においても、反抗的にも挑戦的にもなりうる[9]。伝統的な設定では、慣習に従っていない衣装は、独立性や創造性もしくは同様に憤慨や隠棲を公告しうる。アルバート・ハーシュマン（Albert O. Hirschman）の用語でいえば、それは「忠誠」（loyalty）を差し控えた「発言」（voice）を体現し、「退出」(exit)へとつながりうる[10]。ネクタイの着用が続いている環境——裁判所、弁護士事務所、医療診察室、重役室——の高度に儀式化された形式性が研究に価するのと同じく、管理者の地位をあらわす人工物としては、男性のネクタイが緩やかに廃れていることは、関連した分野における研究に価する。臨時雇用もしくはパートタイムの従業員にとって、権威の象徴的記章が付随的なのと同様に、中位ないし低位の階層の管理者における衣服の略式化（casualization）は、雇用における臨時雇用への切り替え（casualization）とおそらく同時に進んでいる。

　三つの例が先述の意見に質感と背景を与えるかもしれない。1917年より消費者電機製品を製造していたフランスの家族企業のカロア（Calor）は、1960

第Ⅱ部　機会——主題の領域

代に経営者企業の SEB に身売りした。新しいオーナーは、生産性向上を期待して、長く続いた儀式や象徴的な行動であっても無駄と思われるものを廃止し、職場活動を単純化した。残念なことに、新しい経営陣のもとで、売上げは増加したが生産性が低下した。経営陣はコンサルティングを行う人類学者の集団を雇い入れ、以前の文化的装置の重要な要素を回復するという助言に従った。すぐに危機は終わり、その企業は再び安定して前進していった[11]。この例とは対照的に、新規にスタートしたマイクロソフトでは、「ビジネスの儀式や象徴が早い段階で『舞台裏の』運営に導入されたが、…それは市場の『試合』に勝つという明確に掲げられた目標に動機づけられていた。ディビッド・グロス（David Gross）が述べるように、

　明らかにビル・ゲイツが基本ソフト（OS）とプログラム言語を供給できるであろうという印象のもとに、1980 年に IBM はマイクロソフトにパソコンの開発に資するために接触したが、このことはビル・ゲイツを非常に興奮させた。…しかしマイクロソフトはゲイリー・キルドール（Gary Kildall）のインターギャラクティック・デジタル・リサーチ（Intergalactic Digital Research）社からライセンスを受けて CPM という基本ソフトを使っていた。…自分のソフトの契約を得たいゲイツは、IBM の社員に対し、共同所有の製品を確保する目的でキルドールと会うように設定した。ゲイツと違いキルドールは、会社の力についての IBM の儀式にかかわることに乗り気ではなく、興味もないようにみえた。ゲイツとマイクロソフトの経営者たちは、会社のビジネスの取引に関する儀式——非公開についての合意に署名すること、IBM を価値ある顧客として扱うこと、さらにスーツとネクタイを着用すること！——については正当な敬意と情熱を示すようであった。対照的にキルドールは、意識的にこれらの慣行に軽蔑と無関心を示してきたようであり、飛行機操縦の趣味をするためにあらかじめ設定してあった会合をキャンセルし、IBM の使者を一日中待たせたままにしておいて、ついには秘密保持の合意について敵対的な論争を始めてしまった。その結果 IBM のチームは、キルドールと取引することを拒否した[12]。

ゲイツは別の基本ソフトを購入し、キルドールを排除し、IBM と契約を結び、そして動き始め、上昇していった。
　最後の例はミクロのレベルであるが、トモコ・コノリー（Tomoko Connolly）

が日本のハイテク会社のアメリカ工場の人事部長として25年近く勤務した「バージニアの地方出身のアイルランド系アメリカ人」であるマイク・オケージー（Mike O'Casey）の退職パーティーについて述べている。操業部長のマイク・クラーク（Mike Clark）は一般的には物静かなサカイ工場長の監督のもとで、操業の進行を指揮していた。食前酒と前菜のあと、クラークは「後ろの壁に最も近い主賓席にサカイ工場長、タバタ副工場長、イシバシ購買部長が座れるように、食事のテーブルを再設定するようにレストランの職員に命じた。そしてオケージー氏にはとても長いテーブルの中央に家族に囲まれて座るようにいった」[13]。ここでは二つの儀式が組み合わさっている。一つはレストランの職員が重要視しなかった最上位管理者の特権としての空間認識であり、もう一つは栄誉を受ける人の部屋の構成に対する中心性である。さらにお酒を飲んだ（日本企業の儀式である）あとに、

テーブルの最上位でイシバシ購買部長がビデオカメラをいじり始めた。カメラをサカイ工場長に向け、日本語でSkypeによって日本本社を呼び出したところだと冗談でいった。本社と話しているふりをして、「もしもし、こちらバージニアです。私たちは夕食パーティーを始めるところです。アサヤマ名誉会長、すばらしい開会のご挨拶をお願いいたします」といった。タバタ副工場長はしかめ面をして、イシバシに日本語で、「あなたがいっていることは公式記録として正式に残るでしょう。そして私はこのことをアサヤマさんに報告しますよ。ははは！」といった。この会話を聞いた日本人は全員爆笑した。ミツイは残りの人にそれを通訳した。みんなが笑った。この寸劇はバージニアの出先機関全体に対する東京本社のものすごい力をすべての参加者に思い知らせたのであった[14]。

「小さな寸劇」は管理者たちが東京本社の力に近く、地元従業員がそれから隔てられていること（そしてそれに従属していること）をドラマ仕立てに示したのであるが、ここでは言語の障壁によって、地元従業員が日本人管理者たちの間の脇役の演技をすぐに理解することが妨げられた。タバタとイシバシの間の内部のやり取りが、公式とお祭り騒ぎの間の境界線が儀式的に一時中断されていることを照らし出したのであるが、工場の内部ではイシバシの厚かましさは確かに記録されるであろうし、彼の出世の見込を傷つけるであろう。儀式は重要であるが、いかにそれを実行し、いかにそれを読み取るかを知らねばならない。

　研究のための一組の疑問がこの概観から生じてくる。ビジネスの儀式や象徴的

第Ⅱ部　機会——主題の領域

な行為は、包摂と排除の手段としていかに機能しており、どのような含意がある
のか。こうした行為に参加する人びとに対する企業の責任とは何であり、そして
いかに、なぜそれは変化するのか。確かにこうした行為は国境を越えると異なる
が、それはビジネスの見込にとってなぜ重要なのか。象徴的な報酬は何に報いる
のか。儀式や象徴を認識することは、会社文化についての現行の学問的概念を変
えるのであろうか、そしてもしそうなら、どのように変えるのであろうか。こう
した行為や人工物は実際にはどの程度、誰にとって重要なのか。私たちはこれ
をどのように記録し、測定できるのか。象徴的行為は歴史的にどのように出現し、
その境界は何であろうか。たとえば、企業によって援助されている産業スポーツ
チームは、19 世紀後半の北米・欧州に始まり、のちに日本に広まったが、儀式
的・象徴的なものの延長線上にあるものなのであろうか。それはなぜか、もしく
はなぜそうではないのか。スポーツのプロ化はどのような変化をもたらすであろ
うか。明らかにこれらは今日のビジネスの分析にとって実りの多い領域であり、
その歴史的局面や過去におけるビジネスの主体や機関にとっての重要性を明らか
にすることは、エネルギッシュで創造性豊かな学者による研究を待っているので
ある。

### 注　10：儀式的および象徴的行為

1. このようなお知らせの e メールによる連絡が普通のことになっており、今日では電子的
   にすら行われている。
2. ベンジャミン・ボトキン（Benjamin Botkin）の *Treasury of American Folklore*（New York:
   Crown,1944）, chap. 5, pt. 3, "Jesters" を参照。ボトキンは、「ほとんどすべての職業に
   おいて、教育の一部もしくは新しい雇い人の加入は、その人を通例、左利き用の自在ス
   パナ、ボトルの足かけ、四つ足のヤード尺、天空にぶら下がっている鉤といった神話上
   のもしくは不可能なものを探すばからしい使い走りに送り出すことにある」と記してい
   る。
3. 昼食堂の複雑性についての洞察は、Nicolas Hatzfeld, "La pause casse-croute: Quand les
   chaines s'arrêt à Peugeot-Sochaux," *Terrain*, no. 39（2002）: 33-49 を参照。Jean-Pierre
   Durand and Nicolas Hatzfeld, *Living Labour: Life on the Line at Peugeot France*（London:
   Palgrave Macmillan, 2003）も参照。
4. 今日の接近方法については、Linda Magoon and Donna de St. Aubin, *Tips When Hiring
   and Firing Employees: 50 Plus One*（Chicago: Encouragement Press, 2006）を参照。
5. 背景については、Alli Basye, "Happy St. Catherine's Day," 25 Nov. 2010. http://onthisday-
   infashion.com/?p=8171（2011 年 4 月 27 日閲覧）を参照。この聖人がかつて存在し

たという証拠を欠くので、この聖人の日は公式の暦から削除されている。聖アウグス
ティヌスについては、www.scborromeo.org/saints/hippo.htm（2011 年 4 月 27 日閲覧）
を参照。

6. Richard Sennett, *The Fall of Public Man: On the Social Psychology of Capitalism* (New York: Knopf, 1977), 65〔北山克彦、高階悟訳『公共性の喪失』晶文社、1991 年〕.

7. Christopher Breward, *Fashioning London: Clothing and the Modern Metropolis* (Oxford: Berg, 2004) を参照。最近の日本のデザインにおける背広の再構成について一瞥する には、Dorinne Kondo, "Fabricating Masculinity: Gender, Race, and Nation in a Transitional Frame," in *Between Woman and Nation: Nationalisms, Transnational Feminisms, and the State*, ed. Caren Kaplan, Norma Alarcon, and Minoo Moallem (Durham, NC: Duke University Press, 1999), 296-319 を参照。説得力のある研究としては、Anne Hollander, *Sex and Suits: The Evolution of Modern Dress* (New York: Knopf, 1994)〔中野 香織訳『性とスーツ―現代衣服が形づくられるまで』白水社、1997 年〕がある。

8. Heather Vaughn, "Icon: Tracing the Path of the 1950s Shirtwaist Dress," *Journal of American Culture* 32 (2009): 29-37.

9. 有名なアメリカの事例としては、Kathy Peiss, *Zoot Suit: The Enigmatic Career of an Extreme Style* (Philadelphia: University of Pennsylvania Press, 2011) を参照。

10. Albert O. Hirschman, *Exit, Voice, and Loyalty: Responses to Decline in Firms, Organizations, and States* (Cambridge, MA: Harvard University Press, 1970)〔矢野修一訳『離脱・発言・忠誠―企業・組織・国家における衰退への反応』ミネルヴァ書房、2005 年〕. こ うした系列で有用なものとしては、Mary Douglas, *How Institutions Think* (Syracuse, NY: Syracuse University Press, 1986) もある。

11. Dominique Claudet and Dominique Pierzo, "Culture interne et recyclage de mémoire dans une société de fabrication d'appareils ménagers," in *Mémoire d'avenir, l'histoire dans l'entreprise*, ed. Maurice Hamon et Félix Torres (Paris: Economica, 1987), 99-105.

12. David Goss, "Reconsidering Schumpeterian opportunities: the contribution of interaction ritual chain theory," *International Journal of Entrepreneurial Behaviour and Research* 13.1 (2007): 3-18. 引用は 12 ページより。

13. Tomoko Connolly, "Business Ritual Studies: Corporate Ceremony and Sacred Space," *International Journal of Business Anthropology* 1.2 (2010): 32-47. 引用は 36-37 ページ より。

14. 同上論文 37 ページ。

第II部　機会——主題の領域

## 11：失敗の中心性

　失敗はビジネスにおける中心的な経験と過程であるとの主張はまったく非生産的であると思われるかもしれない。しかし失敗なしでは経営史は、軍隊・コンサルタント・企業家・報道関係者のような成功を動力とする集団の期待あるいは経営管理学者の期待にすら反して、限定された価値しかもちえない。失敗学の威厳や関連性は、業績や成功を強調する著作のそれよりも控えめであろうというのがありそうなことである。それでも再び参照する価値のある事例は、コンサルタントのジェイムズ・コリンズ（James Collins）、とジェリー・ポラス（Jerry Porras）による 1994 年の『永続への設立—ビジョナリー・カンパニーの成功する習慣』である。ベストセラーとなったこの本は、10 年間に世界で 350 万部も売れた。それでもその 2004 年版で、注意深い読者は、「リストにあがったビジョナリー・カンパニーのほとんど半分が劇的に業績と名声を低下させ、その会社の先見性は現在では予言者よりもぼやけているようにみえる」ということを見出すことができた[1]。これらの会社には、モトローラ（Motorola）、フォード（Ford）、ソニー（Sony）、ディズニー（Disney）、ボーイング（Boeing）、ノードストローム（Nordstrom）、メルク（Merck）が含まれていた。コリンズはメッセージをのちの本のタイトルのなかで変更し（『良い企業から偉大な企業へ—なぜある会社は飛躍し、他はしないのか』、さらに最初に企業の先見性を褒め称えた本から 15 年後に出たその続編ではさらに変更した（『なぜ強い企業が失敗するのか』）[2]。

　失敗の可能性と現実を主張することで、十分に認識された経営史は、「すべての帝国は死滅する」と自信たっぷりに宣言する国際関係の歴史家と重なってくる[3]。他のすべてのものと同じく経済組織は、備わっている弱さを無視することができず、ゆえに国際関係の視角は、多くの経営政策の手引書よりもずっと現実的でありうる。企業が不確実性、危険性、あいまい性（他の主体と取引するときにしばしば情報の非対称性に直面しながら）の環境のなかで操業していること、および極端な状況ではビジネスの倫理を捨て去ろうとする誘惑が大きくなりうることを経営史は示している。経営史はまた歴史家と経済学者が理解している景気循環、ブームとその破裂、バブルといった現象を考慮に入れている。継続性ではなく生

き残りが本質的であり、企業のなかの人であれ外の人であれ、会社の死という巡り合わせを退けるべきではない。このことは危機の際における企業家や重役のみならず組織のその他の構成員による、英雄的もしくは自己犠牲的行動を鼓舞する情緒の強さを説明する。

　アメリカでは 2005 年のある推計が、「すべての会社のうち 10％以上が毎年破綻し、1 万社以上が毎週閉鎖されている」ということを示した[4]。確かに小さな商業・産業企業は、その多くが知識・経験・資源・縁故・ネットワークを欠くのでより失敗しやすく、大多数にとって高い廃業率と短い生存期間を示している。それでもなお大企業もまた、国内でも国外でも、プロジェクトや製品レベルでは脆弱である。アメリカでは大きな産業上の技術計画であるビデオディスクが、1964 年から 1970 年代の間にアメリカ・ラジオ会社（Radio Corporation of America）で開発されたが、失敗した。世界的にみればソニーのカリスマ的指導者である大賀典雄（Norio Ohga）は、1975 年にビデオカセットレコーダのためのベータマックス・フォーマットを発表し、最初のもので高品質であることから、閉じ込め（lock in）効果と経路依存性（path dependence）を通じて、市場を主導できるであろうと期待した。それでもベータマックスは、ビクターの VHS が低価格で他社ブランドとの互換性があったために敗退した。ソニーとビクターは「両社とも有効性が確認されていない技術を開発していた。より早く市場に入りたいという願望の結果、両社とも研究開発にほとんど時間を使わず、さらにすべての選択肢を検討することを本当にせずに、最良であろうと考えた技術のバージョンを選び出すことで資金を節約しようと試みた」[5]。より緊急的でなく、より冒険的ではない行動も危険であるとわかるかもしれない。大抵の多国籍企業の特徴である規模の経済は永遠のものではない。2005 年にフランスのカルフール（Carrefour）は日本の 8 店舗を売却し、追加的に東南アジアの拠点を 2010 年までに閉鎖せねばならず、さらにその翌年、世界のリーダーであるアメリカのウォルマート（Walmart）がドイツの 88 店舗を閉鎖したが、両社とも進出先の消費者の期待に適応していなかった。銀行、コンサルタント、政府によって促されるにもかかわらず[6]、経済集中がずっと安全なわけではない。20 世紀の初頭から合併買収の大部分は失敗してきている。明らかに革新が失敗の唯一の源泉ではない。その代わりに、継続性、無為、戦略もしくは所定の順序の受動性が同様の危機にみちびくかもしれない。ひとたびこのことが理解されれば、三つの大きな疑問が生じてくる。失敗の過程が具体化するとき、何が真っ先に問題となるのか。何が

122

第Ⅱ部　機会——主題の領域

ありうる結果か。何がより長期の遺産なのか。

　個別の失敗に関する研究や数量的分析が、多様な危機の引き金となる経済問題——価格や市場販売へのショック、信用ネットワークの不十分性、小さな緊張の蓄積、抱えているリスクの拡大、内部統制の限界、技術の陳腐化——を明らかにしている。これらはすべて主体の行動や価値に疑問を投げかけている。ゆえに私たちは、なぜ農民、商人、産業人、銀行家、デパートさらに保険会社ですら失敗するのかを探求する必要がある。難しいことに、失敗とは社会的な過程なのである。

　失敗しつつある債務者は、生き残るためもしくは復帰を果たすために駆け引きをする。債権者は債権譲渡、破産、抵当流れなどの脅しを用いるかもしれないが、自分の資本を取り戻すために債務者が破綻しないように試みる。仲介者、特に公認会計士、監査法人、弁護士、破産管財人、財務顧問、銀行はしばしば介入してくる。うわさは否定され、信用が失墜し、破綻し、パニックへとみちびいていく。ビジネスのシステムにおける自己規制は、失敗が交渉へと導かれるというもう一つの選択肢を提供する。フィリップ・オラレンショー（Philip Ollerenshaw）が述べるように、「私たちは破産の過程、すなわち企業が失敗の海を『航行する』間にどのような処理が行われ、内部や外部の利害関係者がどのような役割を果たすのか、について説明する必要がある」[7]。商工会議所や同業組合といった他の団体も仲裁の役割を果たすかもしれない。ビジネスによる自己調節についての追加的な多数の例が出現するようになった。アメリカでは、1890 年代後半から1920 年代まで、

　　新しい一連のビジネスから資金が提供されている非営利組織が、商業上の不誠実に反対する運動の先頭に立った。それらは詐欺という法的領域を方向づけ、大規模な公衆教育運動を起こし、連邦政府に匹敵する民間法律執行能力を作り上げた。主として商業上のスピーチで規制監督を強化することを求める提案をはねのけたいというビジネスエリートの願望から生まれ出たのであるが、反詐欺の聖戦は、社会衛生に関する伝播しつつある考え方や、勃興しつつある私的統治の手法に影響された社会運動へと発展していった。この新規構想は、規制問題への反応の素早さといったビジネスの自己調節の恒久的な強さを強調したが、ビジネス支配層の会員企業により展開された詐欺的マーケティングを見過ごす傾向があるという枢要な弱みも露呈した[8]。

もっと多くの事例では自己調節では不十分で、法廷が失敗を取り扱う。裁判官は数世紀の間に発達してきた法的手続きを解釈する。これは中小企業にとってよくあることであるが、それは破産が年間数千件も標準化された様式で申請されるありふれた法的手続きだからである[9]。限られた数の事例において、失敗が政治的に問題化する。企業家、小株主、賃金労働者は世論に影響力を発揮しようと試みる。そこで醜聞、パニック、もしくは失敗の過程の潜在的な結果が、地域、地方、一国、国際レベルでの政治家の直接介入を強制するかもしれない。純粋に政治的な要因が、失敗に対する政府の反応の重要な決定要因ともなりうる。すべての他の主体と同じく、国家機関もこの過程で勝者が誰で敗者が誰かを決定しようと試みる。

失敗の結果とは何であろうか。確かに失敗は通例、資本と雇用を破壊するが、歴史的分析は競争企業も記録している。ソニーのビデオカセットレコーダにおける大失敗にもかかわらず、ベータマックス・フォーマットは、専門的マスコミユーザーの間では長く続く基礎を確保した。確かに卓越した日本の技術者が、大衆市場での敗退ののち、ベータマックスの工場と機械を使うためにポータブルビデオカメラを1989年に発明した。いくつかの失敗は、回復や第二の生涯に結びつきうる。会社再生のためのアメリカ連邦倒産法11条は、この点での通常の手段となっている。さらにより重要な問題は、失敗した企業家に何が起こるのかということである。多くはビジネスの経歴を終え、別の仕事へと移っていく。しかし新しく起業しようとするものもおり、第二の機会というよくあるテーマを補強する。

南北戦争後の（1865～96年）カンザス州アチソン郡（Atchison County）において経済的に失敗した47人の農民と134人の商人・製造業者・専門職に関する最近の微少歴史（microhistory）は、第二の機会についての適切な答えを提供する。

考察された個人のほとんど大部分は、比較的短い期間で生産的な雇用を見出すことができたが、多くは経済的失敗の結果を完全に覆すことはできなかった。失敗する前に得ていた、もしくは失敗の前に期待した上昇傾向が続いたとしたら得られた富や所得を再び得ることはできなかった。さらに独立した農場やビジネスの所有者になる機会がより限定されるようになったが、独立した農民・小売商・卸売商の数が減少していく経済的な力に抗するのがより困難になった1880年代以降は、特にそうであった[10]。

第Ⅱ部　機会——主題の領域

しかし軌道がより有望な方向に跳ね返ることもありえて、

> これらの同じ力が、巨大製造・卸売・小売・鉄道・公益企業や政府機関の俸給を支給される従業員にとって、中産階級の仕事を生み出しつつあり、ときがたつにつれて、ますますたくさんの学校教育を受けた個人が、このような場所に雇用を見出していった。残りの農場やビジネスを所有した人は、よりまれになっていったが、その人たちとあわせて、こうした機会は学校教育を受けた個人のほとんど大部分が、長期の貧困を免れるのには十分であった[11]。

同様の研究が他の地域や時代について必要とされている。第三の結果は、カンザスの（そして世界的に）いろいろな時代に、「失敗した債務者とその債権者は、農業・商業金融システムと、経済的失敗に対処するために作られた法的過程を改良しようとする起動力を生み出した」[12]。ゆえに規制および倫理の枠組みは周期的に調節されるのである。

　失敗の遺産は雑多である。倒産は企業のなかであれ外であれ、その犠牲者の労働に関連する意味の感覚を変える。事業所の閉鎖、ビジネスやプロジェクトの失敗、規模縮小、リストラ、合併買収といった組織変更の出来事は、喪失と悲嘆という反応を呼び起こす。企業や労働市場のなかには、解職された人に、出ていくことや動くことで自らを癒やすように求めるだけのところもある。しかし多数の従業員は、組織上の位置や場所への強い愛着という相当な含意をもつ傾向を示す。プロジェクトの終了も臨時組織における喪失の感覚を呼び起こすかもしれない。個人や集団が自己と他者との間の関係を作り直すように要求されるときには、継続する紐帯の重要さが考慮に入れられる必要がある[13]。

　別のレベルでは、失敗の記憶の集団的な能動的学習があるのであろうか。失敗の単純な教訓は容易に忘却されうる。中央銀行の危機管理において、アメリカの財務長官のアレクサンダー・ハミルトン（Alexander Hamilton）は、アメリカ最初の金融市場の崩壊である 1792 年のパニックを食いとめるために発明した技法を、成文化し体系化することができなかった。それは 80 年後にイギリスで再発見された。なくなった組織の記憶はしばしば同窓会、会報、ウェブサイトなどたくさんの方法で維持されてもいる。しかしより広い問題が注意されるべきである。ビジネスの世界では、合理性のゆえに名声が得られるにもかかわらず、トップで

すらその軽信には際限がない。革新のみでは企業を支えるのに十分ではない。新製品発表、新しい販売の手法、大量の広告が、シリル・ロード（Cyril Lord）織物グループのイギリス、アメリカ、南アフリカにおける急成長を助長したが、それでも同社も支払い不能に陥ってしまった[14]。たとえそれが中枢をなすものだとしても、革新的な会計規則が巨大で犯罪的な詐欺を隠したエンロン（Enron）の崩壊にみられるように、革新もまた堕落しうる[15]。

「生存を脅かす決定的閾値を下回る実際のもしくは期待される業績の結果として、競争力が衰退するときに、組織は失敗する」ので、失敗の源泉はある瞬間、ある場所、ある産業といった特定のものに限定されるべきではない。「組織的失敗の徴候には、市場シェアの低下、うち続く低いもしくはマイナスの利益率、決定的に重要な金融、人材、技術などの資源の縮小、正統性の喪失が含まれる」[16]。それでも失敗は漸次的もしくは突然のビジネス環境の変化のみでは決して説明できない。その代わり所有者の権力と責任、経営者・従業員と組織との関係に関する報酬と誘因の正もしくは負の効果、権威と論争の可能性との間のつながり、原因を帰すとか決して明確ではない意味の世界における教訓を実行する能力といった主要な特徴や破断点に失敗はさらされているものである[17]。失敗が迫っているとき、納入企業から消費者までの価値連鎖全体が危機にさらされている。失敗の危険性は、現在のやり方、慣行、経営手段、企業文化を超える困難とたたかう個人や組織の能力を試すのであり、失敗の危険性がつきつける本質的な難問は、それが社会的・文化的正統性を回復もしくは再構築し始めるよう仕向けることにある。


### 注　11：失敗の中心性

1. James Collins and Jerry Porras, *Built to Last: Successful Habits of Visionary Companies* rev. ed. (1994; New York: Harper Business, 2004)〔山岡洋一訳『ビジョナリー・カンパニー—時代を超える生存の原則』日経 BP 社、1995 年〕. 引用は Jennifer Reingold and Ryan Underwood, "Was 'Built to Last' Built to Last?," *Fast Company*, 1 Nov. 2004 www.fastcompany.com/magazine/88/built-to-last.html より。

2. Jim Collins, *Good to Great: Why Some Companies Make the Leap... and Others Don't* (New York: Harper Collins, 2001)〔山岡洋一訳『ビジョナリー・カンパニー 2—飛躍の法則』日経 BP 社、2001 年〕、および Collins, *How the Mighty Fall: And Why Some Companies Never Give in* (New York: Harper Business, 2009)〔山岡洋一訳『ビジョナリー・カンパニー 3—衰退の五段階』日経 BP 社、2010 年〕.

*126*

第Ⅱ部　機会——主題の領域

3. Jean-Baptiste Duroselle, *Tout Empire périra: Une vision théorique des relations internationales* (Paris: Publications de la Sorbonne, 1981).

4. Kingsley Appiah, "Predicting Corporate Failure and Global Crisis: Theory and Implications," *Journal of Modern Accounting and Auditing* 7 (2011): 38-47.

5 Robin Cowan, "Tortoises and Hares: Choice among Technologies of Unproven Merit," *Economic Journal* 101 (1991): 801-14, および John Nathan, *Sony: The Private Life* (Boston: Houghton Mifflin, 1999)〔山崎淳訳『ソニードリーム・キッズの伝説』文藝春秋、2000年〕.

6 Anita Davis, "Carrefour to sell off SEA stores," Asian Venture Capital Journal, 21 July 2010, www.avcj.com/avcj/official-record/1723539/carrefour-sell-sea-stores (2011年7月5日閲覧)、および Deutsche Welle, "World's Biggest Retailer, Wal-Mart, Closes Up Shop in Germany," 28 July 2006 www.dw-world.de/dw/article/0,2112746,00.html (2011年7月5日閲覧).

7. Philip Ollerenshaw, "Innovation and Corporate Failure: Cyril Lord in U.K. Textiles, 1945-1968," *Enterprise and Society* 7 (2006): 777-811. 引用は778ページ。

8. Edward J. Balleisen, "Private Cops on the Fraud Beat: The Limits of American Business Self-Regulation, 1895-1932," *Business History Review* 83 (Spring 2009): 113-60.

9. Pierre-Cyrille Hautcoeur, ed., "Justice commerciale et histoire économique: Enjeux et mesures," *Histoire et Mesure* 23.1 (2008), thematic issue.

10. David J. Vandermeulen, "The Country of the Second Chance: Economic Failure and Recovery in Atchison County, Kansas, 1865-1896" (PhD diss. in history, University of Virginia, 2007).

11. 同上論文。

12. 同上論文。Scott Sandage, *Born Losers: A History of Failure in America* (Cambridge, MA: Harvard University Press, 2005)〔鈴木淑美訳『「負け組」のアメリカ史—アメリカン・ドリームを支えた失敗者たち』青土社、2007年〕も参照。

13. Emma Bell and Scott Taylor, "Beyond Letting Go and Moving On: New Perspectives on Organizational Death, Loss, and Grief," *Scandinavian Journal of Management* 27 (2011): 1-10.

14. Ollerenshaw, "Innovation and Corporate Failure."

15. Malcolm S. Salter, *Innovation Corrupted: The Origins and Legacy of Enron's Collapse* (Cambridge, MA: Harvard University Press, 2008).

16. Kamel Mellahi and Adrian Wilkinson, "Managing and Coping with Organizational Failure: Introduction to the Special Issue," *Group and Organization Management* 35.5 (2010): 531-41.

17. Patrick Fridenson, "Business Failure and the Agenda of Business History," *Enterprise and Society* 5 (2004): 562-82.

## 12：不確実性の多様性

　経営史家はしばしば手順化、階層組織、契約、カルテル、官僚制、標準、管理、数量化などを通じて不確実性を克服しようとする組織化された努力を明らかにしてきた。ところがビジネスの実践にとっての基準となる状態として、意思決定における変数として、革新の根本的な構成要素として、不確実性を理解することは、遥かにまれにしか行われてこなかった。不確実性を有用な概念として使うために決定的に重要なことは、それが異なった環境の設定において、さまざまな分野をしめ、広い範囲にわたる状況に応じた形態を取るということを認識することである。さらにこれらのさまざまな局面は不確実性の「目録」を構成する[1]。失敗と同じく、不確実性は常に私たちとともにあり、また失敗と同じく、同形でも単純でもない。

　「信頼できる知識」がリスク調整済の結果に対する信頼であるときに、その反対の不確実であるということは、物事の将来のある状態について信頼できる知識がないということを意味する。フランク・ナイト（Frank Knight）が一世紀前に明確に指摘したとおり、不確実性はリスクが計算しえず、負の結果に対する保険が購入しえない（あるいは多くの場合、概念化すらできない）状況を意味する[2]。もちろんすべてが不確実というわけではない。私たちは大抵の自分の物質的および社会活動的については自信をもちうるが、しかしリスクを予期するときは、警戒して動くし、保険を求める。言い方を変えれば、リスクは込み入っているものの合理性の範囲内にあるが、不確実性は複雑で、合理性の範囲外にある。すなわちリスクは知りうる選択肢、手段、機会を含むが、不確実性は多数の相互作用がある未知を取り扱う（第Ⅱ部「機会」の「3：複雑性」を参照）[3]。それにもかかわらず、不確実性に形がないわけではない。

　まず不確実性の時間的および空間的局面について、次いで経営史と密接に関係するいくつかの分野について、最後に操作的もしくは状況に応じた形態について考察しよう。不確実性の継続期間は短期（私の古い自動車は、寒い冬の今日始動するであろうか）、中期（製品が消費者に受け入れられるであろうか、あるいは無視されるであろうか）、長期（私はどれくらい生きるであろうか）でありうる。

第Ⅱ部　機会——主題の領域

この広がりを前提とすると、私たちの反応ははっきりと異なり、不確実な自動車については、携帯電話に充電しておき、代替措置としてタクシーを呼べるように心に描く。製品については、懸念を軽減するために、市場調査のための消費者集団（focus group）の調査を主催するか、発売季節に備えて多種類の珍しいものを準備し、あいまいにしかみえない目標とする消費者にどれかはあたるということを信じる。命について、保険は無意味であるが（それは他の人のためにかけるものである）、健康的か快楽主義的な行為を選び（組み合わせ）、強健な老年のために貯蓄するか、決して「老年」に達することはないであろうと仮定して自由にお金を使うかである。不確実の領域ではどのような合理的で信頼できるやり方でも、自分が何をしていて、何が起こるかを知ることができないので、不確実性への反応は多様になりがちである。空間的にも不確実性は同様の可変性があり、局地的から（交通事故もしくは輸送システムの崩壊は私たちが今日働くのを遅らせるであろうか、および頻発する通勤の苦痛は私たちの家の場所を変えるように仕向けるか）地域的および全国的（チェーンストア支店の進出は地元の事業者を破滅させるであろうか）さらに国境を越えたもの（世界貿易のパターンや株式・通貨価値の変動は、資本移動や労働市場を高めるか低めるか）にまでおよぶ。すべての空間的の例が時間の枠組みを含み、かつ時間的の例が世帯、経済、国家のなかに位置しているように、明らかに時間と空間の不確実性は、主体にとって重要で複雑な方法によって交差している。

　ビジネスにおける不確実性の局面を考えるとき、少なくとも政治、金融、技術、権威の四つには言及する価値があるようにみえる。国家について考察することは、20世紀および21世紀の標準的な経営政策の項目であるが、しばしば企業の課題からはかけ離れている（時代錯誤を避けることはいいことである）。述べられていても無視されていても、企業の課題を作ったり、取り巻いたりする政府や政治は、規制の進路や特徴、関税、外交政策、課税など、企業にとっての不確実性を生み出した。企業やそれが作る組織が、政治や政策に影響しようとしたとき、確かにその結果に驚いた。たとえば、全米製造業者協会はニューディールの人気がほとんど信じられず、労使関係法規が作り出していた限界的な不確実性をもとどおりにするために、結果として長期にわたる（そして大いに成功した）運動を実施した[4]。法人設立（新規株式公開や資金借り換え）および株式・債券取引への銀行の関与が増加するにつれて、金融的不確実性、特に信用と信用格付けについては、その巨大ビジネスの環境についての重要性が増加したため、常に更新さ

129

れる緊張と混乱の源泉となっている。市場や顧客に関する不確実性は法外なものになりうるが、ドイツのハーモニカ製造業者のホーナー（Hohner）は、製品の出荷を認める前にアメリカの卸商の信用状態を評価するためにアメリカの信用機関を使うことで、19世紀のアメリカ市場へと浸透していった[5]。文化的境界を乗り越えるために国際市場へ入っていく企業は、同様な戦略を採用してきているが、それにも固有の危険があり、特に信頼できる信用機関をみつけることがそうである。このような不確実性のもとでは、主体は結果を予見できず、さらに取引の規模が増大し、取引相手の数が増加していくと、誰がもしくは何が市場の動きの起動力なのかすらわからなくなるのであるが、それは電信の時代においても今日と同じく問題含みであった。

　技術的不確実性は誰にとってもなじみがあり、経営史家にとって最も期待できるその舞台は、前途を見据え、技術的知識が分散し、矛盾し、創発的であるような環境において意思決定を行っている主体に関してである。ここでもしも無為がふさわしいのであれば、それは妥当な戦略として機能しうるが、しかし競争を前提とすれば、その危険性は非常に大きく、何もしないのはおそらく負けとなるであろう。文化的なものであれ組織内のものであれ権威は、指導者にとっても指導される者にとっても、不確実性に対して非常に脆弱である。階層組織は不確実性を避ける組織上の動きである。それでもそれは、存在感とか用心深さの代わりになるものではない。鉄道時代の初期から今日まで、中間管理職があとで見直されたときに覆されるような手段を執ることを避けるので、階層組織は決定的な行動を下に降ろすというよりもむしろ問題を上に上げるように作用してきた。上位者は現場レベルの人たちがもっている状況について、詳しいことをめったに知らないためのみならず、現場においては現場の人が、自らの行動の企業、経済、政治に対してもっている重要性について広い見通しを組み立てるように制約されていないためもあり、問題が上に上げられることは相互的な不確実性を生んできた。公式綱領（mission statement）では、この問題を解決できないと私たちは主張したい。

　最後に、思慮深い観察者は、概念的に区別できる不確実性の形態の輪郭を描いてきたが、もっともなことではあるが、きちんとしたスペクトルや行列に位置づけるにはいたっていない（たとえば、私たちは、不確実性に関する一般理論にすぐに出会えると予想すべきではない）。ここではそのなかの永遠の不確実性、根本的な不確実性、内部者の不確実性、逆行する不確実性の四つが注目に価するが、この四つはそれぞれカール・ワイク（Karl Weick）、ジョン・メイナード・ケイ

第Ⅱ部 機会——主題の領域

ンズ（John Maynard Keynes）、ドナルド・マッケンジー（Donald Mackensie）、ウルリッヒ・ベック（Ulrich Beck）によって描き出されたものである。「よく理解されていない過程や原料、設計変更の繰り返し、…実行そのものが、技術が形作られる方法であるという事実のゆえに」、永遠の不確実性は、技術の複雑性が上昇することから発生する[6]。ある意味技術は科学の先をいく。ますます私たちは物事が機能することを理解するが、なぜ、いかに、どのくらい長く機能するのかを理解することなしには、その確率的故障にいかに対応するかについて、さらに理解できない。このような状況では、ユーザーが再設計の周期を早めるフィードバックの情報を送るので、ひび割れたり、突然故障したりする人工物やシステムの共同開発者になる。こうした特徴はケインズの根本的な不確実性と交差する。根本的な不確実性とは私たちが「私たちがもっているデータが不十分で、かつその不十分さの程度についてもよくわからない」ということを認識したときに始まる動学である。この欠点を知ることは、「確率がわからず、確率と重み付けの比較も不可能で、ありうる数値が序列づけられない、より根本的なタイプの不確実性」を生み出す。このことは「弱い合理性」による強制された意思決定——「理論的に不確定の」問題を処理するために、一見したところ実際的な手段を生み出す組織化された当て推量——へとつながっていく[7]。確率計算が損なわれていると、行動は信頼できる基礎を欠くのであるが、根本的に不確実な領域を定義するときに、ケインズは主体が「合理的な経済人としての面目を保つような方法で行動」しようとすると記している[8]。

　マッケンジーの内部者の不確実性は、組織的プロジェクトや主体の「知識の生成からの社会的距離」につきものである。たとえば、検査に近い人びとは、通例警戒を呼び起こす「他の人には近づけない不確実性の源泉に近づく」ことができるが、他の内部者、それに近づけないもしくは関連する知識のない経営者は、しばしば確実性を過剰に求める。ほとんど情報のない外部者もまた、ほとんど根拠のない不確実性についての要求を行う（危険、費用、発売時期などについて）[9]。このような不確実性についての差異は、いろいろな問題のなかでも特に革新、規制、評価に関する創発的な政治力学によく結びついている。

　おそらくもっとも困難なのはウルリッヒ・ベックの逆行する不確実性の観念であろう。彼はイギリスの狂牛病について書いていて、その原因を探るなかで、分析家が「より多くのことを知るほど、不確実性が増える」ことを見出したことに気がついたが、これは「より多くの知識が、実際にはより甚だしい不確実性を生

み出す」というアンソニー・ギデンス（Anthony Giddens）が「作り出された不確実性」と名づけた状態である[10]。たとえば、アメリカの超音速輸送機の計画を再検討しているときに、ボーイングの設計者のエドワード・ウェルス（Edward Wells）は、「奇妙なことに私たちがより多くを知るようになると、…私たちにとって物事がさらにうまくいかなくなった。問題がお互いに相殺し合い始める状況に入る代わりに、実際には問題がさらにひどくなっていた」ことを見出した[11]。逆行する不確実性は、非常な複雑性という現象に直面したときの人間の能力の限界の問題を提起し、さらに合理性と進歩という気づかれていない想定に関する歴史家への静かな警告を表しているのである。

### 注　12：不確実性の多様性

1. Richard Wenzel, "What We Learned From H1N1's First Year," *New York Times*, 12 Apr. 2010. ウェンゼルは、「私たちの公衆衛生当局は、不確実性の目録―当局が全国的流行（pandemic）について知っていることと知らないこと―についてより明確になる必要がある」と記している。ロッド・オドーネル（Rod O'Donnell）は不確実性をここで取られた接近方法と共鳴する「多局面で多本質的」なものとして描いてきた。O'Donnell, "Probability, Expectations, Uncertainty, and Rationality in Keynes' Conceptual Framework," *Review of Political Economy* 2 (1990) : 253-66 を参照。
2. あるいは、不確実性が含まれているゆえに、明確に価格付けできる測定可能なリスクではなく、その結果主体が環境を正しく評価できないので、保険の形態として提示される最近のクレジット・デフォルト・スワップも同様である。Michael Lewis, *The Big Short* (New York: Norton, 2010)〔東江一紀訳『世紀の空売り：世界経済の破綻に賭けた男たち』文藝春秋、2010 年〕を古典である Frank Knight, *Risk, Uncertainty and Profit* (Boston: Houghton Mifflin, 1921)〔奥隅榮喜訳『危険・不確実性および利潤』文雅堂書店、1959 年〕とともに参照。
3. 込み入っていると複雑の間の区別に関するこの理解は、他でもしばしば言及されているが、ブリュノ・ラトゥール（Bruno Latour, *Pandora's Hope: Essays on the Reality of Science Studies* [Cambridge, MA: Harvard University Press], 1999, 304)〔川崎勝、平川秀幸訳『科学論の実在―パンドラの希望』産業図書、2007 年〕から得た。たとえば、www.noop.nl/2008/08/simple-vs-complicated-vs-complex-vs-chaotic.html を参照。
4. Howell Harris, *The Right to Manage* (Madison: University of Wisconsin Press, 1982) .
5. Hartmut Berghoff, "Marketing Diversity: The Making of a Global Consumer Product—Hohner's Harmonicas, 1857-1930," *Enterprise and Society* 2 (2001) : 338-72.
6. Karl Weick, "Technology as Equivoque," in *Making Sense of the Organization* (Thousand Oaks, CA: Sage, 2003) , 152.
7. O'Donnell, "Probability," 259, 264. ケインズによる関連した観察は、「あなたが支払い可能でいられるよりも長く市場は非合理でいられる」というもので、今日の世界的金融危

第II部　機会——主題の領域

機を前提にすると、まだ適切であり続けている。ケインズがこういったかどうかについての議論は、http://quoteinvestigator.com/2011/08/09/remain-solvent/（2011年11月23日閲覧）を参照。リチャード・ラングロア（Richard Langlois）は、類推的な用語である構造的不確実性を用いるが、その意味は、「経済主体の側における主体が直面する問題の構造についての完全な知識の欠如」である。Richard Langlois, "Risk and Uncertainty," in *The Elgar companion to Austrian economics*, ed. Boettke（Aldershot, UK: Elgar, 1994）を参照。

8. J. M. Keynes, "The General Theory of Employment," *Quarterly Journal of Economics* 51（Feb. 1937）: 214. 強調は著者が加えた。

9. Donald Mackensie, *Mechanizing Proof: Computing, Risk, and Trust*（Cambridge, MA: MIT Press, 2001）, 333.

10 Ulrich Beck and Johannes Willms, *Conversations with Ulrich Beck*（Cambridge, UK: Polity, 2004）, 124.

11 Thomas A. Heppenheimer, *Turbulent Skies: The History of Commercial Aviation*（New York: Wiley, 1998）, 241.

第Ⅲ部

展望

──最新の文献にみられる期待されるテーマ──

# 1：所有権の脱構築

ピエール＝ジョセフ・プルードン（Pierre-Joseph Proudhon）が「財産とは盗みである」と喝破したことはよく知られているが、その彼はのちに「財産とは自由である」ともつけ加えている[1]。「盗み」と「自由」という、この対をなす見解は、所有というものを歴史的に理解するたすけになる鍵をなす提言である。財産は社会的なものであり、ある関係のなかに置かれているものであり、争いのもとでもある（盗みとは奪取と要求である）。それは価値を与えられていて（結構な値がするものであり）、持ち主に力を与えてくれる（「自由」の論点）。それは排他的であり（俺のものでありお前のものではない、時にはわれわれのものであり、彼らのものではない）、そして暗黙のうちに法と社会的な制裁に縛られている（さもなければ盗みは安全を破壊しながら増殖してしまう）。所有権は売買可能であったり不可能であったりする。たとえば、私たちはあなたにクルマを売ることはできるが、私たちの腎臓は、少なくとも現行法の下では売ることはできない。実際、知的財産の特異な性格は、私はあなたに私の知識を売ることができるが、その知識は再び利用したり販売したりするためになおも私の手中にあるという点にみられる。所有権はまた贈与することができたり、できなかったりする。腎臓は贈与できるが、有毒廃棄物はそうはいかない（それは捨て去ることもできない）。すなわち、所有権を単に売買可能であったり贈与可能であったりするものとみなすことは、見当違いのアプローチにみちびく。真に問われるべきは次のようなことである。すなわち所有は歴史的に、いかにして特定の社会経済的な性格を帯びてくるのか。それはいかにして当然のものとみなされるようになったのか。そして、その帰結と必然的に下されてしまった定義と現実のバリエーションは、ビジネスを動かしていくうえでいかなる意味を有するのか。最も中心的な問いは、私たちは、当然のように受け入れてしまった所有についての既存の仮定を脱構築していくことで、いかにして創造的な経営史のプロジェクトを推進していくことができるのか、ということである。

ここでは五つの問題に焦点を絞ろう。すなわち、所有権、知的財産、製造物所有権と所有者＝使用者間の関係、所有権の評価、国家の諸形態とその運命、である。

第Ⅲ部　展望——最新の文献にみられる期待されるテーマ

所有権は法と文化に根差している。これら両方の要素が、誰が財産を所有し何をしてよいかを決めているからである。では考えてみよう。不法移民や市民権のない難民は現在ないしは過去に属していた諸国家でどのような財産を所有できるというのであろうか。非居住者の投資家の場合はどうであろうか。彼らの所有権は市民のそれと異なっているのか。国家が所有したり操作したりできる財産には、兵器工場から飲料ボトラーまで、どのような広がりがあるのであろうか[2]。市民は民間年金基金と政府の年金基金の双方に所有権を有しているといえるであろうか。これらの問題は新自由主義的・ポスト共産主義期の政体において民営化がとりくまれた際に、論争と分析の中心的な主題になった。しかしこれらは一世紀も前にも同様に、国家が新兵器の開発のために民間企業や発明家たちと共同し始めた際に問題になっていた。たとえば、1880 年から 1910 年にかけての軍産複合体の初期の局面を扱ったケイト・エプスタイン（Kate Epstein）の研究は、英米両国の軍隊が直面したパズルを描いている。彼らは、公的資金にもとづきながら民間が開発した、今日の私たちであれば共同生産されたとみなすであろう兵器を誰が「所有」しているのかを決定するという難問にぶつかっていたのである[3]。

　諸国家が自らの通貨や公企業からの資金の流れによって所有権を保持するというのはいかなる状況のもとにおいてであろうか。ここには公的資金にかかわる一連の事態、すなわち政府が市場において国家的なマネジャーの領分やあるいは国益をも増進・保護するために行使する策略がある。所有権の法的基礎や所有権を管理・販売するための法体制はさまざまに異なっている。たとえば、それはイギリスのコモン・ローを基盤にしている地域とナポレオン法典に範をとっている地域との間ではまったく違う[4]。さらに、所有権とその取引は歴史的に不適切あるいは不信心とみなされた領域にも広がった。たとえば、免罪符の販売は宗教改革の勃発にみちびいたであろうし、何といっても最近浮上してきた売血行為は、かつては贈与の関係とみなされていたものを商品化した[5]。このように所有権というものは歴史的に形成されてきたものであり、時間と場所に制約されているものなのである。それを当然の所与としてしまうと、関心を引く重要な問いが消し去られてしまう。

　次に進もう。エイドリアン・ジョンズ（Adrian Johns）は知的財産に関する立法は「価値をめぐる文化的・歴史的な交渉に先行したのではなく、その熱狂に応える形であとからあらわれた」という認識を研究者（そして検事たち）に提起した。実際、ジョンズの『剽窃』と題する研究は「いかにして知的所有権法（およ

びその先駆者たち）が使い捨てられ、取り締まりの対象になり、無視され、抗弁を受け、てんびんにかけられ、実際には廃棄されたかというストーリーを満載」している[6]。ここでジョンズが焦点をあてているのは出版および知識を所有することとその拡散をコントロールすることにかかわる複雑な諸問題である。たとえば、著作権が確立するまでには時間をかけた積み重ねを要した。いくつかの地域（ロシア、日本および合衆国）は長い間、イギリスやフランスからの著作権にかかわる申し出に抵抗し、それを阻みあるいは無視してきた。これに対して特許は所有権であることを自ら主張し、国家的な登記によって正当化されたが、その適用範囲は、その適用対象と同様に政治体制によって異なっていた。日本のような諸国では外国人による特許登録をむずかしくした。合衆国のような他の諸国では特許の付与を形式だけのものにして、特許権の侵害には訴訟をもって応えることになった[7]。いずれの地域においても特許に関するプロフェッション化が起こった。特許権法や著作権法にかかわる専門家が利用者に助言を行い、個人や企業が特許申請を準備したり、技術革新の特許申請ができるか、できるとすればどのようにするか、ということにわたる相談に乗ったりするようになったのである。こうした専門家は、土地・建物・機材等にかかわる物的所有権法を扱う在来のエキスパートと合流した。こうした問題群を扱う経済史・法制史家の優勢に比べると、この領域における経営史的次元には注意を払う必要があるであろう[8]。

　経営戦略は特許権にわたる決定に左右されうる。それはたとえば、農業バイオテクノロジーの一つの基礎をなす遺伝子組み換え穀物の栽培にかかわる長大な物語にみられるとおりである。アメリカの企業が翌年の作付け分を残すことができない遺伝子組み換え穀物の生産ラインを発明したことは、これまでの農業の伝統、すなわち現金を留保しておき、毎年秋の収穫から「種もみ」を選り分けることでその経営の独立性も維持していた伝統を、すわりの悪いものにした[9]。ここにあらわれているのは、知的財産とは異なり、ブランド化され、取り引きされ、法的に保護された物的財産である。こうした製造物は他にも、欧州における共有地の古典的な囲い込みやネイティブ・アメリカンやアボリジニの土地を「公有地」に転換した史実、また水利権や河岸所有者権、連帯賃借料や損害賠償請求権の創設にみることができる。最近では温室効果ガスの排出権取引にかかわる「排出枠の自由な売買」(cap and trade)単位がこれにあたる。これは公害を出した企業が（基準を超えた排出分を相殺するために）製造過程を浄化して売却できる単位を手にした別の企業から購入できる取引単位である[10]。これらすべての領域で新たな形

138

第Ⅲ部　展望——最新の文献にみられる期待されるテーマ

の財産や新しい所有権が生まれ、それらを扱うビジネスが勃興しており、つまりは経営史家にとっても新たな研究テーマがあらわれているのである。

　製造物にかかわるテーマのバリエーションとしては、ライセンシング、リース、サービス提供を通じた新しい所有者／利用者関係の考案がある。ひとたび所有権を手放したら終わりにする代わりに、これらの戦略は提供者と顧客の間に関係を構築する。こうした実践がどのようにあらわれてきたのかを比較史的に考えることは経営史家に多くの実りをもたらしてくれるであろう。確かにロス・トムソン（Ross Thomson）が一世代前に示したようにユナイテッド製靴機械会社（United Shoe Machinery Corporation: USMC）は顧客に対してその一連のきわめて有効な発明品をリースすることだけを許可し、販売は拒んだ。当局は USMC を反トラスト法にもとづき独占的行為の廉で訴えたが、最近の論者は「リーシングは機械の品質を担保する契約上の保障にかわる役割を果たしたのであり」、機械の使用をサポートするための「さまざまな製造業者のサービスと情報の提供を促進する」ものであったと論じている[11]。同様に IBM と AT&T も（彼らも反トラスト法で訴追されたが）何十年にもわたりメインフレームや電話機をリースして広がりのあるサービスのネットワークを提供してきた。これは USMC のシステムと品質へのコミットメントとおそらくは共鳴する政策であったといえよう。これらの事例からは、所有権の法的概念とアメリカのビジネスにおける実際について、組織革新の基盤について、あるいは企業はいかにしてカルテルや価格競争によってではなくむしろ品質とサービスを通じて競争を繰り広げるかという主題をめぐって、さまざまな示唆が引き出せるのではないであろうか[12]。トーマス・ダイク（Thomas Dicke）の優れた概括によれば[13]、フランチャイズを特別な所有関係を構築するメカニズムとみる視点から研究が深められることも期待される。

　所有を再検討することは価値、価格、そして価値を付与する過程、すなわち物質的また抽象的な現象に形を与える手段を考えることにつながる。財産には常に市場価値、文化的価値、感情的価値、歴史的価値があり、少なくとも代替的価値を備えている。このことは、いかに私たちの価値の諸概念が軟弱なものであり、また価格付けについてだけ考察をめぐらせることがいかに限界を設けてしまうか、ということを示している。価値付けをめぐる対抗関係は、おそらくは、いくつもの価値評価の様式をつなぎあわせることをともなっており、それは数式やアルゴリズムの領域の外では日常茶飯事なのではないであろうか。こうして歴史家は合併してできた企業の価値評価がどのようになされるか（暖簾の数百万ドルに加え

139

て、かつては「水もの」と呼ばれた想像的資産もより高く評価されるであろうか）、
売却された同族企業の価値がどのように評価されたか、あるいは企業がM＆Aを
通じて得る価値をアナリストがどのように評価しているかを考究することができ
るであろう。この最後の点についていえば、合併が企業に価値を加えるというこ
とはますます疑われるようになっている。合併とともに株価はしばしば下落し、
手荒いダウンサイジングがしばしば強行され、ときには危機が勃発する。ジャッ
ク・ウェルチ（Jack Welch）の時代に吸収合併を繰り返したゼネラル・エレク
トリック（General Electric）でさえ、後になって利益があがらない部門をスピン・
オフする必要に気づいたのであった。こうした結末が含意するものは何であろう
か、そして地域、セクター、あるいは市場の範囲に応じて異なった歴史的パター
ンがあるのだろうか。若干のケースでは、価値評価はマーチャント・バンク、コ
ンサルタント、会計事務所など外部のプロを雇って行われる。こうしたやり方は
どのようにして始まったのであろうか、そしてどのような批判が起こったのであ
ろうか。破産の際の企業評価は、清算かそれとも再組織化と合理化か、という破
産の目標に応じてさまざまに異なっており、いま一つの議論があるダイナミズム
をみせている（投資銀行モルガン〈Morgan〉が牛耳っていたころのアメリカ鉄
道業の事例がある）。ジョイント・ベンチャーや共同事業の場合においても所有
権問題は労働と所得の分配をめぐる争点をなす。

　最後に政府の問題をみておこう。国家は所有関係と所有権を総覧する。それは
封建国家、王政、共産主義国家、組合国家、議会制、部族連合国家、民主制国家
あるいは独裁国家であってもかわらない。これでも足りない、時空を越えた国家
構造のリストからただちにわかることは、政府とビジネスについて最適あるいは
基礎的な関係を求めるいかなる基底還元的な見方も支持しえない、ということで
ある。研究者が明らかにすべきなのは、これらを規定する諸要素の時代、様式、
地域、そしてさまざまな次元である。たとえば、国家はさまざまな原則と実践に
よりながら、いくつかの財産を課税対象とし（そして他を免税として）、所有者
を認証し、その取引を総覧する。この点でもいくつものパターンが示唆を与えて
くれる。拡張的・帝国主義的な諸国家は私的所有権やビジネスの資産に対する国
家の関係について、国家間でその考え方を共有するものであろうか。混合経済の
下では政府系企業は「民間」ビジネスとどのように接合しているのであろうか。
政府と民間という、これら二つの領域の間では契約関係はどのように維持されモ
ニターされるのであろうか。国家の破産は内外の財産所有者にとって、そして政

140

第Ⅲ部　展望——最新の文献にみられる期待されるテーマ

府所有の財産にとっていかなる結末をもたらすのであろうか。この最後の点をめ
ぐっては、1999年のアルゼンチンにおける金融システムの崩壊が、この国の対
外的信用だけでなく自国の中産階級と労働者階級の所有権を毀損してしまったこ
とを想い起こそう。後者の小企業は主要な雇用主でもあり、銀行恐慌と信用不足
のさなかに破綻し、人びとの住居からの立ち退きと行き場を失った大衆のための
ブエノスアイレス近郊の「フーヴァーヴィル」（Hoovervilles）（アメリカの大恐
慌に由来する用語）の建造をもたらした[14]。恐慌に関する現在の研究が急速に進
むにつれて、国家破綻の際にどの形の所有権が消され、どれが保全されたか、と
いう視点に研究の軸を置くことは経営史の研究にも強固なベクトルを形作ること
になるであろう。

### 注　1：所有権の脱構築

1. Pierre-Joseph Proudhon, *What Is Property? An Inquiry into the Principle of Right and Government* (1840, trans. 1876; (Cambridge, UK: Cambridge University Press, 1994〔長谷川伸、江口幹訳『所有とは何か―連合の原理』三一書房、1971年〕), and Proudhon, *Les Confessions d'un Révolutionnaire pour servir à l'histoire de la Révolution de Fevrier* (Paris: Rivière, 1929)〔山本光久訳『革命家の告白—二月革命史のために』作品社、2003年〕. プルードンについて英語で書かれた古典的な思想史的伝記として George Woodcock, *Pierre-Joseph Proudhon: His Life and Work* (New York: Schocken, 1972; repr. London:Routledge, 2010) を参照。プルードンはまた所有は「不可能」で「専制的」だとも述べており、これらの発言はより詳細な考察にみちびくものである。
2. Milena Veenis, "Cola in the German Democratic Republic East German Fantasies on Western Consumption," *Enterprise and Society* 12 (2011): 489–524.
3. Katherine Epstein, "Inventing the Military Industrial Complex: Torpedo Development, Property Rights, and Naval Warfare in the United States and Great Britain before World War I" (PhD diss., The Ohio State University, 2010). 新しい魚雷のデザインの所有権をめぐるイギリス政府の要求のゆえに、デザインの原作者はイギリスを離れてトリエステで工場を設立した。そこではオーストリア・ハンガリー帝国は、製品をあらゆる地域の顧客に売りさばく原作者と良好な関係を保った。
4. Bernard Schwartz, ed., *The Code Napoleon and the Common-Law World* (New York: NYU Press, 1956). とりわけ興味深いのは、これら二つの枠組みが相互に浸透し、かつ対抗しあう地域である。たとえば、合衆国のルイジアナについては、*Tulane University Law Review* 所収の論文が長らくこのことを証明している。
5. Richard Titmuss, *The Gift Relationship: Human Blood and Social Policy* (New York: Vintage,1972)、および Sophie Chauveau, "De la transfusion à l'industrie: Une histoire des produits sanguins en France, 1950–fin-des-années 1970," *Entreprises et Histoire*, no. 36

*141*

(2004): 103-19.

6. Adrian Johns, *Piracy: The Intellectual Property Wars from Gutenberg to Gates* (Chicago: University of Chicago Press, 2009). 引用は Christopher Kelty, "Steal This Review!" *Historical Studies in the Natural Sciences* 41 (2011): 255-64 の 258 ページより引用。

7. Masaaki Kotabe, "A Comparative Study of US and Japanese Patent Systems," *Journal of International Business Studies* 23 (1992): 147-68.

8. Catherine Fisk, *Working Knowledge: Employee Innovation and the Rise of Corporate Intellectual Property, 1800-1930* (Chapel Hill: University of North Carolina Press, 2009).

9. Deborah Fitzgerald, *The Business of Breeding: Hybrid Corn in Illinois, 1890-1940* (Ithaca: Cornell University Press, 1990), および Fitzgerald, "Farmers Deskilled: Hybrid Cornand Farmers' Work," *Technology and Culture* 32 (1993): 324-43 を参照。交配種は、通常の種と同じ品種や収量をもたらしてはくれないので、農家は毎春新しい種を購入しなければならない。以下の文献も参照。William Lesser, "Intellectual Property Rights and Concentration in Agricultural Biotechnology," *AgBio Forum*1.2 (1998), 56-61; Mark Mikel and John Dudley, "Evolution of North American Dent Corn from Public to Private Germplasm," *Crop Science* 46 (2005): 1193-1205; および Center for Food Safety, *Monsanto vs. US Farmers* (Washington, DC:Center for Food Safety, 2005). 生物学と歴史学の間の交流をめぐる近年の急迫した分析については Edmund Russell, *Evolutionary History: Uniting History and Biology to Understand Life on Earth* (New York: Cambridge University Press, 2011) を参照。

10. Richard Coniff, "The Political History of Cap and Trade," *Smithsonian Magazine*, Aug.2009, この文献は以下でも入手可能。www.smithsonianmag .com /science -nature /Presence-of-Mind-Blue-Sky-Thinking. html (2011 年 6 月 1 日閲覧). このアイデアは、国家が各企業の排出量について上限を設け、この上限を超えるものは、上限以下の企業から単位を購入しなければならないというものである。排出量を減らした後者の企業は利益を得ることができる。

11. Ross Thomson, *The Path to Mechanized Shoe Production in the United States* (Chapel Hill: University of North Carolina Press, 1989), および Scott Masten and Edward Snyder, "U.S. v. United Shoe Machinery Corporation: On the Merits" (Working Paper No. 686, School of Business Administration, University of Michigan, 1992), 2, この文献は以下でも参照可能。http://quod.lib.umich.edu/b/busadwp/images/b/1/5/b1586634.0001.001.pdf (2011 年 6 月 1 日閲覧).

12. Richard John, *Network Nation: Inventing American Telecommunications* (Cambridge,MA: Harvard University Press, 2011) を参照。

13. Thomas Dicke, *Franchising in America: The Development of a Business Method, 1840-1980* (Chapel Hill: University of North Carolina Press, 1992)〔河野昭三、小嶌正稔訳『フランチャイジング：米国における発展過程』まほろば書房、2002 年〕. より広く、現代的な見方については Ilan Alon, "Global Franchising and Development in Emerging and Transitioning Markets," *Journal of Macromarketing* 24 (2004): 156-67, および Deborah Burke and E. Malcolm Abel II, "Franchising Fraud: The Continuing Need for

第Ⅲ部　展望——最新の文献にみられる期待されるテーマ

Reform,"*American Business Law Journal* 40（2002）：355–84 を参照。
14. 分析として、Guillermo Perry and Luis Servén, "The Anatomy of a Multiple Crisis: Why Was Argentina Special and What Can We Learn From It?," Chief Economist's Office, The World Bank, 2002. この文献は以下でも参照可能。http://econ161.berkeley. edu/StrayNotes/perry.pdf（2011 年 6 月 1 日閲覧），および Ana Corbacho, Mercedes Garcia-Escribano, and Gabriela Inchauste, "Argentina: Macroeconomic Crisis and House hold Vulnerability,"*Review of Development Economics* 11（2007）：92–106 を参照。


# 2：詐欺といかさま


　毎朝の新聞とポッドキャストはどれもあまりにしばしばビジネス詐欺の暴露記事を伝える。2010 年の末にフィラデルフィアの人びとは建設資材企業の詐欺にまつわる一面トップ記事に驚かされた。この企業は 20 年近くにわたって自らをマイノリティが所有する企業であると偽称して 1 億 1900 万ドルにおよぶ不正な鉄筋コンクリートの事業契約を手にしていたのである[1]。事件を伝えた記事はこの犯罪的な冒険主義に驚きを示すこともなく、こうした機会主義が頻繁に生じていることを考えれば理解できることであると受け流していた。美術品の偽造も珍しいことではなく、その最も名うての下手人はしばしば民衆のヒーローに祭り上げられた（いくつかのサークルにおいてではあるが）[2]。これらとよく似たいかさまは経営史にも散見されるが、最近にいたるまでそれらは経営史家の関心を惹くことはなかった。これまでこうした関心が足りなかった原因は、おそらくチャンドラーにある。アメリカで反独占運動が起こった 19 世紀後半以降の革新主義の時代、あるいは株式市場が崩落した大恐慌の時代には盗人産業紳士や株式市場の錬金術が批判されたものであるが、チャンドラーは企業とそのリーダーたちを社会への脅威であるとみなす論難から救い出したのであった[3]。それでも記憶に残るスキャンダルは大量の暴露本を、短命が常ではあったが生み出してきた。クレディ・モビリエ（Crédit Mobilier）、ティーポット・ドーム（Teapot Dome）、それにイヴァール・クリューゲル（Ivar Kreuger）のマッチ王国から最近のアメリカにおける企業不祥事、エンロン（Enron）、タイコ（Tyco）、ワールドコム（World Com）、そしていまでは偶像となったバーナード・マドフ（Bernard Madoff）にいたるまで、それらは枚挙にいとまがない[4]。

私たちが詐欺といかさまを、歴史現象を観察したり、時間と空間にわたるその変化を吟味したり、あるいはそのヴァリアントを概念構成したりする基準として、これまでほとんど取り上げてみなかったのは、おそらくは次の事情に由来する。すなわち、一つひとつのケースが一見するとあまりにユニークであり、時と場所によって異なる複雑さをよく反映した型を認識する、より広い枠組みを作るための理論的な資源が不足しているように思われたからである。本節では、こうした理論的な問いかけを育むべく、ホワイトカラーによる犯罪についてのある理論的考察、いくつかの最近の研究に関する回顧、そして個人・ビジネス・非営利機関の間の関係的行動として詐欺行為をみる実証的・理論的ないくつかの事例を提供することとしたい。

　詐欺とそれに匹敵するホワイトカラーによる犯罪について、歴史家はどのようにして体系的な考察をめぐらすことができるであろうか。一つの有力な答えはオーストラリアの法社会学者ジョン・ブレイスウェイト（John Braithwaite）の議論、すなわち富者にとっても貧者にとっても犯罪の中心には社会的・経済的不平等がある、という見方にある。貧者は、手にしえない、ずっと恵まれた者たちに囲われているニーズを満足させるために罪を犯すことがありうるが、ブレイスウェイトによればトップの階層もまた不平等によって犯罪に手を染めるという。すなわち「富裕な人びと（および組織）」は基礎的なニーズはすでに満たされているが、おびただしい入手可能な財がさらなる「交換のための財（それゆえの）貪欲をむさぼるための犯罪の機会」にみちびくという。それだけでなく、富者と貧者の「犯罪にかかわるサブカルチャーは他者をむさぼろうとする者への象徴的な後押しを伝達しあい、犯罪の悪を中和する技術を維持し、そのハウツーにかかわる知識をやり取りするまでに発展する」[5]という。

　ここには詐欺の主題を把握する二つの有効なベクトルがある。第一に、恵まれていて野心がある者らは、社会的ルールを無視して際限のないもうけを求めやすい——彼らの特権的な地位がこの目標を到達可能なものとする。第二に、詐欺師やにせ絵師たち（企業もしくは個人）は、犠牲者（企業、機関または個人）を「カモ」にして、コミュニケーションのつながりと限られた範囲で認められた要求で自らの主導権を正当化する。騙し屋が催すゲームでは誰かが「買い手」にならなければならないのであり、さもなければそれは無意味である。事実、策士とカモの関係は略奪をだまされやすさと屈辱に結びつけるものであり、少なからず「不平等な社会は構造的に屈辱的である」[6]。だまされた者はニセモノをつかまされ

第Ⅲ部　展望——最新の文献にみられる期待されるテーマ

たことを恥じ、詐欺を行うものは恥知らずである。

　ニセ・グッチを路上で売りつける者と金融の詐欺師は、ともにこうした詐欺を助長する社会的次元に立っている。さらにいえば、路上のニセモノ売りと金融詐欺師というこれら二つの状況は、制度的サプライヤーに複雑に依存している——ニセモノ DVD、偽造されたポロのセーター、ファッションの複製品しかり、あるいは「保証付き」担保貸付しかりである[7]。一世紀あるいはそれ以上前にオスマン帝国時代のイズミールの企業は東方のじゅうたんの積荷を欧米に販売したが、ホンモノであることが価値を生み出し、そのホンモノを見抜くには深い知識が必要とされた環境にあって誤った表示やニセモノ販売がつけ入るチャンスは大きかった。同様のことは 19 世紀のワインについても輸出に際しては実際よりも良い銘柄のものとして表示されていたことは珍しくはなかった[8]。

　いかさま師の特殊な知識（あるいはそうした知識をもっているという仮定）はカモを作り出すうえで決定的であり、詐欺行為においてこうした情報の非対称性が果たす重要な役割については、エドワード・バレイセン（Edward Balleisen）[9]が現在進めている研究が見事に示してくれている。最後にミッシェル・フーコー（Michel Foucault）に即して国家と社会を議論にみちびき入れれば、詐欺はいつ、どこで単なる「不法行為」として、すなわち迷惑であるが許容されるものとして扱われ、いつ、どこで「犯罪行為」として、すなわち社会秩序を脅かすものとしてその抑止が政府や集団の責任になったのか、ということを問うことが有益である[10]。詐欺的な取引や関係の以上のような局面は、詐欺といかさまにかかわる歴史的な問いかけの役に立つであろう。

　こうした問いかけの好例がアメリカ南北戦争以前の合衆国紙幣の偽造についてのスティーブン・ミーム（Stephen Mihm）の研究である。合衆国の連邦政府は、複雑な事情により、鋳貨の鋳造は国家が行うものの、民間の要求払い紙幣の製造は（国法銀行に）分権化していた。こうして紙幣が要求払いで正貨に（理論上は）兌換できる限り商取引が円滑になった。ミームが問うたことの一つは、1790 年代から 1860 年代にいたるまで、いかにしてアメリカの贋金造りたちが巨額の偽造通貨を製造し、流通に投じることができたのかであった。なぜ政府は彼らに挑戦するのに無力で、やる気がなかったのであろうか。偽造紙幣の支持者は誰で、反対者は誰であったか、受益者は誰で傷ついたのは誰であったか。このような広がりをみせた偽造を促したのはいかなる構造的・偶発的な諸条件であったのか、そしてこの「厄介者」を片づけたのはいかなる変化であったのか[11]。ブレイ

スウェイトによれば、問題の中心にあったのは不平等である。なぜなら当時のアメリカの拡張する経済や安定した紙幣を支えるに十分な正貨がなかったからである。それゆえ中西部の悪党らは洪水のごとく紙幣を印刷し、土地を購入し、住宅や工場向けの資材購入を引受けて、東部の遠隔地にあるサプライヤーとの勘定を決済した。同様に（いくぶんかは）裕福な者らがニセの紙幣を用いて、情報の非対称性のゲームを演じつつ、より豊かになることに熱中した。当時は数百の銀行が合衆国で銀行券を発行していたのだから、どの銀行券が強い銀行から来てどれが弱い銀行のものか、あるいはどれが完全に空想上の銀行のものか、などを判断できる者はほとんどいなかったであろう。ニセ札をつかまされた者は確かに誰しもが「カモ」であったわけであるが、彼または彼女がそれを別の経済的アクターに手渡すことができればその限りではなかった。ゲーム終盤の敗者は、よく訓練された鑑定士を抱えた銀行にこうした通貨を預金しようとした者であり、こうした銀行は受取を拒否するか、ニセ札を没収したのである。

　ここで事情を説明する二つの注記が興味深い。一つは、南北戦争以前の南部の商業には贋金造りはほとんど見当たらなかったことである。奴隷州では警察力が発達しており、偽造には（イギリスと同様に）厳罰が課せられ、現金取引のテンポがずっと遅かったからである（それは農業の季節性と商人による信用供与によって統御されていた）。空間や地域の状況がものをいったわけである。いま一つは、南北戦争期の南部連盟政府が戦費調達のために「グリーンバックス」紙幣の発行を決定した際に、勢い余った贋金造りたちが直面したのは秘密警察という新しい国家警察権力であったことである。秘密警察は犯人を捕らえると裁判までワシントン DC の監獄に収監した[12]。ひとたび勝った側の連邦国家が贋金問題を引き継ぐと、偽造の問題はアメリカの詐欺全体の隅のほうに追いやられた。ミームの業績は経営史家が詐欺といかさまについて、合法的な経済的諸関係に対する、想像上ではあれ卑劣な侵害として考察し始める際の鍵となる出発点を提供してくれる。

　ここまで本節ではビジネスが顧客をだまし、個人（ニセ札の使い手）がビジネスをだます事例をみてきた。危うい銀行がお札の山を刷るのと同様に、ビジネスが他のビジネスをだます事例もある。この一連の諸関係は以下〔次頁〕の表が示しているようにさまざまな詐欺をいくつもの関係のなかで概念化する起点になりうる（左側の縦の欄にアクター、上方の横の欄に標的が配されている）。率直にいってこの表は未完であり、偽造証書（教育／技能）や個人、企業、芸譜に対す

146

第Ⅲ部　展望——最新の文献にみられる期待されるテーマ

| 詐欺マトリックスの素描 | 個人<br>(消費者／市民) | ビジネス | 政府諸機関<br>(および非営利団体) |
|---|---|---|---|
| 個人<br>(消費者／個人) | **個人間の詐欺**<br>「本当に、私は離婚したんです…」借入契約とデフォルト、ニセ助言者(カウンセリング、投資) | **個人がビジネスを欺く**<br>贋金の流通、クレジットカード・保険金詐欺、ニセの怪我にもとづく訴訟 | **個人が政府諸機関を欺く**<br>税金のがれ、ニセの支出証明<br><br>**個人が非営利団体を欺く**<br>ニセ美術品やニセアンティークの贈与 |
| ビジネス | **ビジネスが顧客を欺く**<br>使用できない製品、ニセ薬、詐欺的投資 | **ビジネスが他のビジネスを欺く**<br>秤量の偽り、品質の偽り、踏み倒し、意図的破産 | **ビジネスが政府を欺く**<br>存在しないか、もしくは水増しされた財やサービスにもとづく手形、租税回避<br><br>**ビジネスが非営利団体を欺く？** |
| 政府諸機関<br>(および非営利団体) | **政府が市民を欺く**<br>私有財産を値切った価格で獲得する、選挙結果のごまかし | **政府がビジネスを欺く**納品後の契約価格の「再交渉」、仲間内を優遇するための入札操作 | **非営利団体と政府が他の非営利団体や政府を欺く**<br>いかなる事例があるか？ |

る共同の詐欺（経済的詐欺）は含まれていない。この枠組みをより良くしたり別のものと置き換えたりするには、より多くの作業が必要であることはいうまでもないが、この表であっても少なくとも以下のような問いかけに枠組みを与えるプラットフォームになりうるであろう。すなわち(1) 詐欺の歴史的パターン（事象、傾向）、それは一国あるいは数か国にまたがるか、合衆国の事例が示すように地域間のものでありうる、(2) 著作権侵害とコピーを減らす努力（19 世紀に刊行された書物から現代のファッションやソフトウェアの複製にいたるまでの知的財産問題）、(3) 一方における詐欺と、他方におけるビジネスの自主規制（業界団体）、品質管理のマネジメント（強制力ある標準を通じたもの）、顧客の評価（信用機関を通じて）そして契約やプロジェクト履行の信頼性保証との関係、である。確かに、いかさまは歴史的に広く行われてきた（たとえば、新たに製造されたアンティークが何世紀も流通している）[13]、しかし経営史家がこれらを体系的に精査することで、個々の事例を越えたより深い理解に達することができるであろう。

## 注　2：詐欺といかさま

1. "Fraud Case on the 'Cutting Edge,'"*Philadelphia Inquirer*, 12 Oct. 2010, 1, 4. 合衆国の連邦法は連邦と州の合弁インフラ建設事業プロジェクトについて、女性やエスニック・マイノリティが所有する企業のために「別枠」の参加枠を提供している。ここでの訴追された会社は、ダミー企業を設立してフィリピン生まれでアメリカに帰化した人物を社長に据え、1991 年から 2007 年までの間におよそ 336 の橋梁工事契約について資材供給を保証されていた。

2. とりわけフェルメールの贋作者のファン・メーヘレン（Hans van Meergeren）である。その 20 世紀半ばにおける才能と傲岸については Edward Dolnick, *The Forger's Spell* (New York: Harper, 2008) に描かれている。より最近のイギリスにおけるドルー（Drewe）とマイアット（Myatt）の贋作については、Laney Salisbury and Ali Sujo, *Provenance* (New York: Penguin, 2009)〔中山ゆかり訳『偽りの来歴—20 世紀最大の絵画詐欺事件』白水社、2011 年〕を参照。

3. Matthew Josephson, *The Robber Barons* (1934; New York: Harcourt, Brace, 1962) を参照。実際、ハーバードにおける経営史の最初の教授職創設、および 1920 年代における *Business History Review* の刊行はトラストやビッグビジネスへの厳しい批判に対する解毒剤として意図されていた。

4. 一つの方向についての最近の広く知られた概説としては David E. Y. Sarna, *History of Greed: Financial Fraud from Tulip Mania to Bernie Madoff* (New York: Wiley, 2010) を参照。奇妙なことにこの筆者サーナ（Sarna）は 2006 年に SEC の証券不正事件で訴追の対象になっていた。アメリカ連邦地裁ニューヨーク南部地区で審理された訴追の文書については以下を参照。www.sec.gov/litigation/complaints/2006/comp19798. pdf for the text of the accusation, filed in the US District Court, Southern Districtof New York. 本件の判決については不明である。

5. John Braithwaite, "Poverty, Power, White-Collar Crime, and the Paradoxes of Criminological Theory," in *Criminological Theory*, ed. Marilyn McShane and F. P. Williams (NewYork: Routledge, 1997), 68, 74 (これは 1991 年に *Australia and New Zealand Journal of Criminology* に掲載された論文の再録である). 以下も参照。Braithwaite, "Criminological Theory and Organizational Crime," *Justice Quarterly* 6 (1989): 333–58.

6. Ibid., 75.

7. Mary Lynn Stewart, "Copying and Copyrighting Haute Couture: Democratizing Fashion, 1900–1930s," *French Historical Studies* 28 (2005): 103–30. 実際、当時の服飾業界では季節のスタイルを簡略化したコピーが認められていた。Alexandra Palmer, *Couture and Commerce: The Transatlantic Fashion Trade in the 1950s* (Vancouver: University of BritishColumbia Press, 2001) を参照。

8. Donald Quataert, "Machine Breaking and the Changing Carpet Industry of Anatolia,1860–1908," *Journal of Social History* 19 (1986): 473–89; Brian Spooner, "Weavers and Dealers: The Authenticity of an Oriental Carpet," in *The Social Life of*

第Ⅲ部　展望——最新の文献にみられる期待されるテーマ

*Things*, ed. Arjun Appadurai（Cambridge, UK: Cambridge University Press, 1986）, 195-235; and Alessandro Stanziani, "Wine Reputation and Quality Controls: The Origin of the AOCs in 19th-Century France," *European Journal of Law and Economics* 18（2004）: 149-67.

9. Edward Balleisen, "Business Fraud on the Entrepreneurial Margin"（unpublished paper-presented at the Penn Economic History Forum, Philadelphia, 7 Oct. 2010）.

10. Michel Foucault, *Discipline and Punish: The Birth of the Prison*（New York: Pantheon,1977）〔田村俶訳『監獄の誕生』新潮社、1977 年〕.

11. Stephen Mihm, *A Nation of Counterfeiters: Capitalists, Con Men, and the Making of the United States*（Cambridge, MA: Harvard University Press, 2007）. 多くの偽造通貨は偽札版画家という、いわば「真の」贋作者によって製作されたが、資本金の薄い西欧の銀行によっても流通させられた。これら銀行は、見本となる銀行券の準備をほとんど、あるいはまったく有していない在地の企業に対して札を渡して、事業（土地販売、ビル・市街地開発）のブームを作り出すことを企図していた。

12. Ibid., 199, 240-59. より長期にわたる欧州の事例については Gérard Beaur, Hubert Bonin, and Claire Lemercier, eds., *Fraude, contrefacon et contrebande de l'Antiquite à nosjours*（Geneva: Droz, 2006）を参照。

13. ラパティン（Kenneth Lapatin）は以下のように指摘している。「クレタ人たちはミノス島の遺跡が発見される以前から古美術品の偽物を制作していた。…彼らの贋作の評判は太古にまでさかのぼるのだ」。Lapatin, *Mysteries of the Snake Goddess: Art, Desire, and the Forging of History*（NewYork: Houghton Mifflin Harcourt, 2002）, 28.

# 3：帝国から新興国へ

　まずはアンソニー・ホプキンス（Anthony G. Hopkins）が示している議論の枠組みから始めよう。「ポスト・コロニアル時代の重要な諸問題は、それらがどこまで過去 3 世紀にわたって世界の大部分を支配した帝国の所産であるのかを明らかにしない限り理解できない」[1]。帝国の時代とポスト・コロニアルの時代の間には植民地世界の時代がある。その時代には植民地の獲得は、交易路や貿易中心地の開設、進貢の搾取、軍の駐屯地の設営や領土の占領と並んで、帝国の選択するところであった。帝国、植民地、新興国も、いずれもが自らの経営史をもっているのであるが、これら地域について書かれたのは他の領域（帝国、政治、経済、海運および旧植民地各国の歴史）の専門家による、論争を喚起したおびただしい文献であった。そこで、本節での目標は以下のようにきわめて基礎的なものとな

*149*

る。すなわち、多国籍企業や海外直接投資に関する経営史研究の一流の文献から数歩だけ距離を置くことで、ビジネスの制度と行動に深く絡まっている帝国、植民地化、そして新興国の登場にかかわる他の潜在的な「重要な諸問題」を導入することである。

ホプキンスは以下の見方を示している。

「帝国とは世界の資源を動員するために創られた国家をまたがる組織であった。帝国の存立と統一は超国家的なつながりによって可能になった。彼らの寿命はこうしたつながりがおよぶ先をのばし、その安定性を維持できるかどうかにかかっていた。…（その上）帝国は経済的資源の動員を含む統合の行動であった。それは所有権を創出・保護し、取引費用を管理し、協調的利害集団を形成し、対立を調停するために、政治的な介入を必要とした」[2]。

帝国にとって、ビジネスは決定的に必要であった。たとえば、イギリスでは、ロンドン資本市場に加えて、商品取引所、おびただしいマーチャント・ハウス、外航海運、港湾、波止場と倉庫、そして船、帆、エンジン、武器、地図、器具、その上労働（奴隷、移入民、年季奉公人、「自由」な労働者）のサプライヤー、がそれにあたる。帝国の外部世界とのつながりが広がることと、それにより資源を動員する衝動とは、ビジネスに集中と拡散の両方向に向かうインセンティブをもたらした。前者の集中に向かったケースとして物産が集まり絡み合う場として中継港が整備されたこと、そして後者の拡散に向かったケースとしてエリート、ビジネスの担い手、労働者、知識、工芸品、そして技術が次々と移転・移動されたことが上げられる[3]。たとえばケープタウンは、1650 年代から 18 世紀にいたるまでオランダ東インド会社の「海の十字路であり…そこは海上輸送網の只中で多くの人びとを」植民者あるいは季節的な旅人として「受け入れた場所であった」。ケープタウンは「海の宿」として知られ、欧州とアジアを結ぶ航路をいく長距離の旅行者に休息、修繕や補給を提供した中継地点であった。ここでは船舶は通常 1 カ月テーブル湾（Table Bay）に停泊したので商取引がさかんに行われた。その取引にはこの地域の労働力の多くを供給した奴隷貿易が含まれた[4]。これに比肩する中継港にはカルカッタ、テインブクツ、マカオ、広東、香港、テサロニケ、アレクサンドリア、ボストンとニューオーリンズなどがあった。これらの多くは、植民地時代の前、そのさなか、そしてそのあとにも、大洋をまたがる関係を作り

150

第Ⅲ部　展望──最新の文献にみられる期待されるテーマ

出すのに与った。

　帝国の相互関係は人びとの分散や移出ももたらした。たとえば、華僑のディ
アスポラ〔離散共同体〕は（これは議論の余地ある概念であるが）人口圧におさ
れて西方と北方に向かい海外に広がったが「欧州の交易帝国との接触によって」
変化していった。中国都市部はフィリップ・クーン（Philip Kuhn）が帝国中国
の「移出民のための学校」と呼ぶものになった。なぜならこれら在来領域の人び
とはいかにして技術を商業化し、貨幣を扱うか、そして「他者が政治権力を握っ
ている環境でいかにしてビジネスを行うか」を学んだからである[5]。同様のパター
ンは18世紀末に「オスマン帝国と欧州の間の交易の急増」が「非イスラーム系
オスマン住民（ギリシャ人、ユダヤ人、アルメニア人）」の地中海世界の港湾都
市への移住を促し、永続的な「コスモポリタニズム」を作り出した際にもみられ
た。それは「国民的アイデンティティの形成以前に商業的エリートによって表現
された」国際的文化であった[6]。コスモポリタニズムは経営史研究にとって生産
的なトピックになるであろう[7]。

　ジェフリー・フリーデン（Jeffry Frieden）は植民地化の判断とそれにかかわ
るビジネス上の文脈を以下のように歯切れよく叙述している。

　「クロスボーダーの投資は、受入れ国と投資家との間の契約を明示的にせよ暗黙
　裡にせよ含んでいる。こうした契約をモニターし執行する取り決めは──砲艦外
　交から民間の交渉まで──投資とその環境ごとの異なった性格に応じてさまざま
　な制度的形態をとる。植民地主義とは、こうした準＝契約的諸問題の「解決」が
　とる一つの特定の形態、おそらくは際立って不健全な形態なのである。すなわち
　それは本国政府が受け入れ地域を併合し、紛争の司法的な性格を除去してしまう
　力の行使である」[8]。

　フリーデンはまた帝国による植民地国家の配置を投資の性格に関連づけてお
り、本国経済のために一次産品を求める企業は、「公共事業」（鉄道やパワープラ
ント）を営む企業よりもいっそう「一方的な力の行使」に傾きやすく、また「帝
国からの対外貸付は軍事介入にはめったに結びつかない」と論じている。本国国
家は遠隔地で脅威にさらされた製造業設備のオーナーを見捨てる、なぜならひと
たび企業のネットワークから切り離されたらこうした工場の価値は急落するから
である。警告を受けた受入地域の行政もこのことを認識し、紛争を回避するであ

*151*

ろう。これらさらなる検討を促す仮説は、植民地主義の創生を多様な投資機会の選択肢に位置づけ、学際的な概念化を通じて研究に価値をもたらしてくれるであろう[9]。

　植民地が本国に支援されたビジネスを遠隔地に移植する温床であったことはいうまでもないが、それはいかなる仮定の下で行われ、いかなる帰結にみちびいたのであろうか。現地の文化との紛糾は啓発的であったり、本国をまごつかせるものであったり、破壊的であったりするであろう。植民地は本国からの移民受入れのために造形されたり（オーストラリア、アルジェリア）、あるいは行政エリートによってコントロールされ、搾取・開発されるべく組織化されたりした（インド、インドシナ）。これら相互にからみあった意図を扱う経営史は示唆に富むといえよう。たとえば、南アジア貿易に従事したイギリス・オランダの海運業者は、彼らの収益が、アジアからアフリカや南北アメリカの「プランテーション、鉱山、鉄道建設現場」へと移民労働者を運ぶことによってだけでなく、現地の慣習にあわせた市場——メッカ巡礼——を広げることで十分に得られるということを学んだ。マイケル・ミラー（Michael Miller）が説明しているように、1850年代からヨーロッパ人たちはイスラームの信仰者たちを運ぶ蒸気船団を組織し、毎年の巡礼期には人びとと物産を、それ以外の時期には物産だけを運んだ。これらの取り組みは「植民地投資と植民地経営の実践から発達したものであり、より広い帝国的なビジネスの型を映し出していた。それは現地在来のネットワークの展開と包摂に始まり、脱植民地化以降のビジネスの帰結へとつながるものであった」。後者の脱植民地化の現象には、たとえば独立した新国家が植民地期の船舶操縦士を不器用に退去させた結果、経験ある在地のオーガナイザーに再び運送業務の管理をゆだねるまで、巡礼者が立往生する混乱をもたらした事例がある。こうした海運に発した巡礼交易が終わりを迎えるのは1960年代になって、この地域で富が増えると同時に高速で比較的廉価な航空旅行の時代が到来してからである[10]。植民地化はまた、他の息の長い観光業をも牽引した。長い伝統をもつトマス・クック（Thomas Cook）社は1870年代にイギリス「保護」領であったエジプトで国際観光のパッケージを売り出し、冒険的なフランス企業は北アフリカ植民地航路を第一次大戦前後、特に大戦後にとりわけサハラ・ツアーにまで延伸した[11]。

　こうした因果は、独立が約束された際に植民者の企業に何が起こるか、そして脱植民地化以降の国有財産がどのような運命をたどるか、ということについて、より一般的に考察する道を示してくれる。フランスの場合、海外で「創業」ある

152

第Ⅲ部　展望——最新の文献にみられる期待されるテーマ

いは「移植」された企業はアフリカ・アジアの新興国家において、店じまいする
代わりに自ら出直して金融・交通・ロジスティックス企業へと高い割合で転換し
た[12]。南アジアの場合では、ティルタナカー・ロイ（Thirthanakar Roy）は「戦
後インドの経営史は近代と伝統という、二つの世界の関係と相互作用に即してみ
ることが有益である」と述べている。インドの古典的な商工業中心地は「バザー
ル経済、すなわち、商品を取引し、手工業品を製造・販売し、交通にはボート
と荷車を使い、送金と資本金取扱いには在来の金融業者を頼る経済に根差してい
た」。これに対して「製粉場、鉱山、そしてプランテーション」は近代的ビジネ
スであり、港湾への鉄道と資本市場へのアクセスを備えていた。ロイが見出した
ことは、ヨーロッパ人が近代的セクターをコントロールし、インド人が伝統的セ
クターにいたカルカッタでは「両者の関係は不安定で対立していた」。これに対
してデリーとボンベイでは「近代的セクターがより深くバザールに根差していた」
ので、両者の間により安定した相互作用がもたらされた、ということである。こ
こでは植民地的なものとポスト・コロニアルなものがさまざまな仕方で「重なっ
ており」、経営史研究が「いまだに…正面から取り上げていない」主題が響いて
いる[13]。同様に、仲間うちの資本主義と呼ばれるものも「政治家と企業者の間の
個人的関係を特徴とするものであり…それはイギリス植民地主義に期限を発す
る」。他の例を上げれば、公式には禁止されていた「利益を生み出すための」「民
間企業との共謀」は、独立後のマレーシア経済にみられる「実業界の大物」と「トッ
プ政治家」の密接な関係に道を開いた。その帰結は、政治の息がかかった許認可
制度、独占と国有財産の払い下げであり、競争を阻害する「レント・シーキング」
行動をもたらした[14]。

　第二次大戦後および脱植民地化の過程で野心的なアクターたちは、所有権が劇
的に不安定になった情勢のゆえに、私有財産と公的財産の双方を手にしようと奔
走した。それは中央ヨーロッパ、ベトナム、ジンバブエでも起こった。こうした
移行局面におけるビジネス活動は、政治や文化がストレスの多い時代にみせるの
と同様の防衛的、創造的、守旧的あるいは場当たり的な特徴を示す。それゆえ中
核的な問いは、新興諸国のビジネスがどの程度、それ以前の時代の過程とメカニ
ズムを再生産しているのか、ということにある。それは、ソビエト式の共産主義
から抜け出てきた国々、国家資本主義的独裁から転換した諸国（たとえば、現在
の北アフリカ諸国や1990年代のラテンアメリカやフィリピン、等）、あるいは
内戦後の諸国（スリランカ、スーダン、旧ユーゴスラヴィア）も同様である。ア

*153*

ジア新興諸国が通常の開発の経路から予期せずに飛躍したのは、在来的、あるいは東アジア的なビジネス社会とビジネス的政府の間のいかなる関係によるものであろうか[15]。彼ら固有の経営史は1990年代以降のBRIC（ブラジル、ロシア、インド、中国）の経済拡張の武勇伝を条件づけたのであろうか。あるいはそうした研究は彼らのどのような望ましからざる短所を示してくれるのであろうか。各国が「資本主義の再発見」に取り組んだといえるとして、これはいかにして達成されそれぞれの事例はどのように異なっているのであろうか[16]。最後に現在、新興諸国のビジネスは戦後にでき上がったグローバルな政策決定の舞台、すなわちWTO、IMF、GATT貿易交渉そして双務的・多角的に公正な通商関係を求める団体に、どのようにあらわれているのであろうか。課題は幅広いが、帝国、植民地と新興諸国について国境を越えて考察を進めることはそれだけ幅広い経営史のプロジェクトを活気づけることになるであろう。

## 注　3：帝国から新興国へ

1. Anthony G. Hopkins, "Back to the Future: From National History to Imperial History," *Past and Present*, no. 164 (1999) : 198–243, 引用は203ページから。
2. Ibid, 205, 215, 強調は引用者による。ホプキンス（Hopkins）はまた略奪帝国と開発帝国を区別している。前者は「累積的な経済発展の記録や期待をもたない」「再分配的」なものであるのに対して、後者は「潜在的あるいは利用されていない資源を活性化することにコミットしていた」（206ページ）。
3. Tirthanakar Roy, "Flourishing Branches, Wilting Core: Research in Modern Indian Economic History," *Australian Economic History Review* 44 (2004) : 221–40 を参照。
4. Kerry Ward, "'Tavern of the Seas?': The Cape of Good Hope as an Oceanic Crossroads in the Seventeenth and Eighteenth Centuries" (paper presented at the Seascapes, Littoral Cultures and Trans-Oceanic Exchanges conference, Washington, DC., 2003). 以下でも参照可能。http://webdoc.sub.gwdg.de/ebook/p/2005/history_cooperative/www.historycooperative.org/proceedings/seascapes/ward.html（2011年6月10日閲覧）。
5. Philip Kuhn, "The Homeland: Thinking about the History of the Chinese Overseas," The Morrison Lecture in Ethnology, 1997, available at http://chinainstitute .anu.edu.au/morrison /morrison58.pdf（2011年6月11日閲覧）. クーン（Kuhn）の論文 "Why China Historians Should Study the Chinese Diaspora, and Vice-Versa," *Journal of Chinese Overseas* 2 (2006) : 163–72 も参照。
6. Evridiki Sifneos, "Cosmopolitanism as a Feature of the Greek Commercial Diaspora," *History and Anthropology* 16 (2005) : 97–111.
7. 豊富で論争的な文献への入門として Henk Driessen, "Mediterranean Port Cities: Cosmopolitanism Reconsidered," *History and Anthropology* 16 (2005) : 129–41, および Bruno

154

第Ⅲ部　展望——最新の文献にみられる期待されるテーマ

Latour, "Whose Cosmos, Which Cosmopolitics?," *Common Knowledge* 10（2004）: 450-62 を参照。ベック（Ulrich Beck）はこのトピックについて社会学的な視点から多くの文献を著している。Beck, *Cosmopolitan Vision* (Cambridge, UK: Polity, 2006)、および Beck and Naptan Sznaida, eds., "Unpacking Cosmopolitanism for the Social Sciences (Special Issue)," *British Journal of Sociology* 57（2006）: 1-168 を参照。

8. Jeffry Frieden, "International Investment and Colonial Control: A New Interpretation," *International Or ganization* 48（1994）: 559-93, 引用は 559 ページから。フリーデン（Frieden）による概説 *Global Capitalism: Its Fall and Rise in the Twentieth Century* (New York: Norton, 2006) も参照。

9. Frieden, "International Investment," 570-73. 植民地投資の終焉の経済的側面について Gerold Krozewski, *Money and the End of Empire: British International Economic Policy and the Colonies, 1947-1958* (London: Palgrave Macmillan, 2001) を参照。

10. Michael Miller, "The Business of the Hajj: Seaborne Commerce and the Movement of Peoples" (paper presented at the Seascapes, Littoral Cultures and Trans-Oceanic Exchanges conference, Washington, DC, 2003), available at www.historycooperative .org/proceedings/seascapes/miller.html（2011 年 6 月 10 日閲覧）. この論文の改訂・拡張版として Miller, "Pilgrim's Progress: The Business of the Hajj," *Past and Present*, no. 191（2006）:189-228.

11. Waleed Hazbun, "The East as Exhibit: Thomas Cook & Son and the Origins of the International Tourism Industry in Egypt," in *The Business of Tourism: Place, Faith, and History*, ed. Philip Scranton and Janet Davidson (Philadelphia: University of Pennsylvania Press, 2007), 3-33, and Kenneth Perkins, "The Compagnie Générale Transatlantique and the Development of Saharan Tourism in North Africa," in ibid., 34-55.

12. フランスのポスト・コロニアル政策については Philip Raikes, Michael Friis Jensen, and Stefano Ponte, "Global Commodity Chain Analysis and the French *filière* Approach: Comparison and Critique," *Economy and Society* 29（2000）: 390-417; この他に Hélène d'Almeida-Topor, "French Trading Companies in Sub-Saharan Africa, 1960-1990," in *The Multinational Traders*, ed. Geoffrey Jones (London: Routledge, 1998), 173-82 を参照。有益な概観として Bill Ashcroft, *Post-colonial Transformation* (London: Routledge, 2001).

13. Roy, "Flourishing Branches," 236.

14. Sheila Yacob, "Hidden Disciplines: in Malaysia: The Role of Business History in a Multi-disciplinary Framework," *Australian Economic History Review* 45（2009）: 302-24, 引用は 315-16 ページから。David Kang, *Crony Capitalism: Corruption and Development in South Korea and the Philippines* (Cambridge, UK: Cambridge University Press, 2002) も参照。こうした仲間内の関係は、合衆国でも、選挙や政策形成へのビッグビジネスの役割の高まりにあらわれているとみる論者は少なくない。二つの見方として Owen Ullman, "Crony Capitalism American Style," *International Economy*, July–Aug. 1999, 6–11, および Paul Krugman, "Crony Capitalism, USA," *New York Times*, 15 Jan. 2002 を参照。

15. 古典的で簡潔な概観としては Ezra Vogel, *The Four Little Dragons: The Spread of Industri-*

*alizationin East Asia*（Cambridge, MA: Harvard University Press, 1993）. 〔渡辺利夫訳
『アジア四小龍―いかにして今日を築いたか』中央公論社、1993〕また Joseph Stiglitz,
"Some Lessons from the East Asian Miracle," *World Bank Research Observer* 11（1996）：
151-77 も参照。当初の四つの龍とは台湾、香港、シンガポール、韓国であった。著者
たちはのちにインドネシア、マレーシア、タイを加えている。いうまでもなく日本は最
初のアジアの経済の奇跡を起こした国である。

16. Mark Beeson and Mark Berger, "The Paradoxes of Paramountcy," *Global Change, Peace,
and Security* 15（2003）：27-42.


# 4 ：ジェンダー


　経営史との関連でジェンダーを研究することは新しい考えではない。数十年も
前にメアリ・イエーガー（Mary Yeager）とアンゲラ・クウォレク＝フォランド
（Angela Kwolek-Folland）はアメリカのビジネスにおける女性に関するパイオニ
ア的作品を著した。しかしながらジェンダーとビジネスについての基礎的な探究
は英米およびフランスの学界におけるジェンダー研究の水準には遠くおよんでい
ない[1]。そこで本節では一連のテーマと研究上の可能性ある主題の概要を示すこ
とにする。これらが発展した暁には、ジェンダーのレンズを通してみた企業と社
会の関係、すなわち男女双方にとっての社会の諸構造との接合、そのパフォーマ
ンスと表象について、堅固なつながりを示すことができるであろう。ジェンダー
研究は、私たちの研究の視野に女性をみちびき入れるだけでなく、経営史にとっ
ても以下についての開かれた問いをなげかけてくれる点で有益である。すなわち、
企業・団体のなかの、あるいはそれら相互間の社会関係における男性性の位置、
エージェンシーと競争関係の構築に際してジェンダーが果たす役割、多様な能力
と可能性を備えた男女にとっての期待と機会の長期的なシフト[2]、である。その
ため以下ではジェンダーと消費者、会社とジェンダーの関係、企業家精神・制度・
団体形成、そしてジェンダーの人口動態について論ずることとする。

　**消費**　近年のジェンダーと消費の関係についての研究の盛り上がりのなかで、
経営史家の興味を惹く主題は何であろうか。まずはビジネスの顧客としての女性
のエージェンシーについて、次いで家計管理者そして消費者団体の活動家として
の女性について、最後にこれまであまり顧みられなかった財の買い手としての男

第Ⅲ部　展望——最新の文献にみられる期待されるテーマ

性について考えてみよう。第一の点、エージェンシーについてみると、1930年代に合衆国の化粧品会社は下層中流階層の女性向けに安価で大衆市場向けのシャンプーを発明した。会社側が驚いたことに、上流階層の女性たちもこの製品の購買に殺到し、諸企業は高額なバージョンの製品投入を迫られた。女性の消費者は市場を形成しなおし、企業の期待を混乱させたのである[3]。こうしたフィードバックのインパクトはしばしば考えられる以上に広くあらわれており、また重要である。第二の点、すなわち意識的な家計管理者としての女性のイメージについていえば、それは18世紀以来の家政にかかわる文献のなかに浸透している——そこでは亭主は浪費家であり、主婦が貯蓄家、予算の監督者として描かれる。この神話的に構築されたイメージは長い間、文化的な原則とみなされてきた。しかしそれが不完全であったこともよくあることであり、このイメージは同じくらい強力な別のイメージ、すなわち女性と娘たちがいやおうなく買い手に回り、男性が家計の破綻を嘆く、というそれと拮抗している。ここではおそらく、階級の格差が作用している。すなわち、前者のイメージにおける男女の二項対立はおそらくは19世紀の労働者階級に対するエリートの見方に由来し、後者のそれは主として20世紀のホワイトカラーの家庭に広がった消費欲とジェンダーについての広告・メディアのファンタジーを表現している[4]。こうした経済と家族についてのあいまいでジェンダーの偏りがかかった言説を探究することは、経営史研究にとって有望なテーマになるであろう。

　さらに、女性は消費者団体において、1900年以前にさかのぼる草創期から指導的な活動家であった。その背景には、家政学における内実ある専門性の発展があり、このジェンダー的な分野では女性が研究者と学生の双方を占めていた。これら消費者団体は製品に関する批判的な技術的分析を行い、消費者保護を訴え、ビジネスに対して消費者のニーズや訴えに耳を傾けるように促した[5]。マシュー・ヒルトン（Matthieu Hilton）は以下のように説明している。

　「1890年にニューヨークで女性労働組合連合（Women's Trade Union League）によって消費者連盟（Consumers League）が創立されると、それは西欧の同様な組織に影響を与え始めた。これらの団体は目抜き通りで売られている製品の背後にある劣悪な労働条件に反対するキャンペーンを行ったのである…欧米で消費者運動があらわれるにつれ、彼らは市場における公正性の認識を、個人だけでなく団体としても掲げるようになった。20世紀の後半に消費者運動が発展途上世

界にも広がるようになると、このテーマはよりいっそう力強く運動に採り入れられるようになる」[6]。

　他方、消費者としての男性については、ジェンダーの男性の側面についての理解が深まってきたとはいえ、若干の例外を除けば今後の課題として残されている[7]。男性が得意先になったのはどのような種類のビジネスであったか。それらのパターンはいかに転換してきたか。男性だけからなる企業からはジェンダーや社会についてどのようなことが知りうるであろうか[8]。ショッピングは手形の支払いとは異なる文化的行為であり、主として公衆の面前で（郵便やインターネット注文を除けば）なされ、社会的価値、個人的コネクションそして意思決定の技術を表現する[9]。普通は中産階級の男性は女性のために財を購入したが、一部の男性は女性用のものを彼ら自身のために買った。それは女装者やトランスジェンダーの人びとだけではなかったのである。たとえば、資生堂が 2000 年代はじめに中国人女性向け化粧品のオプレ（Aupres）という新しいラインアップを発売した際に、マネジャーらは中国人男性への販売が好調であったことに驚いた。それはギフト用ではなく個人用であったのである。結局、資生堂は製造ラインを見直し、美容を求める男女双方をターゲットにした製品を含めるようにした[10]。マーケティング担当者はこの行動を記録していたが、それを位置づけたり分析したりするのは難しかったようである。

　最近の研究では重要なテーマの一つに 19 世紀における男性の消費が挙げられている。エミイ・リッパート（Amy Lippert）の研究はゴールド・ラッシュ期のサンフランシスコにおけるヴィジュアル・カルチャーを取り上げている。それによれば、野心にあふれた金鉱掘りたちは十数の写真店の上得意になり、ツルハシとシャベルをもってニセの金塊が詰まった袋に腰かけたポートレートを作らせた。鉱夫たちはこうした勝利した男らしさのイメージを家族のもとに送り届けたが、別の用途、すなわち在地の売春婦が配る名刺としてもポートレートを活用した。こうした行為はビジネスとしてのポルノグラフィーと醜業の問題を考えさせる[11]。もちろん、それはある者にとってはレジャーであり、別の者からすれば罪である。この分かれ道の両方をにらんだ研究として、ジョージ・チョーンシー（George Chauncey）は 20 世紀初頭のニューヨークを対象にゲイ・コミュニティのなかの貧しい層と裕福な層の双方に奉仕しようとする一連の企業を注意深く検証している[12]（本書第Ⅲ部「展望」の「9：サバルタン」を参照）。ここではジェ

ンダー、企業そして社会が複雑に絡みあっている。男性性が高度に多様なパフォーマンスをともなっていることを踏まえれば、想像力ゆたかな経営史家であれば他の場所、他の時期についてもこうした研究と比較可能な枠組みを見出すことができるであろう。要するに、ドナルド・トランプ（Donald Trump）もティエリ・ミュグレ（Thierry Mugler）〔フランスのファッションデザイナー（1948 年～）〕も男のなかの男であり、アンドリュー・カーネギー（Andrew Carnegie）〔アメリカの実業家（1835 ～ 1919 年）〕とヘンリー・クレイ・フリック（Henry Clay Frick）〔アメリカの実業家（1849 ～ 1919 年）〕もそうであるが、それぞれはビジネスや公的な場面で異なった男性性を演じている、というわけである。

　**会社**　最近の『フランス経営者歴史事典』（*Dictionnaire historique des patrons français*）による研究でフランス企業において女性はかつて考えられていた以上にずっと大きな影響力をもっていたことが明らかにされている。寡婦はビジネスを継承し、夫が病気やケガの際には妻が企業経営を担い、また女性はとりわけ同族企業が大企業に吸収された際には取締役会でしばしば家族の代表となった [13]。必要に駆られた彼女たちは、女性は利潤追求にかかわるべきではないというブルジョワ社会の前提を乗り越えたのである。もっとも、女性の相続人の何人かは同族の事業をマスターした（あるいは彼女たちの夫が没落している間にそれを学んだ）が、より一般的には彼女たちは手早く収入を得るためにマネジャーに頼った [14]。数世代にわたる伝統を有する企業は一定数の高齢の女性株主・オーナーを抱えており、彼女たちは利益や配当をその生活の唯一の支えにしていた。企業が危機に直面すると彼女たちの生活は厳しいものとなったので、テークオーバーを狙う企業家から株式の売却をささやかれたり、同族出身のマネジャーを追放して外部の企業再興を請け負うマネジャーに置き換えるように投票することを求められたりした。たとえば、アメリカ初期のコングロマリット資本家の一人トマス・メロン・エヴァンス（Thomas Mellon Evans）は 1940 年代から 50 年代にかけてこうした策略に通じていた [15]。テークオーバー以前のオーナーたちにとっては不幸なことに、エヴァンスはこうして得た多くの企業をほとんど無配当にして利益を次の買収に振り向ける金ヅルに変えてしまった。他方で、会社リーダーの寡婦や妻は通常はこれとは異なったきわめて公的な役割を果たした。美術館、文化的組織、健康や慈善のための非営利団体の創設や維持に従事しいくつかの事例では財団の設立にもかかわった。その初期には彼女たちは男性たちよりも傑出して活動的であったが、20 世紀半ばに欧米で非営利団体の職業化が進むにつれて

男性マネジャーが彼女たちを定型化された機能へと追いやった。（第Ⅱ部「機会」の「7：非営利団体と疑似企業」を参照）。

　ビジネスに従事する女性は、権利の行使にかかわる男性からの期待に長らく向き合わなければならなかった。それはしばしば「いかなる女性も男性よりも大きな権限をもってはならない」というものであった。文化的には女性上司の下で働くことは男性にとって落ちぶれたこととみられたが、こうしたことは女性のマネジャーやオーナーが家族や家父長的な前提から解放されるにつれて確実に変化した。一般にこの変化の過程は不透明であり、いかにして、いつ、どこで、なぜこの変化が起こったかという問いは依然として残されている。これはまた不完全で複雑な事態であることも明らかであり、最近のリリアヌ・ベッテンクール（Liliane Bettencourt）のケースが何よりもこのことを証立てている。すなわち、ベッテンクール女史は40年以上にわたってロレアル（L'Oréal）社の最大株主でありフランス第三位の個人資産家であった。彼女はインド洋の島々を購入し、政治キャンペーンと医療研究を広く支援した。ところが2008年に彼女の娘が（ジェンダー論のステロタイプを打ち破って）法的クーデタを決行し、彼女の85歳の母親リリアヌが無能力者であり家族の資産を浪費していると訴えた。こうしてフランスで最も裕福な女性は、いかに彼女を助けてくれる富と影響力のネットワークを自由にできたとしても、家族のつながりを断ち切ることや、彼女の富を握っている家族のメンバーから公衆の面前で耄碌した老婆のレッテルを貼られることを避けたりすることはできなかったのである[16]。

　**企業家精神・制度・団体形成**　これら領域のそれぞれは経営史にあらわれてくる際立ったジェンダー的側面を有している。企業家的な女性は19世紀の北アメリカと欧州で数千もの小さなビジネスを始めたが、それは主としてブルジョワ女性のニーズに応えるセクター、すなわちドレスや帽子の製造そしてヘア関連の業務においてであった。下宿屋を営んだり、食事や農作物や女性向け製品を売る小さな小売業を始めたりすることもよくあったが、洗濯屋や雑貨店はふつう男性が所有しており、時折女性のマネジャーがいるくらいであった[17]。女性はまた、百貨店の店員、タイピスト、電話オペレーターなどの職種で男性に取って代わった。こうした転換を経営者が煽り立てたのはいかなる動機によるものであったのか、ということについては今後の検討が待たれる[18]。

　他方で、こうした境界線は団体や社会運動に加わることによっても越えられる。たとえば、フランスの男女普通選挙運動家でジャーナリストでもあった

160

第Ⅲ部　展望——最新の文献にみられる期待されるテーマ

マルグリット・デュラン（Marguerite Durand）は 1880 年代のパリで『ラ・フロンド』（La Fronde）という運動体の新聞を創刊している。この新聞に他の女性たちをライター、イラストレーター、そして印刷工として雇うことで彼女は女性のプロフェッショナルと熟練工のための訓練場を提供したのである[19]。しかし他の新聞社や印刷所は女性の活字工を主に男性の組織労働者によるストライキを破るために雇用したのであり、男性労働者の側でも女性を組合に迎えることは拒否していた。この事例が示唆するように、経営史におけるジェンダーをめぐる諸関係は私たちが想像する以上に複雑である。企業とは異なって、禁酒運動や反植民地主義の団体は女性にとってマネジメントや予算管理を学ぶ場を提供した。先進工業諸国では男性だけの団体、女性だけの団体、男女混合の団体が存在したので、研究者はそれぞれの形の組織にジェンダーがいかに影響したか、そして彼らの仕事はどの程度個人をビジネス向けに鍛え、また個人をビジネスから引き抜いたかに焦点をあてることができるであろう。

　同様のことは高等教育とビジネスの関係についてもいえる。19 世紀末までにビジネス、エンジニアリングおよび行政の学校が高等教育に加わるようになった。一例としてフランスの教育システムの頂点にあったグランド・ゼコールについていえば、第三共和政に官僚、教授、エンジニア、経営者を供給したこれらの機関はすべて男性専科であった。ところが女性の入学を求める声が高まると、官庁や民間団体（パリ商業会議所等）は別学の、一段下のクラスの学校を創設し、それらの学校の女子卒業生に男性のグランド・ゼコール出身者に比肩する地位を保障しないようにした。にもかかわらず 20 世紀には女性たちは大学の学部に入学し、大学の階段を学術面でも行政面でも徐々に上昇していき頂点にまで到達した。しかしながらビジネスではガラスの天井は支配的であり、女性のエンジニアやマネジャーは副社長にまではなったが CEO のポストに就くことはできなかった。こうした制度上の差別が崩れてきたのはようやく 1970 年代に入ってからであり、その頃にはほとんどのグランド・ゼコールは男性専科のバリアを撤廃した。合衆国でもごく最近になってウォール街の企業は、それまで伝統的にほぼもっぱらプリンストンかハーバードだけから採用していた新卒アナリストに女性を加えるようになった。それでも投資銀行にはジェンダー的なネットワークと課業の割当てが残っており、女性のキャリア・トラックを制約し彼女らの多くを辞職にみちびいている[20]。こうしたことから、私たちは先進工業諸国を通じてジェンダーの問題がいかにして教育とビジネスにおけるエリート諸制度の発展と維持につながっ

*161*

ているのかを問うことができよう。ジェンダー的視点からの教育史は、企業エグ
ゼクティブのジェンダー的実践の複雑な背景をなすだけにより一層探究されるに
値する。

**人口動態** いくつかの歴史的転機（戦争、移民流出）にあっては男女の通常の
人口バランスが変化する、そしてまた別の転機においては通常は女性が担ってい
るジェンダー的活動を男性が行ったり（料理）あるいはその逆もあったりする（女
性による自動車運転）[21]。これらの状況はビジネスの機会と実践にとってさまざ
まな含意を有する。たとえば、19世紀中葉から末にかけての北アメリカでは都
市人口において独身男女の比率がそれ以前にも以後にも比して高くなり、受託、
サービス、家庭外の食事のニーズが高まった結果、企業がこれらのニーズから収
益を引き出す機会が生まれた[22]。南北戦争や第一次大戦のような大きな戦争のあ
とには多くの女性が望まない独身状態に直面し、さらには多くの男性が身体的損
傷のゆえに従来の労働力群から退出して障害をもつ在郷軍人がようやく雇用をみ
つけられるような、望まないあるいはニッチな職場に移ることを余儀なくされた
ため、独身女性が職場へと押し出された。他方でフランスとイギリスでは第一次
大戦で経営者やエンジニアが死亡したあとには（女性ではなく）他の男性に機会
が開かれ、その一部は従来の型にはまらない経歴の持ち主であった。こうした人
口変動を経験しなかった他の社会（イタリア、日本、中国）では女性が男性より
長命になって高齢化に向かった。この傾向はマーケティング、退職、企業の継承、
製品革新のターゲット、および他の企業の政策に影響を与えている。欧米では長
らく、女性の平均余命、それにリスク・テイクと安全を優先する実践にみられる
差異のゆえに女性の保険料率が低く抑えられてきたが、最近出された欧州裁判所
の決定はEUについてはこうした慣行を却下している。要するに、時系列でみた
最も味気のない人口統計でさえ、ジェンダー、諸制度と諸実践を探究する経営史
研究にとって出発点を与えてくれるのである。

第Ⅲ部　展望──最新の文献にみられる期待されるテーマ

## 注　4：ジェンダー

1. Mary Yeager, ed., *Women in Business* (Cheltenham, UK: Edward Elgar, 1999) ; Yeager, "Maverick and Mavens of Business History," *Enterprise and Society* 2 (2001) : 687–768; Angela Kwolek-Folland, *Engendering Business: Men and Women in the Corporate Office, 1870–1930* (Baltimore: Johns Hopkins University Press, 1994) ; Kwolek-Folland, *Incorporating Women: A History of Women and Business in the United States* (New York: Twayne, 1998) ; Kwolek-Folland, "Gender and Business History," *Enterprise and Society* 2 (2001) : 1–10; and Annie Fouquet, Jacqueline Laufer, and Sylvie Schweitzer, "Les femmes chefs d'entreprise: La parité pour demain?," in *Dictionnnaire historique des patrons français*, ed. Jean-Claude Daumas (Paris: Flammarion, 2010) , 812–16.

2. Christopher McKenna, "'Better Living Through Chemistry'? Industrial Accidents and Masculinity at DuPont, 1890–1930," *Entreprises et Histoire*, no.17 (1997) : 9–21.

3. Kathy Peiss, "Culture de masse et divisions sociales: Le cas de l'industrie américaine des cosmetiques," *Le Mouvement Social*, no. 152 (July–Sept. 1990) : 7–30.

4. Regina Lee Blaszczyk, *American Consumer Society, 1865–2005: From Hearth to HDTV* (Wheeling, IL: Harlan-Davidson, 2009) .

5. Carolyn Goldstein, "Educating Consumers, Representing Consumers: Reforming the Marketplace through Scientific Expertise at the Bureau of Home Economics, US Department of Agriculture, 1923–1940," in *The Expert Consumer: Associations and Professionals in Consumer Society*, ed. Alain Chatriot, Marie-Emmanuelle Chessel, and Matthew Hilton (Aldershot,UK: Ashgate, 2006) , 73–88.

6. Matthew Hilton, *Prosperity for All: Consumer Activism in an Era of Globalization* (Ithaca: Cornell University Press, 2008) , 3, 10.

7. Raewyn Connell, *Masculinities*, 2nd ed. (Oxford: Polity Press, 2005) . 以下も参照。Carol-Gould, ed., *Gender: Key Concepts in Critical Theory* (Amherst, NY: Prometheus Books, 1997) , および Simon Malpas and Paul Wake, eds., *The Routledge Companion to Critical Theory* (NewYork: Routledge, 2006) .

8. Howard Chudacoff, *The Age of the Bachelor: Creating an American Subculture* (Princeton:Prince ton University Press, 1999) .

9. Daniel Miller, *A Theory of Shopping* (Ithaca: Cornell University Press, 1998) .

10. Geoffrey Jones, Akiko Kanno, and Masako Egawa, "Making China Beautiful: Shiseido and the China Market" (Harvard Business School Case 805-003, rev. ed., 2008) .

11. Amy Lippert, "Visual Culture in San Francisco, 1848–1865" (PhD diss., University of California–Berkeley, 2009) ; Jonathan Coopersmith, "Does Your Mother Know What You *Really* Do? The Changing Nature and Image of Computer-Based Pornography," *History and Technology* 22.1 (2006) : 1–25.

12. George Chauncey, *Gay New York: Gender, Urban Culture, and the Making of the Gay Male World, 1890–1940* (New York: Basic Books, 1994) .

13. Janette Rutterford and Josephine Maltby, "The Widow, the Clergyman, and the Reckless": Women Investors in England, 1830-1914," *Feminist Economics* 12 (2006): 111-38. 以下も参照。Anne Laurence, Josephine Maltby, and Janette Rutherford, eds., *Women and Their Money, 1700-1950: Essays on Women and Finance* (London: Routledge, 2008).

14. Christina Lubinski, *Familienunternehmen in Westdeutschland: Corporate Governance und Gesellschafterkultur seit den 1960er Jahren* (Munich: C. H. Beck, 2010). 以下も参照。Christian Eifert, *Deutsche Unternehmerinnen im 20. Jahrhundert* (Munich: C. H. Beck, 2011).

15. Diana Henriques, *The White Sharks of Wall Street: Thomas Mellon Evans and the Original Corporate Raiders* (New York: Scribner, 2000).

16. Marie-France Etchegoin, *Un Milliard de Secrets* (Paris: Robert Laffont, 2011). 2011年に和解が成立しベッテンクール夫人には所有地の管理権が確保されたが、支出についてはいくつかの制約が課されることになった。

17. Wendy Gamber, *The Female Economy: The Millinery and Dressmaking Trades, 1860-1930* (Urbana: University of Illinois Press, 1997); Gamber, *The Boarding House in 19th-Century America* (Urbana: University of Illinois Press, 2007); Arwen Mohun, *Steam Laundries: Gender, Technology, and Work in the United States and Great Britain, 1880-1940* (Baltimore: Johns Hopkins University Press, 1999); フランスについては Claude Ferry, *La Blanchisserie et Teinturerie de Thaon (1872-1914)* (Nancy: Presses Universitaires de Nancy, 1992).

18. Claude Fischer, *America Calling: A Social History of the Telephone to 1940* (Berkeley: University of California Press, 1994). 以下も参照。Venus Green, *Race on the Line: Gender, Labor and Technology in the Bell System, 1880-1980* (Durham, NC: Duke University Press, 2001).

19. Jean Rabaut, *Marguerite Durand: "La Fronde" feministe, ou "Le Temps" en jupons*(Paris: L'Harmattan, 1996).

20. Karen Ho, *Liquidated: An Ethnography of Wall Street* (Durham, NC: Duke University Press, 2009).

21. Virginia Scharff, *Taking the Wheel: Women and the Coming of the Motor Age* (New York: Free Press, 1991).

22. 国勢調査資料にもとづく広範囲におよぶ研究として Chudacoff, *Age of the Bachelor* を参照。

第Ⅲ部　展望——最新の文献にみられる期待されるテーマ

## 5：専門的サービス

　これまで主流の経営史研究はビッグビジネスに焦点をあてただけでなく、巨大
な製造業企業にフォーカスしてきた。なるほど多くの研究者がマーチャント・ハ
ウス、証券取引所、保険会社および銀行について研究を進めてきたものの（不
動産に焦点をあてた研究は少なかった[1]。文字どおり FIRE〈ファイナンス、保険、
不動産〉の最後の領域である）、そこでも巨大企業が関心を集めた（アリアンツ、
ドイチェ・バンク、メトロポリタン生命保険）[2]。これらの業種はサービスセク
ターの競争相手としては明示的に概念化されなかったのである。他方で経済学者
は「サービス経済」の発展を記録し、分析することに多大なエネルギーを費やし
てきた。たとえば、彼らはアメリカのサービス企業の付加価値が全産業付加価値
の総計に占める割合が 1950 ～ 80 年の時期に 60％から 80％に増えたなどと述
べている[3]。これが正確な推計なら、このことはアメリカの経営史家を勢いづけ
るであろう。なぜなら私たちは、製造業・農業・鉱業・林業・漁業を合わせたも
のと同等かそれ以上の生産性をもってアメリカの世紀と呼ばれる一時代をもたら
した企業群を見過ごしていたことになるからである。私たちの社会科学の同僚た
ちが、サービスにおける革新のエンジンは何であったかを判定すべく奮闘してい
るのと同様に[4]、私たちも歴史研究を通じて組織とセクターの歴史における空白
を乗り越えることができるであろう。
　現在ではホテル、クリーニング、料理にかかわるサービス企業のビジネス的
側面についての歴史研究が得られるようになったが[5]、本節ではサービスに歴史
的に接近するためのもう一つの切り口としてビジネスにおける専門家の研究を提
案したい。古典的な専門職（法律家、医師、聖職者）は、それに従事している
者たちがいかなる金銭的・競争的な意味あいにおいても「ビジネスをやってい
る」という認識を認めようとしなかった。もちろん、これら専門職従事者も食
料、住宅あるいは他の基礎的なニーズを満たす資金を必要としていたが、それら
は教区の信者や顧客が提供したものであり、弁護士、医者や聖職者がそれらニー
ズの需要者の問題を解決するために用いてくれた特殊な能力を認めて供与された
のであった。専門職従事者は、少なくともその最良の場合には、法と国家に奉仕

*165*

し、人間の身体と健康を守り、神の恵みを人類に届けてくれるのである。とはいえ、この行儀良いフィクションは専門職への遠慮が緩んでスキャンダルが炸裂すると、彼らの強欲、吝嗇、野心また貪欲を完全に覆い隠すことはできなかった。さらに決定的であったのは19世紀から20世紀にかけて専門職の活動と組織について三つの次元で変化が起こったことである。新参者が専門職身分の装いを要求するようになった（三大旧専門職の内部とその外側、すなわちエンジニア、科学者、会計士、経営者、広告・広報専門家ら）[6]。次いで新旧すべての階層化された専門職従事者は新規参入に障壁を設けようとした。そして最後に専門職のスコアを集計する機関があらわれ、数百もの医師や弁護士が（聖職者は除いて）自治的・利潤追求型の提携関係に組み入れられた[7]。

　フランスでは公証人（notaires）と呼ばれる専門的国家資格職が長らく「取引の監視者」として不動産取引、家族の相続問題、結婚合意、そして行政法・会社法の領域で機能してきた。その起源は聖王ルイ（ルイ9世、1214～70年）の時代にさかのぼることができる。このような地域独占を許された独立のエージェントは20を超える欧州諸国およびカナダのケベック州で取引において中心的な役割を果たし続けている[8]。国境を超える舞台では国際企業法事務所も考慮に入れるべきであろう。その専門分化は19世紀末のニューヨークで始まり、やがてグローバルに展開していったと思われる[9]。建築家も同様に国際的なパートナーシップを通じて仕事をしはじめている。これらはビジネスであった（そしていまもなおそうである）ものであり、彼らの歴史は経営史家によって精査されるに値する。

　しかしながらこれら専門職に中心を置き、利益を生み出し、また資金を分配する機構についてはほとんど知られていない。同様のことは、専門職の信用を証明する団体についても、またこれら専門職がもたらす経済的な収穫を刈り入れるパートナーシップや会社についてもいえる。他方で独立自営の医師や弁護士はある種の絶滅危惧種になったようにもみえる。そもそも専門職が料理人やクリーニング屋と自らを区別して職能としたのは、彼らが単なる庭仕事のバラエティではなく専門的知見を提供する、ということであった[10]。このことはもちろん庭師や料理人や洗濯屋の知識の基盤を貶めることであったが、専門職にとってはそれはどうでもよかった。認証の管理、すなわち参入の管理が専門職の専門性を他の職種からの追い上げをしのいで高めることになった。さらに専門性の向上によって、素人は専門的経験のあるアドバイザー、ないしは具体化されたものであれ、技術的なしは組織的なものであれアンソニー・ギデンス（Anthony Giddens）がいう

第III部　展望——最新の文献にみられる期待されるテーマ

ところ専門性の提供者の「エキスパート・システム」(expert system) を雇う（あるいは、より好都合なら借り入れる）必要に迫られることになった[11]。

　専門職養成の国際的な差異もまた注目に値する。たとえば、フランスでは広告の専門家は団体を作り、誰が仲間うちにいて誰がそうでないかを定義したが、アメリカの広告業にはこうした認証やコントロールの機構はみあたらない[12]。医療者の職能があらわれた際にも同様にフランスはアメリカとは異なって医師の間の競争に対処しようとした。すなわち、1880 年代からフランスでは、民間の団体を振興するのではなく、国家が医師組合 (syndicats médicaux) を後見した。これらの医師組合は医師の地位が法によって再認識される数世代後になって再編され、適正な資格を欠く者を排除する権限を与えられた[13]。こうした認証行為は時と場所によって制約されているがゆえに常に紛争と隣り合わせであった。そのことは、専門的サービスがコンサルタントや一般的な契約先から提供されるか[14]、ロビー企業やシンクタンクから供与されるか[15]、あるいはコンピューター、会計、電気通信、気体力学、デザインについての知識を動員する企業から与えられるか、あるいは非営利機構によるかにかかわりなくあてはまる。この視点からみると「専門性」の要求するところと範疇とを概念的に再構成することが有益であろう。ハリー・コリンズ (Harry Collins) とロバート・エヴァンス (Robert Evans) による最近の社会学的な著作『専門性の再考』(*Rethinking Expertise*) にその手がかりを見出すことができるであろう[16]。

　まとめると、専門的ビジネスに関する歴史研究には三つの基礎的な発展方向がある。(1) 企業とその実践に関する異なった場所・時期にわたるケーススタディ——組織、経営、顧客との関係、雇用と解雇、専門職能の発展、利益とその使途、競争そして失敗、(2) 専門的セクターがビジネス、政治勢力、あるいは（地域的、国家的、国際的な）認証組織として勃興し、また転換していく過程を検討するより広いプロジェクト——その焦点は彼らのリーダーシップ、能力の要求に関する議論、他の職能、サービス、産業との関係に置かれるであろう。(3) 専門職能が正当化、排除、分類、訓練、コード化を行っていく過程、また彼らが社会的、政治的、経済的領域で権威を行使する行為を批判的な視点から分析し、総合すること。これらに関する有望な作業は、社会科学の分野で過去数十年に発展してきている。経営史家がここに関与することは今後の議論をより豊かなものにするであろう。

167

## 注 5：専門的サービス

1. 例外として、Jeffrey Hornstein, *A Nation of Realtors: A Cultural History of the 20th-Century American Middle Class* (Durham, NC: Duke University Press, 2005)、および Alexia Yates, "Why Is There No MLS in France? Information and Intermediaries in the Parisian Housing Market in the 19th and 20th Centuries" (paper presented at the Hagley Museum and Library conference, "Understanding Markets," 31 Oct. 2009) を参照。

2. たとえば以下を参照。Gerald Feldman, *Allianz and the German Insurance Business, 1933–1945* (Cambridge, UK: Cambridge University Press, 2006)、Christopher Kobrak, *Banking on Global Markets: Deutsche Bank and the United States, 1870 to the Present* (Cambridge, UK: Cambridge University Press, 2007)、および JoAnne Yates, *Structuring the Information Age: Life Insurance and Technology in the 20th Century* (Baltimore: Johns Hopkins University Press, 2005). 新興のしばしば小規模な保険業者についての研究として Sharon Murphy, *Investing in Life: Insurance in Ante-Bellum America* (Baltimore: Johns Hopkins University Press, 2010) を参照。

3. Francisco Buera and Joseph Kaboski, "The Rise of the Service Economy" (NBER Working Paper 14822, Mar. 2009), 2. Accessed at www.nber.org /papers/w14822 14Oct. 2010. こうした付加価値およびサービス部門の生産性の双方をどのように評価するか、という点についてはおびただしい論争がある。それは少なからず、産業分類（第一次産業と第二次産業）に基づく評価方法が第三次産業の領域のパフォーマンスを評価する際にあまり機能しない（とりわけオンライン小売業のようにコンピューター化され、コンピューターに支援された業界について）からである。

4. 以下を参照。Faiz Gallouj and Olivier Weinstein, "Innovation in Services," *Research Policy* 26 (1997): 537–56; Faridah Djellal, Dominique Francoz, Camal Gallouj, Faiz Gallouj, and Yves Jacquin, "Revising the Definition of Research and Development in the Light of the Specificities of Services," *Science and Public Policy* 30 (2003): 415–29; および Faiz Gallouj and Maria Savona, "Innovation in Services: A Review of the Debate and a Research Agenda," *Journal of Evolutionary Economics* 19 (2009): 147–72.

5. Andrew K. Sandoval-Straus, *Hotel: An American History* (New Haven: Yale University Press, 2007); Molly Berger, *Hotel Dreams: A History of Luxury, Technology, and Urban Ambition, 1829–1929* (Baltimore: Johns Hopkins University Press, 2011); Arwen Mohun, *Steam Laundries: Gender, Technology, and Work in the United States and Great Britain, 1880–1940* (Baltimore: Johns Hopkins University Press, 2002); および Rebecca Spang, *The Invention of the Restaurant: Paris and Modern Gastronomic Culture* (Cambridge, MA: Harvard University Press, 2001).

6. 広告・広報についての企業研究として Karen Miller, *The Voice of Business: Hill and Knowlton and Postwar Public Relations* (Chapel Hill, University of North Carolina Press, 1999) を参照。

7. Andrew Abbott, *The System of Professions: An Essay on the Division of Expert Labor* (Chi-

第Ⅲ部　展望──最新の文献にみられる期待されるテーマ

cago: University of Chicago Press, 1988）, Paul Starr, *The Social Transformation of American Medicine: The Rise of a Sovereign Profession and the Making of a Vast Industry* (New York: Basic Books, 1984）, および Marc Galanter and Thomas Palay, *Tournament of Lawyers: The Transformation of the Big Law Firm* (Chicago: University of Chicago Press, 1994）.

8. 以下を参照。http://fr.wikipedia.org/wiki/Notaire（2011 年 3 月 23 日閲覧）; Laurence de Charette et Denis Boulard, *Les Notaires: Enquête sur la profession la plus puissante de France* (Paris: Robert Laffont, 2010）.

9. 以下を参照。Benjamin Coates, "Trans-Atlantic Advocates: American International Law and U.S. Foreign Relations, 1898–1919" (PhD diss., Columbia University, 2011）, Virginia Keys Veenswijk, *The Life and Times of Coudert Brothers* (New York: Dutton, 1994）（本書は合衆国最初の国際法務企業の歴史研究である。同社は 2006 年に合併工作の失敗から閉鎖された）, および Yves Dezalay and Bryant Garth, eds., *Global Prescriptions: The Production, Exportation, and Importation of a New Legal Orthodoxy* (Ann Arbor: University of Michigan Press, 2002）.

10. このことは大学教員から主張される要求にもうかがえるが、近年こうした専門性の主張にはますます批判が投げかけられるになっている。

11. Anthony Giddens, *The Consequences of Modernity* (Stanford: Stanford University Press, 1994）.

12. Marie-Emmanuelle Chessel, *La publicité: Naissance d'une profession（1900–1940)* (Paris: CNRS Editions, 1998）. 広告業には企業内のスタッフと独立の広告代理店が含まれる。

13. Confédération des Syndicats Médicaux Français, *Les Médecins devant la médecine sociale* (Paris: De Lagny, 1952）.

14. Christopher McKenna, *The World's Newest Profession: Management Consulting in the Twentieth Century* (Cambridge, UK: Cambridge University Press, 2006）; David N. Keller, *Stone and Webster, 1889–1989: A Century of Service* (New York: Stone & Webster, 1989）; および Layton McCartney, *Friends in High Places: The Bechtel Story* (New York: Ballantine, 1989）.

15. カシディ・アンド・アソシエーツ（Cassidy & Associates）に関するアメリカのジャーナリストによる辛口の評価として Robert Kaiser, *So Damn Much Money: The Triumph of Lobbying and the Erosion of American Government* (New York: Knopf, 2009）を参照。シンクタンクについては , Alex Abella, *Soldiers of Reason: The RAND Corporation and the Rise of the American Empire* (New York: Houghton Miffl in Harcourt, 2008）.

16. Harry Collins and Robert Evans, *Rethinking Expertise* (Chicago: University of Chicago Press, 2007）.

## 6：プロジェクト

　手始めに、現代経済におけるプロジェクトに関する最近の議論から引用してみ
よう。「現在、グローバルな経済活動の 20％はプロジェクトとして行われている。
いくつかの新興国経済ではその比率は 30％を超える。世界銀行が 2009 年に発
表したデータによれば世界の GDP48 兆ドルのうち 22％は粗固定資本形成であ
り、そのほとんどはプロジェクトにもとづくものである。その比率はインドでは
34％、中国では 45％である。多くの公的ないしは民間の組織で行われているい
くつかの支出もまたプロジェクトにもとづいている」[1]。

　とはいえプロジェクトが経営史で研究されることはほとんどなかった。その理
由は、それらが通常暫定的な組織によるものであり永続的な構造を備えていない
こと、経営的階層性にはうまくなじまないチームワークや不確実性を含んでいる
こと、そして予算超過、遅れ、内部紛争、中傷合戦などの理由でプロジェクト
がしばしば失敗すること（ボストンのビッグ・ディグ（Big Dig）〈高速道路とト
ンネルの建設を中心とするボストンの公共事業プロジェクト。工事の遅延や高コ
ストが批判された〉を想起されたい。それは傑出したアメリカ技術史家のトマ
ス・ヒュー（Thomas P. Hughes）の著作の冒頭で的確に記述されている）[2]、に
よるものである。これらの事情はなぜこれまで経営史が、たとえば建設業、映画
産業、下請制を軍事技術転用プロジェクトと同様に取り上げてこなかったのかと
いうことも説明してくれる。しかしながら最近の e ベイ・サーチ（eBay search）
はプロジェクト・マネジメント（プロジェクトだけでなく）について購入可能
な 2400 冊以上の書籍とパンフレットをあげており[3]、アマゾン・ドット・コム
（Amazon.com）も同様のトピックについて 15000 冊以上の本とダウンロード可
能な報告書やエッセーをリストアップしている[4]。学術誌（*International Journal
of Project Management*）に集う研究者は 1960 年代以来、ビジネスが主導したプ
ロジェクトの広範な増大を指摘している（同誌推計）[5]。そこには企業が支援し
たプロジェクト・ベースの組織体やプロジェクトとして創設された他の企業も含
まれる。それらはひとたび主要な目的が達せられれば（多くはそうならなかった
のであるが）売却されるかすみやかに解散させられるものであった。

*170*

第Ⅲ部　展望──最新の文献にみられる期待されるテーマ

　プロジェクトを意義あるものにするには、ビジネスが担う諸活動のなかに位置づけることが必要である。以下の表はこのための予備的な作業を示したものである[6]。この表からうかがえるのは、いかにして優れたプロジェクトが、普通の作業や相互作用から生じてくるのかということである。それらプロジェクトはさまざまな経営的方向性、労働組織、期待それに権力関係を要求し、しばしばなじみのない、不確実な領域にかかわっていく。その結果、プロジェクトを公式のルールや既存の基準あるいは官僚組織によって管理しようとする試みは失敗することになる。

　鉄道建設からテレビ番組まで、多くのプロジェクトはいまなおビッグビジネスであり、おそらくは空間的に散らばり、組織的にもアウトソースされているが、その暫定的な立場によって経営史の研究者からはとらえどころのない、みえにくいものになっていた。しかしプロジェクトは探究に値する歴史をもっており、それは第二次大戦前にもさかのぼる。

　私たちの研究は研究開発 R&D プロジェクトというあまりに狭い視野に限られるべきではない。私たちがおそらくは考えなければならないのは、ビジネス・プロジェクトは組織と政策のより大きな関連にふさわしい特定の実践と一連の知識を要求（あるいは創出）するということである。プロジェクトは（少なくとも）

| コアをなす活動 | 業務 | 相互作用 | プロジェクト |
| --- | --- | --- | --- |
| 場所 | 組織：境界の内部 | セッティング：境界を超える | 場：通常の境界を超越 |
| 過程 | ルーチン化 | 個別化 | 探検的 |
| 流れ | 階層的 | 無制約 | 協力的 |
| 産出 | 期待され、予測可能 | 儀礼的、ダイナミック | 不可知 |
| ルールの体系 | プロトコール、規格 | 互恵性 | 再帰性と場当たり |
| 事例 | 会計、レポート、製造、ライン管理、評価 | 契約、販売、特許、ライセンシング | 一度限りの問題解決、革新の軌跡、実験的発展 |

以下のことを発達させる。時間を重視し、修正可能な期待と推計、テスト、プラン作成、プログラム変更にかかわる定式、革新の必要、予測、完成形の評価、予備費の予算、時間の猶予、費用膨張に対処するルール、プログラム／プロジェクトの評価と歴史分析である。いくつかの企業では（航空宇宙とコンピューターの専門家がかかわる）プロジェクト・モデルを内部化した。その目的は、組織再構成の支援・指導、指揮系統の変更、あるいは M&A 可能性の評価のためであった。歴史家はこうしたプロジェクトのさまざまな側面について、プロジェクト・マネジメントの文献にあふれているようなケーススタディの手法によってだけではなく、明確に概念構成され、プロジェクト、セクター、境界領域におよぶ視野をもつテーマ中心の研究から接近しなければならない。

　確かにプロジェクトは数世紀にもわたってビジネス活動の一つの要素になっていた。すべての造船業、鉄道・橋梁建設、動力システム開発、それに他のインフラ資産・能力は事実上プロジェクトを通じて創出されてきた。初期の経営史家たちは、こうしたプロジェクトのあとに続く組織的「オペレーション」に注目することが一般的であったが、しかしながらプロジェクトは安定的なマネジメントをもたらすばかりではなかった。事実、現在においても eBay 検索にヒットする文献リストには IT、医薬、（当然のことながら）建設、工業エンジニアリング、複数のセクターにまたがる R&D、航空宇宙などに関する本が並んでいる。これらの業績のどれ一つとして歴史にかかわる問いかけをしているものはない。いまがまさに、現代的な実践の背後にある文脈を初歩的とはいえ考え抜かれた仕方で示す時期になっている所以である。プロジェクトを中心に置いたビジネス実践は実際に上げ潮になってきたのか、もしそうだとすればそれはどのようにして生じ、どこで推進（あるいは拒否）され、その展開は雇用、経営、技術革新の景観をどのように変化させたのか。これらのパターンはセクター間で、あるいは国家間でどのように異なり、国際的プロジェクトはどこに見出せるであろうか（その端緒は大西洋横断ケーブルとスエズ運河にある）、それはいかなる政治的、イデオロギー的、技術的基盤のどのような転換をともなっていたのであろうか。プロジェクト・マネジメントの領域はどのように勃興し、その初期のリーダーたちはどのような事情から、プロジェクト・マネジメントを専門職業にするための基盤として社会科学的・経営学的な基礎を求めるようになったのであろうか（このことはいま鋭く挑戦を受けている）。経営史家がそれに遭遇することで利益を引き出せるような、経営史を越えたプロジェクトはどこにあるのであろうか。経営史のな

第Ⅲ部　展望——最新の文献にみられる期待されるテーマ

かに実証的な基礎を備え、ビジネスにも役に立つかもしれないような「プロジェクトの理論」はありうるであろうか。

　念のために述べておくと、プロジェクトをめぐる作業可能な感覚を得るということは決定的なステップを意味する。この点でプロジェクト・マネジメントの実務家たちは一連の努力を払ってきた。その一人は、プロジェクトについて以下のように簡潔で明解にみえる記述を行っている。すなわち「ユニークで、複雑な、一定期間〈に取り組まれる〉一回限りのタスクをともなう、費用と品質の制約」である[7]。プロジェクトと日常業務の違いは（前出の表参照）「個人の専門的知見、知識、判断が実地に生かされる範囲」による、と説明される[8]。基本的に、日常業務はルールとルーチンを活用するのに対して、プロジェクトはなじみのない領域に入り込む。その領域では創造性、愚行、失敗、ブレークスルー、行き詰り、そして深淵な洞察の余地が残されている（最後の洞察はしばしば期待されるほどには得られないが）。しかしながらプロジェクトを理論化しようとする試みは繰り返し行われたものの、企業が構成しているものの周りに輪郭線を描く以上のことはできなかった。こうした定義を打ち壊して石塊にしてしまう代わりに、ほとんどの企業とプロジェクトのそれぞれについて、その業務と問題解決機能の実例を示し例証を行うこと、そして企業とプロジェクトの両者に重なるところと重ならないところを注意深くみていく努力を払うことが有意義であろう。

　一例としてアメリカの映画産業を取り上げると、そこでは 20 世紀初頭からフォーマットの継承が観察され、20 世紀中葉のスタジオ・システムを通じたさまざまなプロジェクトを創出したフィルム・メーカーの記録が（その品質はまちまちであるが）見出される。そこでは B 級映画がクルマのタイヤのように量産され、それぞれのメーカーはある仕事をするように設計されており（二本立て映画で 75 分を埋める、等）作業は標準化とまではいえないまでも定式化されていた。1950 年代に反独占政策による介入から映画スタジオが劇場チェーンから分離させられると、プロジェクトの作業に再び有利にバランスが傾き、こうして独立した映画会社と 20 世紀の後の数十年に支配的となるさまざまな配給網の勃興がもたらされた[9]。しかし映画「スクリーン」という場が巨大配給会社に統合されると（主に 1980 年以降）スタジオが大衆的なエンターテインメント価値の審判者として再び力を得るようになった。彼らはもはや観客を惹きつけるほどの撃ち合い、魅力ある役者やブランド・ネームはもち合わせていなかったのであるが[10]。この時点になると映画プロジェクトは、観客大衆に販売するために日の目をみる

173

前に、批評と配給企業の眼にかなう審査を通過しなければならなくなった。それはちょうどクレジット・カードの利用者が商品の支払いをする前に銀行によって「審査」されなければならないのと同様である。より最近になると、多くの映画プロジェクトは副次的な販売、すなわちテレビや（国際的な）DVD アウトレット、そしてインターネット上に出せるように円滑に移し替えられるようにデザインされていなくてはならなくなった。二次的・派生的な市場がしばしば損益の分かれ目を決定するだけに、これはかつてなく重要になっている。同じ「産業」に属するプロジェクトが実行に移される基準は時とともに大きく転換しているということは、驚くにはあたらない。

　最後に、プロジェクトは経営史家の関心のさらに先に、あらゆるレベルの領域に広がる組織にあらわれる。その多くはごくローカルなもので、個々のプラントや企業の研究開発ユニット、建設現場、あるいは製造センターで仕事をしている企業をまたがるチーム等に見出される。地域や国レベルのより広い空間的リーチをもつプロジェクトもある。ベル研究所（Bell Labs）やフランス国立科学研究センター（CNRS）のようにプロジェクトを中心にした機構は国家的な範囲をカバーし、アメリカ航空宇宙局（NASA）や EADS〈欧州の大手航空宇宙企業〉は陸地をはるかに超えて国際的な業務を行っている。同様に、ユーロスター鉄道やその海底トンネルのような国際的プロジェクトは、その創設の局面で業務の開始に道を開く貿易協定に代表されている。国家間のプロジェクトは国家間で締結されるのではなく、むしろ国家をまたがって、国家の頭越しに取り決められるという意味で例外的なケースとなる。たとえば、航空輸送をコントロールする枠組み作りや電気通信の規格の特定は NGO によって主に開発され、あとから政府によって認証されている。

　暫定的組織としてのプロジェクトは、コントロールと信頼性に基礎を置く一般的な会社組織と交差しつつ（そして既に交差してきた）、不確実な成果を引き起こしている。この複雑で不確定な過程のなかでは、特定の（たとえば、プロジェクトから一般的な業務へというような）方向性のようなものはない。そこにあるのはずっと手の込んだ、不定形なダイナミズムである。プロジェクトに焦点をあてること、とりわけ内在的な視点からその生成過程を見通す接近によって[11]、経営史家が企業の価値、諸過程の有効性、そして革新への絶えざる挑戦を再評価するための手助けになるであろう。

174

第Ⅲ部　展望──最新の文献にみられる期待されるテーマ

## 注　6：プロジェクト

1. Christophe Brédillet, "Blowing Hot and Cold on Project Management," *Project Management Journal* 41.3（2010）: 4010.

2. Thomas P. Hughes, *Rescuing Prometheus: Four Monumental Projects That Changed theModern World*（New York: Vintage, 1998）.

3. eBay の "Books" から "project management" を検索。検索実行は 2010 年 9 月 1 日。

4. Amazon.com の "Books" から "project management" を検索。検索実行は 2010 年 9 月 8 日。ここでは "project" のみ、および "management" のみの検索は除外している。"project management, history" で検索すると 272 件が該当した。そのなかにはモリス（Peter Morris）の古典的著作 *The Management of Projects*（London: Thomas Telford, 1997）が含まれる。同書には、プロジェクトに関する歴史的概観、とりわけ建設と防衛の分野におけるそれが簡潔ながらよく練り上げられて示されている。その他の "history" でヒットした文献はほとんどが無関係であり、たとえば "The Wild Turkey in Virginia: Its Status, Life, and Management," のようなものが含まれる。このことはプロジェクトに関する歴史研究の手薄な現状と、アマゾンの X+Y 型サーチの検索結果の一定の奇妙なあり方の両方を表しているように思われる。

5. たとえば、以下を参照。 Johann Packendorff , "Inquiring into the Temporary Organization: New Directions for Project Management Research," *International Journal of Project Management*11（1995）: 319–33; Sylvain Lenfle, "Exploration and Project Management," *IJPM* 26（2008）: 469–78; および Romain Beaume, Remi Maniak, and Christophe Midler, "Crossing Innovation and Product Projects Management: A comparative analysis in the automotive industry," *IJPM* 27（2009）: 166–74.

6. Philip Scranton, "Projects as Business History"（paper presented at the Business History Conference, St. Louis, MO, Apr. 2011）より引用。

7. Roger Atkinson, "Project Management: Cost, Time and Quality, Two Best Guesses anda Phenomenon," *IJPM* 17（1999）: 337–42.

8. Terence Cooke-Davies and Andrew Arzymanow, "The Maturity of Project Management in Different Industries: An Investigation into Variations between Management Models," *IJPM* 21（2003）: 471–78.

9. Michael Storper, "The Transition to Flexible Specialization in the US Film Industry: External Economies, the Division of Labor and the Crossing of Industrial Divides," in *Post-Fordism: A Reader*, ed. Ash Amin（Oxford: Blackwell, 1995）, 195–226. 以下も参照。Arthur DeVany, *Hollywood Economics: How Extreme Uncertainty Shapes the Film Industry*（New York: Routledge, 2003）.

10. プロジェクトとしての映画の研究として Gilles Marion, "James Dean et *La fureur de vivre*: L'anticipation d'un nouvel horizon d'attente," *Le Mouvement Social*, no. 219-20（2007）: 131–48 を参照。

11. Svetlana Cicmil, Terry Williams, Janice Thomas, and Damian Hodgson, "Rethinking

*175*

Project Management: Researching the Actuality of Projects," *IJPM* 24 (2006): 657–86, and Jean-Paul Boutinet, *Anthropologie du projet* (Paris: PUF, 1996).

# 7：古典的なテーマの再評価

　経営史の再構想とは、新しい方向性を勧めることだけではない。何世代にもわたり新鮮な問いかけを行い、新たな視野を切り拓いてきた古典的な諸概念に立ち返ることも含まれる。それはすべて学術的なイニシアチブに貢献してきたのである。本節での手引きは他の節よりやや長くなるが、それは主として私たちが以下の四つの概念を、それぞれ簡潔ながらもここで探究するからである。それらの概念とは、成長、価値、福祉そして市場である。

　**成長**　第一に、成長とは、交換や瞬間性に焦点をあわせてきたあらゆる学派の経済学にとって不可解な次元をなしていた。この成長を理解するための歴史的に最初の試みは、最近になって「持続可能な成長」をめぐる経営政策、環境研究そして企業の社会的責任論の議論のなかからあらわれてきた。経営史家からは次の問いかけができるであろう。持続可能性と社会的責任は、以前の時代にはどのように概念化され機能するようになったのか。この問いは、パターナリズムを労働力とコミュニティの長期的な安定を求めるビジネスの実践として再評価することにつながり、家族企業を継続性、責任そして信頼できる未来の創造に寄与する手段として再評価することを含む。歴史上、企業とコミュニティは成長が人的なコスト同様に環境にもたらすインパクトに気づいていた（鉄道が農業におよぼす損害や火災に対する訴訟、自動車の道路使用に反対する地域の運動）。19世紀の安全キャンペーンは、持続的な産業にとっての環境のモニターや改善に向けた初期の動きであったのかもしれない[1]。

　第二に、ある世代の研究者たちは、17〜18世紀以来、世界中のアクターたちによってたどられてきた成長への途は、多様で非線形をなしていたことを明らかにした。こうした多様性は、前資本主義時代のマニュファクチュアと国営工場に始まり、数世紀あとの代替専門性と大量生産方式まで持続した。これらの企図の多くは成功し持続したが、土地、労働、資本の高度に効率的な利用からはほど遠く、（人的、文化的、資源上の理由により）成長を最大化させることはできなかっ

第Ⅲ部　展望——最新の文献にみられる期待されるテーマ

た。それゆえ私たちはベスト・プラクティスの事例提供者だけに焦点をあわせる語りを考え直さなければならないのである。これはディビッド・エドガートン（David Edgarton）がいう、技術史家は技術革新から知識を得ようとする姿勢から距離を置き、もっと日常的な実践に密着した研究に進むべきだ、という議論におおむね似ている[2]。1970年代にはありふれたことになったのであるが、フォード式の大量生産は製造業の全体ではかつてないほど小さな比重を占めるだけになり、ファッションやハイテク取引にとって無益なモデルを提供するにいたった。エクゼクディブたちは製造過程の分析を投げ出し（これは下級の技術者の仕事になった）、普遍的な経営のルールを探し求めた（特定の状況に対処するための個別的な定式の代わりに）。そのうち彼らは金融上の指標を根源的なものと考えるまでになってしまった[3]。

　こうした傾向のなかで、私たちは、いかにして資本主義の異なる様式における成長を評価することができるであろうか。一方で、資源採掘に基礎を置いた国家を考えてみよう。それら諸国のなかで多様性ある経済を築いたものはほとんどない。原油とガスにもたれかかった旧ソビエト、社会主義に準ずるばらまきを行っているヴェネズエラ、汚職と宗教的分裂、石油フローの一部をつかみとろうとする「反政府」ギャングにまみれた「豊かな」ナイジェリア、高度に近代的な見世物と政治的過激派に資金を提供するアラブ首長国連邦やサウジアラビアがその例である（ノルウェーは重要な例外である。経営史家の誰か、なぜそうなのかを説明できるか）。これら諸地域の50年前と比較すれば、一人当たりGDP成長率を含めて大きな変化がみられるが、そこには広義の制度的深化や技術的・産業部門上の多様化をともなう「成長」はなかった。対照的に、欧州共同体がより大きな満足（または不安）をともなって戦後に作り上げたのは、複雑な規制の枠組み、管理経済とクライエンテリズムから社会民主主義と立憲君主制にいたる統治の実践を含む、広がりであった。ユーロは巨大なボーダーレス市場を呼び寄せたが、アメリカのイデオロギー的な意味における「市場」は創出していない。では私たちは、このような領域において効率性でずっと劣る成長をどのように分析するのであろうか。合衆国では自由市場のレトリックはひろく受け容れられているが、国政では農業、航空宇宙産業、住宅建設、軍事技術などに対する隠れた（そしてさほど隠れてもいない）政府補助金がさかんである。パーセンテージであらわされる成長予測は文脈を弾き飛ばしてしまう予測であり、そのようなものに頼っていては、私たちはみせかけの地域・国際比較以上のものは得られないのではない

177

か。ここで経営史家は、経済学や経済史の数量論者たちから冷遇されている隣接領域に有利に侵入して、空間と時間に位置づけられた語りを包摂した比較の視点を創造することができるであろう[4]。

　**価値**　価値をめぐる戦線では経営史家たちは 1980 年代からマイケル・ポーター（Michael Porter）の「バリュー・チェーン」の概念を取り込み始めていた。これは、企業がもついくつもの機能はそれぞれ購買者や消費者にとっての価値を創出する可能性（および義務）がある、と論ずるアプローチである。しかしながらいくつかの活動領域（おそらくは交通）は、価値を増やすよりもむしろ減らしてしまうボトルネックになっていた。それゆえ、諸活動の間で、企業の境界の外側に位置するアクターも含めて円滑に機能するリンケージを作り出し調整を促すことは「競争優位の決定的な源泉になりうる」[5]。しかし、この定式化にはあいまいなところがあるのは明らかである。歴史家であればすぐに気付くそのあいまいさとは(1) これらの優位についていかなる時間の次元も設定されていない、(2) 購買者にとって価値を創造することは他の関係者（株主、経営者、サプライヤー、労働者、地方自治体、新興国）に損失や問題を生じさせるかもしれない。このことは私たちに「誰にとっての価値で、それはなぜか」という問いを考えさせる、(3) 企業内の権力と資源の非対称は常に存在するものであるが、供給側の顧客を優遇すべきだとするトップ・ダウンの圧力によって増幅されるかもしれない。バリュー・チェーンを考える際には（あるいはこの場合は「サプライ・チェーン」）、私たちは「チェーン」について、それらを効率性の増進や調整のスキームにうまく合致する期待からみるのではなく、明らかな対抗とコンフリクトのもととして強調し、焦点をあわせていく必要があるのかもしれない。

　他にも二つの主題がある。価値の計測や評価、および会計基準をめぐる論争である。19 世紀以来、さまざまな機関が企業の将来性や信用状態を測定して社会的に構築された価値のプロフィールを作成してきた。それは企業の未来にとって好ましかったり破壊的であったりする効果をおよぼしたことであろう。アメリカにはダン・アンド・ブラッドストリート（Dun & Bradstreet）という情報企業があり、悪くいわれたアメリカの企業や個人がこの会社を時として告訴までしたことは疑いようがないが、この会社は告発者の秘密を守り幅広い客観性を標榜した（欧州には個人を計測する実践はなかったように思われるが、しかし――この策術めいた沈黙は研究してみる値打ちがありそうである）[6]。複雑な証券にかかわる最近のレーティングや評価付けが根本的に欠陥を抱えていたことが明らか

になった以上、歴史的な視点からは、アクターたちがいかなる基準を評価に用い
てきたのか、彼らが期待した信頼性の根拠は何か、実際の運用における彼らの有
効性や脆弱性は何か、を問うことは有意義である。不動産取引、貸付、保険政策、
税評価——これらすべては計測にかかわる行為を含んでおり、これらは不透明で
あると同時にどこにでも存在するものでもある。隣接領域では、会計基準と決算
報告をめぐる近年の合衆国とEUのたたかいは、会計システムは何を計測し、い
かにして彼らはその前提を正当化するのか、というより長期にわたる問題を提起
している[7]。企業評価はその株式の市場における時価総額でなされるべきか、資
産の実質で無形の基準でなされるべきか、という現在の関心は、歴史的な根を有
しており、それは費用会計の困難な過程やその多くのヴァリアントと同様である。
価値評価のエンジン部分を凝視し、それらの一国的あるいは地域的な起源そして
実践と革新のダイナミックス、そしてそれらの影響力と挑戦のより広い循環をた
どるなら、確かな収穫が得られるであろう[8]。

**福祉** 福祉に関しては、狭く非歴史的でミスリーディングな分析にみちびく経
済学者的な諸定義（パレート最適）から距離を置き、この概念を再社会化するこ
とを勧めたい。経営史家はむしろ、アクターたちは福祉を何と考えたか（あるい
は考えているか）、彼らが特定したそれらの信念の根拠は何か、これら異なる定
式化は福祉の実践にとってどのような含意をもったか（あるいはもっているか）
を問うことができるであろう。歴史上、福祉には宗教的な次元もあった。何人か
の企業家はかつてもいまも深く宗教的である。たとえば、労働者、家族、コミュ
ニティとの関係において「キリスト者の義務」から知見を引き出している認識が
とりわけ家族企業に見受けられるこのような企業者活動の宗教的な次元は、西洋
の外部でも、アジアやイスラム社会で明らかになっている。

　研究者たちは長らく企業による「福祉供与」を家父長主義と国家や慈善団体の
機能の交代との混交としてとらえてきた。その行動は会社への忠誠を高めるとと
もに売上を減らすものであった[9]。「近代的」企業はこれら諸関係の境界を狭めて、
賃金協約と支払いの設定だけにしてしまったが、労働市場はおカネで何とかなる
もの以上である。労働市場は移民と若者に鍵となるつながりを与え、かつては伝
統的な結婚に移る過程の女性にとって中継地点を提供したのである。

　福祉供給の文化的な次元にかかわる古典的な事例は、最近のトヨタ自動車に関
する研究にみられる。それは、トヨタ自動車がそれまで国際展開したことのない
プラスチック部品サプライヤーに対して、新たな工場を中国に建設することを勧

めた際に起こった。サプライヤーのオーナーは逡巡したがトヨタ自動車の役員は彼に対して、工程を分割する不安や慣れないところで操業するリスクがあっても、長年の友人そしてパートナーとしてこれはやらねばならないとさとしたのであった。それでも続いた抵抗に対して、トヨタ自動車はこの「友人」に部品発注のカットで脅しをかけた。ようやくオーナーは同意したが、彼は彼なりのやり方で仕事を進めさせてもらうことを要求した。すなわち、工場を創設する地域で彼の企業はまず中国人学生向けに大学進学のための奨学金を設け、その2年後に工場を創建したのである。この奨学金制度は第二次大戦時にさかのぼる根強い反日感情を和らげ、現地に良好な環境を作り出して、企業は繁栄した[10]。

　私たちは同時に、年金基金のような福祉供給機関をビジネスの視点から考察しなければならない。そこには相互保険機関や、労組もしくは政府に基盤をおいた事業が含まれる。なぜなら彼らは国内外の経済的諸関係のなかで雇用主、投資家、事業計画者の役割を同時に果たしているからである。近年では、彼らの事業は論争のもとになり、イデオロギー的な挑戦を受けるようになった。カルパース（CalPERS）の場合を考えてみよう。カルパースは1932年の憲法修正ののち、カリフォルニア州の職員の退職年金支払いのために設けられたアメリカの巨大ファンドであり、いまやグローバル市場における株式・社債への主要な投資家であるが、しばしば論争にまき込まれている。このようなことはいまだかつてあったであろうか、また福祉供給について官と民を区分したり、あるいはこうした境界をかすませたりする長期的なパターンがあったのだろうか[11]（第II部「機会」の「8：公と私の境界線」を参照）。

　**市場**　2008年のリーマン・ショックの打撃以降、市場はもはや合理的で効率的な信を置けるものとはみなされなくなった。こんなことを信じているのは誤った経済学のモデルを信奉している者らだけである[12]。ほぼ常にあてはまるが不正常な合間に劇的に失敗するような一般的理論を掲げても信頼は得られないばかりか、ぼんやりした取引よりも不意の落とし穴の罠にはまりやすい経営史家にとっても有益な手引きにはならない。市場に対する同様の批判は効率性（誰のための？何の基準による？）あるいは「自由」（ユートピア的な期待に過ぎない）に向けられており、市場を歴史と政治の文脈に置き直している。それらの文脈では、変わりやすい協約、歴史的にでき上がってきた規制、国家・政党・派閥・諸制度の諸利害が不確実性とないまぜになって、議論が絶えない結末にみちびくのである。では私たちが市場をそれ自体が変化の過程にある不確定な歴史的現象とみなすな

第Ⅲ部　展望——最新の文献にみられる期待されるテーマ

ら、どのような問題が設定できるであろうか。諸市場は多層的でそれぞれ異なって形成されているとする複眼的な指標を用いるなら、こうした洞察からは何が生み出されるであろうか。私たちが歴史的に区分されていると想定する金融、信用、財、労働、所有権の諸市場においては、いかなる関係が取り結ばれているのか。これらの諸市場のどれが「自然に」相互関係を取り結びやすいのであろうか（所有権、信用、金融）、そしてそのつながりはどのように、いかなる困難と失策をともなって作られるのか。19世紀のウィーンや18世紀のパリのアクターたちは、市場とその境界とパフォーマンスをどのように概念化・理論化したのであろうか。これら市場と比肩する不動産市場の歴史研究はどのような枠組みを与えられ、完成されるのか[13]。奴隷市場と契約にもとづく「自由な」労働市場は、実践とパフォーマンスにおいてどのように区分されるのか[14]。オークション市場が当事者間の交渉に役立つのはいつ、どこか、そしてそれはなぜか[15]。市場のルールはいかにして創出され、統治されたのか、それはどの機関においてか、あるいはその機関の外においてか。そしてどのような民間の指令がさまざまな程度の自己統治を可能にするように発展してきたのか[16]。要するに、いかなる市場も、政治的であれ、伝統的、地域的であれ、何らかの規制なくしては存在できないのである。

　経営史をめぐる以上の、あるいは他の古典的なテーマについては新鮮な思考と創造的な研究への扉は随所に開かれている。そのためには研究者は、断定と批判に満ちていながら歴史のダイナミックスやその突飛な展開に自覚が十分であるとはいえない経済学や社会理論の文献に取りかかる準備ができていることが必要である。「抽象化されすぎて瀕死の」諸概念をいまいちど歴史の文脈に戻すことは、それ自体が有意義なゴールである。

### 注　7：古典的なテーマの再評価

1. Mark Aldrich, *Safety First: Technology, Labor and Business in the Building of American Work Safety, 1870–1939* (Baltimore: Johns Hopkins University Press, 1997).
2. David Edgerton, *The Shock of the Old: Technology and Global History since 1900* (NewYork: Oxford University Press, 2006).
3. Wickham Skinner, "Manufacturing— Missing Link in Corporate Strategy," *Harvard Business Review* 47 (May–June 1969): 136–45; Skinner, "Operations Technology: Blind Spot in Strategic Management," *Interfaces* 14 (Jan.–Feb. 1984): 116–25; and Skinner, "Three Yardsand a Cloud of Dust: Industrial Management at Century's End," *Production*

*181*

*and Operations Management* 5（1996）: 15-24. グーグル・スカラーによると 1969 年に書かれた初期の論文（上掲）は 1147 回引用されているが、それは圧倒的に経営学の雑誌においてであり、経営史の雑誌ではなかった。ボストン・コンサルティング・グループ（The Boston Consulting Group）のストーク（George Stalk）は 1988 年に以下のように述べている。「今日では競争の最先端は迅速な応答と選択肢の増加の混交をなしている。これらのアドバンテージを有しない企業は商品本位の競争に落ち込んでいく。そこでは消費者は主として価格に頼って購買を行うのである」。George Stalk Jr., "Time—The Next Source of Competitive Advantage," *Harvard Business Review* 66（July–Aug. 1988）: 41-51.

4. この点はポートフォリオ分析に対するヘイズ＝アバナシーの「『実体験をふまえた』洞察よりも分析的なつぎはぎ」という著名な批判と共鳴する。以下を参照。Robert Hayes and William Abernathy, "Managing Our Way to Economic Decline," *Harvard Business Review* 58（July–Aug. 1980）: 67-77.

5. Michael Porter, *The Competitive Advantage of Nations*（New York: Free Press, 1990）, 40-44.〔土岐坤他訳『国の競争優位』上・下、ダイヤモンド社、1992 年〕1940 年以降の戦略論の概観として Pankaj Ghemawat, "Competitionand Business Strategy in Historical Perspective," *Business History Review* 76（2002）: 37-74 を参照。

6. 特によく描かれた訴訟案件として Scott Sandage, *Born Losers: A History of Failure in America*（Cambridge, MA: Harvard University Press, 2005）, 164-84 を参照。また以下も参照。Louis Hyman,*Debtor Nation: The History of Red Ink in America*（Princeton: Princeton University Press, 2011）.

7. Elliot Posner, "The New Transatlantic Regulatory Relations in Financial Services"（paper presented at the 1st Annual GARNET Conference, "Global Financial and Monetary Governance, the EU and Emerging Market Economies," 27–29 Sept. 2006）, www.garnet-eu.org,（2010 年 10 月 17 日閲覧）.

8. 手引きとして Richard K. Fleischman, Vaughan S. Radcliff e, and Paul A. Shoemaker., eds., *Doing Accounting History,* vol. 6, *Contributions to the Development of Accounting Thought*（Oxford: JAI Press, 2003）, とりわけ Paul Miranti, Daniel Jensen, and Edward Coffin, "Business History and Its Implications for Writing Accounting History," 121-46 を参照。この領域における圧倒的なアングロ・サクソン的特徴の記録としては Salvador-Carmona, "Accounting History Research and Its Diff usion in an International Context," *Accounting History* 9（Nov. 2004）: 7-23 を参照。

9. Andrea Tone, *The Business of Benevolence: Industrial Paternalism in Progressive America*（Ithaca: Cornell University Press, 1997）.

10. フリダンソンによって 2006 年に行われたオーラル・ヒストリー・インタビュー。

11. カルパースについては www.pionline.com/article/20070514/PRINTSUB/70511017,（2010 年 10 月 17 日閲覧）を参照。歴史研究としては Eric Nijhof, "Pensions and Providence: Dutch Employersand the Creation of Funded Pension Schemes," *Enterprise and Society* 10（2009）: 265-303 を参照。

12. Justin Fox, *The Myth of the Rational Market: A History of Risk, Reward, and Delusion on*

第Ⅲ部　展望──最新の文献にみられる期待されるテーマ

*Wall Street*（New York: Harper Business, 2009）〔遠藤真美訳『合理的市場という神話──
リスク、報酬、幻想をめぐるウォール街の歴史』東洋経済新報社、2010 年〕.

13. 2008 ～ 09 年の崩壊の中心に位置していた不動産業は経営史では深刻に研究が遅れて
いる分野であるように思われる。近年の研究の例としては Jeffrey Hornstein, *A Nation
of Realtors*（Durham, NC: Duke University Press, 2005）, and Alexia Yates, "Why Is
There No MLS in France? Information and Intermediaries in the Parisian Housing Mar-
ket in 19th and 20th Centuries"（paper presented at the Hagley Museum and Library
conference, "Understanding Markets," 30 Oct. 2009）を参照。

14. Walter Johnson, *Soul by Soul: Life Inside the Antebellum Slave Market*（Cambridge,
MA:Harvard University Press, 2001）.

15. 広大な人気を誇るゲーム理論の回答としては、以下を参照。ただし同書は、現実のオー
クションの行為には何のかかわりもなく、いかなる関心も示さない。Vijay Krishna,
*Auction Theory*, 2nd ed.（New York: Academic Press, 2009）. 近年の歴史、現実そし
て気概を示す批判として Christopher Mason, *The Art of the Steal: Inside the Sotheby's-
Christie's Auction House Scandal*（New York: Berkeley,2004）を参照。

16. ここでの考察については Alessandro Stanziani, *Rules of Exchange: French Capitalism in-
Comparative Perspective, Eighteenth to Early Twentieth Centuries*（New York: Cambridge
University Press, 2012）を参照。


# 8：規格


　さまざまな規格が私たちを取り巻いている。それは 19 世紀中葉以来のことで
あり、私たちはしばしばそれが環境の自然な要素だと思っている。とはいえ規格
は自然に生まれたものではまったくない。自然には規格は存在しないからである。
規格についてはむしろ競い合う諸利害、諸原則と文脈の所産とみるほうが有益で
あり、それらは歴史的な説明を必要とする。規格にはそれを擁護する人びと、す
なわち歴史的なアクターたちの代理人がいるのである。規格はしばしば特定の行
為を推進したり、それらに抵抗したりするための武器となり、歴史的に置き換え
られうる。こうした置き換えはとりわけ市場の範囲が拡大するときに行われる。
規格化された投入（たとえば、綿糸）は最終製品にかかわる技術革新（製造デザ
インの永続的な多様化）を促進するが、最終製品の規格化（たとえば、白熱灯）は、
市場、技術あるいは規制にかかわる環境が変化するまではそれ以上の革新を封じ
てしまう。このように規格が数世紀にわたるビジネスにおよぼす重要性をふま

えて、私たちは以下五つの次元から規格についての考察をめぐらすこととしたい。(1) 形態、(2) 起源、(3) アントレプレナーシップ、(4) 国際化と規格化をめぐる紛争、(5) 規格設定の失敗、である。

**形態** 規格は形をもたないものであり、法律（公的）やルール（私的）のように構築されるものであることを認めなければならない。なおかつ規格が法律やルールと異なっているのは、競争が終わったあとの協力から生まれる、という点である。規格は任意諸団体における会合やつきあいのなかで強制、更新、改訂される[1]。一般に政府はこうした過程を支持するが、規格を創出するというよりはでき上がった規格を批准することのほうが多い。市場は常にルールをもっていたが、特定の時間と場所におけるベスト・プラクティスを成文化する規格は必ずしも有していなかった。規格を評価するにはクラブの経済理論をもち出すことができるであろう。それは任意であれ強制されたものであれ、「癒着」に着目する[2]。経営史にとっては以下のような質問が鍵になるであろう。規格は一般的にQWERTY キーボードのように不可逆的なものか。規格は柔軟なものか。私たちの見方では規格は歴史的な約束事ではあるが、超歴史的なルールではない。

**起源** 規格化は明示されなかったがその歴史は長い。18 世紀には油絵絵画の修復技術が西欧に広がり、職人たちはベスト・プラクティスを反映させた原則を採用することで近代的な規格に先行する原基的＝規格化とでもいうべき型を打ち出した[3]。同様に 1800 年以前に互換性技術が規格化の機能を増すための物質的な形式となった。オノレ・ブラン（Honoré Blanc）によって考案された軍規格のマスケット銃は「武器業者が統一的な規格を実現できる」ことを示した点で先見の明あるものであったが、それが技術的に実現可能になるには 19 世紀に精密工作機械が発明されるのを待たねばならなかった[4]。同様にドイツの技術者のグループは 1840 年代に鉄道設計の規格について合意に達し、フランス、イギリス、ロシアの企業が彼らの枠組み（ゲージを含む）を採択するように働きかけた[5]。これらすべての事例で規格は民間の協調と地理的な広がりのなかから生まれてきた。国家は規格に対してはおしなべて無関心か敵対的であったが、時としてあとから過程に参入してでき上がったものを証明したり法制化したりすることもあった。

**アントレプレナーシップ** ここではまず出発点として以下の問いが立てられよう。規格には産業セクターや時代によってどのような広がりがあるのであろうか。規格の設定、達成、改善あるいは拡張について継起的に繰り出されるキャンペーンをどのように評価したらよいか。規格が不適切になるのはいつ、どこに

第Ⅲ部　展望──最新の文献にみられる期待されるテーマ

おいてであろうか。規格は歴史的に特定の状況において生成するがゆえに、これらの状況は考究に値する。規格を作り出した企業者のある者は企業のなかで働き、他の者は外部の専門家やプロフェッショナルとしての役割を果たした。たとえば、イギリスのチャールズ・ルメストル（Charles LeMaistre）を考えてみよう。彼はテムズ鉄鋼・造船会社の従業員であったが（1900年頃）、新設されたエンジニア基準協会（Engineering Standards Committee）の事務局長補佐に就任した。この協会はアメリカにおける鉄道レールの標準化を評価し、イギリスでも同様の規格化を進めようとしたルメストルの意図は、多くの職工組合（Engineering societies）にまたがって劇的に広がった議論を巻き起こし、結局は国際標準化機構（International Organization for Standards）の創設にみちびいた[6]。ルメストルはジョセフ・シュンペーター（Joseph Schumpeter）がいう「政治的アントレプレナー」[7]の概念を体現していた。

　企業のなかにとどまった事例としてはコーニング（Corning）社のヘンリー・ゲージ（Henry P. Gage）の例がある。ゲージは光学の専門的技術と品質改善への長年の取り組みを適用して、1920年代に達成規格（performance standards）を発展させた。それは製品規格を完成させる決定的な規格であり、市場と環境が変化しても製造過程と製品の特性を凍結してしまうものであった。達成規格はさまざまな方法で到達できる目標を設定し、アップグレード可能なものであり「デザインと製造手段についてより広い柔軟性と適応範囲をもたらした。…ゲージは規格についての企業者的なアプローチを創出した。代表的な達成規格は、新規の顧客向けに新製品を開発する戦略的な機会を提供すると同時に、方法や過程の変化を許容する懐の深さを有していた」[8]。フォード社の組立ラインがT型モデルを製造している間にもゲージは多面的な規格に向けて「ポスト・フォード型」の枠組みをデザインしていたのである。

　より最近では企業の領域の外でバーナーズ＝リー（Tim Berners-Lee）が、自身が発明したワールド・ワイド・ウェブ（CERN研究所[9]で1989〜91年に開発）に続いてウェブの基盤的技術の特性を共同で規格化することを目的とした機関を設立した（1994年）。それはW3Cと呼ばれる規格設定のためのコンソーシアムであり、二つの相争う陣営の間に身を置いている。すなわち、一方における利潤追求の機会を求めるドットコム企業と、他方におけるアイデアの自由流通と情報へのフリーアクセスにイデオロギーと実践の両面から関与するオープン・ソースの開発者たちである。こうしてW3Cは「ウェブのコア技術の規格にかかわる差

*185*

し迫った細分化という、技術の問題に対する組織的解決」であることを立証した。W3C はインターネットに基盤を置き、所有を主張しない試みであり、非市場的な社会的協力を指向して「競争と不信の海のなかに信頼の島を築く」[10] ことを企図している。

**国際化と規格化をめぐる紛争**　市場が国際的に広がってくるとローカルな、あるいは一国的な規格は海外に拡散しやすくなる。それら規格はまた、競合する他の規格に直面し、国境を越えた技術変化が続く際には、どのシステムが優位を占めるか、どれが不適当と判定されるかというコンテストをもたらすことになる。ワイヤ・ゲージに関するイギリスの規格は 19 世紀半ばの長い交渉の末に完成されたものであるが、西洋の技術が植民地地域に浸透するにつれて帝国の規格になった[11]。合衆国では工作機械製造業者のセラーズ（William Sellers）がスクリューのねじ山や大きさを規格化するキャンペーンに取り組み、その際に彼自身の実践を商売のモデルにすることをもちろん忘れなかった。一世代前にはウィットワース（Joseph Whitworth）が彼自身の一連のねじ山を製造し、多くのイギリスの鉄道や北米企業がそれらを採用した。セラーズのデザインはウィットワースの変種であったが、1870 年代にはアメリカ政府と主要な鉄道会社がセラーズのものを採択し、それは「合衆国の標準ねじ山」となった。欧州ではメートル法規格のねじ山も、一部ではイギリス式のインチと分数で表示されたセラーズの動きと共鳴しながら発展した。これらの規格を統一しようとする試みは 20 世紀初頭の数十年にわたって行われたが成功しなかった。しかし、技術的な分析を経て、この統一規格プロジェクトの真の複雑さが明らかになった。第二次大戦中にカナダ、合衆国、イギリスからもち込まれた部品の間のねじの互換性をめぐる諸問題がもち上がり、1949 年にインチ法にもとづいた規格統一の合意ができ上がった[12]。しかし国際的にはメートル法規格はイギリス式の単位を凌駕するようになり、徐々に勢いを増した ISO（国際標準化機構）は世界全体で採択された（北米では特異な仕方であったが）メートル法規格を作り出した。21 世紀初頭にはすべての自動車部品は、合衆国で製造されたものでも ISO のメートル法規格に適合するようになった。

　この他、デンマークでは溶接技術に関する規格が 1940 年代に非公式の任意団体によって考案され、1960 年代にはスカンジナヴィア諸国に公式に採択され、1980 年代末に欧州連合が「共通技術規格」イニシアチブを発表するにおよんで他の欧州諸国にも広がった[13]。この他、日本では、ソニー（ベータ規格）と JVC

第Ⅲ部　展望——最新の文献にみられる期待されるテーマ

（VHS 規格）の両社が VCR を開発したが、相互の合意が得られなかったため両社とも市場シェアを求めて国際的提携先を巻き込んだグローバルな競争を繰り広げた。結局、VHS の技術的な劣位にもかかわらず JVC が勝利を収めた。このことは、それまでエンジニア、企業や政府が支配的であった情勢を、消費者がビジネスと技術の帰趨をも決定する情勢へと変化させた。この点では、ソニーは消費者向け市場を放棄したが、同社のベータマックス製品はビデオテープ業界のプロに深い印象を与え、この領域のユーザー向けでは主要なサプライヤーになった[14]。この紛争の帰結は、単に JVC の勝利と競争を経たデファクト・スタンダードの確立ということよりも、消費者視聴者向けの一規格と、プロのビデオグラファー向けのもう一つの規格との棲み分けにみちびいたのである。

　**規格設定の失敗**　時として市場の拡張は紛争をもたらし、規格を作り出す努力を無にしてきた。たとえば、白黒テレビについては当初各国別の規格はできたが、国際規格を作る試みは二度失敗した。実際、白黒テレビのスクリーンの走査線はイギリスでは 441 本、合衆国では 525 本、ドイツでは 625 本、フランスでは 819 本であった。フランスは最もきれいな画像を有していたが政府間の協力がなかったためグローバルなテレビ受像機が開発されることはなかった[15]。同様の行き詰まりはカラーテレビについてもあらわれた。自動車産業では 1949 年に締結された国連道路交通協定が自動車の安全性のために世界標準を推奨したが、北米、欧州そして日本で異なるシステムができ上がってしまった。決定的であったのは自社のあるいは自国の規格を使っている各社からの抵抗であった。同様に 1950 年代に、大陸欧州諸国の超国家的委員会が軍用ハードウェア、特に小火器を規格化して共同生産する計画を進めたが、各国の自律性と個々の軍装備を供給していた武器製造業者の利害を乗り越えることができなかった[16]。その 20 年後には欧州のトラック車輪のサイズを規格化する計画がもちあがった。こうすれば道路の表層を薄くしてメンテナンスを容易にすることができると考えられたのである。その計画はしかしながら一世紀前のセラーズのように、自前の規格を採択させることを望んだドイツのトラックメーカーと、ドイツの軍門に下ることを拒んだイギリスとイタリアのメーカーの対立のために頓挫した。ここでは競争が、しばしばみられるように、協力をはねのけたのである。

　政府や民間は、政治的、文化的、経済的な理由から規格化を封ずることができるが、他方で彼らの頑迷さは革新と創造性を誘発することもある。一つの規格が支配的になれば、乗り遅れた企業は市場から退出させられるであろう。軍事的利

187

害も武器・車両・通信機器のメンテナンスと更新に依拠することを狙って規格設定に深くかかわっているようであるが、彼らは通常、自身の自律性を脅かすと考えられた超国家的規格には反対した。要するに規格は経営史研究にとって、複雑であるがやりがいのある領域を示しており、それは以下の注が示唆しているように既に始まっているものである。

### 注 8：規格

1. 以下を参照。Wolfram Kaiser, Johan Schot, and Dagmara Jajesniak-Quast, *Making Rules For Europe* (London: Palgrave Macmillan, forthcoming 2014).

2. James M. Buchanan, "An Economic Theory of Clubs," *Economica* 32 (Feb. 1965):1–14.

3. Emmanuel Coblence, "Le 'Secret' de Robert Picault et sa standardisation malgré lui," *Entreprises et Histoire*, no. 51 (June 2008): 148.

4. Ken Alder, *Engineering the Revolution: Arms and Enlightenment in France, 1763–1815* (Chicago: University of Chicago Press, 1997), 223–25.

5. Allan Mitchell, *The Great Train Race: Railways and the Franco-German Rivalry, 1815–1914* (New York: Berghahn Books, 2000).

6. JoAnne Yates and Craig N. Murphy, "Charles LeMaistre: Entrepreneur in International Standardization," *Entreprises et Histoire*, no. 51 (June 2008): 10–27.

7. Adam Sheingate, "Political Entrepreneurship, Institutional Change, and American Political Development," *Studies in American Political Development* 17 (2003): 185–203.

8. Margaret B. W. Graham, "Henry P. Gage: Entrepreneurial Standards Setter for Corning-Glass Works, 1911–1947," *Entreprises et Histoire*, no. 51 (June 2008): 27–43.

9. 欧州核研究機構 (The European Organization for Nuclear Research) は 1954 年に創設され現在は 20 の加盟国を有する。

10. Andrew Russell, "Dot.org Entrepreneurship: Weaving a Web of Trust," *Entreprises et Histoire*, no. 51 (June 2008): 44–56.

11. Aashish Velkar, "How Did Markets Manage Measurement Issues? Lessons from 19th-Century Britain" (paper presented at the ISNIE annual meeting, Toronto, 2008), available at http://extranet.isnie.org/uploads/isnie2008/velkar.pdf (2011 年 7 月 7 日閲覧).

12. "Discussion in London, 22 June 1945," *Proceedings of the Institution of Mechanical Engineers* 155 (1946): 161–92.

13. Lars Heide, "The Danish Welding Institute and FORCE Technology: Technical Standardizationand the Shaping of Business," *Entreprises et Histoire*, no. 51 (June 2008): 57–68.

14. Michael Cusumano, Yiorgos Mylonadis, and Richard Rosenbloom, "Strategic Maneuvering and Mass-Market Dynamics: The Triumph of VHS over Beta," *Business History Review* 66 (1992): 51–94.

第Ⅲ部　展望——最新の文献にみられる期待されるテーマ

15. 以下を参照。www.television.441lignes.free.fr（2011 年 5 月 16 日閲覧），および Jean-Jacques Peters, "A History of Television," European Broadcasting Union, 2000, available at http://arantxa.ii.uam.es/~jms/tvd/tv_history.pdf（2011 年 7 月 7 日閲覧）.

16. Pascal Deloge and David Burigana, "Pourquoi la standardisation des armements a-t-elle échoué dans les années 1950?," *Entreprises et Histoire*, no. 51（June 2008）: 103–16.


# 9：サバルタン


　サバルタンとは、社会的に隅に追いやられ、軽んじられ、封じこめられ、沈黙を強いられた人びととその行為をさす広く使われている言葉である。それは、奴隷、小作人、農奴、売春婦、難民、囚人、精神病者のことであり、また多くの世代にわたって例外的なセクシュアリティ（ゲイ、レズビアン、性転換者）および諸行動（とりわけ薬物依存）をさしている。より複雑に読み込んでいけば、サバルタンとは、歴史的に見下され、軽んじられたその存在が「多数派集団の自己定義にとって決定的であった」者たちである。しかしながら「サバルタンの社会集団は、支配的な権力を握っていた者の権威をくつがえすことのできる立場にもあった」[1]。これら社会の主流から社会的に排除された者らについては、植民地史、ポストコロニアル史、文化史、社会史の研究者によって広く取り上げられてきたが、経営史家からはほとんど対象とされず、正当な関心を集めるようになったのは最近のことである。こうしたかすかな潮流が継続し広がることが望まれる[2]。これらサバルタンについては経営史からいかなる問いが（そして誰によって）発せられうるであろうか[3]。

　まずは第一次・第二次大戦後の欧州の故国を追われた人びとに対して、あるいはオスマン帝国崩壊後のアルメニア人虐殺やギリシャ人・トルコ人の集団移転のあとに、いかなる組織やビジネスがこれらの人びとの移動、食料供給、治安維持あるいは慰安に関与したのであろうか。これらに係る出費は誰が、どのように、どこからまかなったのであろうか、そして食料と交通に関するいかなるネットワークが動員されたのであろうか。政府、企業（とりわけ運輸企業）そして非政府機関（赤十字／赤新月）は、こうした問題と危機を定義し対処するためにどのように連携したのか。これらの労力についてコストと便益は計算されたのか——そうであるならどのような根拠で、そうでないなら、なぜ。さらに広げて考え

189

れば、不法移民の経営史はどうであろうか。一例を上げると、私たちの学生の一人は 20 世紀初頭の中国から合衆国への不法移民に関する研究プロジェクトのなかで、アメリカ当局はアジアからの到着者についての警報を得るためにアメリカ・カナダの国境のすぐ内側で寄宿舎や安宿を経営する情報提供者に定期的に謝金を払っていたことを発見した[4]。数百万人のヨーロッパ人を西半球に、数十万の中国人を南アジアに、インド人を西アフリカに、日本人をラテンアメリカに、それぞれ合法的に運んだ海運業の研究からは何を学ぶことができるであろうか。いかにして国家は、こうした商業を監督し、規制し、課税（あるいは収賄）したのであろうか。運賃はどのように決められ、責任や義務はどのように理解され、誤りはどのようにして政策変更に反映されたのか。移民ビジネスがグローバルに、時代を超えて存在したことは確かであり、今後の関心が待たれる。

　他方で、20 世紀はじめにバー、浴室、賃貸業を含むビジネスを展開したのはゲイ・ニューヨーク（Gay New York）[5] であったが、これを越えてどのような企業が世界各地の都市でゲイやレズビアンのコミュニティの形成と維持を支えてきたであろうか。確かに特定の出版社は情報や娯楽を求めるゲイ・コミュニティのニーズに応えたが、それはこれといった基準のない趣味に応えたエンターテインメントと同様のことであった。投資が行われ、おカネが人手を流通するようになると、こうした歴史的経緯は文化面についてだけのことではなくなった。いくつかの企業が（ある種の）潜伏状態で生き延びているときには、他のいくつかの企業は抑圧状態のなかで繁栄しているのである。刑務所は、病院と同様に、経営史家の視野にはなかなか入ってこないが、これら二つの機関は大いにビジネスを行っている。欧米では、囚人の多くは農業や鉱業に「駆り出され」、他の囚人は塀のなかで商人や消費者との契約による財を作り出す下請け仕事に従事した。誰が、刑務所（そして病院）に食料、衣料、家具、シーツやタオル、そして屈辱と慰安の技術を供給したのであろうか。刑務所における販売が食料包装業者や金属家具製造業者にとって専業化したビジネスになったのはいつ、どこで、いかにして、であろうか。サバルタンへの供給を行うビジネスは兵士や学生への供給を行うそれとどのように異なっているであろうか。そしてこれらの市場に参入したのは同じ諸企業であったろうか。

　幸いなことに近年の奨学金制度は、この挑戦に値する領域の少なくとも二つの部門で経営史に門戸を開いてくれた。一つは奴隷制であり、もう一つは売春とポルノグラフィである。現在ハーバード大学の歴史学教授であるウォルター・ジョ

第Ⅲ部　展望——最新の文献にみられる期待されるテーマ

ンソン（Walter Johnson）は 1999 年に『響き合う魂—南北戦争前の奴隷市場における人生』（*Soul by Soul: Life Inside the Antebellum Slave Market*）を上梓した[6]。ジョンソンは本書で研究の焦点をプランテーションや家庭における奴隷所有の実態から、さまざまなアクター間の奴隷取引の流れ、すなわち値付け、購買、移送、マーケティング、販売といった流れへと、転換している。ジョンソンの業績はアメリカ南部アッパー・サウス地方で男女の奴隷を買いつけた奴隷商人が、奴隷を通常は鎖につないでニューオーリンズに連れていく軌跡を追った。ニューオーリンズは、ミシシッピとテキサスにおける綿花栽培の第二の波のなかで中心的な奴隷需要地になっていたのである。奴隷ビジネスは単に人身売買という恥ずべきことであっただけではない。奴隷ビジネスはまたそれを通じて白人の男性支配と家父長制が強化される手段であったのであり、奴隷が交易を行い、時として彼らの新しい「主人」を選ぶこともできる小さな孔でもあった。制限されたものであれ、商品化されたサバルタンの人びとを配置する代理機関があったということは、この分野の研究がなぜ経営史家にとって恰好の事例となるか、という理由の一つである。同様に、プランテーション事業をみる際にイギリスのクック（Bill Cooke）は以下のように論じている。

「アメリカの奴隷制は長らく経営の歴史から誤って遠ざけられてきた。1860 年には正統的な歴史研究では鉄道業における近代的経営の出現を見出しているが、その頃アメリカ経済では 3 万 8000 人の経営者が 400 万人の奴隷を管理していたのである。奴隷たちの価値をもってすれば、奴隷主たちは文字どおり「私たちの人材は私たちの最大の資産である」といえたであろう。しかるに経営史研究を回顧すると南北戦争後の奴隷制は前・資本主義的で実践において洗練されておらず、所有権をもたない経営者が見出されない、という点で近代的経営から除外されてきた[7]。」

クックは尋常でない地点から筆を起こし、経営研究にポストコロニアル研究のベクトルをもち込んでおり、彼の斬新な論文を発展させるのに二次文献に依拠している。経営史家にとっては奴隷ビジネスについてアーカイブ資料にもとづく研究を進める余地はまだ多く残されているのであり、それはアメリカ南部においてのみならず、南部を遠く離れたところにおいてもそうである。

企業活動としての売春とポルノグラフィについてはユメア大学のクララ・アー

*191*

ンベルク（Klara Arnberg）が 20 世紀半ばのスウェーデンにおける性に特化した出版産業について分析を加えている。彼女の研究成果の一部は欧州経営史会議（2010）で発表された。「カウンターの下で─スウェーデンにおけるポルノグラフィのビジネス、1950 〜 1951」（"Under the Counter: The Business of Pornography in Sweden, 1950-1971"）がそれである。アーンベルクは欧州の社会学とコミュニケーション論の同僚たちとともに 2008 年に開かれた「グローバリゼーション、メディアおよびアダルトセクシュアルな文脈」という学会に参加したが、経営史家たちはこれと対比可能な研究に乗り出すにはいたっていない。最後に文化史家のマラ・ケール（Mara Keire）は最近『ビジネスと歓びのために』（*For Business and Pleasure*）を上梓した[8]。これは合衆国の売春街と、19 世紀末から大不況期にいたるその規制に関する深く掘り下げられた分析である。売春と廃娼運動についての歴史研究は珍しくはないがケールの仕事が詳細に論じているような経済的・機能的視角を開拓している研究はまれである。企業活動としての監禁、セックス、奴隷制、移民もしくは隠匿といった主題に取り組む経営史家にとっては、資料を確実に特定し、概念的に豊かな問題を設定し、厳しい現実や動かしがたい偏見と格闘することは永続的な挑戦となるであろう。こうした方向ですでに達成されている上質の研究成果は、サバルタンの歴史をビジネスの制度と諸関係とともに中心的な次元に属するテーマとして研究しようとしている他の研究者への刺激となるであろう。

### 注　9：サバルタン

1. Homi Bhabha, "Unsatisfied: Notes on Vernacular Cosmopolitanism," in *Postcolonial Discourses: An Anthology*, ed. Gregory Castle（New York: Wiley, 2001）, 50.
2. Ricardo Soares de Oliveira, "Business Success, Angola-Style: Postcolonial Politics and the Rise and Rise of Sonangol," *Journal of Modern African Studies* 45（2001）: 595–619; Ruth Phillips and Christopher Steiner, eds., *Unpacking Culture: Art and Commodity in Colonial and Postcolonial Worlds*（Berkeley: University of California Press, 1999）; and Robert I. Westwood and Gavin Jack, "Manifesto for Postcolonial Business and Management Studies: A Provocation," *Critical Perspectives on International Business* 3（2007）: 246-65.
3. 文化史家とカルチュラル・スタディーズ研究者の間には、沈黙するものたちに「代わって発言する」ことをめぐって長らく続いている問題に関して分厚い論争がある。われわれの立場は、「正統的な」声などどこにもないが、しかしアカデミックな立ち位置からは有意義な問いが発せられうるというものである。これらの問いと答えには確かに批判

第Ⅲ部　展望——最新の文献にみられる期待されるテーマ

の余地はあるであろうが、だからといってあらかじめ排除されるべきものでもないと思われる。

4. Mary Haddock, "Expelling the Chinese: Immigration Cases in Philadelphia, 1900–1932" (master's thesis, Rutgers University, Camden, NJ, 2005).

5. George Chauncey, *Gay New York: Gender, Urban Culture, and the Making of the Gay Male World, 1890–1940* (New York: Basic Books, 1995).

6. 本書はハーバード大学出版会から刊行された。この研究はアメリカ史の主要な六つの賞を受賞したが、経営史学会賞は受賞しなかった。

7. Bill Cooke, "The Denial of Slavery in Management Studies," *Journal of Management Studies* 40 (Dec. 2003): 1895–1918.

8. Mara Keire, *For Business and Pleasure: Red-Light Districts and the Regulation of Vice in the United States, 1890–1933* (Baltimore: Johns Hopkins University Press, 2010). ケール博士はオックスフォード大学合衆国史研究センターに属している。

# 10：国境を越えた交流

　経済生活ではローカルなものは国家的ないしはグローバルなものに浸潤されていくが、この過程は一方的なものではない。国際化やグローバリゼーションよりも、国境を越えた交流といったほうが正確なのは、このためである。17 世紀から 19 世紀までの日本やスターリン体制下のソビエトでさえ、完全には閉ざされていなかった。それゆえ、国境を越えた交流の種類を分類し、時期区分を行い、ローカルなものとグローバルなものとの間の緊張の可能性を計測し、政治と文化に対するその影響を描くことが必要になってくる。

　国境を越えた交流で鍵となる要因は技術である。それは、単により先進的な企業、制度、地域からそうでない受容側への技術移転にとどまらない。周辺地域から中心地域への、予期せざる移転もありうる。植民地から（灌漑用の水力ポンプシステム）あるいは独立した地域からの（活版印刷、中華鍋、箸）移転もある。鉄道や機械のような高度な技術の他に、あまり目につかない情報技術が数世紀にわたって西洋から輸出された。それには新聞、ケーブル電信、電話、ラジオ、テレビ、衛星通信そしてインターネットが含まれる。これらのそれぞれについて、「周辺」は「中心」に対して応答し始め、ローカルにあがる声をみつけて商業的支配、植民地主義、帝国主義に挑戦し、新興諸国の間でアイデア、計画、資源を分け合

193

おうとする。エドワード・テナー（Edward Tenner）が示したように[1]、これらの技術は、ルワンダでラジオ放送がジェノサイドのための動員の技術として使われたように「噛み返す」ことがありうるのである。

　さらに忘れてならないのは、多くの技術移転にはきわめて粗末な器具も含まれるということである。建築用のトタン、金属製の縫い針や帳簿がそれである。エドガートン（David Edgarton）は以下のように説明している。「トタン鉄板は真にグローバルな技術である。安さ、軽さ、使い易さ、それに耐久性のゆえに、トタンは富裕な世界では決してありえなかったような仕方で貧しい世界に遍在する素材になった」[2]。国境を越えた機関も、たとえば世界保健機構が医療技術、ワクチン接種用の血清、医薬品を運ぶ際などに技術移転を促す。ユネスコもまた1950年代にはテレビを普及させた。しばしば見落とされているのは低開発地域の間を行き交う技術、たとえば米栽培や陶芸の実践である。

　技術史家ブルース・シーリー（Bruce Seely）が指摘するように、歴史家は長らく「よそで発達した技術を変革し、取り入れて、適応させることが国家、企業、あるいは組織にとっていかなる意義を有するか、ということにかかわる概念を応用し拡張してきた」[3]。いまだに政策的文献はしばしば「技術移転について、受容側の組織が外来の技術を獲得し、同化させ、そして改善するという、どちらかといえば予見可能な過程とみている」[4]。こうした「単線的適応モデル」、すなわち完成品を新規利用者のところにもっていって、受け取った側がそれを取り入れるか拒否するか、というだけの過程として技術移転をとらえるのではなく、それよりもはるかに複雑なものとして再構成するうえで歴史研究は欠かせないものであった。

「歴史分析は、成功した移転は、単に機械、描画、青写真、特許あるいは他の技術的文献によるのではなく、人びとの間の交流に依存することを強調する。さらに歴史家たちは技術の移転には創造的な努力を要することを発見した。対外依存を避けるには輸入された考えや機械の盲目的な導入だけではなく、〈想像的な〉適用が必要なのである。技術の適用には基礎的なレベルの準備が必要なだけではなく、それを支えるネットワークが欠かせない。消費者向けであれ、産業向けであれ、技術システム導入の成功に際して利用者が果たす役割の重要性〈をいまやわれわれは評価する〉」[5]。

第Ⅲ部　展望——最新の文献にみられる期待されるテーマ

　このように、技術移転は文化的実践に埋め込まれており、偶発的なフィードバックループを含み、決して単線的ないしは論理的なものではない。実際、私たちは「社会的、経済的、技術的なギャップが大きくない状態であっても、いかに技術移転が難しいか」[6]ということを学んできた。

　国境を越えて動くのは秘術上のアイデアだけではない。経営管理方法、会計の手順[7]、経済理論、法原則それに環境上の概念はすべて欧州と北米から広まっていった。これに対して発展途上国、とりわけ日本は、ジャストインタイム生産、協調的職場関係、長期下請け契約、そして持続可能性のアイデアを輸出してきた。議会・会合・大学は、経営者・学者・政治家や空論家たちの間の円滑な交流のためのフォーラムになってきた。同様に NATO（北大西洋条約機構）とワルシャワ条約機構は軍事的な接触と交流を促し、非軍事的な分野でも国際郵便連盟（1874年）、国際民間航空機構（1944年）、国際ラジオ機構（1946年）が活動してきた。

　国際的なコンサルタントは少なくとも 19 世紀からあらゆる方向にアイデアを広めてきた。クレディ・リヨネ（Crédit Lyonnais）は 1860 年代からエンジニアを雇用して、同行や同行の顧客が投資した企業の国際業務を調査してきた[8]。1914 年にはアメリカで科学的管理法を学んだイタリア人エンジニアのモリーニ（A.Morini）がパリでコンサルティング会社を興した。それは複数の工業社会の間の多国間主義のあらわれを示す初期の兆候であった[9]。戦後アメリカの「6 大」コンサルティング会社の興隆はよく知られているが、1980 年代になると日本のコンサルタントが彼ら流の生産管理の専門知識を広める海外の特定のエリアを取り始めた。とはいえ、各国のなかで活動するコンサルタントはローカルなニーズに適合したサービスを提供することで生き延びてきた。たとえば、トゥールーズでは地域の専門家は〈ここに拠点を置く〉エアバス社ではなく、むしろ中小規模の技術企業に助言を行ってきた[10]。多国籍企業が直接投資や企業買収を考慮する際に、とりわけ財務情報に接近するために、彼らはしばしば自国からコンサルタントを連れてくる。このことは在地の専門家や彼らのレポートの信頼性をめぐる情報の非対称性と不確実性に対してあいまいな状況を作り出すことになる。

　製品やサービスの交換に際しては国境を超えたフィードバックは、ビジネスの側が気付かない市場を定義する。たとえば、フランスの化粧品多国籍企業ロレアル（L'Oréal）のアメリカでの毛染め広告のスローガン「だって私がふさわしいから」"Because I'm worth it" が一例である。このスローガンは合衆国での売上に予想外の好影響をもたらし、企業はこのフレーズをフランス本国にもち帰

195

り、続く数十年にわたって世界全体で主力広報に用いたのである。製品やサービスによっては、国境は規模拡大を求めて超えられなければならない。欧州の超国家的な電力グリッドがその好例である。これによって 1930 年代はじめにドイツとフランスは結びつけられたがヒトラー（Hitler）のアウタルキーへの転換がこの統合を終わりにしてしまった。第二次大戦後には東側におけるソビエト主導のグリッドと西側の互恵的なグリッドは、両陣営の電力インフラストラクチュアにとってキーをなす要素であった[11]。国境を越えたサービスにはロジスティックスや海運も含まれる。それらは植民地期には不平等な交易を含んでいたが、企業家が予見もしなかった新たな機会をもたらしもした。たとえば、インド洋・太平洋の蒸気船会社は、移民労働者の季節的な運搬は、原料や製品の運搬にとって高収益をもたらすおまけになるということを急速に学んだのであった（本書第Ⅲ部「展望」の「3：帝国から新興国へ」を参照）。

　メガプロジェクトと呼ばれる巨大建設スキームは、19 世紀エジプトのスエズ運河や 20 世紀のアスワンダムがそうであったように、ローカルな知識と外部の専門性が相互に影響する状況を作り出す[12]。武器供与の契約は早くも 18 世紀から国境を越えており、19 世紀には欧州諸国の軍は公開市場で兵器を買いつけた。フランスの自動車産業は第一次大戦前から生産業務をイタリアに広げていたが、第二次大戦後になるともはや海外に最先端技術を送らなくなった。その代わりに自動車会社は海外の創発企業向けに旧式の再生された機械を送り、フランスでは製造されなくなったモデルの製造にライセンスを与えた。シトロエン（Citroën）社は 1970 年代に、インドに対して同社の「みにくいアヒルの子」と呼ばれた廉価版の 2CV 型車を製造移転する考えで売り込もうとしたが、インドは高級車製造を計画しているとした当局によって跳ねつけられた（40 年後にタタ〈Tata〉社の小型車はようやくこの需要セクターをつかむことになる）。フォルクスワーゲン（Volkswagen）は環境基準に挑戦した「ビートル」（Beetle）の生産を、より先進的な工業諸国での製造が中止に追い込まれてからメキシコとブラジルに移転することに成功した。両国にとっては型落ちした車の製造であっても、労働者と消費者にとって、古びたデザインと用済みの資本になっていたかもしれないものを通じて、価値を凝縮し生産の経験を積む踏み石となったのである[13]。これらの事例は交換ということの多様性をあらわしているのであり、それはアメリカや日本の企業のいずれも、比肩するほどのことを試みたことのないものである。アメリカと日本の海外自動車工場は、最先端の機械と道具をルーチン

第Ⅲ部　展望——最新の文献にみられる期待されるテーマ

的に配置していたにすぎず、それはグローバルな自動車産業における標準的な慣行となった戦略であった。経営史家たちはまた「ポケット多国籍企業」（pocket multinationals）という用語を造り出した。それは相対的に小さな多国籍企業か大規模ではあるがきわめて限定された国際業務を行う企業を特徴づけている。経営史家らは、イタリアでは 350 の中小企業がこれに該当するとしている[14]。

　企業は他の戦線でも国境を超えた戦略を追求してきた。それはたとえば、人材の採用、調達、ファイナンス、研究開発、サービス、消費者・諸社会勢力・インテリ・公的機関との関係、そして教育研究システムである。ギリシャの海運会社はギリシャ人スタッフによる超国家的ネットワークを 1800 年代のアゾフ海と地中海から作り始め、次の世紀に世界中に広げていった[15]。多国籍企業は戦争と恐慌の間に、ある時は中断を余儀なくされながらも、またある時はこれらによって利益を受けながら、繁殖してきた。しかしながら、1960 ～ 70 年代の文献がこれら多国籍企業を支配の全能的な機関として描いてきたところとは異なって、現在の私たちはこれら巨大企業がグローバルに拡散するなかで限界に直面してきたことを知っている。一方では、彼ら多国籍企業の戦略の核心にある範囲の経済の規準は、彼らがその能力をあらゆる空間に無制限に広げることができるということを意味していなかったということである。事実、19 世紀から現在にいたるまで、多国籍企業はホスト諸国から驚くほどの撤退を経験している。たとえば、過去 10 年におけるフランスのハイパーマーケット・カルフール（Carrefour）の日本での失敗とウォルマート（Walmart）のドイツでの難破を想起されたい[16]。他方では、多くの企業は徐々に、現地語の会話を含めてローカルな諸条件に適応しなければならないということを学んだ。そうしなかったことは広告王トムソン（J. Walter Thompson）が戦後フランスで事業を始める際の最初の困難のもとになった。企業はまた、エクゼクティブをホスト国からないしはグローバルに採用すること[17]、ホスト諸国に研究開発拠点やスタイル・センターを設けること、在地の銀行やサプライヤーとパートナーになることが必要だという困難な道をも学んだ[18]。国家官僚にワイロを贈る手づるを学ぶこともしばしば有益になった。

　しかし、これらさまざまな挑戦に適応する過程は、経験を積んだ大企業にとっても容易なことではなく、しばしば国境を超えた緊張に帰結する。企業はこうしたストレスのかかる地点を、単独であれ集団であれ、国家介入のあるなしにかかわらず、いかにして乗り越えようとするのであろうか。彼らは制約を課すのか、機会を提供するのか、あるいは両方を、どのような組み合わせで行うのか。こう

197

した緊張は企業の所有と経営にどのような影響をおよぼすのであろうか。それら
は社会、文化、環境、そして公共と民間の関係にどのような帰結をもたらすであ
ろうか。規制と規制緩和のサイクルがおよぼす効果はどうか。関税障壁はこれら
の緊張にどのように作用するか。宗教団体や科学的知識はそれらの緊張の枠外に
あるのであろうか。企業以外ではどのようなアクターたち（NGO、労働組合、基
金を含む）が、国境を超えたダイナミックスを展開するのであろうか。地域の組
織（EU、NAFTA や ASEAN）はその帰結にどのように関与するであろうか。国際
機関（ILO、OECD、WTO）はどのような行動をとるのであろうか。交渉・解決
のためには、どのようなモデル・理念が発展し、広がっていくのであろうか。地
理学の役割、すなわち、その利点がローカルに発展しながらも世界的に通用する
ような外観を取るような地域に関する地理学の役割はどうであろうか。産業セク
ターや地域の間には永続的な違いがあるのであろうか。グローバリゼーションの
繰り返す波の性格と結果は何であろうか。これらの問いはいずれも歴史的に探究
されるべきであり、地域・国家・産業部門や企業間の比較をふまえればとりわけ
有益なものになるであろう。

　フリースタンディングカンパニーは、一国に本部を置きながら世界の他の場
所に業務の機能を展開しており、とりわけ興味深い。彼らは海外直接投資を、本
国における機能の付け足しとしてではなく、純粋に経済的な戦略として実行する。
ウィルキンス（Mira Wilkins）はこれら奇妙な企業体の行動を研究し、それが多
国籍企業に関する私たちの通常の理解にはあてはまらない超国家的なものである
ことを解明した[19]。1830 年代のイギリスで発祥したこれらの企業は、アウトソー
シングやダウンサイジングに直面すべき本国の作業場をもたず、産業集積におけ
る伝来の機能も有することなく、本国政府とも規制にかかわる紛争を抱えていな
い、それゆえ競争優位が与えられるのであり、このことは更なる検証を必要と
する。総合商社や輸出入の専門商社は長い家系図（ハドソン湾会社〈Hudson's Bay
Company〉、オランダ東インド会社）を有しており、彼らの事業が国境を超えた
交易に中心を置いているがゆえに、空気のようにとらえがたい存在でもある。ジェ
フリー・ジョーンズ（Geoffrey Jones）は次のように説明している。「商社はき
わめて無定形で特定するのが難しい。なぜなら彼らはしばしば金融・交通の供給
に従事しており、これを商社に分類するか、それとも何か他のもの、たとえば
マーチャント・バンクや海運会社に入れるかは、まったく気まぐれなことだから
である…。多くの純然たる商社は時がたつうちにハイブリッドな商社になってい

第Ⅲ部　展望——最新の文献にみられる期待されるテーマ

き、石油、化学や他のタイプの企業に展開するものもあった」[20]。

　経営史家、人口学者、社会史家はみな、国境を超えた交流に際して人口移動が有する重要性を強調してきた。その主な特徴は以下のとおりである。移民のうち、すべてではないが多くの主たる部分は、苦境にある地域からより繁栄した、より発達した諸国経済へと移動した。彼らは渡り鳥であるか、永住者であった。移動はある一定規模のマイノリティに企業家になるというアイデアと機会を与えた。このことは熟練労働者にとってのみならず、移動してきた農民（彼らの一部は所領に奉仕しながら零細企業家になった）や労働者、不熟練工やさらには公務員についても同様に真理であった。恰好の事例は、ドイツの哲学者・社会学者ノルベルト・エリアス（Norbert Elias）である。ナチの迫害を逃れた彼は 1930 年代始めにパリに木製玩具の製造販売を行う小企業家として落ち着いたのであった。多くの傑出したエンジニアや企業家は移民出身であり、彼らの専門技能や資本をラテンアメリカはいうにおよばず世界各地の新天地にもたらした。そして、エスニックなマイノリティや少数派の民族集団による離散共同体は家族や親族、文化戦略、金融資産を動員して国境を超えたネットワークや企業を創出することになった。ゾロアスター教徒、アルメニア人、ユダヤ人はこのうち前者のエスニックなマイノリティに属する[21]。最近の経営史学は後者の民族集団に注目しており、華僑・印僑の企業家、南ロシアのギリシャ商人や船主、アフリカ・南アメリカ・東南アジアにおけるシリア商人の、技能と千差万別の活動を強調している[22]。

　国境を越えた交流における資本についての経営史家の見方は、地理学者、社会学者（とりわけサスキア・サッセン〈Saskia Sassen〉）そして政治学者の見方と合い携えて、大きく変化した。彼らはいまや「人びとと貨幣の新しい流動性」[23]を語っている。第一に、これまで学者たちは移民地から母国への送金フローの存在（およびその変動）を軽視してきた。1970 年代末になって移民の出身地に向けた送金の始点と終点についての分析が始まった[24]。第二に、金融資本の作用が新たな視点から評価されている。一方では、研究者たちはもはや少数の（西洋の）国際銀行が独占資本の供給者として果たした決定的な役割を信じなくなった。本章のさきの諸節と同様に、ここで私たちが説明すべきなのは多様性である。多くの国境を超えたベンチャーにおいてはホスト国の銀行が有意義な役割を果たしたのである。それだけではない。産業グループは立派な多国籍金融機関を創出した。それは 19 世紀末のドイツの電機技術企業に始まり、他の西欧諸国の企業にも引き継がれ、いまなお世界の他の諸地域で拡張している。他方では、国際銀行は、

199

いくつかの同時並行的な局面でリスクと利益をバランスさせること、資本の相対的な変動に対応すること、そして資金をより規制の少ない地域に動かすという約束を信じ込ませることにくらべると、長期的にはずっと脆弱であることを自ら証し立てている。第三に、配当は国境を超えて動き、最も普通には先進諸国かタックス・ヘイブンの間を旅する。しかしながら、私たちが勧めたいのは、国境を超えた債券や株価を含む資本の収益について考えるよりは、海外投資とその効率性に関する問いかけを開くべきだ、ということである。このことは経営史家にとっては、はるかに必要とされる出版物への貢献となりうるであろう。それは、個人と国家の双方がいかにして「グローバルな組み立て」の要素になりうるか、その過程でいかにしていくばくかの柔軟性を示せるか、その見返りにどのように文化的・政治的代価を支払わなければならないか、ということに関するものであろう[25]。

## 注　10：国境を越えた交流

1. Edward Tenner, *Why Things Bite Back: Technology and the Revenge of Unintended Consequences* (New York: Vintage, 1997).
2. David Edgerton, *The Shock of the Old: Technology in Global History since 1900* (Oxford: Oxford University Press, 2006), 41.
3. Bruce Seely, "Historical Patterns in the Scholarship of Technology Transfer," *Comparative Technology Transfer and Society* 1 (2003): 7–48, 引用は 9 ページから。
4. Michael Cusumano and Detelin Elenkov, "Linking International Technology Transfer with Strategy and Management: A Literature Commentary" (MIT Sloan School Working Paper #3371-92/BPS, Jan. 1992).
5. Seely, "Historical Patterns," 22.
6. Ibid.
7. 中国には少なくとも紀元前 1000 年頃には在来の会計制度があったが、その発展はきわめて緩やかで、中国領土外への伝播についても知られていない。「西洋の」会計制度は 1840 年代に初めて到来したが、既存の実践にはほとんど影響を与えなかった。そして 1949 年に毛沢東の新政権がソビエト式の複式簿記を導入したのである。特集号 "Accounting History: Chinese Contributions and Challenges," Wei Lu and Max Aiken, eds., *Accounting, Business and Financial History* 13 (2003) とりわけ Xu-dong Ji, "Concepts of Cost and Profit in Chinese Agricultural Treatises," ibid., 69–81, および Z. Jun Lin, "Chinese Bookkeeping Systems," ibid., 83–98 を参照。
8. Marc Flandreau, "Caveat Emptor: Coping with Sovereign Risk under the International Gold Standard, 1871–1914," in *International Financial History in the 20th Century: System and Anarchy*, ed. Marc Flandreau, Carl-Ludwig Holtfrerich, and Harold James

第III部　展望——最新の文献にみられる期待されるテーマ

(Cambridge, UK: Cambridge University Press, 2003), 17–50. クレディ・リヨネについて
フランドロー (Flandreau) はこう述べている。「海外支店をもたなかった同行では、第
一次大戦前の金融統合に際して、民間リスク分析が重要な役割を果たした」(20 ページ).

9. Matthias Kipping, "American Management Consulting Companies in Western Europe,
1920–1990: Products, Reputation, and Relationships," *Business History Review* 73
(1999): 190–220.

10. Christian Longhi, "A French Revolution: Technology Management in the Aerospace
Industry, The Case of Toulouse," *International Journal of Technology Management* 29
(2005): 194–215.

11. Arne Kaiser, Eric van Vleuten, and Per Hogselius, *Europe's Infrastructure Transitions:
Economy, War, Nature* (London: Palgrave Macmillan, forthcoming 2014).

12. Caroline Piquet, *Histoire du canal de Suez* (Paris: Perrin, 2009); Hussein M. Fahim,
*Dams, People and Development: The Aswan High Dam Case* (New York: Pergamon,
1981); および Asit K. Biswas, "Aswan Dam Revisited: The Benefits of a Much-Maligned
Dam," *Development and Cooperation* 6 (Nov.–Dec. 2002): 25–27.

13. Helen Shapiro, "Determinants of Firm Entry into the Brazilian Automobile Manufactur-
ing Industry, 1958–1968," *Business History Review* 65 (1991): 876–947, および John
Humphrey and Mario Salerno, "Globalization and Assembler-Supplier Relations: Brazil
and India," *Actes du GERPISA*, no. 2 (1998): 41–63.

14. Andrea Colli, *Il quarto capitalismo: Un profi lo italiano* (Venice: Marsilio editore, 2002).

15. Evridiki Sifneos, "'Cosmopolitanism' as a Feature of the Greek Commercial Diaspora,"
*History and Anthropology* 16 (2005): 97–111.

16. Yuko Aoyama, "Oligopoly and the Structural Paradox of Retail MNCs: An Assessment of
Carrefour and Wal-Mart in Japan," *Journal of Economic Geography* 7 (2007): 471–90.

17. Neveen Abdelrehim, Josephine Maltby, and Steven Toms, "Corporate Social Responsibil-
ity and Corporate Control: The Anglo-Iranian Oil Company, 1933–1951," *Enterprise and
Society* 12 (2011): 824–62.

18. この領域もまた経済学者や経営学者の関心を呼んでいる。とりわけ以下を参照。Ravi
Ramamurti, *Emerging Multinationals in Emerging Markets* (Cambridge, UK: Cambridge
University Press, 2009), および Lourdes Casanova, *Global Latinas: Latin America's
Emergent Multinationals* (Basingstoke, UK: Palgrave Macmillan, 2009).

19. Mira Wilkins and Harm Schroter, eds., *The Free-Standing Company in the World Economy,
1830–1996* (Oxford: Oxford University Press, 1998).

20. Geoffrey Jones, *Merchants to Multinationals: British Trading Companies in the Nineteenth
and Twentieth Centuries* (Oxford: Oxford University Press, 2000), 1 〔坂本恒夫, 正田繁
監訳『イギリス多国籍商社史—19・20 世紀』日本経済評論社、2009 年〕.

21. Robert E. Kennedy Jr., "The Protestant Ethic and the Parsis," *American Journal of Sociology*
66 (1962): 11–20, および David L. White, "Parsis in the Commercial World of Western
India, 1700–1750," *Indian Economic and Social History Review* 24 (1987): 183–203 を
参照。

22. Abner Cohen, "Cultural Strategies in the Organization of Trading Diasporas," in *The Development of Indigenous Trade and Markets in West Africa*, ed. Claude Meillassoux (Oxford: Oxford University Press, 1971), 266–78; Claude Markovits, *The Global World of Indian Merchants: Traders of Sind from Bukhara to Panama* (Cambridge, UK: Cambridge University Press, 2000); および Ina Baghdiantz McCabe, Gelina Harlaftis, and IoannaPepelasis Minoglou, eds., *Diaspora Entrepreneurial Networks: Four Centuries of History* (Oxford: Berg, 2005).
23. Saskia Sassen, *Globalization and Its Discontents: Essays on the New Mobility of People and Money* (New York: New Press, 1998)〔田淵太一、原田太津男、尹春志訳『グローバル空間の政治経済学―都市・移民・情報化』岩波書店、2004 年〕.
24. シモン（Gildas Simon）の開拓者的な業績 *L'espace des travailleurs tunisiens en France: Structures et fonctionnement d'un champ migratoire international*（Poitiers: By the author, 1979），および最近の自身による研究生活の総括 *La planéte migratoire dans la mondialisation*（Paris: Armand Colin, 2008）を参照。
25. Saskia Sassen, *Territory, Authority, and Rights in a Global Digital Age: From Medieval to Global Assemblages* (Princeton: Princeton University Press, 2006)〔伊藤茂訳、伊豫谷登士翁 監修『領土・権威・諸権利―グローバリゼーション・スタディーズの現在』明石書店、2011 年〕.

# 11：信頼、協力、ネットワーク

新しい製造業の国際市場のためには...遠距離間の信頼が必要であった。

エイドリアン・ジョンズ（Adrian Johns）『剽窃』

ポンツィ方式を欠いた世界とは、信頼がまったく欠如したものであり、そのような世界には誰も住もうとは思わないであろう。実際、そのような世界ではいかなる健全な経済組織も機能することはできない。

ダイアナ・ヘンリクス（Diana Henriques）『うその魔法使い』

18 世紀の書籍取引から 20 世紀の投資にいたるまで、信頼はビジネスの業務や取引に欠かせないが、私たちがそのことに気付くのは主にその信頼が失われたときである。協力やネットワークも同様である――それらが有効なときには目立たないか、みえることすらないが、それが崩壊するときには対立を呼び、ときに

第Ⅲ部　展望——最新の文献にみられる期待されるテーマ

はカタストロフにいたる。社会的行動の背景やインフラストラクチャーをなす諸条件としては、信頼、協力とネットワークを現時点で歴史的な視点なく検討することは困難である。とはいえ広く知られた論点や文脈を理解することは信頼、協力、ネットワークの発展、パフォーマンスそして転換について時空を超えて探求する土台を準備してくれるであろう。付言すれば、これらは経営学や組織論で決定的なトピックになりつつあるがこの分野の歴史研究は拡散しており、内容も薄い[1]。マドフ（Bernie Madoff）の詐欺の事例研究が示すように、おそらくは不信、競争、ヒエラルキーのほうが単によりドラマチックだということによるのであろう。しかしジョンズがいうように、私たちは遠距離間の信頼関係が、危険がともなうものの、貿易、革新、投資、行政や学習にとって根幹をなすものであるということを認めなければならない。

　企業戦略家のラルー・ホスマー（Larue Hosmer）によれば、信頼は五つの文脈で定義づけられる。個人的期待、個人間関係、経済的交換、社会構造、倫理的諸原則、である。諸個人は信頼するという決定を下す際に、不確かな結末についての「非合理的な」楽観を強調する。それらは一方的な関係であり——父親、警官、当局を信頼することは、時として「盲目的信頼」などと切り捨てられていわれるが、おそらくは誤りなのである[2]。個人間の信頼は主体的に、ある個人、「そしておそらくは他人にも、いくつかのより大きな善と知覚されたために傷つくことを許す」。ここには協力と互恵のルーツがあり、そこでは信頼されたパートナーが信頼しているパートナーの福祉のために責任を取るのである。広範囲の文献を引きながらホスマーは互恵的な信頼の五つの性格を見出した。包括性、能力、首尾一貫性、忠誠、開放性である。いうまでもなく個人間の信頼の異種は複雑な社会的コミットメントと利益をともなう[3]。経済的交換については取引費用説が、取引行為の通常の特徴として不信を仮設するという地歩を築いた。取引費用説のアプローチは機会主義を防ぐためにかかる契約、コントロール、情報のコストを強調する。「自己利益の追求は詭計による」[4]というわけである。このシニシズムを拒否する他の論者は「価格、権威、信頼はさまざまな仕方で組み合わせられうる相互に独立した方法〈である〉」と論じている。事実、信頼は、とりわけ協力とネットワーキングを促すことを通じて、市場とヒエラルキーの両方を強化することができる[5]。

　経営史家は、信頼に関する一連の問いを発展させることができるであろう。企業のなか、あるいは企業間の信頼のほとんどは短期的なもので、更新や強化が必

要であることをふまえると、こうした信頼は市場、ジョイント・ベンチャーやプロジェクトのなかでどのように形作られていったのであろうか[6]。どのような手段や活動が介入してきたのであろうか。信頼関係には、正確には何が含まれるのか。その境界はどのようにして設けられたか。信頼には名声、品質、互酬、専門化された情報など非経済的な次元が含まれることから、そこには取引や投資を超えたものがあるであろう。歴史的に銀行や商人は一定の距離のなかで保証の手段（信用状・為替手形）を生み出すことで信用関係を築いてきた。こうした実践は、親密な関係も疎遠な関係ともども、信頼をルーチン化し様式化した。ではこうしたブランディングにみられる様式化は、いかにして信頼を再構成し、そこにはどのような含意があるのであろうか[7]。アクターたちは破綻（および訴訟）を防ぐためにどのようにして信頼を拡張し交渉を行うのであろうか。この過程で国家は、いつ、どのような役割を果たすのか、それは積極的なものかそうでないか。たとえば、軍事的なアクターは通常、他の産業部門、同盟国、サプライヤーや政治家らと信頼をめぐる交渉を行う。アジアと欧州では政府の機関がこの交渉を非軍事的な問題についても行うが、その結果はふつう区々である。

　信頼をめぐる交渉の一例として、1960 年代末のフランスの代表的な電機・電子企業、トムスン・ウストン（Thomson-Houston）とコンパニ・ジェネラル・デレクトリシテ（CGE、現在のアルカテル・リュセント Alcatel-Lucent）を取り上げてみよう。両社はともに国際的なプレーヤーになりつつあり、フランス政府は彼らをナショナル・チャンピオンとしてグローバルに競争してもらうことを企図したが、両社同士では競合することを望まなかった。こうして 1969 年のいわゆる「電子産業のヤルタ会談」で、両社は分業に合意した。CGE は電話と通信事業に、トムスンはビジネスと産業向けの通信技術に、それぞれ集中することにしたのである。彼らは相互の善意を信頼することで競争のコストを節減しながら新しい領域に共同で起業することもできた。両社のリーダーはしかしまったく異なっていた。トムスンのリーダーはさほどの正規の教育を受けずに、第二次大戦による職員の喪失や移転を利して内部から昇進してきた者であったのに対して、CGE のトップ・エクゼクティブは高級官僚の経験をもつ高度に訓練されたエンジニアであった（天下り）[8]。この文化的なギャップは信頼関係を持続させることを困難にした。しかしまた重要であったのはその結果である。4 年後にトムスンは CGE の電話事業の戦略は革新を創出しておらず不足とコスト高によってユニットあたりの高利益を稼いでいると判断した。その結果トムスンのエクゼク

第Ⅲ部　展望——最新の文献にみられる期待されるテーマ

ティブはさきのヤルタ協定を破棄して、正面からの競争に再び突き進んでいった[9]。

　他方で、経済や社会における非対称的な関係を考えると、望まない信頼というものもあるのではないか、いいかえれば非対称性は信頼という概念をここで扱うには不適当なほどにねじまげるものであろうか。たとえば、市民としての私たちは政府が発行する通貨（そして私たちの口座にあらわれるその電子的表象）を「信頼」する、すなわちその正統性、有効性、永続する価値を信ずるより他の選択はない。この一方的な「信頼」は、定款と命令によって成り立っているものであり、関係性ある交渉によってではない。それではこうした「信頼」を強要する帰結は何であり、それらはいかにしてさまざまな形式に具現化してきたのであろうか。

　信頼が深いものであろうと浅かろうと、あるいは欠如していても、ビジネスは協力なしには進められない。その協力は、同意もしくは契約によって——インフォーマルに（作業集団、委員会）もしくはフォーマルに（団体、カルテル）——保証されなければならない。協力はインフォーマルに始まり合意の構造を発展させることもあれば、逆に、契約上の条項から始まり信頼と信認が増すにつれてインフォーマルな実践へと展開することもある。協力の基礎は、相互の利害の認識をこえて、正当性、価値の共有、公正さ、社会的立場、蓄積された経験（提案されたパートナーとの経験を含む）、そして社会的歴史的文脈を含むものに広がっている。協力はまた、さまざまな国と地域、文化、法的環境のもとで異なった形で行われる[10]。私たちは、企業に着目する際にはしばしば企業とアクターたちが、それらが置かれた複雑で偶発的な社会的諸関係のなかに埋め込まれているということを忘れてしまう。

　鍵をなす歴史的問いは、協力がビジネスのなかで、あるいはビジネスの間で、セクターのなかで（すなわち、カルテル）、さらに別に設立された組織（商業的、非営利の、あるいはビジネス外の組織〈教会、政府〉を含む）の間のリンクを通じてあらわれ、持続するダイナミックスに関するものである。人びとに協力を求めるようにみちびくのはいかなる外的な力や機会、どのような内的な期待や抗争なのであろうか、そしてそれに反対する立場はどのように表明されるのか。「今日の複雑なビジネス環境においては、競争を戦争にたとえ、成功を勝利にたとえる隠喩は、かつてそうであったほどには有効ではない」[11]というのは本当か。協力が即座に成り立つのはいつ、いかにして、そしてなぜか。その過程でいかにしてリーダーシップは促進的になり、支援され、さらには再構成されるのであろうか。企業や企業連合、ジョイント・ベンチャー、カルテル、団体の実践における

205

いかなる変化が、仕掛かった協力事業を繰り返し、持続させてきたのか。日産自動車の従業員へのインタビューによれば、協力行動は参加者の経験、ノウハウ、能力を増し、たとえば協力が暫定的なものであっても個々人は彼らの「古い仕事」に戻ることをしばしば躊躇するようになった。企業間で成功裡に進んだ協力は合併への意欲につながるが、そうでない場合は不信と放っておく感情をもたらしてしまう。

1987 年の SEMATECH〔アメリカ防総省と民間半導体メーカーが共同出資した半導体製造に関する研究開発コンソーシアム〕の創設が物語るように、ビジネスの協力を積極的に推進したのはフランス政府だけではなくアメリカ政府もそうであった。この場合は激しく競争している企業の大規模な集団間の協力であった。アメリカ政府は 1984 年に複数のパートナー間のコンソーシアムを合法化し、アメリカの半導体産業を日本のライバルとの破壊的な競争から救うために 1996 年まで資金援助した。SEMATECH は新しい工業技術と過程を開発することを目的としており、14 の企業を 5 カ年のプロジェクトにわたって提携させた。そのうち 11 社がより高度な局面まで更新されたことから、十分に生産的であることが証明されたのであった[12]。1990 年代半ばにはこのプロジェクトは作業用具の標準化にかかわるプロジェクトに 7 社のアメリカ外の企業も参加させて国際的に広がった。25 年後に営業報告書が述べているように「SEMATECH の研究開発モデルは継続的により広い産業の参加を組み込むように発展してきた——それには設備資材のサプライヤー、工場を所有しない製造会社（fabless companies）、鋳物工場、パッケージング／組立企業が含まれる——。同様に、技術革新を促進し、将来のトランジスタのために新素材とナノストラクチャーの商業化を加速させるために、大学、地域自治体、その他の集団との協力を推進してきた」[13]。とはいえ、この種のサクセス・ストーリーは私たちが望むほどにはよくあることではない。アン・ハフ（Anne Huff）が論じているように、研究者は「広く認められた統計が少なくとも過去の提携関係の半数がしばしば惨めに失敗している事実を示しているのに、なぜ提携関係がはやるのか、というパズル」を解く必要がある[14]。いかなる諸条件が持続的な協力関係を可能にしたかを探ることは、価値ある歴史研究の課題になるであろう[15]。

最後にネットワークの論題がある。このテーマについてはおびただしい業績が刊行されており[16]、その多くは叙述が豊富であるか、鋭く理論的であるので、ここでは若干の問いかけを発するにとどめる。人びとはどのようにしてネットワー

第III部　展望——最新の文献にみられる期待されるテーマ

クに関する知識を造り出し、またネットワークを通じて知識を造り出してきたのであろうか。個人や組織はどのような目的でネットワークを使ってきたのであろうか。ネットワークはいかなる資源や落とし穴から生まれてきたのか。最初の点について、自動車ディーラーのネットワークを考えてみよう。彼らはローカルあるいは地域の消費パターン、規制、嗜好、政策、およびこれらの変化、域内の金融資源、労働力の所得に関する知識を集め、それらを相互に分け合い、自動車メーカーと共有する。ここで全国的な自動車ディーラーのオンラインのチャットルームを想像してみよう。そこでは輸入貿易規則、会社の政策、交通、信用の趨勢、価格づけ、自動車の外観、年型、モデルに関する需要のパターンなど、異なる規模の話題がやり取りされているであろう。それらはおそらくは受け入れがたいものであるが、なぜであろうか。要するに、ネットワークの物理的な位置と範囲は、メンバーの能力と彼らの関心のおよぶ範囲と同様に、その活動の形態とテーマを条件づけるのである。文化的には、自動車ディーラーの知識欲求の範囲は自動車メーカーよりも狭いことに驚かされるが、グローバリゼーションが強まるなかでこのようなことはもはやあてはまらなくなるであろう。

　通常ネットワークは情報を移転するが、他の手段もまた容易に見分けられる。合衆国では、主要な自動車メーカーのディーラーによるネットワークは非対称的な契約を通じて権力のヒエラルキーを強化した。その契約はディーラーに対して、三大自動車メーカーが事実上自在にディーラー契約を加えたりキャンセルしたりできるにもかかわらず、埋没投資を行うことを求めていたのである。1940年代初頭の反トラスト法にもとづく措置のみがこうした慣行を抑えることができた[17]。これに2世紀先立って、キャリコ・ブームに沸く18世紀インドで商人のネットワークは、東インド会社の経済的な支配権に適応し、利益を引き出す戦略を発展させ、その過程で手織工と綿花農家から権力を取り上げていった[18]。19世紀の日本では、雇用主たちのネットワークは弱体化した市場で解雇を行い、面目をつぶすことを拒んで集団で訴訟を起こし、この利益の少ない行動について政府が関与する責任を認めさせた。こうした日本のネットワークは文化を強調し、文化の実例を示したのである。20世紀のフランスではフリーメイソンが郵政事業（La Poste）とフランス・テレコム（France Telecom）において、有益な資源を低価格で提供して、鍵となるネットワークを代表していた。こうした接合は、私たちが信ずるところでは制度以前のものであり、団体や企業とは混同されてはならない。実際それらの接合は、信頼関係と組織の間のあいまいな空間を埋めている

207

のである。さらにいえば、ネットワーク化された社会に向けられる関心において、私たちは供給と分配を促進する物質的なネットワークを過小評価してきたこともつけ加えなければならない。

　ネットワークはまた、個人化を複雑にもする。あなたが職場の食事会、読書会やスポーツクラブに参加するなら、あなたの成功のチャンスは広がるであろう。そこでは他人が経験や学習の成果をやり取りしているからである。人は容易には降格されるように孤立させられないのであり、広がりのある職業的・企業内のネットワークのメンバーである場合には昇進に向けてより着実に備えができているのである。念のためいえば、こうした実践は豊富で、時として落ち着きの悪い歴史を有している[19]。しかしながらこのようなまとまりは誤った情報を提供することもありうる。たとえば、練達のものらがトランプや飲酒についての「知識」を共有し、同僚や見習いを相手に詐欺や瞞着のゲームを演ずる場合である。ネットワーク上のプレーヤーは信頼をもてあそび、インサイダーを喜ばせ、アウトサイダーをあざけり押しのけて、ネットワークに加入していない者らの間に混乱を引き起こす。私たちの視点からすれば、こうしたバリエーションやあいまいさのゆえに、ネットワークには（たとえば、インターネット時代の技術の枠組みをもち込むような）起源探しのトピックはなじまない。そうではなくて、ネットワークをビジネスの諸活動を容易にする意図、編成、結合の混ざった濃いスープと見立てて、その歴史的レシピと忘れられたシェフを再発見するほうが有益であろう。

## 注　11：信頼、協力、ネットワーク

銘句：Adrian Johns, *Piracy: The Intellectual Property Wars from Gutenberg to Gates* (Chicago: University of Chicago Press, 2009), 95. Diana Henriques, *The Wizard of Lies: Bernie Madoff and the Death of Trust* (New York: Times Books, 2011), 347.

1. いうまでもなくこの点に関する古典的研究は Louis Galambos, *Competition and Collaboration: The Emergence of a National Trade Association* (Baltimore: Johns Hopkins University Press, 1966) である。同書は 20 世紀アメリカにおける綿業繊維研究所 (Cotton Textile Institute) の組織化に焦点をあてている。現代におけるビジネスの実践に関しては Roderick Kramer and Tom Tyler, eds., *Trust in Organizations: Frontiers of Theory and Research* (Thousand Oaks, CA: Sage, 1996), および Farok Contractor and Peter Lorange, eds., *Cooperative Strategies and Alliances* (Kidlington, UK: Elsevier Scientific, 2002) 所収の論文を参照。

2. あらゆる形態の信頼が依って立つ信条の基底については Guido Mollering, "The Nature of

第Ⅲ部　展望——最新の文献にみられる期待されるテーマ

Trust: From Georg Simmel to a Theory of Expectation, Interpretation, and Suspension," *Sociology* 35 (2001): 403–20 を参照。

3. Larue Hosmer, "Trust: The Connecting Link between Organizational Theory and Philosophical Ethics," *Academy of Management Review* 20 (1995): 379–403, 引用は 381, 383, 384 より。高く評価された概説としては、Barbara Misztal, *Trust in Modern Societies: The Search for the Bases of Social Order* (Cambridge, UK: Polity, 1996). 信頼に関して 1990 年代に進展した議論は 2001 年前後から急速に消えていったとみられる。

4. Oliver Williamson, "Economic Organization: The Case for Candor," *Academy of Management Review* 21 (1996): 48–57.

5. Hosmer, "Trust," 386–93.

6. 長期の（あるいは比較的長期の）信頼関係には家族、友人、エスニック・文化集団、OB 会、宗教的結社、消費者の店舗・ブランド・サービス代理人との関係が含まれる。これらすべては壊れうるが、不正、裏切り、怠慢の期待は現われていないものである。

7. Teresa da Silva Lopes and Paul Duguid, eds., *Trademarks, Brands, and Competitiveness* (New York: Routledge, 2010) を参照。

8. フランスにおいて国家官僚が民間企業のリーダーになるパターンのこと。以下を参照。http://en.wikipedia.org/wiki/Pantouflage（2011 年 6 月 7 日閲覧）.

9. Frank Dobbin, "Metaphors of Industrial Rationality: The Social Construction of Electronics Policy in the United States and France," in *Vocabularies of Public Life: Empirical Essays in Symbolic Structure*, ed. Robert Withnow (London: Routledge, 1992), 197–201, and Maurice Levy-Leboyer, Patrick Fridenson, and Veronique Rostas, *Thomson's First Century* (Jouy-en-Josas: Campus Thomson, 1995).

10. Ken Smith, Stephen Carrol, and Susan Ashford, "Intra-and Interorganizational Cooperation: Toward a Research Agenda," *Academy of Management Journal* 38 (1995): 7–23.

11. Ibid., 9.

12. Larry Browning, Janice Beyer, and Judy Shetler, "Building Cooperation in a Competitive Industry: SEMATECH and the Semiconductor Industry," *Academy of Management Journal* 38 (1995): 113–51. Browning and Shetler, *SEMATECH: Saving the U.S. Semiconductor Industry* (College Station: Texas A&M Press, 2000) も参照。

13. 以下を参照。www.sematech.org/corporate/history.htm（2011 年 6 月 7 日閲覧）.「ファブ」とは「ウェハーの製造工程が運用される場である。ファブは高品質のクリーンルームおよび超純水、ガス、化学精製・配送、汚水処理、広範囲の暖房・換気・空調設備や他のサポートシステムを含む」。この定義は以下で参照可能である。http://dictionary.babylon.com/fab/（2011 年 7 月 8 日閲覧）.

14. Anne Huff, "Preface," in Mark de Rond, *Strategic Alliances as Social Facts: Business, Biotechnology and Intellectual History* (Cambridge, UK: Cambridge University Press, 2005), ix. デ・ロンド（De Rond）による三つの製薬プロジェクトに関する人類学的分析は、知識の最先端における人種的混交を明確にしている。

15. その評価基準の例として、以下が上げられる。長期にわたるプロジェクトの共有、より短期の交渉の積み重ね、暗黙知を形成する任務、外部の敵対関係、同業者からの認知と

同意、および多数のもっともらしい解決策を提示する相互作用である。

16. 概観としては、W. Mark Fruin, "Business Groups and Interfirm Networks," in *The Oxford Handbook of Business History*, ed. Geoffrey Jones and Jonathan Zeitlin (New York: Oxford University Press, 2007), 244-67, および Asli M. Colpan, Takashi Hikino, and James R. Lincoln, eds., *The Oxford Handbook of Business Groups* (Oxford: Oxford University Press, 2010) を参照。ネットワークやネットワーク理論についての文献目録は以下で参照可能。http://pegasus.cc.ucf.edu/~nkapucu/documents/Network%20 Theory %20Bibliography%20Categorized.pdf (2011 年 6 月 7 日閲覧); ネットワーク経済学については www.stern.nyu.edu/networks/bibliohframe.html (2011 年 6 月 8 日閲覧). Dirk Messner, *The Network Society* (London: Cass, 1997); Manuel Castells, *The Rise of the Network Society* (Oxford, Blackwell, 1996); および Nitin Nohria and Robert Earles, *Networks and Organizations* (Boston: Harvard Business School Press, 1992) も参照。批判としては Peter Marcuse, "Depoliticizing Globalization: From Neo-Marxism to the Network Society of Manuel Castells," in *Understanding the City*, ed. John Eade and Christopher Mele (Oxford: Blackwell, 2002), 131-58 を参照。

17. Sally Clarke, *Trust and Power: Consumers, the Modern Corporation, and the Making of the United States Automobile Market* (Cambridge, UK: Cambridge University Press, 2007), chap. 7.

18. Prassanan Parthasarathi, *The Transition to a Colonial Economy: Weavers, Merchants and Kings in South India, 1720-1800* (Cambridge, UK: Cambridge University Press, 2001), chap. 1.

19. Pamela Laird, *Pull: Networking and Success since Benjamin Franklin* (Cambridge, MA: Harvard University Press, 2007).

第IV部

資源

──創造的な概念と枠組み──

# 1 ：想定


　経営史（もしくはいかなる歴史の分野でも）の通例隠されていて問題含みの局面の一つは、研究や論文を活気づけ、刺激する一連のよく吟味されていない想定である。ある学問分野の共有された想定は、既存の理解と新しい発見の交流、評価、そして統合を促進するが、一方、それと一致しない接近方法、概念、疑問を排除する。これはきわめて普通のことであり、解説者が学問分野の統合性に必要な「境界線を定める作業」と呼ぶものであるが[1]、しかしより大きな変化もしくは未知の領域に達するためには、局所的な想定を掘り起こすことが必要な状況もある。想定はしばしば主張として、すなわち「私たちみんなが知っていること」についての基本的な主張をうちたてる言明として、前面に出てくる。このような主張が活発である第二のレベルを特徴づけるのは、明白で説明や背景や防御をほとんど必要としないと学者がみなすような概念である[2]。以下の諸段落では、熟慮やあるいは批評のための主張に関するいくつかの道具を提供している。概念を考察することは別の節のテーマである（第Ⅲ部「展望」の「7：古典的なテーマの再評価」を参照）。

　経営史家が自分の仕事にもち込む一連の合理的な想定とは何であろうか。網羅的というよりその好例となるものの候補とは、次のようなものである。


　私たちはビジネスとは何であるか（そして何がビジネスでないか）を知っている。
　　そしてその延長として、企業とは何であるかを知っていて、何がそうではないかを知っている。
　事業活動は個人的利得と社会的利得の双方を生み出す。
　国家・政府は「ビジネスを行って」いない。
　市場競争は効率性を向上させ、効率性にとって欠くことができない。
　規制は企業や産業の最適なパフォーマンスを低下させる。
　貨幣は単に交換の通常の媒介物であるとともに価値の尺度であり、国家の保証とそれを使用する人の信認に支えられている。
　インフレーションはビジネスにとって（そして経済にとって）悪いものである。

第IV部　資源──創造的な概念と枠組み

高い利子率は投資や企業家精神を阻害する。

価格付けは価値づけることと交換にとって根本的なものである。

組織は秩序と効率を増進する。

革新はビジネスの共同体と公衆にとって必要であり、生産的でもある。

企業は競争する独立の単位であり、企業間の協調は珍しく、程度も最小である。

経営は効果的な計画と操業の手順の合理的な探求である。

会計は成功と失敗を客観的に記録にとどめる。

合併と規模の経済は、企業と国民経済および国際経済の双方のレベルで業績
を改善する。


　ここでは以上のリストの最初に掲げた私たちはビジネスが何であり、企業が何
であるかを知っているという想定を取り上げてみよう。ビジネスを行うもしくは
企業であるというのを定義するとき、何が本質的で、中核的な特徴であろうか。
貨幣を扱うこととか、クレジット・カード、小切手、約束手形のような貨幣をあ
らわすものを扱うことであろうか。交換であろうか（貨幣を用いないバーター取
引もありうる）。利益追求であろうか（しかし非営利企業も貨幣を扱い、バーター
取引を含む交換を行っている。たとえば、博物館は人工物を取引している）。内
科医は「ビジネスを行っている」のであろうか（多くの場所で、内科医は給料を
支給される公務員であり、別の場所では共同経営者や自営業者である）。プロジェ
クト（映画作りや公園で写真を展示する）はビジネスもしくはビジネス以外の原
ビジネスすなわち成立しつつあるベンチャーであろうか。国家は免許、税などを
通じて誰がビジネスをしていて、誰がしていないかを定義するのであろうか。こ
ういった問いは、単純な明快さから離れ、状況や歴史に応じた複雑性へとみちび
いていく。それは想定が徹底的に調査されたときに起こることである。

　もちろん私たちは想定を追加することもできるが、もちろんすべての経営史家
が、ここで提起されたもののいずれもあるいはすべては共有しないということも
ある。しかしこれは確かに重要である。これらの想定を探求し、改訂し、あるい
は反対することで、ビジネスで何が起こっているか、研究者や専門家にとって何
が歴史的に特徴的なことか、そして現実の状況の非常な多様性や現実世界の結果
による反証にもとづき、想定をいかに変えるかに関する、私たち経営史家の集合
的な認識力に関する対話が開かれる。たとえば、最近、私たちの同僚のマイケル・
ギッバート（Michael Gibbert）は[3]、非常に多くの合併買収が、当初は株価が上

213

昇するものの、中長期的には産業や買収コストなどに応じて、負の結果が生じ、合併買収の結果生じる企業の業績を悪化させるという調査結果に注意を喚起している[4]。関連した前提は、合併が売却するものにとっては利益があり、購入するものにとってはそうではない、ということを示唆するであろうが、これは研究され、検証される必要があるということであろう。ここでの中心的な問題は、私たちが想定について自覚しているということだけでは十分ではなく、研究者はそれらをいかに確かめ、無効にし、修正するかについて、問いかけるのが良いということである。その文脈において、専門の境界領域の作業は、それを維持するものから、批判的で想像力に富んだものへと変化するのである。

　想定に埋め込まれている限界やそれが黙して語らないことを探求するにはどうしたら良いであろうか。少なくとも三つの途がある。第一は、想定が単純化のための道具であるということを認識し、条件や行動のどのような多様性がそのなかに押し込まれており、そしてこれらの多様なものが歴史的に重要なものか否かについて解釈できるのかを決めることである。もしも抜け落ちているものが多いようなら、それを修復するためにはどのような関連する想定があるのかを考えねばならない。第二は、私たちの接近方法が通常あまり考慮しない活動を認知するために、想定が語っていない、異端者や変わり種を考察してみることである（たとえば、国営企業、儲かる詐欺、「ビジネスをしている」といえる限界的なケースなど）。第三は、想定をひっくり返し、新しく定義された領域に入る行動の例を求めることである。市場競争が効率性を低めるような状況を、私たちはどこに求められるであろうか。誰のための効率性であろうか。さらにインフレーションは債務者には良いものではないであろうか。また一方で革新は、それが生み出す新製品や新しい能力が飛び越える既存の取引を危険にさらしたり、押しつぶしてしまったりしないのであろうか。

　このような問いかけは、いくつかの局面で学問的挑戦を強化する。そして単純化の潜在的なコストを浮き彫りにすることで、私たちが理解し、分析しようとしている現象の複雑性を思い起こさせてくれる。さらには批評および「私たちの」主体の言明や私たちの期待の枠組みを表面どおりに受け取らないことの知的価値を強調する[5]。そしてこのような問いかけは、用心深いことの価値を受け入れ、確信に満ちていることをやめ、見過ごされた主体、記録が語っていないこと、そして想定を構成する諸要素の間の矛盾を認識することの価値を受け入れることを私たちに条件づけるのである。

214

第Ⅳ部　資源──創造的な概念と枠組み

## 注　1：想定

1. 独創的な文献として、Thomas Gieryn, "Boundary Work and the Demarcation of Science from Non-Science: Strains and Interests in Professional Ideologies of Scientists," *American Sociological Review* 46（1983）: 781-95 を参照。また Susan Owens, Judith Petts, and Harriet Bulkley, "Boundary Work: Knowledge, Policy, and the Urban Environment," *Environment and Planning C: Government and Policy* 24（2006）: 633-43 も参照。

2. 正式な分析としては、David Papineau, "Theory-Dependent Terms," *Philosophy of Science* 63（1996）: 1-20 を参照。意識と脳の関係について「私たちの混乱をときほぐす」幅広い試みであり，鋭く，機知に富んだものとして、Papineau, *Thinking about Consciousness*（Oxford: Oxford University Press, 2002）を参照。

3. *Strategic Management in the Knowledge Economy*（New York: Wiley, 2005）の共著者であり、ルガーノ（Lugano）にあるスイスイタリア大学（Universita della Svizzera Italiana）のマーケティングの教授である。

4. これはビジネスを分析する者にはよく知られた現象であるが、合併買収を思いとどまらせる効果はほとんどないようである。たとえば、George W. Dent, "Unprofitable Mergers: Toward a Market-Based Legal Response," *Northwestern University Law Review* 80（1986）: 777-806 お よ び Richard E. Caves, "Mergers, Takeovers, and Economic Efficiency: Foresight vs. Hindsight," *International Journal of Industrial Organization* 7（1989）: Special Issue, 151-74 を参照。クラウス・グーグラー（Klaus Gugler）＝デニス・ミューラー（Dennis Muehler）＝B・バートン・ヨートゥルグ（B. Burton Yortuglu）＝クリスティン・ズレーナー（Christine Zulehner）は、「利益と効率性を減じる合併が多くの比率を占めている」ということを発見した（"The Effects of Mergers: An International Comparison," *IJIO* 21（2003）: 625-53）。

5. 想定を解きほぐすことに関する有用な視角については、Helga Drummond, "Triumph or Disaster: What Is Reality?" *Management Decision* 30（1993）: 29-34; Ralph Killman, "A Dialectical Approach to Formulating and Testing Social Science Theories: Assumptional Analysis," *Human Relations* 36（1986）: 1-21; Tony Grundy, "Destroying Shareholder Value: Ten Easy Ways," *Long Range Planning* 28.3（June 1995）: 78-83; および David McClintock, Raymond Ison, and Rosalind Armson, "Metaphors for Reflecting on Research Practice: Researching with People," *Journal of Environmental Planning and Management* 46（2003）, 715-31 を参照。

# 2：実践共同体

実践は行為を暗示するが、単なる行為それ自体ではない。実践は私たちが行う
ことに構造と意味を与える歴史的・社会的文脈における行為である。この意味
において、実践は常に社会的実践である。このような実践の概念は、明示的な
ものと暗黙的なものの双方を、またいわれたことといわれなかったこと、さら
に表されたことと考えられたことを含んでいる。…実践共同体は、私たちが相
互の約束を通じて常識を作り出すことができる主要な状況である。

エティン・ウェンガー（Etienne Wenger）『実践共同体─学習・意味・自己同一性』

実践共同体は、人間の努力が共有される領域における、集合的な学習の過程に
従事する人びと─生存のために学習する部族・新しい表現方法を模索する芸術
家の一団・同様の問題を解こうとする技術者の集団・お互いに対処するのを助
け合う経験の浅い経営者の集まり─によって形成される。

エティン・ウェンガー「実践共同体─簡潔な序論」

　実践共同体について考えることは、構造を過程よりも重視する公式組織・階
層性組織・ネットワーク以外の場所が経営史にとって存在しているということ
を、私たちが理解することを助けてくれる[1]。実践共同体は、単なる専門家集団
でも親近感のある集団（たとえば、アーセナルのファン）でも副次文化でもなく[2]、
その代わりに、一緒に存在しているか（上記の経営者）そうでないか（上記の技
術者）はともかくとして、主体的に学習する人びとの集団である。二人の IBM
の分析家が観察したように、今日の状況においては、実践共同体は、「知識の領
域を扱う専門家の制度化された非公式のネットワーク」たりうるが、しかし「組
織単位でも集団でもない」[3]。そして実践共同体は歴史をもっている。
　フランスにおいて長い伝統をもつ同業組合について考えてみよう。職人は技術
および知識と集団のしきたりや神秘についての理解を広げるために、フランス国
内を旅して回り、明白な技能と暗黙的な技能の双方に磨きをかける[4]。王立協会
はどうであろう。紳士が自然の謎を解き明かし、発見や手順を共有し、出版す

216

第Ⅳ部　資源——創造的な概念と枠組み

ることを追い求め、科学的実践を制度化している[5]。実践共同体は組織ではないが、一例として基金を設けることもできる。化学工学を考えてみよう。もともとはデュポンの技術者が、研究分野として産業化学から独立している学習と十分な知識の画然とした領域として認知されるために、会社のなかで働きかけていたものが、数世代の産業実践ののちに専門領域として生み出されたものである[6]。

　フランスの料理人（chef）は職人的実践共同体を 20 世紀まで続け、レストランを渡り歩き、技術を磨き、能力を向上させた。ここ数十年でこの実践共同体は非常に国際化し、世界中を料理人が移動し、複数の国の料理を学び、準備して、新しいレストランで「融合」メニューを作り上げるための基礎を形作っている。自己形成的で、自己統制的な料理人の共同体は、1970 年代くらいから急拡大し、幾千もの料理本と回想録、テレビの番組、料理雑誌、料理機関や学校、助言や参照のためのオンラインのサイト、休日のグルメ旅行そして熱心な食べ物のチャンネル（多くの言語で、世界中に流通する）を生み出した。最も注目されている料理人の何人かは、主要な都市でいくつもレストランを始め、世界的な「ブランド」やレストランチェーンを生み出した。このようなビジネスの企業心は料理人の実践共同体に取って代わったわけではなく、むしろそのなかの色々な要素を貨幣化している[7]。

　実践共同体は、変幻自在で、不安定で、境界もあいまいな集団である。そうした性質の集団にとどまり続けることもあれば、色々な方法—会議体や協会が形成される、新しい構成員のための訓練課程が案出される（これが専門学校や専門の学問分野に進んでいくことも）、免状を出す（そして免状を出す人として中核の専門家が認知される）、もしくは蓄積された知識のための長持ちする入れ物（専門雑誌、教科書、マニュアル）が形作られる、など—で形式化が行われうる。新興の技術分野では、知識の交流と共有が頻繁な教科書の改訂を必須とする。1880 年代から 1920 年代の間、カール・ジャスタス・フォンバッハ（Carl Justus von Bach）は『弾性と抵抗』（*Elasticity and Resistance*）を 11 版にわたって改訂し、また『機械の原理』（*Elements of Machinery*）を初版発行ののち 12 回も改訂した[8]。継続している実践共同体は、構成員の加入と退出により継続的に進化し、科学と技術の間の予期しないつながりおよび仕事の市場と企業のための新しい可能性（そして力関係）を生み出している。半世紀前の化学工学からの生物医学の分離がそうした例である。

　ボストンとニューヨークにおける数名の進取の気性に富んだ内科医が化学工学者

217

と議論したい重要な医学上の問題を抱えていたので、生物医学工学は化学工学から生まれ出た。...1950 年代と 1960 年代という初期の数名の先駆者は、自らの最初の生物医学の問題とのふれあいは、地域の病院において内科医と苦楽をともにすることによって医学上の必要に対応していたときのものであったということを明らかにした。これらの問題のいくつかは、血液分離と浄化、血流、粘性もしくは剪断応力の測定、単純な医療装置による改良などに関連していた [9]。

最初に実践共同体が医者と研究中心の技術者の間に形成され、プロジェクトを共有し、研究資金の申請を共同で行い、さらに自らがやっていることに名前（「化学生物工学」が初期の試みであった）をつけようとする暫定的な試みが行われるようになった。ひとたび形式化が起こると、専門雑誌、大学院の教育課程そして革新を指向する企業があとに続いた。

全く同じパターンが NATO（北大西洋条約機構）の軍事的な光電子工学（光をコントロールするために電子装置を用いる）の確立でも起こった。そこでは国と民間産業の光学と電子工学の科学者が、お互いに対立するというより共通のやり方を行っていることを発見し、同じものを探求することを通じて共通の関心を作り上げていった。再びその分野の名前をみつけるのに時間がかかったが、名前を案出することは共同体を作っていくうえでそれ自体決定的に重要な過程であり、実践から生じる広範囲にわたる重要性があった。かくして冶金学とポリマー化学からの実践を超え、かつ実践を混ぜ合わせるという冷戦期の研究の必要性を収束させるために、「材料科学」が発生した。こうしたことは、航空の研究者が「1980 年代と 1990 年代の軍事予算によって、不可能なほどに高価格な B-2 ステルス爆撃機のために 900 種類以上の新物質を開発する」[10] というような、ときに制御しえない創造性をもたらす。このような実践は、効率性や管理上の統制を示すものではなく、むしろ冷戦後期の政治的必要性という文脈のなかで、知識と解決策を求める共有された研究を示しているのである。

こうした経験は多様な疑問を提起する。ひとたび実践共同体が名前をみつけるか、専門雑誌を発刊したら、それは開放的で変幻自在なままでいられるのか。どのような条件が実践共同体の出現に好都合に働き、どのような環境のもとでは、これがありそうもないものとなるのか。熟練した「個人が映画を作るために集まり、ひとたび映画ができ上がると散り散りになるが、それでも映画作りの共同体の構成員であり続ける」[11] ので、スタジオシステムが衰退したあとの映画作りを

第Ⅳ部　資源——創造的な概念と枠組み

研究するのは、一つの理想的な過程である。私たちは最初に決まり切った仕事（経営でも、事務でも、産業でも）は敵対的な環境であろうと考えがちであるが、エティン・ウェンガー（Etienne Wenger）はこの考えに反対する。実践共同体はこのような状況でも形成されるが、メンバーは退屈を扱い、監督されるのを避け、支離滅裂な命令やあいまいな慣例を取り扱い、どの位の歩調の仕事が受け入れ可能かを共有することに集中するかもしれないというのである[12]。ほとんど誰もそのすべてを示さないが、確かにウェンガーは、実践共同体を定義するのを助ける主要な特徴の概略を提示してきた。それは以下のとおりである。

継続した相互の関係—和合したものであれ、摩擦をともなうものであれ
ともに物事を行うことにおける共有された没頭の方法
急速な情報の流れと革新の伝播
導入的前置きの欠如、あたかも会話や交流が単に進行中の過程の継続のようである
議論されるべき問題が非常に早急に設定される
誰が所属するかについての参加者による記述が大幅に重なり合う
他人が何を知っているか、何ができるか、企てにどのように貢献できるかに関する知識
自己同一性についての相互の定義
行為と製品の適切性を評価する能力
特定の道具、描写、他の人工物
局所的知識、共有された物語、内部の冗談、笑いを知っていること
新しい技術を作る容易さとともに専門語と意思疎通への近道
一員であることを示すと認められる特定のスタイル
世界に関する特定の視角を反映する共有された論文[13]

このような非協調的な特質を前提とすると、ビジネスの階層制組織は内部の実践共同体について何を行うであろうか（受け入れて仕事をさせる、管理するか説得しようとする、根こそぎにしてしまおうとする）。未知の方法で組織内の主体を結びつけ、経営側の領域を超えた能力を生み出している実践共同体についてどうすべきであろうか。実践共同体における権威や主導権とは何を意味し、どのように発達し、ネットワークや組織における権威とどう違うのであろうか。実践共同体は平和なのか、軋轢があるのか。実践共同体内におけるストレスはどのよう

219

に解決されるのであろうか、すなわち、古典的な「退出・発言・忠誠」の三つは
あてはまるのであろうか[14]。実践が所定の手順とは異なるということを思い出す
ことは有用であるし[15]、ケビン・ボーグ（Kevin Borg）がアメリカの自動車修理
工場で歴史的に明らかにしたように、実践は明文化され体系化された知識ではな
く、認識された習慣・儀式・身振り（しかし規則ではない）を通じて、行為のた
めに共有された能力であるということを思い出すことも有用である[16]。そしても
ちろん決定的な疑問であるが、実践共同体という概念を導入することで、経営史
のどのような問題に焦点が当てられるというのであろうか。

　経営学者はここ 20 年この概念を受け入れ、学び、異なるコード体系で使用し
てきている。トップダウンで推定上は合理的という支配や効率性を求める経営に
対する、現在も進行する批判と首尾一貫して、実践共同体は研究開発からマーケ
ティングや合併買収までの業務を再考察するためのベクトルとして、ネットワー
クやプロジェクトという概念に加わってきている。それでも企業の環境では、主
要な目標として、支配はすぐに学習に取って代わりうる。実践共同体は指導的な
ものではなく、よって企業の使命（mission）や事業部の計画を確実に支えるも
のではない。しかしそれは指令されると、集団や単位となってしまい、ウェンガー
の中核的な特徴の多くを失ってしまう。ジョアン・ロバーツ（Joanne Roberts）は、
「企業がある特定のプロジェクトのために集団を設立し、それがそのうちに実践
共同体として出現するということはあるかもしれない。しかし経営者は実践共同
体を設立することはできない」[17]と記している。アンドリュー・コックス（Andrew
Cox）は、「実践共同体を探している経営者に対する含意は、実践共同体のエネ
ルギーがむしろなじみのある合理化の過程を通じて伝えられうるということであ
る」と結論づけている。企業を監視する経営者は、予想されるようにひょっとす
ると「自らのやり方を分化させやすく、組織政治に自律的な影響力をもつように
なる」「自由に思考する実践共同体」[18]を押しつぶそうとするものなのであろう。
それゆえに経営者が形成した実践共同体は、容易に政治の道具になり、学習と
創造性に限界が画されるのである。これらの実践に対する批判的研究やその矛盾、
そして企業戦略に関連したその進化に対する経営史家の研究は、政策研究が今日
行っているよりも長期間の視角を提供することになるであろう。

　最後に経営史のなかで実践共同体の視角を探求する機会はどこにあるであろう
か。いつ、どこで、どのように社会的学習は実践共同体の形成を支持する（ある
いはしない）であろうか。販売人（鉄道に乗って旅していたが、より定住的な自

第Ⅳ部　資源——創造的な概念と枠組み

動車ディーラーへと変化した）の共同体を再び考察することは利益が大きいであろう。販売人も顧客に関する知識や販売の知識そして専門の言葉と一連の妙技や冗談を共有している。電信通信士は初期の形態の「オンライン討議」でお互いに定期的に話し合っていたが、伝送速度コンテストが行われるとそれが競争的になり、また連帯の手段となった。レーシング・カーの機械工は 1920 年代から速度と安全に関する情報をやり取りし、革新的な戦後の注文生産、専門化した技術、そしてユーザー間の口コミの上に繁栄するビジネスを作り上げた。19 世紀から都会の専門職（法律家、報道記者、ソーシャルワーカー）はニュース、噂、知識を喫茶店、バー、ディナーや会合のために始まり急速にその数を増やした専門のクラブで共有していたが、これはアナリー・サクセニアン（AnnaLee Saxenian）がシリコン・バレーのソフトウェア技術者が朝のコーヒーとパイを囲んで不安定なコードや無作為に起こる突然の停止について考えるために集まっていた姿を描いたのと非常に似ていた。機械工作者は印刷工と同じくアメリカの産業集積を旅して廻り、「職場の問題」を共有し、信頼の置けない雇用者や「仕事を盗もうとする」未熟な見習工について警告していた。確かにＪ・Ｒ・ウィリアムス（J. R. Williams）の長く続いた鉄の時代（*Iron Age*）という風刺漫画シリーズによって、機械工作者の非常に長持ちした実践共同体の冗談、習慣、軋轢を週ごとにみることができるが、協力的、戦闘的、専門的会話は、PracticalMachinist.com や他のよく閲覧されるウェブサイトで今日までオンラインで続いている[19]。説明的な経営史の視角の枠組みを作り上げ、そして実践共同体を階層組織、ネットワーク、市場とは異なるものとして位置づけるという可能性は、確かに広がっていて、魅力的である。

## 注　2：実践共同体

銘句：Etienne Wenger, *Communities of Practice: Learning, Meaning and Identity* (Cambridge, UK: Cambridge University Press, 1998), 47. Etienne Wenger, "Communities of Practice: A Brief Introduction," http://partnershipforchildhealth.org/mhip_intro_10_Communities_of_Practice-A_Brief_Introduction_by_Etienne_Wenger.pdf（2011 年 6 月 13 日閲覧）.

1. Mark de Rond, *Strategic Alliance as Social Facts: Business, Biotechnology and Intellectual History* (Cambridge, UK: Cambridge University Press, 2003), 21.
2. Andrew Cox, "What Are Communities of Practice? A Comparative Review of Four Seminal Works," *Journal of Information Science* 31 (2005): 517-40.

3. Patricia Gongla and Christine Rizzuto, "Evolving Communities of Practice: IBM Global Service Experience," *IBM Systems Journal* 40 (2001): 842-62. 引用は 843 ページ。

4. Etienne Martin Saint-Léon, *Le compagnonnage: Son histoire, ses coutumes, ses réglements, ses rites* (Paris: Armand Colin, 1901).

5. Steven Shapin, *The Social History of Truth: Civility and Science in Seventeenth Century England* (Chicago: University of Chicago Press, 1994).

6. David Hounshell and John K. Smith, *Science and Corporate Strategy: Du Pont R&D, 1902-1980* (Cambridge, UK: Cambridge University Press, 1988). 1908 年のアメリカ化学技術者協会の形成は、専門化の長い過程における初期の階梯の一つであった。Terry Reynolds, *Seventy-Five Years of Progress: A History of the American Institute of Chemical Engineers* (New York: AIChE, 1983) も参照。

7. Noel Riley Fitch, *Appetite for Life* (New York: Doubleday, 1997); Gwen Hyman, "The Taste of Fame: Chefs, Diners, Celebrity, Class, " *Gastronomica* 8.3 (2008): 43-52; Andrew Dornenberg and Karen Page, *Becoming a Chef* (New York: Wiley, 1995); Michael Ruhlman, *The Soul of a Chef* (New York: Penguin, 2000); Amy Trubeck, *Haute Cuisine: How the French Invented the Culinary Profession* (Philadelphia: University of Pennsylvania Press, 2000); および Marc Stierand and Paul Lynch, "The Art of Creating Culinary Innovations," *Tourism and Hospitality Research* 8 (2008): 337-50 (ベテラン料理人とイギリスのビジネススクールの教授によるすばらしい理論的な取り組みである). 興味深いことに簡易食堂、バー、ファストフード店の料理人 (cook) は労働者であり、実践共同体を形成するようにはみえず、実践共同体における共有された学習の重要性を裏づけている。

8. Pascal Le Masson and Benoît Weil, "Aux sources de la R&D: Genèse des théories de la conception réglée en Allemagne (1840-1960)," *Enterprises et Histoire*, no. 58 (2010): 11-50.

9. この話のすべてについては、Nicholas Peppas and Robert Langer, "Origins and Development of Biomedical Engineering within Chemical Engineering," *AIChE Journal* 50 (2004): 536-46 を参照。

10. Patrick Fridenson, "Le role des petites enterprises, des grandes firms et de l'Etat dans la percée de l'optronique militaire en France," in *Autour de l'industrie: Historie et patrimoine. mélanges offerts à Denis Woronoff*, ed. Jean-François Belhoste, Serge Benoit, and Serge Chassagneal (Paris: CHEFF, 2004), 603-27, および Ivan Amato, *Stuff: The Materials the World Is Made Of* (New York: Avon, 1997), 88-103, 引用は 103 ページ。

11. Joanne Roberts, "Limits to Communities of Practice," *Journal of Management Studies* 43 (2006): 623-39、引用は 634 ページ、および Peter Miskell, "Sustaining Creativity: What Can the Film Industry Teach Us about the Management of Creative Resources" (paper presented at the Association of Business Historians annual meeting, Reading, UK, July 2011).

12. Wenger, *Communities of Practice*, 16-41.

13. 同上書、125-26 ページ。

第Ⅳ部　資源——創造的な概念と枠組み

14. Albert O. Hirschman, *Exit, Voice, and Loyalty: Responses to Decline in Firms, Organizations, and States* (Cambridge, MA: Harvard University Press, 1970)〔矢野修一訳『離脱・発言・忠誠—企業・組織・国家における衰退への反応』ミネルヴァ書房、2005 年〕.

15. 「所定の手順」については、Michael Cohen, Roger Burkhart, Giovanni Dosi, Massimo Egidi, Luigi Marengo, Massimo Warglein, and Sidney Winter, "Routine and Other Recurring Action Patterns of Organizations: Contemporary Research Issues," *Industrial and Corporate Change* 5 (1996) : 654-98 を参照。

16. Kevin Borg, *Auto Mechanics: Technology and Expertise in Twentieth-Century America* (Baltimore: Johns Hopkins University Press, 2007) ; ものを修理することに関する哲学的考察については、Matthew Crawford, *Shop Class as Soulcraft: An Inquiry into the Value of Work* (New York: Penguin, 2009) を参照。

17. Gongla and Rizzuto, "Evolving Communities of Practice"; Roberts, "Limits to Communities of Practice," 625, および Ash Amin and Joanne Roberts, "Knowing in Action: Beyond Communities of Practice," *Research Policy* 37 (2008) : 353-69.

18. Cox, "What Are Communities of Practice?", 531, 535. ラース・リンドクビスト (Lars Lindkvist) は雇用がますます短期化している性質を考慮に入れて、実践共同体の変種である実践の集合性を提起した。「それは多様な熟練をもった個人からなる集団であり、その多くの人はかつて会ったことがなく、非常に限られた時間と予算のなかで問題を解決したり、あらかじめ決まった仕事を遂行したりしなければならない」。これはプロジェクト・マネジメントの世界に焦点を当てているが、やはり経営学者の枠組みのなかのものである。Lindkvist, "Knowledge Communities and Knowledge Collectivities," *Journal of Management Studies* 42 (2005) : 1189-1210 を参照。

19. Timothy Spears, *One Hundred Years on the Road: The Traveling Salesman in American Culture* (New Haven: Yale University Press, 1995) ; Greg Downey, *Telegraph Messenger Boys: Labor, Technology, and Geography, 1850-1950* (New York: Routledge, 2002) ; David Lucskso, *The Business of Speed: The Hot Rod Industry in America, 1915-1990* (Baltimore: Johns Hopkins University Press, 2008) ; AnnaLee Saxenian, *Regional Advantage: Culture and Competition in Silicon Valley and Route 128* (Cambridge, MA: Harvard University Press, 1994)〔山形浩生、柏木亮二訳『現代の二都物語—なぜシリコンバレーは復活し、ボストン・ルート 128 は沈んだか』日経 BP 社、2009 年〕; David Montgomery, *The Fall of the House of Labor* (New York: Cambridge University Press, 1989) ; および James R. Williams, *The Bull of the Woods*, 6 vols. (Almonte, ON: Algrove, 2002)(スクリブナー [Scribner] の刊行した鉄の時代の風刺漫画のコレクションのリプリントであるが、こちらも版元品切れである)。

# 3：流れ

　『経営戦略と組織』（1962 年）はアルフレッド・チャンドラー（Alfred Chandler）によるアメリカにおける四つの巨大企業に関する古典的な歴史分析であるが、一世代の経営史研究者を刺激して、ジークムント・バウマン（Zygmunt Bauman）が「固形的近代」（solid modernity）と呼んだ最も目立った特徴のある研究に向かわせた。欧州、南北アメリカ、日本では、1870 年からの一世紀の間に、人物・生産・場所に企業が大きな投資をすることを強調する制度・期待・行動、ますます巨大化する企業における一生涯の経歴、さらには政治や文化、さらには領域や資源をめぐる厳しい戦争のための基本構成要素としての国民国家が成立した。固形的近代は、「建築や造園の方法にならって現実を形成する時代であり、合理性の判断に従った現実は、厳格な品質管理の下に『作り上げ』られ、何よりも構築作業が始まる前に事前に設計されているものである」。

　とうの昔に賞味期限を迎えているが、まだ動き回っている死んだ考えである固形的近代の「ゾンビの概念」を私たちの想像力のなかにもつのでなければ、そのような時代は過ぎ去ってしまった[1]。1 世紀の主体は、構造によって形作られることがより少なく、流れによって形作られることがより多い「流動的近代」（liquid modern）世界に住んでいるのであり、そこではある人は電光石火のスピードで世界を動き回り、そうではない人はよりゆっくりとあるいはより気まぐれなスピードで動き、すべての人が、ますます小さくなっている以前の形態の近代性によって表される固形性を分裂させ、溶かし、その価値を認めなくなっている[2]。

　もちろん、経営史にも常に流れはあったのであり、確かに流れをより早く、より確実にすることが交通通信革命の産業や技術にとって不可欠であった。それでも特徴的なことに私たちは、流れているものそのものや機会を形作りまた制約するビジネスの慣行を条件づけている流れの比率・量・価値・構成における変化ではなく、それらの流れの制度や装置に焦点を当ててきた。「日常的な」流れの範囲、局所的で個人間の流れから国際的で個人に関係ない流れへと広がる範囲、および時を通じて変化する流れの中味——それぞれが経営史研究の場を提供し、制度的位置・方向・主体をもつ——とはどのようなものかを考えてみよう。それは次のよう

224

第IV部　資源——創造的な概念と枠組み

なものである。

1. 資金—資本投資、支払い、貸出、手数料、罰金、損害賠償、送金として、多
国籍金融機関、送金業者、規制助言者、密輸者などによって取り扱われる。
2. 情報・知識—文書、有線・無線のメッセージ、テレビ・ラジオ放送、画像、デー
タとして、たとえば書籍取扱業者、出版社（政府も含む）、通信会社、衛星画
像やデータ技術を通じて処理される。
3. 人びと—移民、求職者、来訪者、難民、軍人、スパイ、経営者、代理人、宣
教師、商人、販売人、科学者、技術者、投資家、報道記者、大学教員、内科医、
学生、コンサルタント、外交官として、その動きが運輸会社、労働者採用業者、
短期居住提供業者、地図作成業者によって促進される。
4. 文化と習慣—食文化、流行、芸術と音楽、規約と規格、測定、分類分け、会計、
法典、作成・使用・修理・処分のための手続きとして、商業市場関係、オーク
ション、贈物贈与、非政府機関の活動、規格当局などを通じて流通する。
5. 人工物と技術—道具、機械、世帯、芸術、個人的なもの、電力システム、兵
器として、技術移転・適応、および占領・植民地獲得・徴税すなわち経済的・
政治的主導権を通じて、通常新しい地域へと移し替えられていく。
6. サービス—保険・卸売り・流通、陸上輸送と海上輸送、投資と経営のコンサ
ルティング、法的・心理的相談を含み、すべてよく知られた機関を通じて処理
される
7. 「自然」材料—農業・採取産品（小麦、魚、木材、鉱石）、動物（羊、鳥、昆
虫）、カビ、バクテリア、ウィルスのように、その性質・品質・脅威の素描が
分類、検査および境界を維持する機関や企業によって確立される。

　これらのリストから、普及（しばしば技術に集中する）や移民（ほとんどの人
の移動を無視している）の研究の領域を超えて、特に固形性近代への、固形性
近代から流動的近代への、そして主に地域的・一国的流れから国際的・地球的流
れへの変遷における要素である限りは、多様で交差する流れの分析へといたる
多数の研究課題を構成することは難しくない。流れや「流れの空間」（space of
flows）[3] を研究するのに線形性が入り込むといけないので、私たちは熱戦であれ
冷戦であれ 20 世紀の戦争が現存する流れのパターンにもたらした大きな断絶を
思い出したり、21 世紀に輸送燃料コストが 3 倍になったことが流動的近代の傾

向におけるベクトルを停滞させたり逆転させるということを想像したりする必要がある。

　最近の流れに関する経営史研究のありうる対象として、多くのレベルで情報の流れの結節点となっているバーコードの導入が上げられるであろう。バーコードは販売され、在庫され、出荷された商品の価格や量に関するデータを供給し、消費者の選好や習慣（個人としてもしくは特定地点における）への知見を提供し、企業に決定的に重要な会計上の数値を生み出し、さらには購入が電子的に行われる場合には、消費の実績をクレジットおよびデビット・カードの発行者に時の経過とともに通知している[4]。設計と費用、地球上の異なる地域での装置の流通、そして生産者・箱詰め業者・小売業者の抵抗と受容、さらに運営上の失敗、流通以外での実用、また情報の収集と使用に関する国の政策などの問題は、20世紀後半における高速で正確な流れの形成を探る研究計画に組み込まれうる[5]。

　もう一つの流れに関する多面的な場所は、商品・人びと・情報・技術・資金・疫病・文化・習慣が国際的な取引で流通し、相互に作用する港、貨物集散地であろう。海の方をみることは、産業化や脱産業化の動学に集中している陸上や構造を基礎とした目的論に対する矯正をもたらし、私たちが海洋を基礎とする流れの予測不可能性（そして頼りにできないこと）を—これは21世紀の石油タンカーの所有者にとってと同じように、17世紀の冒険商人にとってなじみのある現象でもあるが—受け入れることを助けてくれる。輸出入を複雑な知識の要求、深い個人的関係、そしてしばしば余りきちんと理解されない市場にもとづいた一連の実践とみなすことは、飽き飽きする関税論争、いやになるイデオロギーの状況、退屈な量や価値についての表の作成を生き生きしたものにするかもしれない。

　最後に、流れについて仕事をすると、経営史においてありふれているがあまり知られていないテーマや現象の考察に誘われる。それらのテーマや現象とは、水路を掘ることと規制、洪水と渇水、閉塞・汚染・浄化、流れの停滞と乱流、動きの速度と量であり、すべてが先にあげた七つの分類をまたぐ歴史的・空間的存在と局面をもっている。それらの交点と相互作用を追い求めることで、たとえば個人、バクテリア、退廃した習慣、不快な商品もしくは偽金によってもたらされた悪影響に関連して、ビジネスの慣行、その緊張、矛盾、そしてその変遷の文化的局面を豊富に描き出すことができるであろう[6]。

第Ⅳ部　資源——創造的な概念と枠組み

## 注　3：流れ

1. Zygmunt Bauman, *Liquid Modernity* (Oxford: Polity, 2000) 47 ページからの引用〔森田典正訳『リキッド・モダニティ—液状化する社会』大月書店、2001 年〕。バウマンは「ゾンビの概念」をウルリッヒ・ベックの功績に帰している。バウマン前掲書 6 ページ、および Ulrich Beck and Johannes Wilms, *Conversations with Ulrich Beck* (Oxford: Polity, 2014) 19 ページを参照。

2. 遅く近代化している地域は、中国や中央ヨーロッパで石炭が燃料としてや電気を産むために用いられているように、固形スタイルの産業化の要素を繰り返すかもしれないが、その一方で早くから近代化した国々は、太陽光、風力、潮流といった分散化して、流動的なエネルギー源を求めている。大きな変遷においてはひどく均等ではないことが生じることが期待されるのである。

3. アージュン・アパデュライ（Arjun Appadurai）の造語である。彼の *Modernity at Large: Culture Dimensions of Globalization* (Minneapolis: University of Minnesota Press, 1996)〔門田健一訳『さまよえる近代—グローバル化の文化研究』平凡社、2004 年〕を参照。アパデュライの仕事はバウマンのアプローチと共鳴し、たとえば電子的コミュニケーションと大量移民の間の交点を強調している。

4. Stephen Brown, *Revolution at the Checkout Counter: The Explosion of the Bar Code* (Cambridge, MA: Wertheim/Harvard, 1997) は、初期の研究である。読み取りスキャニングを必要としないより柔軟な RFID（電波による個体識別）システムの概観については、Chin-Boo Soon, "Radio Frequency Identification: History and Development," (http://64.225.152.8/downloads/excerpts/33350.pdf)（2011 年 4 月 11 日閲覧）を参照。

5. Katja Girschik, *Als die Kassen lessen lernten. eine Technikgeschichte des Schweizer Einzelhandels, 1950-1975* (Munich: Beck, 2010). 学位論文の要旨は以下で利用可能である。http://e-collection.library.ethz.ch/eserv/eth:244/eth-244-01.pdf（2011 年 4 月 11 日閲覧）.

6. このテーマに関連した理論的業績には以下のものがある。Manuel Castells, *The Information Age: Economy, Society, and Culture*, 2 ed., 3 vols. (2000; New York: Wiley, 2010)；Arjun Appadurai, *Modernity at Large*〔門田健一訳『さまよえる近代』〕, および Ulrich Beck, *Risk Society: Towards a New Modernity* (Thousand Oaks, CA: Sage, 1992).

# 4：主体を追いかけろ

多くの学者は範疇を作ること、体系を明らかにすること、法則や類型論を当て

227

はめることが好きであり、ある意味でビジネスのコンサルタントのようなものである。このような視角からみると、主体は操り人形か自動装置ロボットであり、それ自体はたいして重要ではない。19世紀の終わりにアメリカの技術者でコンサルタントのフレデリック・W・テイラー（Frederick W. Taylor）がはっきりと述べたように、自らの行為を「一つの最良の方法」にそろえるということが必要である。そうでなければ失敗する。このような人びとを管理するための決定的な唯一の能力は、誘因と支配である。異なった視角からの解釈は、それにもかかわらず同じ結論に達する。ここでは個人はかなりの程度、自らの行動を作り上げる多様な隠れた決定要素に従う無意識の代理人として表されている。一般にその人たちは、自らが行っていることは理解しておらず、なぜ行っているのかはもっと理解していない。このような二つの特徴付けは、非常に誤解を招きやすいものである。

第一に、企業や団体における主体の言説は、純粋な幻想ではない。あらゆる種類の主体は価値や信条を表明したいのであり、ある行為や動きが説明されうるのは、それらに注意を払うことによってである。たとえば、19世紀中葉の中西部における企業家であるリーンダー・マコーミック（Leander McCormick）は、熟練労働に依存した高品質の生産という理想を抱いていたため、刈り取り機の大量生産への移行を拒否した[1]。フランス東部のバカラにおける19世紀のガラス生産者は、熱心なカトリックで、自らの労働者のために産業衛生を発展させた最も初期の企業所有者であった[2]。

第二に、組織のトップではない主体がビジネス指導者の単なる付属物であるというわけでもない。その人たちはときにトップマネジメントによって考案された政策に相当に付加する選択肢を考えることができる。ゼネラル・モーターズのワニスと塗装部門の若い管理職たちは、1920年に分権制組織を提案し、CEOと主たる所有者であるピエール・デュポン（Pierre du Pont）が、倒産しかかっていたゼネラル・モーターズは集権制を強化することで救済できるとみていたときに、分権制の実験を行った[3]。指揮する立場にない主体も想像力をもち、革新のための余地を見い出すことができるのである。1960年代の初頭、フランスの自動車会社プジョー（Peugeot）の主力工場であるソショー（Sochaux）の生産技術者たちは、日本のトヨタ自動車によって始められたのと似ている新しいやり方の組立ラインを創始した。しかしそれは会社の上層部によって拒否された。そのラインの設計は、歴史インタビューのおかげで、ようやく最近になって経営史家によっ

第IV部　資源——創造的な概念と枠組み

て発見されたのである[4]。最後に、さまざまな主体は自らが受け取った命令に挑
戦する方法を考え出す。多国籍企業の地域代理人は賄賂が期待されている環境に
おいては、活動を盛んにするために汚職に頼るかもしれず、そしてそうした状況
の下では、そうした行為を会社幹部に隠そうと最善を尽くすであろう。あるいは
またすべての階層の主体は、現場から離れ、仕事が過重で、情報が少なく、統一
性ばかりを追い求める上司よりも、職場（あるいは「現場」）の現実を自分がよ
く知っていると判断するので、良くない命令を無視するかもしれない。どちらの
場合においても経営史家は、型にはまった知恵とは逆に、戦略が失敗したか、主
体の自律性のおかげで会社が生き残ってきたということを示すことができる。

　さらに経営史は重要でない主体が会社の業績に打撃を与える力があるというこ
とをしばしば示している。そうした主体は、デラウエアのデュポンの爆薬工場
で19世紀の労働者がやったように、男らしさを示すために事故の危険を承知で、
安全基準を無視するかもしれない[5]。そうした人はまた、研究室での発見をもと
に起業することを夢見たり、重要な顧客を他の供給業者に寝返らせることで、横
柄な上司を引きずり下ろそうとしたりして、大きな利害のある（あるいは潜在的
に価値のある）情報を自分のところにとどめるかもしれない。ゆえに歴史家は、
主体がもっている（こんな知識における認識のギャップとともに）広く知られて
いる知識と暗黙の知識の双方を再構成しようと試みる。歴史家は主体が作り出す
か参加しているネットワークを、組織が迂回されうる（あるいは迂回されている）
方法とともに再構成して描き出そうとする。

　第三に、主体は企業外の資源に接することができるかもしれない。その資源は
別の企業にあるかもしれない。たとえば、供給業者・販売業者・銀行家とのコネ
クションは、組織図が明らかにすることができない手段や偏りを主体にもたら
す。資源はより大きな団体にもあるかもしれない。たとえば、イートン校のよう
なイギリスのパブリック・スクール（あるいはアメリカのグロートン校）、フラ
ンスの工学学校（engineering école）、あるいは日本の帝国大学（のちの国立大
学）の卒業生であることは、単に経済的に分析しただけでは予測したり、明らか
にしたりすることができない重役への機会を生み出すかもしれない。なおその
うえ主体は、地域・民族・宗教・共感あるいは友愛の組織にもとづいた絆をもつ
かもしれない。この複雑さは先に言及した経営上・心理学上の単純化と大きな距
離がある。ゆえに経営史家はフランスの社会学者ブリュノ・ラトゥール（Bruno
Latour）による格言である「主体を追いかけろ」を常に心にとどめておくという

229

ことには大いに理由がある[6]。

　ビジネスがどのように作られ、機能し、変化するかを理解するためのこの中心的な規則については、さらにいくつか言及するに値する。主体を追いかけることは、今日ビジネスで利害関係者（stakeholder）（そのうちのいくつかは事業の中心から遠いところにいるが）といわれているものが、どのようなものであるかを認識する重要な手段である。企業を基準点とすると、利害関係者には、活動的で人員削減された労働者、管理職、取締役、株主、退職者、企業資料を保存する人、法律助言者、そして金融助言者が含まれるが、これらはみな企業の中心に近い人たちである。しかし他の利害関係者には、規制当局や他の国家機関の人、銀行家、ミューチャル・ファンドのマネージャー、共同体の構成員、従業員の家族、環境保護主義者、建造物などの保存運動家、政治家、非営利団体もしくは企業が所在する共同体や国の教育機関などがある。どのような主体（そしてどのような意図）が企業のなかやその周辺で関連づけられるかについて幅広く考えると、私たちの経営、支配、計画、事業に関する通常の概念も大きく変化する。企業やプロジェクトの結果は、多くの「プレイヤー」の間の複雑で予見しがたい相互作用から生まれるのであり、こう考えると戦略、強制的なリーダーシップ、もしくは数字による経営に関する単純な考え方は無効となる[7]。

　さらに異なった主体は、情報を収集する自らのフィルターが社会的背景、生活や仕事の経験、企業における地位、恐れ、野望、その他のものを反映しているので、必ずしも同じものを見たり、聞いたりしない。ゆえに過程、出来事、計画やプロジェクト、組織、もしくは目的の経営史を書いて、主体の複数のレンズや声が表されるようにすることは、しばしば効果的である。さらにそれとは対照的に、主体は同様のフィルターの故か、もしくは起こっていることを予期していなかったり、それが複雑であったり、あるいは理解することが難しかったりして、目の前で起こっていることを見たり聞いたりしないこともある。いかなる状況においても、主体に知識がなく、自覚がないが、ときとともに事態が起こっている可能性はありうる。ここでは歴史家は、主体の歴史的理解、説明、間違いを文脈に位置づけるために、付随的な資料（たとえば、企業やプロジェクト外のもの）、国内的・国際的比較、他の社会科学の道具を使う必要がある。つまり歴史家は専門的な資源と自分自身の想像力の双方を動員すべきなのである。

第IV部　資源——創造的な概念と枠組み

## 注　4：主体を追いかけろ

1. David Hounshell, *From the American System to Mass Production 1800-1932 : The Development of Manufacturing Technology in the United States* (Baltimore: Johns Hopkins University Press, 1984)〔和田一夫、金井光太朗、藤原道夫訳『アメリカン・システムから大量生産へ―1800 － 1932』名古屋大学出版会、1998 年〕.
2. Caroline Moriceau, *Les douleurs de l'industrie* (Paris: Editions de l'EHESS, 2009).
3. Alfred D. Chandler, *Strategy and Structure* (Cambridge, MA: MIT Press, 1962)〔有賀裕子訳『組織は戦略に従う』ダイヤモンド社、2004 年〕.
4. Nicolas Hatzfeld, *Les gens de l'usine* (Paris: Editions de l'Atelier, 2002).
5. Christopher McKenna, "Better Living through Chemistry: Industrial Accidents and Masculinity at Du Pont, 1890-1930," *Enterprise et Histoire*, no. 17 (1997): 9-23.
6. Bruno Latour, *Science in Action: How to Follow Scientists and Engineers through Society* (Cambridge, MA: Harvard University Press, 1987)〔川崎勝、高田紀代志訳『科学が作られているとき―人類学的考察』産業図書、1999 年〕.
7. このような複雑な動学の効果的な分析については、Buruno Latour, *Aramis, or the Love of Technology* (Cambridge, MA: Harvard University Press, 1997) を参照。アラミス（Aramis）は 1980 年代にパリのために設計されたとても洗練された運転手のいない運送システムであり、ラトゥールはこれに関係した主体を追いかけることを通じて、計画と原型試作品に相当の投資が行われた後で、なぜそれが廃止されたのかを明らかにしようとしている。パリのシャルル・ドゴール空港の旅行者は、ターミナルと鉄道駅の間の自動化されて運転手のいないアラミスから派生したものに乗っている。


# 5：過ぎ去った未来


過去を思い出すこと（覚えていること）は、未来を予見することを可能にしようという意図とともにのみ起こる。私たちは何かを決定するか、何かに備えるために、現在の視点から私たちを探し回る。

　　　——イマヌエル・カント（Immanuel Kant）『実用的見地における人間学』


もはや現在が過去から予測可能に生成されないので、未来もまた現在から予言することはできない。

　　　——ディビッド・ロウエンタール（David Lowenthal）「未来の剥奪」

未来についての私たちの考えはいかに構築され、私たちの現在の活動にどのような役割を果たすのか。西洋、東洋、南洋において数世紀の間に「未来」はどのように変化してきたのか。近代以前の時代において、欧州の未来は、新古典派経済学が行うように、過去からの外挿によって予想することができたが、そうした期待は戦争、経済的大変動、18 世紀の革命（政治的であれ知的なそれであれ）によって崩壊した。進歩するとの想像は外挿や複製に取って代わったが、どのような過程を経てであろうか[1]。20 世紀の危機、混乱および分裂を通じて進歩は幻想であり、明日はもはや当てにならないということを学んでいるのに、何が未来を変えるのであろうか。歴史家はなぜ異なった時代に、異なった概念化を行い、異なった歴史を書くのであろうか。これが「過ぎ去った未来」の領域である。ちょうど歴史家が現在の問題に答え、将来の可能性を強調するために異なった過去を何回も動員しているように。

　このような問題に没頭している学者は、啓蒙運動を決定的な変化—「未来がその開放性と予測不可能性において急進的であると、過去の経験が現在にまったく役に立たなくなる」[2]—に根拠を与えるものとみている。今後は歴史家は、超越的な価値を補強する道徳上の年代記を作り上げるというより、現在の変化について知覚された動学に関連する叙述を構築するために、過去を掘り出すであろう（その古い伝統は記憶に生き続ける、特にビジネス・リーダーの記憶のなかに）。アメリカの経営史家のなかで、冷戦への強い懸念の最中に、大企業やビジネスと政府の関係に焦点を当てることは、大恐慌・労働組合との闘争・反独占訴訟によって打ちのめされた主導的企業への自信を回復するのに貢献した。経済や政治の力学が移り変わることを同じように知覚すると、イタリアやドイツでは 1970 年代に、フランスでは 1980 年代に経営史が盛んになった。確かにドイツの中心的な雑誌のタイトルが 1976 年に『伝統』から『経営史雑誌』へと変化したことほど、経営史家が自らの研究領域を過去の拘束から解放しようと求めていたことをよく示すものはない。ラインハルト・コゼレック（Reinhart Koselleck）の「歴史の解釈者の過激な歴史化」[3] の精神において、私たちがここで求めるものは、定期的に自らを再創出しない歴史の領域が、意図せずに歴史と関係ないものになるということを認識しつつ、冷戦後の世界的に機敏な経営史への途を開くことである。

　それでもこのような変化する潮流のなかで、継続性の一つの要素は、「より脆

第Ⅳ部　資源——創造的な概念と枠組み

弱で変化する経済や社会の配列の『基底』と対比したときの、言語的『上部構造』の耐久性である」。後期近代の不安定性の流れのなかで、物語は共同体を維持するのを助ける。「騒乱や急速な変化の時代において、現実の意味ある解釈は人びとが頑強にしがみつく貴重な資源である」[4]。このような状況において言語は、行動と動作および私たちが問題を認識し、文脈のなかに位置づける方法にとって、非常に重要である。私たちをともに束ねているのは、同時に行動のための資源である意味の枠組みであり、なかでも歴史家はこのような枠組みを作り出し、更新することに文化的に責任がある。この過程で未来に対する私たちの懸念が私たちによる過去の変形を歴史へと流し込んでいるというコゼレックの考え方は非常に重要である。彼の視角の四つの局面—時間の多層性、経験の空間と期待の地平線、出来事と驚き、知識の基礎としての反復—が私たちにとって重要である。

　時間の経験は多層的で、少なくとも三つの分離しているが相互に構成する「面」を含んでいる。第一に、私たちは数分から数年の継続時間の短期の連続（ことの起こる以前でも以後でも）について認識している。これらは誰にとっても予測を試みることに非常な困難をもたらす。第二に、私たちは「起こっていることに影響をおよぼす超個人的な条件を含む出来事の推移から引き出される中期的な傾向」を認識する。この面について私たちは、戦争や繰り返される特徴をもつ「類推による歴史的議論」を許す世代的変化を見い出す。第三に、私たちは「超歴史的継続時間」に直面するが、それは「人類学的に不変のものが、変化への歴史的圧力を回避する」ような領域である。これらの文化的残余や過程は、「おごれるものは久しからず」という格言のような「行動に対する直接的教えをもつ教義」をもたらす。さらに近代においては、この三つの関係が変化している。短期については、予知に入るべき要因の数が増えているので、さらに予知が問題含みとなっている。中期においては、技術と産業が社会に浸透し、人生の「前提」がより早く変化するので、中期の「超個人的に不変のもの」が「この200年においてますます増加する速度で変化してきている」。最後に長期においても、空間の縮小、性の役割の再構成、および情報への接近の急速な増加にともなって、かつては長期的に一定で、短期・中期の行動を安定させていた制約要因が、非常に強い変化の圧力に曝されるようになってきている。私たちはそうとは認識していなくとも、これら三つの時間領域のなかで行動している。さらに前述のことが示唆するように、現在の状況という視点に照らしてみると、先人のとは異なる中期・長期を認識するようになり、過去の時代区分も再編成している。逆に、時には、変化

233

させる力があるが、しかしこれは誤解であると主体が合意するような瞬間もある。1989年が世界的に一つの時代の終わりを画するものとして、いかに小さくなっているかをみるのは、注目すべきことではないであろうか。

　経営史家にとって有用な長期・中期・短期の面として示唆しうるのは、長期は資本主義の発展と商品化、中期は会社設立と規制（もちろん他の中期の面も利用可能である）、短期は金融商品化と危機である。短期は（多数の他の短期とともに）中期のなかに入れ子になり、中期は長期のなかに入れ子になっている。日本については以下のように考えられる。長期は西洋からの学習と追い越しで、1870年から2000年であり、中期は帝国的衝動と敗戦で、1920年代から1945年であり、短期は軍隊への正確な時計の生産で1938年から1944年である[5]。このような試みにどのような価値があるであろうか。短期の現象は、二重に中期と長期の面のなかに位置づけられており、確かにおそらく中期と長期の双方のなかにあることを、それは最低でも示している。加えて近代の「画一的で空虚な時間」は、「『穴や奥まったところや傾斜』に満ちた混成され非均質的な時間性」[6]に取って代わられていることを忘れてはならない。この理解は「時間の非常な複雑性についての、および共通の測定単位に関する一般論へと還元されることを構成的に不可能にする時間の構造的多層化についての、典型的な後期近代の時代における認識を」例証している[7]。

　二番目のテーマについてコゼレックは、「すべての人間とその共同体はそこから活動し、そこで過去のことがあらわれ、記憶されうる経験の空間をもち、さらに人が特定の期待の地平線を参照して常に活動する」[8]ということを観察している。このことは続く過去と割り込む未来—現在の過去と未来の現在—の交差によって活性化される予期と決定に当てはまる。経験の空間は「いかなる与えられた現在にとっても利用可能な過去」を構成し、期待の地平線は、「いかなる与えられた現在にとっても存在する最先端の未来の可能性」を表している。双方とも歴史的行為と出来事のなかで明白であり、それらを説明する努力に影響し、さらに時間とともに、またそれらとの関係において変化していく[9]。ようするに、「常に変化するパターンにおいて、新しい解決をもたらし、このことを通じて歴史的時間を生み出すのは、経験と期待の間の緊張である」[10]。それならビジネスの決定は、可能な未来への期待とともに、過去の実践と記憶の同時的適用をいかに反映しているのであろうか。この考えは、個々の政党が相容れない視角で争っているときに、政策決定における論争と危機を説明するのをどの程度助けるであろう

234

第Ⅳ部 資源──創造的な概念と枠組み

か。異なった時代と場所における、経済と社会に対するビジネスの洞察力の文化
史を発展させることから、何を学べるであろうか。訓練が過去を要約し、未来に
備えるとすると、職業・企業内教育の計画の歴史を調査することは、中心となる
価値・目標・政府や企業によって述べられている先見性、行われた選択と取られ
なかった選択肢を発見することができる。結局、訓練は最近の数十年間増加して
いて、欧州では徒弟訓練も復活し、入社する新人を教育し、ベテラン労働者の技
能を向上させる企業「大学」も増加している[11]。

　関連した問題は、フォード自動車が下した 1949 年にオハイオ州のクリーブ
ランドに新しいエンジン工場を建設するという決定から生じる。取締役会は、多
数の可能性のある工場の計画を紹介している広範囲にわたる説明資料を受け取っ
たが、実際に建てられた工場はどの計画にも従っていなかった。建てられた工場
は選択肢の間の妥協であったわけではなく、全く異なったものであった。議事録
が利用できないので、意思決定過程についての私たちの理解には現実との隔たり
がある。たとえ議事録の写しがあったにせよ、それが意思決定期間中の同意、非
難、眉をつり上げる怒りを示すことはないであろう。ナオミ・ラモロー（Naomi
Lamoreaux）が説明するところでは、このことは「ほとんど典型的なやり方で、
ビジネスにおける決定に限らず、すべての人間の経験における、あらゆる意思決
定の中心に存在するあるものの存在を明らかにしているが、それは哲学者のジョ
ン・サール（John Searle）が『隔たり（the gap）』と呼ぶものである」。この用
語は、「意思決定の理由と実際に行われた意思決定の間に存在するすき間を参照
するものである。その隔たりは行動を取る理由のどれもが、行動を取る決定を行
うのに原因として十分ではないために存在する」[12]。個人は他の選択肢も考えて
選択せねばならないが、私たちはめったにこの過程には近づくことができない。
参加者が述べる理由は、人が嘘をつくので、信頼が置けないかもしれない。さら
に「不確実性という条件の下で個人は、選択肢が枠組みとして示される方法と独
立に選択を順序づけることができない」が、この場合には選択肢を定義し、提示
している人によってそうなっている。「活動の正しい進行方向は事実の起こった
あとからみると常に明快なようにみえるので」、結論は事後の正当化である（第
Ⅰ部「罠」の「5：後付けの合理化」を参照）[13]。

　このことは確かに叙述に関する問題を提起している。歴史家が利用可能な過去
に対して接近することと、意思決定に絡む未来の可能性との間にはすき間がある。
これらの要素は「固定的な方法で相互に関連づけられることはありえない。それ

235

らは過去と未来を非対称的な方法で一緒にすることで、現在地と現時点のなかで一時的な相違を構成している」[14]。過去は少なくとも部分的には知られているが、未来は考えられたもので、知ることができない。ひとたび意思決定が行われると、知られていた可能性は消滅し、意思決定は変化しつつある未来において利用可能な過去の一部となる。ゆえに歴史家は、妥当な行動のなかにつながりを作ることで、与えられた状況においてもっともありそうな利用可能な過去を打ち立てるように努めて、蓋然性の尺度にもとづいて作業せねばならないが、このことは、主体にとって利用可能なそれ自体異質な過去に接近できるということと同じではない。

　経験はこの領域において決定的な用語であり、この接近方法のすべての他の要素と同じく、一様でも単一でもなく、認知や動きに還元できるものでもない。3種類の経験―「予測不可能に新しいものへの驚き、すでによく知られているものの繰り返しの実現、直接には認知できない変化の再帰的な知覚」[15]―が私たちの歴史的感性を構成する。私たちはそれがちょっと前にはそこに存在していなかったことを私たちに思い出させる予期しないもの、すなわち生活へと入り込む時間認識に気づく。この現象は私たちが常に変化を論じ、継続性の経営史がなぜ存在しないのかを説明するのを助けるが、継続性は意味の頑丈な運搬装置であり、首尾一貫性の行為主体であるということを覚えておくことは決定的に重要である。ディビット・エドガートン（David Edgerton）は、生活を変えたか維持した慎ましい技術の歴史を書く際に、この点を十分に取り入れた[16]。変化や革新の研究を、実際にもしくは意味において共存する継続性と統合することは価値があるであろう。

　このことは歴史的に敏感になる経験の二つめの種類、すなわち繰り返しの実現にみちびいていく。ここでは主体は、自らがこれやあれやにかつて多分何回も出会い、使用し、処理し、実施してきたことに気が付いて、内省的な時間に入る。確かに「私たちは『経験の空間』を作るために、出来事をふるい分けて繰り返しのパターンとする」。繰り返しなしでは、情報は知識に進みえない。というのもコゼレックが結論づけるように、「知識は常に再認識であるから。しかし私たちの安定性に対する期待が阻害されるから、目新しいことは当ての外れた予想、例外の特徴となる」[17]。経営史家は合理的にこう聞くであろう。ビジネスにおいて何が知識を生み出す繰り返しであり、どこから来るのであろうか。スリーマイル島やチェルノブイリの事故によって電力産業にもたらされた目新しいことや例

第Ⅳ部　資源——創造的な概念と枠組み

外、あるいは地域のライブ音楽の演奏場所に挑戦しているラジオ全国放送によってジャズとスウィングにもたらされた目新しいことや例外に、企業はいかに反応しているのであろうか[18]。同様に、1920年代以来ラジオの放送は次期の番組放送網を考案するときに、一部は繰り返しで、一部は新しいものを予定表に入れるように、過去と未来は年間計画にいかに結合されるのであろうか[19]。

　最後に、部門、企業、連合はすべての規模で未来のために計画を立て、数世紀の間そうしてきた。最も初期の経営計画の一つのなかで（1800年頃）、それはピエール・サミュエル・デュポン（Pierre-Samuel du Pont）の手になるのであるが、彼は成長する爆薬工場において、探索・実験・シミュレーションのための鍵となる主題を開発した[20]。この開発の新しい段階は20世紀の初頭に表面化し、会計マニュアルと仕事のひな形の一覧表とともに、経営計画の入門書が1916年に刊行された。今日においてもこのパターンは、照合表や作業表から戦略計画のための洗練されたシステムまでの標準化された経営ツールについて、正しく当てはまっている。

　それにもかかわらず経営計画は、情報の流れを組織し、再帰的な考察とあるレベルでの創意工夫を促すものであるので、条件の安定ではなく、むしろ可能性を開くものである。これらのツールは不確実性と個性化の時代にあらわれ、支配と未来を求める不安な経営者に援助をさしのべるものであるが、経営者はめったにそれを達成することができない。計画概略図は大企業によってのみ実施されるものではなく、雑貨店・花屋・ガソリンスタンドといったより控えめな規模の企業にも利用されてきている。しかし計画はいろいろな会社の間を歩けないのかもしれない。1999年から2005年の間の日産自動車のトップとしてカルロス・ゴーン（Carlos Ghosn）は、二度の計画周期を実施し、非常に成功したが、彼がルノーに移ってフランスで同じ計画過程を実施すると、効果的ではなかった。ヘンリー・ミンツバーグ（Henry Mintzberg）に従えば、ここ数十年の間に戦略計画は緩やかに衰退してきているが[21]、20世紀中葉の科学的管理法や価値工学と同じく、それは再構築されるか、現在の複雑さを「取り扱い」そして利益のある将来を「保証する」ための新しい方式化によって引き継がれるであろう。

237

## 注　5：過ぎ去った未来

銘句：Immanuel Kant, *Anthropology from a Pragmatic Point of View* (Carbondale: Southern Illinois University Press, 1978), 77, Reinhart Koselleck, *The Practice of Conceptual History: Timing History, Spacing Concepts* (Stanford: Stanford University Press, 2002), 133 ページに引用されている。David Lowenthal, "The Forfeit of the Future," *Futures* 27 (1995): 358.

1. 未来の歴史の研究については、Simon Schama, *The American Future: A History* (New York: Ecco, 2009), および Lawrence Samuel, *Future: A Recent History* (Austin: University of Texas Press, 2010) を参照。

2. John Zammito, "Koselleck's Philosophy of Historical Time (s) and the Practice of History," *History and Theory* 43 (2004): 124-35、引用は 127 ページより。

3. 同上論文、131 ページ。

4. Geoffrey Herf, "Multiple Restorations vs. the Solid South: Continuities and Discontinuities in Germany after 1945 and the American South after 1865," in *Different Restorations: Reconstruction and "Wieder aufbau" in Germany and the United States, 1865-1955*, ed. Norbert Finsch and Jürgen Martschukat (Oxford: Berghahn Books, 1996), 51-52.

5. Pierre-Yves Donzé, "The Hybrid Production System and the Birth of Japanese Specialized Industry: Watch Production at Hattori and Co. (1900-1960)," *Enterprise and Society* 12 (2011): 356-97.

6. Luca Scuccimarra, "Semantics of Time and Historical Experience: Remarks on Koselleck's *Historik*," *Contributions to the History of Concepts* 4 (2008): 160-75、引用は 163-164 ページ。

7. 同上論文 172 ページ。

8. Kosellick, *Practice of Conceptual History*, 111、強調は筆者による。

9. Scuccimarra, "Semantics," 129.

10. Reinhart Koselleck, *Futures Past: On the Semantics of Historical Time* (New York: Columbia University Press, 1985; repr. Cambridge, MA: MIT Press, 1990), 275.

11. Scott Taylor and Rob Paton, "Corporate Universities: Historical Development, Conceptual Analysis, and Relations with Public Sector Higher Education," The Open University, 2002, http://oro.open.ac.uk/id/eprint/23734, および Peter Holland and Amanda Pymer, "Corporate Universities: A Catalyst for Strategic Human Relations Development," *Journal of European Industrial Training* 30 (2006): 19-31.

12. Naomi Lamoreaux, "Reframing the Past: Thoughts about Business Leadership and Decision Making under Uncertainty," *Enterprise and Society* 2 (2001): 632-59、引用は 643-44 ページ。

13. 同上論文 644-45、647 ページ。

14. Koselleck, *Practice of Conceptual History*, 127.

15. Scuccimarra, "Semantics," 172.

第Ⅳ部　資源——創造的な概念と枠組み

16. David Edgerton, *The Shock of the Old: Technology and Global History since 1900* (Oxford: Oxford University Press, 2007).

17. Zammito, "Koselleck's Philosophy," 129.

18. James Kraft, *Stage to Studio: Musicians and the Sound Revolution, 1890-1950* (Baltimore: Johns Hopkins University Press, 2003).

19. Susan Douglas, *Inventing American Broadcasting, 1899-1922* (Baltimore: Johns Hopkins University Press, 1997), および Gregory Lowe and Taisto Hujanen, "Broadcasting and Convergence: Rearticulating the Future Past," in *Broadcasting and Convergence*, ed. Gregory Lowe and Taisto Hujanen (Goteborg: Nordicom, 2003), 9-25.

20. Martin Giaudeau, "The Making of the Future: An Historical Sociology of Business Plans," *economic sociology_the european electronic newsletter* 11.3 (July 2010): 78-79, http://econsoc.mpi-fg-koeln.mpg.de/archive/econ_soc_11-3.pdf#page=77 (2011 年 7 月 11 日閲覧).

21. Henry Mintzberg, *The Rise and Fall of Strategic Planning: Reconceiving Roles for Planning, Plans, Planners* (New York: Simon & Schuster, 1994)〔黒田哲彦、崔大龍、小高照男訳『「戦略計画」創造的破壊の時代』産能大学出版部、1997 年〕.

# 6：記憶

歴史とは集団的な自己同一性が形成されうる基礎にもとづいた「集団的」過去を形成するという利害にもとづいて培養された記憶である。

ヘイドン・ホワイト（Hayden White）「歴史の罪か」

覚えていようとすることは誠実な願いであり、そのことのために非難されるべきではない。なぜなら私たちはより良いものをもち合わせていないからである。

スコット・テイラー（Scott Taylor）= ビル・クック（Bill Cooke）= エマ・ベル（Emma Bell）「経営史と史料編纂の活動」

（記述された史料で）人がみないもの、およびみるであろうと期待すべきでないものは、主体の送っている生活や経験である。私たちがみるのは、弱い相互作用にあるが、すでに微細構造化されている社会生活にとどまる。

ポール・リクール（Paul Ricoeur）『記憶・歴史・忘却』

覚えていることは、部分的に記憶にもとづいている流行の物語とともに、文書や画像を保存するように個人や組織をみちびくので、記憶は歴史にとって重要である。私たちは経営史の実践にとっての含意を検討する前に、個人的・専門的・公的・組織的という記憶の四つの局面を概説するところから始める。個人的もしくは個人の記憶は、部分的に自発的に思い出し、部分的には非自発的に（不意に出てくるフラッシュバックとして）思い出すものとして見做されるべきである。その記憶は決して完全な真実を伝えないが、しばしば回想録の形で描かれる個人の物語に影響する。個人の記憶は常に改訂され、各人の継続する経験のゆえに、出来事を再び語ると変化をこうむる。専門的もしくは歴史的記憶も物語の形式をとり、書かれたものであれ、口述されたものであれ、しばしば回想録の形をとるが、個人の記憶と対立することもありうる。たとえば、目撃者は通常、歴史家より物事をよく理解していると主張する。「私はそこにいた」とか「私はよく知っている」ということは、その人たちにとって適切な正当化である。個人的記憶のように、専門的歴史も再び語られるときに改訂されるが、個人の場合は無関心でいられる「史料」に左右されている。教育の正式な構造が学問分野を活気づける歴史的概念（たとえば、改良、進歩、先人の成果に積み重ねること、系譜）をめぐって組織されているので、個人の記憶とは異なり、専門的記憶の教育への結びつきは深い。さらに「歴史は覚えていることと関連しているのと同じように忘れることとも関連しており、批判を追い払う『公式版』を作り出すことで、過去に『本当に起こったこと』を覆い隠すか、隠すか、注意をそらすために多くの歴史が書かれてきている」[1]。

　歴史が過去の総合的な物語を蓄積しているので、専門的な記憶は同様に、公的もしくは集合的な記憶に貢献している。公的な記憶に影響するとき、歴史は真実をみつけ、語ることと、真実を虚偽から選り分けることという二つの任務をもっている。確かに（社会的なレベルでの）戦争、強制された移民、伝染病や（企業レベルでの）リストラ、解雇、合併によって、集合的な記憶は粉砕され、混乱させられることがある。さらに自発的なものであってもなくても労働者の移動の増加や、人びとを確立された組織から引き出し、経験や組織への献身を変化させるプロジェクトには、同様の効果がある。もしも会社や産業の崩壊が異議をさしはさまれないか記念されないのであれば、集合的な記憶がばらばらになるか、ほとんど消し去られるということがある。確かに会社が規模を縮小するか、死滅するか、工場が閉鎖されるとき、解雇される労働者がかつての職場と感情的なもので

240

第Ⅳ部　資源——創造的な概念と枠組み

あれ歴史的なものであれ、「継続する紐帯」を保持することがありうるにもかかわらず、解雇される労働者は個人的な悲しみと集団的な喪失を経験する[2]。分裂化と分離とは対照的に、実践共同体（第Ⅳ部「資源」の「2：実践共同体」を参照）は、これまで述べてきた記憶の三つの局面をすべて助長するが、そこに経営学者の一部が従業員の間に実践共同体が形成されるのを防止する手段（多数のパートタイム労働者を雇う、頻繁にスタッフを移動する、プロジェクトチームの構成を変える）を取るように主張する理由の一端がある[3]。

　国や地方や都市は、地域的に広がり、独裁国家から共和国まで、さらには安定的もしくは発展する都市部から苦境に陥り、衰退し、もしくは再建される都市まで広がる企業の集合的な記憶と呼ばれるようなものをもっている。アクロン市の記憶の象徴としてのグッドイヤーとファイアストン、ニューヨークのシティバンクと J. P. モルガン、豊田市のトヨタ自動車について考えるとよい。ドイツ人は疑いなくナチ時代の主要企業についての矛盾し、分裂した記憶をもっている[4]。経営史家はこのような記憶が務める目的や、記憶を保持し再解釈するための機構や誘因について問うことで、利益を得るであろう。

　範疇としての組織的記憶は、1970 年代から 1980 年代における企業文化の「発見」からの副産物として導入された。その創作者は、カール・ワイク（Karl Weick）を口火となる言葉として引用していた。「もし組織が何かを学習するなら、その記憶の分布、記憶の正確さ、記憶が定常的なものとして扱われる条件は、組織化の決定的な特徴となる」[5]。ジェイムズ・ウォルシュ（James Walsh）とジェラルド・アングスン（Gerardo Ungson）は自らの中心となる 1991 年の論文で、組織的記憶を定義している。「組織的記憶とは現在の意思決定に影響をもたらしうる蓄積された情報である」。重要なことに、「枢要な組織の成員が離れたのちも組織は過去の知識を維持しうる」[6]。有用な疑問には以下のものが含まれる。この記憶はどこにあるのか。どのような過程を通じて記憶は獲得され、蓄えられ、引き出されるのか。それはどのように重要であり、何の目的（結果、計画、連帯意識、有効性）があるのか。最も一般的には、組織的記憶はファイル、コンピューター、文書、手続き、標準、期待（行動、組織）そして配分（空間・娯楽設備・予算）のなかに蓄えられ、成文化されている。それはまた個人、組織文化、作業計画、公式・非公式組織、および部外者（顧客、消費者、元従業員）によって繰り越される[7]。この形の記憶は企業の間にも存在する。他の場所でも言及されているトヨタ自動車のサプライヤーの小島鐐次郎が中国で部品工場を始めるこ

241

とに抵抗したとき、豊田喜一郎の息子の一人が主張した。「あなたは私の父親を知り、一緒に働いた数少ない生き残りの一人です。あなたはこんな不同意を基礎に私たちから離れることはできません」。マイケル・カメン（Michael Kammen）の言葉では、「神秘的な記憶の琴線」に触れたことは非常にうまく作用し、トヨタ自動車の中国サプライ・チェーン計画は前進した[8]。

　組織的記憶が形成されるとき、その過程は選択的で、目的があり、権力と結びつけられている。それゆえに長く続く組織の記憶は、定期的に競争の問題となる。組織的記憶は実際には政治化していて不安定で、組織主体の権力の影響を避けられないということを主張して、近年学者は、ウォルシュとアングスンの見解の組織的記憶を「保管庫のイメージ」を出しているとして批判している。たとえば、ヘンリー・フォードⅡ世（Henry Ford Ⅱ）は、創立者の最終的な伝記を書き上げるために、早い段階で聞き取りの歴史のプロジェクト（約 150 のインタビューをすべて起こして文書化した）に資金を提供したが、彼の隠れた目的は、祖父の経営の最後の 10 年間に会社がいかに衰退したかを記録に残すことであった[9]。組織的記憶は合併買収や分社化のあとに試練にさらされ、再構築や再設定という政治的な過程をへる必要がある。会社の名前、ブランド、製品ラインが変化するとき、消費者や利害関係者の記憶に何が起こるであろうか。ゼネラル・エレクトリックは金融サービス業に大きく軸足を動かし、企業の工学側の古い手腕をもった人たちはひどくかき乱された。同じように US スチールが技術や設備を新しくするのではなく、石油企業を買収するために資本を投下したとき、経験豊富な管理者の士気は沈んでいった[10]。

　メディア企業も組織的および集団的記憶を支配しようとするときの競争相手である。記憶が政府や企業の政策、選択、金融的配分そして計画のための環境を形成する限りにおいて、こうした戦いは政治的なものである。保存や文化遺産保護の率先も、ときには単なる文化的保存の努力ではなく、ビジネスの機会を生み、何を廃止し、何を修復し、開発するのかに関する広い政治的決定を巻き起こすかもしれない。このような活動は、経営史にとって重大な影響をおよぼす試金石をなす。ビジネスの記憶化の政治学研究の場所は、転用工場、博物館、ウェブサイトの歴史、産業の映画、戦争の記憶そして会社や政府と契約して書く歴史のなかにたくさんある[11]。決定や経験を蓄積することが、のちの年代記のための基本方針を変えるということを正しく理解することが、ここではなお重要である（第Ⅳ部「資源」の「5：過ぎ去った未来」を参照）。

第IV部　資源——創造的な概念と枠組み

　最後に、記憶は組織にとって肯定的なものであろうか、それとも否定的なものであろうか。記憶は革新を押しとどめるか、過去を更新するという日課の囚われの身に企業をすることもありうるが、なおハーシュマン（Hirschman）によれば、記憶は忠実の基礎ともなりうる。入口のところか廊下にそって以前の指導者の肖像画がずらっと並んでいる重役室と会社の宣伝、工場の景色もしくは穏やかな抽象芸術が飾られている重役室の違いを考えてみよう。ここでは歴史的イメージの選択と配置が、その使用の変化とともに、会社の宣伝活動部門やひとまとめにされたウェブサイトの歴史によって提供されるものとは異なる組織的記憶に関する物語を語るかもしれない。

　私たちは企業を超えた組織的記憶を探し求め、企業の生態系における中心的な「専門的記憶の構築者」を同定しようとするかもしれない。企業格付け機関、訴訟関係者や法廷、銀行、事業者団体、新聞、雑誌はすべて、他の機関が専門的に組織的記憶を破壊するために骨を折るのに、組織的記憶を集め、アーカイブに納める。ファッション産業の企業は、未来はあるが過去は顧みないし（少なくともビジネスの条件においては、過去のスタイルを復活させようとするときを除いて）、コンサルタントや法律専門企業は顧客に記録を捨てるか破壊するように仕向ける。フランスではシトロエン（Citroën）が工場と事務所をパリの南西部から郊外に移転したとき、将来の訴訟に備えて残された法律部門の記録を除いてすべての文書が廃棄された。アメリカでは対照的に、新たな発見のありそうな文書記録があると訴訟に敗北しやすくなるか、それとも効果的な防衛をするのに文書記録が必要かについて、法的な助言者の意見が分かれた。

　こうした「記憶形成」の実施には長い歴史がある。1871年にクレディ・リヨネ（Crédit Lyonnais）は金融産業調査部門を設立し、フランス内外の商業と産業の企業からもたらされる機会を探知した。一世代の間にその部門は「51,000社と243の国と地方の政府」の活動とその見込みを取り扱った[12]。もう一つの記憶形成のグループは、旅行や消費を引きつけるものとしての、水晶宮の時代からディズニーのテーマパークの歴史の動員までの、見世物、娯楽、見本市（博覧会や世界見本市を含む）の組織者や興行者である。しかしパリ市内や近郊にあるユーロディズニーや科学産業博物館（Cité des Sciences et de l'Industrie）は数百万の来訪者を集めているが、ルノーやPSA（プジョー・シトロエン）は膨大な歴史的自動車のコレクションを一般には公開していない。損益分岐点が余りに高く、競争が激しいためである。ゆえに記憶の商業化は商業化しうる記憶の範囲を制限す

243

るのである。

　研究で記憶現象に接近しようとしている経営史家は、組織内外の個人の記憶、製品、ブランド、サービス、ネットワーク、組織の社会的・文化的記憶（どちらも市場の傾向、恐慌、合併買収、ストライキ、倒産によって影響を受ける）そして記憶の場所として機能するかもしくは記憶をとどめる対象、建物、風景を研究しようと思うかもしれない。さらに記憶が証言として音声化されるとき、証言は記憶を文書化する過程なので、歴史分析のための豊富な原典資料があらわれる。「記憶は証拠に外部化され、登録され、（文書館に）保存され、ときに歴史家によって利用される」[13]。ゆえに記憶、証言、文書、歴史がお互いに多数のフィードバックの環と結びついている概略図、文書が証言を補い、記憶をリフレッシュする概略図、さらに歴史が証言と文書に依存し、それが普及するときに記憶を作り変える概略図が描かれるかもしれない。

　経営史家が先に上げた四つの記憶の範疇を、主に個人や組織に関係すると私たちが考える視覚や過程の記憶を含むように拡張するのはもっともなことであろう。視覚の記憶は点描画法のような回想の断片であり、必然的に物語となるものではないが、それを心やファイルにとどめておくということは、それらが大事であることを示している。視覚の記憶を写真や家庭映画のようなものとして私たちは認識するが、実際の写真や家庭映画の上映の回想があるかもしれない。ゆえに視覚の記憶は印象の寄せ集めであるが、口述を資料とする歴史家が応答者の示す視覚情報を使用するように、視覚の記憶が物語に再構成されていくことはありうる。視覚的印象や多方面にわたる記憶は、私たちが想像する以上に、工場の現場から重役室まで、日常の意思決定に影響を与えるかもしれない。ワイクがかつてこっそりと観察したように、「いかなる意思決定者もせいぜい自らの記憶と同じように立派である」[14]。過程の記憶は、いかに物事を行うかにかかわるが、暗いなかでライフル銃を分解し、再びもとのとおり組み立てられる兵士の能力、手近な仕事で酷使されている旋盤に関する機械工の聴覚の記憶、プロジェクトの提案が認められるのに必要な手順についての管理者の記憶などである。経営史にとって過程の記憶は、記憶がいかに所定の順序に結びついているのかを示すが、所定の手順は一方ではマニュアル、雛型、流れ図などに体系化されているものの、他方では人びとによって特定の場所と時間に特定の目的のために行われるものである。

　テイラー、クック、ベルの３人は、ホワイトに共鳴する注意を引く洞察を行っており、それでこの節を閉じることとする。「経営史においては、実際の特定の

第Ⅳ部　資源——創造的な概念と枠組み

局面（たとえば、産業化初期の個別の産業人の行動や最近の例では巨大組織における重役の意思決定過程）の『過剰記憶』への傾向があるのと同時に、組織や経営の過去の暗い局面（たとえば、奴隷や全体主義の体制との組織的蜜月関係）の忘却もある」[15]。このアンバランスの修正には長い年月が必要であるが、恥ずかしいものは抑圧され、平凡なものは内省的に忘却され、大抵は当然のことながらそうなので、「暗い側面の回復プロジェクト」を行う必要さえあるであろう。それでも私たちの「興味深い」もの、すなわち研究に値するものについての規範は、成功と失敗の双方を含むのにもかかわらず、犯罪や汚職はめったにテーマとなることがなく、研究に対する知的決意を形成することがずっと少ない（第Ⅲ部「展望」の「2：詐欺といかさま」を参照）。それにもかかわらず不正、詐欺、汚職の記憶を厳密に調べる疑問を探し出すことは、やりがいのある出発点であろう。

## 注　6：記憶

1. White, "Guilty," 237.
2. Emma Bell and Scott Taylor, "Beyond Letting Go and Moving On: New Perspectives on Organizational Death, Loss, and Grief," *Scandinavian Journal of Management* 27 (2011): 1-10.
3. Joanne Roberts, "Limits to Communities of Practice," *Journal of Management Studies* 43 (2006): 623-39.
4. Richard Ned Lebow, Wulf Kansteiner, and Claudio Fogu, eds., *The Politics of Memory in Postwar Europe* (Durham, NC: Duke University Press, 2006).
5. Karl Weick, *The Social Psychology of Organizing* (Reading, MA: Addison-Wesley, 1979)〔遠田雄志訳『組織化の社会心理学』文眞堂、1997 年〕206.
6. James Walsh and Gerardo Ungson, "Organizational Memory," *Academy of Management Review* 16 (1991): 57-91, 引用は 61 ページより。
7. Walsh and Rivera, "Organizational Memory," 62-67.
8. パトリック・フリダンソンの小島氏へのインタビュー（2006 年）および Michael Kammen, *Mystic Chords of Memory: The Transformation of Tradition in American Culture* (New York: Knopf, 1991).
9. Mary Ann Glynn, "Commentary: Collective Memory as Fact and Artifact: Cultural and Political Elements of Memory in Organizations," in *Advances in Strategic Management*, ed. James Walsh and Anne Huff (Greenwich, CT: JAI Press, 1997), 147-54 は、Charles Booth and Michael Rawlinson, "Management and Organizational History: Prospects," *Management and Organizational History* 1 (2006): 5-30 に引用されている。Elizabeth Atkins, "A History of the Ford Motor Company Archives, with Reflections on Archival Documentation of Ford of Europe's History," in *Ford, 1903-2003: The European History*,

ed. Hubert Bonin, Yannick Lung, and Steven Tolliday（Paris: Editions PLAGE, 2003）, 32-35 も参照。

10. US スチールの経験豊富な人の一人がフィリップ・スクラントンの父親であり，アメリカ橋で特殊エンジニアリングを率いていた。彼はマラソン石油買収の直後に退職した。注意深い再考察として，John Hoerr, *And the Wolf Finally Came: The Decline and Fall of the American Steel Industry*（Pittsburgh: University of Pittsburgh Press, 1988）を参照。

11. ひとつの分析として、Nick Nissey and Andrea Casey, "The Politics of the Exhibition: Viewing Corporate Museums through the Paradigmatic Lens of Organizational Memory," *British Journal of Management* 13（2002）: S35-45 を参照。

12. Patrick Fridenson, "Stock Certification: An Innovation in Banking by Crédit Lyonnais and the Origin of Major Business Archives", in *Communità di destino. Parole per Giulio Sapelli*, ed. Pasquale Alferj e Germano Maifreda（Milan: Edizioni Guerini e Associati, 2012）, pp. 67-74.

13. Taylor, Cooke, and Bell, "Business History," 156.

14. Karl Weick, *Sensemaking in Organizations*（Thousand Oaks: Sage, 1995）, 184-85〔遠田雄志、西本直人訳『センスメーキングインオーガニゼーションズ』文眞堂、2001 年〕, 引用は Booth and Rawlinson, "Management" 11 ページより。

15. Taylor, Cooke, and Bell, "Business History," 162.

# 7：近代

　経営史家にとって近代の到来はその学問分野の礎石をもたらした。長い不規則な移行過程のなかで、はかない冒険商人、王や国家の独占企業、職人ギルド、貴族的な縁故主義および教会の支配する所領や製造所のごちゃ混ぜのなかから独立した資本主義企業が出現し、着実に産業化していく経済のなかでそれらすべてを周辺的な地位に追いやっていった。近代は私たちの文化であり、私たちはそのなかで行動しており、それを歴史化し、解剖する努力なしにはめったにみることができないが、ここでは私たちが泳ぐ大洋に関する視角を得るために、簡単にその努力に着手してみよう。

　私たちの考えでは、三つの突出した特徴—人間が世界を変形できるという観念、産業化と市場経済を支える制度、国民国家を支えそのなかに入れ子になっている関連した政治制度—が近代を特徴づける。結果として「近代はそれ以前のいかなる類型の社会秩序よりも活動的である。近代とはそれ以前のいかなる文化とも異

第Ⅳ部　資源——創造的な概念と枠組み

なり、過去よりも未来に生きる社会である」[1]。その必須的前提条件は、世界の魔術からの解放、手段的理性の前進、個人の社会の中心への昇進である。魔術からの解放とは、宗教を精神的な問題に限定し、正統性への質問や要求に対する実施可能な障害を取り除き、よって科学、国家、市場商人そして消費者を超越的な謎や心理にもとづいた制約や規則から解放することを含意している。手段的理性は、どの目標が達成するに値するか指示せずに、いかなる状況においても目標にいたる最適の手段を捜し求めることを承認することを含んでいる。これは市場経済学や人間の意図を実現するために自然を利用する科学の中心である[2]。個人主義が広まることで少なくとも四つの形態の伝統的権威—宗教の、王室の、家父長の、家族の—がくつがえり、個人的で全員参加の成長のダイナミックスを解き放つ代わりに、服従を支えていた人びとや習慣や文脈を衰えさせた[3]。これらの三つの近代化を促進する要因は、それぞれが私たちの存在や行動の条件を変更することに関係するので、著しい歴史的帰結を生み出した。これらの形態の権威に置き換わっているのは、新しい法の優位であり、直接に企業の必要に調和しており、賃金労働者にもまた特定の保証をもたらすものである。アメリカでは法の支配により株式会社が法人へと変化されているが[4]、対照的にロシア皇帝の法やソビエトの法は、こうした役割を果たすようには形成されず、その代わりに皇帝の経済や指令経済の法を表していた。どちらの場合でも投資や産業化は、最低限にみても、やりにくいものであった[5]。

　近代はその絶頂において、拡張する商品化、情報を組織し管理能力を作用させる新しい方法の発展、常備軍の秩序の確立、科学技術に立脚した文明の表明を含む資本主義社会の制度化を特徴として示す。ここでは市場が最も重要なものではなく、むしろ資源・情報・権力・人工物を作りかえている、多次元で同時に創発される過程の構成要素であるということを認識することが決定的に重要である。たとえば、資本主義社会は、誰が誰に、どのような条件で、どこで、いつ売ったり買ったりできるのかを制限する、固定的で習慣的な筋道よりむしろ、多角的な関係が変動する供給連鎖をその特徴としている[6]。同様にこれらの力学は、遠くの出来事が多くの場面にますます即時的な影響をもつほど、組織が労働者・勘定・通路・飛行経路を即時に定期的に調査し、監督することを予期するほど、さらに眼にみえない高度に専門的なシステムにおいて信頼が技術的に根拠のあるものになるほど、時間や空間における関係を再構成する[7]。

　動きに規定されて、近代は継続的な変容をともなっている。進んだ西洋で一世

247

紀以上前に始まった「固形性」近代の形成と、20世紀の最後の3分の1にわた
る「流動的」近代への段階的推移という、近代の展開における二つの大きな局面
を概念化しようという近年の努力を、経営史家は有用と思うかもしれない。二つ
の様式において企業は異なった方法で組織されているが、最近の世代において成
功への道のりは変化してきている。固形性近代は、「容積と寸法」に集中し、明
確でしっかりした境界をもつ「重い資本主義」への生きた対応物であった。「こ
の重い段階においては、資本はそれが従事させる労働者と同じように地面に固定
されていた」。これは特に製造業における大企業の時代であり、「人間の活動を単
純な日課に還元する」工場、「自己同一性や社会的紐帯がその地位への就任に依
存する」官僚制、「決してまどろむことなく、常に忠実なものには報い、失敗し
たものは罰する、熱心ですばやい」監視を必要としている[8]。ゆえに固形性近代は、
「合理性の判断に従った現実は、厳格な品質管理の下に、厳格な手続き規則に従っ
て『作り上げ』られ、何よりも構築作業が始まる前に、事前に設計されているべ
きである」ということを、企業のなかや企業を超えて断定する。しかしこの生産
と管理の世界は、深い断層線を示すことになる。「ハードウェアの寸法と品質に
依存した富と力は反応が遅く、扱いにくく、動きがぎこちない。双方とも鉄とコ
ンクリートに『組み込まれ』、固定され、結びつけられている」。さらに計画と管
理の理想郷の方向へ動くことは、重い資本主義が「固有に全体主義への傾向をは
らんでいる」ということを意味した[9]。冷戦の間に一様ではないがすべて朽ち果
てていった、偉大な軍隊、支配的な巨大企業、巨大な大量生産設備、難攻不落の
権力の座、一生涯の経歴においてと同じく、第二次世界大戦で出現し、その後ま
もなく分解された20世紀の絶対的な力を形成するビジネス、管理、戦争、技術
において、継続的に表明されているこうした特徴が、近代といかに交差するのか
に注意しなければならない。

　半世紀後、私たちはとても異なった世界に住んでおり、経営史家にとっての難
問は、私たちがいかにここに達し、どのような他の経路が繁栄せずに終わったの
かを探ることであり、政治や文化に焦点を合わせたレンズを、企業や技術に集中
照明を当てて補うことである。可動性のもしくは柔軟な資本主義は、根付いて定
着していた先祖に取って代わり、「今日では資本が軽く動き、満足が続くより長
くは、どこにも留まる必要がない」。今日の大量生産工場は、20世紀の中葉にそ
うであったものより、遙かに一時的なものであるとみられている（ちょうど10
年稼動して1986年に閉鎖されたフォルクスワーゲンのペンシルバニア工場を考

248

第IV部　資源——創造的な概念と枠組み

慮せよ）[10]。投資家とその資産は「かつてないほどに、埋めこれまれていたものが取り外されているが、地域に根ざしている政治機関を強要して屈服させるのには十分である」。国民国家は、今日世界的に動きうる作用主体——会社・投機家・難民・ハッカー・テロリストであろうとなかろうと——を規制する能力を失っている。しかし近年のEUによるマイクロソフトの行動に対する強い挑戦にみられるように、国際機関がこのような主体に対して影響力を行使することは可能である[11]。

　さらに流動性（fluid）のもしくは流動的（liquid）近代において、「定住している多数は、放浪していて治外法権をもつ政治的、経済的、文化的エリート」によって支配されているが、そのエリートの決定的な技能は、結果・場所・人びとに対する責任をそらし、それによって責任を捨て去る能力である。もしも固形性時代の経営者が「『人的労働力』を確保し、その人たちに会社に留まって、予定どおりに働くように強要するか、買収していたとすれば」、今日の経営者は、長期雇用を避け、事業縮小や外部調達を通じて労働者を置き換え可能にしておくよう努力している。「短い出会いが長く続く約束に取って代わる」。流動的な金融商品化された経済を前提とすると、労働者にとっては、家をもつことや家族や共同体のつながりは資産から負債へと変化しうる。いまや「私たちは非常に不安定な条件の下で、個人生活の全局面に行きわたる普遍的で柔軟な世界に住んでおり」、そして結果として、「安全な港はごくまれで、大抵の場合、信頼は邪魔者がなく自由に漂っている」[12]（第III部「展望」の「11：信頼、協力、ネットワーク」を参照）。

　私たちの近代は、グローバル化した消費、短期の思考方法、そして過剰人口の近代であり、広く行きわたった無気味な自己満足を作り出してきたようにみえる。生産は社会的であり、消費は公開で行われたとしても個人的であるから、流動的近代は初期の社会的分断（資本対労働、都市対郊外）を緩和するが、短命で義務があまりない方式の集団形成を促進する（ハーレーのバイクの持ち主やジョニー・アリディー〔Johnny Hallyday〕のファン）[13]。ものを購入するのに、かつての生産者主義的な物の見方においては、耐久性と信頼性が大きく特徴づけられていたのであるが、循環すなわちリサイクリング・陳腐化・廃棄・取替えのスピードが、利益と繁栄にとって決定的に重要であるということを私たちは理解する。確かにこれら双方の叙述は、型にはまったものであるが、この150年間の広いパターンと共鳴する限りにおいて、経営史家に対して決定的な問いを発する。私たちは一世代をかけて固形性近代の登場の説明を行ってきた。いまや私たちは軽く、

249

流動的で、不安定で、柔軟な近代という後継者への段階的移行と勝利を説明する
という比較的骨の折れる仕事に直面している。

## 注　7：近代

1. Anthony Giddens and Christopher Pierson, *Conversations with Anthony Giddens: Making Sense of Modernity* (Cambridge, UK: Polity, 1998), 94〔松尾精文訳『ギデンズとの対話―いまの時代を読み解く』而立書房、2001 年〕.
2. これは道徳哲学や倫理的選択に複雑な含意があるが、それは規範的な合理性（そこでは目的は権威主義的に特定されるか、事前に指示される）の衰退とともに、私たちが高められた個人主義と潜在的な規範喪失性（anomie）の環境に達したからである。
3. 家父長制は、男性が社会で女性と子供に対して保持し、高齢の男性が若い男性に対して保持する命令的役割に関連し、共同体や血族の関係（ここではたとえば、女性は相当な権威を行使する）を超えており、氏族や家族の権威とは異なる。
4. Morton Horwitz, *The Transformation of American Law, 1870-1960* (New York: Oxford University Press, 1992) chap. 3〔樋口範雄訳『現代アメリカ法の歴史』弘文堂、1996 年〕. 長期の再検討については、Sanford Shane, "The Corporation Is a Person: The Language of a Legal Fiction," *Tulane Law Review* 61 (1986-87) : 563-609 を参照。
5. Avner Greif and Eugene Kandel, "Contract Enforcement Institutions: Historical Perspective and Current Status in Russia," Center for Institutional Reform and the Informal Sector, University of Maryland, Nov. 1993 http://pdf.usaid.gov/pdf_docs/PNABR268.pdf（2011 年 4 月 11 日閲覧）を参照。
6. Sean Adams, "How Choice Fueled Panic: Philadelphians, Consumption, and the Panic of 1837," *Enterprise and Society* 12 (2011) : 761-89 を参照。
7. この項は Giddens and Pierson, *Conversations*, interview 4 にもとづいている。ジークムント・バウマン（Zygmunt Bauman）は次のように付け加えている。「空間と時間が生活習慣から相互に分離され、別個の相互に独立した戦略と行動の範疇として理論化されるときに、近代が始まる」(*Liquid Modernity* [Cambridge, UK: Polity, 2000], 8)〔森田典正訳『リキッド・モダニティ―液状化する社会』大月書店、2001 年〕。
8. Bauman, *Liquid Modernity*, 25, 58.
9. 同上書 25、47、115 ページ。バウマンは強制収容所・ソビエトの政治犯用刑務所・刑務所を十分な順応性がないと考えられるか、十分な順応性があるとみえないすべての人を排除する強力な組織の能力を示すものとみている（25 ページ）。もちろん巨大な徴兵制軍隊は、西洋においてはハイテクの専門家に置き換えられてきている。
10. Ulrich Jürgens, "The Development of Volkswagen's Industrial Model, 1967-1995," in *One Best Way? Trajectories and Industrial Models of the World's Automobile Producers*, ed. Michael Frevssenet, Andrew Mair, Koichi Shimizu, and Giuseppe Volpato (New York: Oxford, 1998), 273-310. Jefferson Cowie, *Capital Moves: RCA's 70-year Quest for Cheap Labor* (New York: New Press, 2001) も参照。

第Ⅳ部　資源——創造的な概念と枠組み

11. Eleanor Fox, "Monopolization, the Abuse of Dominance, and the Indeterminacy of Economics: The U.S./E.U. Divide," *Utah Law Review* n.v. (2006) : 725-40, esp. 737-39.
12. Bauman, *Liquid Modernity*, 13, 122, 135, 149-50.
13. 宗教・民族の行動主義の先祖帰り的な盛り上がりは、もちろん、流動的消費主義が世界中に行き渡るのを阻止し、純粋化された集団を維持しようとしているが、これはもし主体が武力に関連した技術以外の近代性の要素のほとんどすべてを断念するのであれば、実現可能な任務である。


# 8：危険


　危険のないビジネスはありえないが、それは単に未来を知りえないというためだけではなく、ヴィトゲンシュタイン（Wittgenstein）によれば、他人の精神を知ることができないからである。この条件によって、企業が直面する危険の多様性と、歴史的に企業・政府・社会がそれを処理するためにみつけてきた反応を、正しく理解することが重要となる。たとえば、フランスでは、輸出は危険が多い挑戦であると考えられ、ゆえに20世紀の会社や団体は国にある種の輸出保険を提供するようにロビー活動を行った。民間の保険会社は、外国で提訴された紛争において当事者適格がなかったので、輸出保険は国家の仕事だと考えられた[1]。危険は、長期と短期、自然と人工、内部と外部、通常と通常ではないといった、相互に重なり合うたくさんの範囲に範疇分けしうる。これら四つの二項分類はいかに危険を理解し、契約することが困難であるかを示唆している。危険は事故、債務不履行、窃盗、諜報活動、詐欺、失業、解雇とストライキ、利子率と外国為替の変動、市場の恐慌とパニック、難破、火事、病気、伝染病、洪水、噴火、津波、そして最も広い意味では、政治、革命、常軌を逸した政府、戦争、技術変化、気候変動などから生じうる。これらすべての潜在的脅威を前提として、人はなぜビジネスを始めるのであろうか。正確には進取の気性に富んだ人が危険によって（あるいは危険にかかわらず）利益を上げられると考え、また誰もある特定の状況がもたらす危険な要素ばかりに集中していられないからであろう。

　企業やプロジェクトのなかのさまざまな利害関係者にとって危険は異なる。これを選り分けることは、誰にとっての危険かを訊ねることを意味する。第二に、さまざまな関係者にとって、自らが直面する危険を異なって受け取るのが当然だ

*251*

ということである。このことは主体がどのように危険を計算するかを訊ねることを意味する。金銭とともに経歴も問題となりうるのであり、訴訟の恐れは戦略を駆り立てる。ゆえに不均等は、危険への曝され方や危険の分析に組み込まれている。たとえば、ユニオン・カーバイド（Union Carbide）のボパール（Bhopal）化学工場事故は、化学工場の労働者や付近の住民が曝されている危険と会社の株主や経営者が曝されている危険が、全く異なるものであるということを明らかにした。広範囲の調査が、この場合は、健康、従業員、経済発展、株式価値（企業買収の試みへとつながっていく）に対する危険および訴訟や金融的損失の危険といった、すべての形態の危険、その源泉、その帰結を明らかにするであろう[2]。

個人や組織は危険とともに働くのに特有の習慣を発達させている。共同出資会社やカルテルは、投資クラブ、ミューチャル・ファンド、保険会社、そしてもう一つレベルが上の再保険会社と同じく、自発的に危険を共有するための機構である。近代的な再保険産業は、ドイツの保険会社が大きな産業上の危険をカバーするのに十分な準備金を積み立てていなかった 1846 年に、壊滅的な損失から保険会社を守る機関としてケルン再保険（Kölnische Rück）が形成されるにいたったことから発達した[3]。費用が数十億ドル・ポンド・ユーロにおよぶ気候に関連した大災害や環境上の大事件に対応するために、ここ数十年で再保険は急速に国際化している[4]。ボパールでのように、危険が安全装置、操業マニュアル、検査、監督などを通じてなくされたり、減少されたりするよりもむしろ、他の場所でも同じであるが、危険が経営者から労働者や市民に転嫁されるということも起こりうる。特定の危険の環境においては、新しい制度が作られてきた。1880 年代のアメリカでは、既存の保険会社が火災の危険性が良くわかっている家庭や店舗の保険に集中していたので、製造業者が一連の産業上の火災保険企業を始めた。多数の保険会社が腐敗しているか、支払い停止になっているときに魅力的な戦略である、被保険者が会社を保有する相互保険会社が、19 世紀後半にもう一つの選択肢を提供した。さまざまな欧州の国々では、輸出に関する損失に対する保険に加えて、同業組合がストライキによる危険や費用に対する保険をかける他の企業を設立した。専門家（あるいは投資家や労働者）集団の内部においてすら、ゲームを楽しんだり、大きな利得を得たりすることを考えて、ある主体は他人よりも喜んで大きな危険を引き受けている。別の主体は、危険を無視したり、予防策をとったり（不安定な国に対する投資を制限したり、危険な割り当てを断る）、可能であれば保険を通じて危険をカバーしたりしている[5]。

252

第Ⅳ部　資源——創造的な概念と枠組み

　慣例的に危険は、起こりうる結果の既知の分布を含んでいるが、その多くは計算不能である。しかし既知の断層線に添った地震を予測することについて、失敗か成功かはそのタイミングがすべてであるのと同じように、数量化できないことは、不確実なことと同じではない。ゆえにすべての関係者は、たとえば建築の規制を改定するなど、このような危険の結果として行動しなくてはならない。この意味において、歴史的分析に値すると信じられる危険と不確実性の間にある認識と行動に関するかろうじて認識できるずれがある。このずれのなかで私たちは「再数量化」を、ひとたび認識された危険が、統計や保険計理人のような新しい専門家の成長を促進してきたという18世紀以来広まった現象として捉える。このことは伝統的で経験に根ざした危険の概念（それは数的なもので、推定されたパーセンテージや割合である）を、長期のパターンや状況の多様性を認識することを促進する統計的基礎を確立すること、すなわち修正主義数量化によって置き換えていくことを意味している。ゆえにありそうな結果の確率を推定する方法を、どのような手段によって私たちが学んだのかを探求することは、歴史的に大変実りが多いであろう。時とともに賭ける行為は、占い判断、祈祷、標的となった宗教的・政治的寄付金、記憶、記録や文書、模型、傾向線、コンサルタント、標本抽出、組織的世論調査を動員し、過去の出来事やパターンにもとづいて未来を予測する数学的分析へと、理論的には結びついてきた。このどれもが信頼できないけれども、「近代的」な文化のなかでは、私たちはより数量的な道具であればあるほど、より信頼する（金融における合理的市場の論文を要約したアルゴリズムと証券市場におけるファット・テール—鐘形曲線分布のどちらの端においても、めったに起こらないはずなのであるが、実際には理論が想定するよりずっと頻繁に発生する現象—について考えてみよう。合理的市場において期待されるよりもずっと多い大きな価格の上下変動は、文脈をはぎ取られた過度の単純化として、投資指南を世にさらした）[6]。

　ウルリッヒ・ベック（Ulrich Beck）は、広く尊敬されている『危険社会』において、後期近代において、危険は加速し、空間的に広がると論じている。最初の計算として、毒性の化学物質の敷地（毎年新たに発見される）や病院における医原性の病気から、農業に対する天候や収穫減少の危険（殺虫剤が耐性のあるバクテリア、カビ、昆虫を産んでいる）[7]や原子力発電所の大災害にいたるまで、危険の環境はどんどん増えている。この現象は危険をますます引き受け、危険をとることを促進すらし（第二次大戦後の欧州の福祉国家とは異なっている）、さらにたとえば、

253

再保険の範囲を拡大し、デリバティブに保険をかけ、さらには AIG の有名なクレジット・デフォルト・スワップ（とてもすばらしいパラドックスである）[8] のような投機的な契約を行うことによって、危険をカバーする新しい方法をみつけている社会において発生している。かつては危険でなかった何が危険になったのであろうか。ほとんどの産業化している社会の高齢化は、多数の年金計画の基礎を不安定にしているように、人口構成から新しい危険が発生している。商業化、C型肝炎、麻薬を使用する献血者、そして HIV を巻き込む意図しない帰結の長い連鎖を通じて、輸血が危険社会をもたらしてきている[9]。

　鍵となる考察はどのような危険に保険がかけられ、どのような危険がかけられないかである。アメリカのほとんどすべての財産損害請求においては、予防不能な事故や戦争の結果は保険の対象とならない。テロリストが攻撃するとき、保険支払いの対象となるのであろうか。これは不完備契約をめぐる係争点である。損害や生命の損失や負債をもたらすようなすべてのことを事前に特定することは不可能であり、このような状況においては、法の解釈が重要な領域となる。

　先に述べたように、明らかに保険計理の表に落とし込めるような危険は―古典的には自動車保険や職場での事故―容易に保険をかけることができるが、特にこれらのデータが保険会社が利益を生む価格を計算するのを助けるからである。別の領域では、ロイズはたとえば、女優の鼻とか海上の油井掘削装置のような「特別な状況」に保険をかけることで有名である。これらは利用可能なデータがないか、事故とその結果の費用についての記録がとびとびにあるだけであり、ゆえに価格付けは数世紀前と同じく、ポートフォリオの勝負事か教育を受けた人による推測になる。もちろん 1 万もの鼻や海底油田の装置が数十年にわたって保険にかけられたとしたら、一続きの再数値化が行われるであろう。新しい危険と保険可能性の関係は時間が中心となり、ゆえにエイズ治療のための健康保険は、病気の発生からずっと遅れたが、また一方では、ほぼ間違いなく価格付けのあいまいさによって遅れたのであった。したがってサハラ砂漠以南のアフリカにおける多国籍企業は、エイズに苦しむ労働者を保険市場の欠如のもとに置くという慣習を作り上げた[10]。

　最後に福祉国家と長く続いた企業が、年金生活者や株主・社債保有者に対して大きな義務があることから、危険回避的になるというのはもっともなことである。より大きな危険を負うか、より多様化した危険のポートフォリオを負うことは、どちらの機関をも活性化することができるであろう。しかしその背後にある危険

254

第IV部　資源——創造的な概念と枠組み

は、危険を取ることに不慣れな機関が、悪い選択をするか、投資に慣れているが
投資成績を保証できない助言者の虜になってしまうかもしれないということである。さらに福祉の対策を引き受けるという民間の試みは、景気のいいときの資金
が、景気が悪くなったときにゼロに近くなるまで減ってしまうというように、不
安定であるということが繰り返し明らかになっている[11]。しかし慈善団体や基金
が、健康管理や食糧確保の直接資金援助と、革新を通じて危険を減らすための研
究資金の援助の双方を通じて、個人や機関が巨大化した危険に対処することを助
けるときのように、さらなる制度的な介入が有効であることが明らかにされてき
ている。全体として、危険の意味の時間範囲と危険の認識と解釈のための場所は、
近代初期に戻ったり、国境や海洋を超えて空間的に広がったりして、経営史家に
よる生産的な研究プロジェクトのための場所を提供するのである。

## 注　8：危険

1. Bernard Bobe, "Public Assistance to Industries and Trade Policy in France" (World Bank Staff Working Paper no. 570, Washington, DC, 1983)；フランスの輸出信用保険機関として始まった COFACE については、http://fr.wikipedia.org/wiki/Compagnie_fran%C3%A7aise_d%27assurance_pour_le_commerce_ex%A9rieur を参照。イギリスと日本にも同じような制度がある。

2. Bridget Hanna, Ward Morehouse, and Satinath Sarangi, *The Bhopal Reader* (New York: Apex, 2005)（文書集成）, および Dominique Lapierre and Javier Moro, *Five Past Midnight in Bhopal* (New York: Warner, 2002)（ジャーナリスティックな説明）。学者による評価は、Edward Broughton, "The Bhopal Disaster and Its Aftermath: A Review," Environmental Health 4 (2005)：ページのない html (www.ehjournal.net/content/4/1/6/.)。ダウ・ケミカル (Dow Chemical) はその後 UCC を買収し、ボパール工場を廃止した。少なくとも四つの小説と一つの演劇がこの悲劇について書かれ、一方地元の人びとは死者を悼む年末行事を催してきており、そこでは会社の経営者の大きな操り人形が破壊されている。

3. Edwin Koph, "Notes on the Origin and Development of Reinsurance," Proceedings of the Casualty Actuarial Society 16 (1929)：22-91. 詳細は 30-31 ページ。

4. Kenneth Froot, "The Intermediation of Financial Risks: Evolution in the Catastrophe Reinsurance Market," *Risk Management and Insurance Review* 11 (2008)：281-94, および Wallace Hsin-Chun Wang, *Reinsurance Regulation: A Contemporary and Comparative Study* (The Hague: Kluwer, 2003). 私たちの仲間のクリストファー・コブラック (Christopher Kobrak) が現在、産業のリーダーであるスイス・リ (Swiss Re) の歴史分析の執筆をしている。

5. Andrew Yarmie, "Employer's Organizations in Mid-Victorian England," *International Jour-*

255

*nal of Social History* 25（1980）: 209-35.

6. Nassim Taleb, *Fooled by Randomness: The Hidden Role of Chance in Life and in the Markets*（New York: Norton, 2001）〔望月衛訳『まぐれ―投資家はなぜ、運を実力と勘違いするのか』ダイヤモンド社、2008 年〕.

7. Edmund Russell, *Evolutionary History: Uniting History and Biology to Understand Life on Earth*（New York: Cambridge University Press, 2011）.

8. David Paul, "Credit Default Swaps, the Collapse of AIG, and Addressing the Crisis of Confidence," *Huffington Post*, 11 Oct. 2008 （WWW.huffingtonpost.com/david-paul/credit-default-swaps-the_b_133891.html）（2011 年 6 月 11 日閲覧）。全体的なレビューについては、Roddy Boyd, *Fatal Risk: A Cautionary Tale of AIG's Corporate Suicide*（New York: Wiley, 2011）を参照。

9. Sophie Chauveau, "Between Gift and Commodity: Blood Products in France," *economic sociology_the european electronic newsletter* 11.1 （Nov. 2009）: 24-28 （www.people.hbs.edu/manteby/economic%20Sociology_Euro%20E-Newsletter%20Nov%2009.pdf#page=24）（2011 年 7 月 11 日閲覧）。

10. Philippe d'Iribarne, *L'épreuve des Différences: L'expérience d'une entreprise mondiale*（Paris: Le Seuil, 2009）.

11. Andrea Tone, *The Business Benevolence: Industrial Paternalism in Progressive America*（Ithaca: Cornell University Press, 1997）.


# 9：空間性


> 物質秩序としても宇宙論としても、近代は指令センターの周りに、また推論の主題は都市、国家、企業、住民・市民・資本家の積極的な参加の周りに、構築されてきている。明らかに抽象的で均質的な空間と時間の操作は、システムの両極にとって決定的に重要である。官僚制的形態の普及は、象徴と物体の双方の生産・伝達・貯蔵、運搬に関する常に発展する機構とともに、センターにおけるエリートが空間と時間のずっとより大きな領域について自分の考えを表明することを可能とする。
>
> ——ロジャー・フリードランド（Roger Friedland）と
> デイルダー・ボーデン（Deirdre Boden）『いま、ここに』


経営史は定義からいってその分析を時間と空間に位置づけるが、その両方にとって、私たちの最初の設定は、しばしば「明らかに抽象的」な同質性をもった

第Ⅳ部　資源——創造的な概念と枠組み

ものであり、時間は線形でかつ戻ることがなく、空間は入れ物としてか、舞台としてか、囲われた土地として認識されている。対照的に生きた経験においては、時間は複合的であり、統制された時計の時間は、一日や季節の巡りによって補完され、死や災害によって区切られ、地質学や文化によって伸ばされ、夢のなかで寄り合わされたり中断されたり、さらには「過去を予測する」歴史家によって逆さまにされたりしている[1]。空間については、距離は固定されているかもしれないが、生活と労働の空間は代替可能で動的であり、人間の行動によって構成され、技術・インフラストラクチャー・制度によって再構成される。国家や軍隊のように企業も空間を生み出し管理し、それらを測量や測定し、縮小や拡大し、大事にしたりなげうったりする。この過程において権力と資本は、非常に差別化された変形を可能とする方法で、小麦畑を通勤者向け住宅に再定義するとか、乗客や貨物の路線によって都市間を鉄道や飛行機で結ぶとか、資本を引き上げることで近隣をスラムに変形させるとかいった、地域に対して「自らの考えを表明する」。

　どちらも大規模に風刺されたり、論評されたりしてきているのであるが、工場のなかに独立した事務室を作り、さらには生産の場と全く離れたところに事務室を作ることによるとか、間仕切りのない事務室の「たまり場」を非社交的な小部屋に仕切ることによるとかして、企業、経営者、従業員は空間を取り決めたり、争ったりすることを通じて、権威や抵抗を伝える[2]。窓や浴室へいけることや職場で動ける余裕があることは、空間関係の個人の局面を象徴的に示している。これらの規則や配置にはすべて歴史があり、固定的な枠組みによって抽象化されるというよりは、空間を固定的ではなく流動的なものとして、すなわち変数、力、動く標的、行動や状況の不安定な構成要素としてみない限り、ほとんど調べることができないのである。

　今日の経営史家が研究において、空間性に出会う最もありそうな方法の一つは、国際化の話題がみえてくるときである。それでも皮肉なことに、国際化は空間を総計することによってそれを消し去ってしまう。すなわち最も単純な定式化において、地球はすべての「下位の」空間性を吸収し、誰が、何を、どのように、どれくらい早く得るかということに注意が移ってしまう。空間は背景の情景へと帰ってしまう。ようするに国際化（およびそれにともなう即時性）は、カール・マルクスが『経済学批判要綱』で示し、ヴォルフガング・シベルブッシュ（Wolfgang Schivelbusch）が、その最初の鉄道の具体化において描いた「時間による空間の全滅」を完成するのである[3]。しかしさらに批判的な調査は、国際化が暗喩とし

257

ても実際としても限界があること、国が「今日の経済を理解するうえで重要な空間上の尺度」としてとどまっていること、さらに「準国家の尺度」が情報の供給、資本の移動、操業の拡大、製品の差別化において「中心的な結節点」にとどまっていることなどを明らかにしてきている[4]。地理学者のジョン・アーリ（John Urry）が、これらの現象は、自由な市場の政策の確定した結果からは遙かに遠く、予言能力のある前提や定式に還元できないという意味において、むしろ絶えることなく将来の不確定要素に依存し、非線形的で、複雑であると論じていることは役に立つ[5]。

　「歴史における空間」を捉える価値ある方法は、フランスの社会学者アンリ・ルフェーブル（Henri Lefebvre）によって提起されている。ルフェーブルは、認識され、案出され、生活するという概念の三つ組みを通じて、空間の創造を考察することによって、私たちが空間を動員しているということを示唆している。認識された空間は、能力と実行を描写する「空間的実践」を通じて起こる。たとえば、道路建設は、過程とプロジェクトとにおいておよび生み出されたインフラストラクチャーにおいて、空間的実践である。案出された空間は、空間の意味と意図の鍵となる要素を捉える「空間の表現」を通じて生じる。ゆえに地図、図表、映像、（建築、設計、交通、コンピューターの）コード（code）はすべて空間を表し、通常は3次元を2次元に翻訳している[6]。生活する空間は、たとえば教会、共同墓地、市場、町の中央広場といった人間がその空間に投じる複雑な象徴性を表している「具象描写の空間」を通じて表面化する。その空間は、どれも豊かな象徴的語彙をもっている芸術、夢、宣伝などに表現されている[7]。

　これら三つの様式の理解は、空間的活動、空間的映像、そして空間的信号として要約しうるのであり、それらは経営史の関心事に直接に結びつきうるであろう。活動を貨幣的焦点として捉えると、企業における、企業を通じる、そして企業による空間の創造は、空間的規則や習慣の起草、活動のための空間の設計と作成、マーケティングや特許による国民的空間の調査、もしくは毒物廃棄場への廃棄物の廃棄の歴史的過程を含んでいる[8]。運輸・通信の変化で、非常に遠かったものが十分に近くになると変化する概念であるが、潜在的な顧客が販売の誘いをかけるに値するほど十分近くにいるかどうか、それを歴史的なビジネスの主体が決定する領域が存在する。活動を活性化するには、計画、青写真、写真といった空間的な外形を必要とし、そして再び、その出現と普及は、歴史的疑問を呼び起こす。こうして私たちは、空間を目にみえるように概念化してくれる19世紀の鉄道地

第Ⅳ部　資源——創造的な概念と枠組み

図と時刻表（もしくは大洋横断の航路図と旅程表）の経済的重要性を正しく認識する。企業の空間的活動は、経験や空間を要約的に示したり、広げたりする象徴的表現をも呼び出す。たとえば 1900 年頃の産業集積地域における工場の煤煙は繁栄を意味したし、安い日本製の金属やプラスチックのおもちゃは、かつての敵が戦後には他を傷つけないものであるということを示していた。私たちの商業の語彙は文化的な信号や象徴に非常に富んでいて、「ショッピング・モール」や「オフィス」を記述的な用語よりもずっと意味のあるものにしている。三つの局面は空間の創造において交差するとルフェーブルは断言するが、想像力に富んだ研究プロジェクトを始めるに際しても、この三つは相互に作用すべきである。結局、「もし空間が創造されるなら、もし創造の過程があるのなら、そのとき私たちは歴史を扱っているのである」[9]。

　循環は時間的な局面を含む空間的な現象であり、空間性を自らのプロジェクトの計画に統合する方法を考えている歴史家は、循環を開始点と考えるのがよいかもしれない。循環は資本、人、商品、サービス、情報、規格、イデオロギー、技術、そして非人間の有機体の空間や境界[10]（空間的過程の歴史的理解なしには意味がない）を超えた流れを参照する。（第Ⅳ部「資源」の「3：流れ」を参照。）これらのパターンがあり、場所にともなっている動きは、企業が配達、支払い、出会いの期待をもち、遅れ、間違った情報、詐欺に対する懸念をもつことに中心的な役割を果たす。歴史的な現象として情報の流れを分析する根本的な仕事は 40 年以上も前に行われ、地理学者のアラン・プレッド（Allan Pred）が国家的出来事に関する南北戦争前の新聞の記事が、ニューヨークとワシントンから西海岸の都市や中部に届くのにどの位の時間がかかったかを立証した。情報の空間性と鉄道や電信が活動領域を超えてつながりを拡散させたことによる時間にともなうその変化を地図上に示したことは、市場や政治の双方に対する予期しない考察を生み出した[11]。プレッドが情報の流通の著作で空間性を静かに示したように、先に示した多様な場所に先に示した多様な場所に沿って，類似の問題は経営史家の注意を引くのを待っている。

## 注　9：空間性

1. Barbara Adam, *Timewatch: The Social Analysis of Time* (Cambridge, UK: Polity, 1993);
   Adam, *Timescapes of Modernity* (London: Routledge, 1998); および Allen Bluedorn,
   *The Human Organization of Time: Temporal Realities and Experience* (Stanford: Stanford

Business Books, 2002）. さらに Alfred Gell, *The Anthropology of Time: Cultural Construc-tions of Temporal Maps and Images*（New York: Berge, 1992）、および Eviatar Zerubav-el, *Time Maps: Collective Memory and the Social Shape of the Past*（Chicago: University of Chicago Press, 2003）を参照。

2. たとえば、www.flickr.com/photos/23968709@N03/4196757244/ もしくは www.guter. org/typingpool.htm を参照（2010 年 10 月 19 日閲覧）。スコット・アダムス（Scott Adams）のとんま（Dilbert）という風刺漫画（www.dilbert.com/）および職場（*The Office*）というテレビ番組は、どちらもイギリス・アメリカ版において、小部屋の生活と職場の空間の権力関係を風刺している。この主題の理論的解明は、Henry Wai-chung Yeung, "Organizational Space: A New Frontier in International Business Strategy?" *Criti-cal Perspectives on International Business* 1（2005）: 219-40, および Wai-chung Yenug, "The Socio-spatial Constitution of Business Organizations," *Organization* 5（1998）: 101-28 を参照。

3. Karl Marx, *Grundrisse: Foundations of the Critique of Political Economy*（New York: Vin-tage, 1973）539-40〔高木幸二郎監訳『経済学批判要綱（草案）―1857-1858 年』1-5、大月書店、1958-1965 年〕. もとの文章は次のとおり。「ゆえに、資本は一方において、通商すなわち交換に対するすべての空間的障害を取り除き、地球全体をその市場としようとし、他の一方では、時間によってこの空間を全滅させる、すなわちある地点から別の地点への移動に費やされる時間を最小まで減少させようとしている。...ここに資本が自らを先行する生産の段階から区別するところの資本の一般化の傾向があらわれる」。ドイツ語の原文は 1857 年から 58 年に執筆され、1939 年に初版が刊行された。Wolfgang Schivelbusch, *The Railway Journey: The Industrialization and Perception of Time and Space*（Berkeley: University of California Press, 1986）〔加藤二郎訳『鉄道旅行の歴史―19 世紀における空間と時間の工業化』法政大学出版局、2011 年〕を参照。

4. Ray Hudson, "On the Globalization of Business," *British Journal of Management* 13（2002）: 362-66.

5. John Urry, *Global Complexity*（Cambridge, UK: Polity, 2003）〔伊藤嘉高、板倉有紀訳『グローバルな複雑性』法政大学出版局、2014 年〕. 特に 4 章と 5 章。さらに David Harvey, *Spaces of Capital: Towards a Critical Geography*（New York: Routledge, 2001）およびオンラインのスタンフォード哲学百科事典のすばらしい項目（http://plato.stanford.edu/ entries/globalization/（2010 年 6 月改訂、2010 年 10 月 19 日閲覧）をも参照。また Henry Wai-chung Yeung, "The Limits to Globalization Theory: A Geographic Perspec-tive on Global Economic Change," *Economic Geography* 78（2002）: 285-305 も参照。

6. CAD/CAM とビデオゲームの登場は、コンピューターのコードのなかを除いて存在していない 3 次元空間をあらわすという別の局面への扉を開いた。

7. Henri Lefebvre, *The Production of Space*（Oxford: Blackwell, 1991）, 33-45〔斎藤日出治訳・解説『空間の生産』青木書店、2000 年〕.「生活する空間」の広告の語彙については、Roland Marchand, *Advertising the American Dream: Making Way for Modernity, 1920-1940*（Berkeley: University of California Press, 1985）を参照。

第Ⅳ部　資源——創造的な概念と枠組み

8. 毒性産出物に関連する空間的習慣の衝撃的な例については、Zsuzsa Gille, "Socialist Waste vs. Capitalist Garbage: The Hidden East-West Relations in European Waste Practices" (European Ways of Wasting, Final ESF Inventing Europe Conference, Sofia, Bulgaria, June 18, 2010 のパネルへの提出論文) を参照。

9. Lefebvre, *Production*, 46. ヘンリー・ワイチェン・ユン (Henry Wai-chung Yeung) の企業と空間に関する 3 部作の考察である "Organizing 'the Firm' in Industrial Geography I: Networks, Institutions, and Regional Development," *Progress in Human Geography* 24 (2000) : 301-15; "Regulating 'the Firm' and Sociocultural Practices in Industrial Geography II," *PHG* 25 (2001) : 293-301; および "Producing 'the Firm' in Industrial Geography III: Industrial Restructuring and Labour Markets," *PHG* 26 (2002) : 366-78 も参照。

10. 古典的考察として Alan Kraut, *Silent Travelers: Germs, Genes, and the Immigrant Menace* (Baltimore: Johns Hopkins University Press, 1995)〔中島健訳『沈黙の旅人たち』青土社、1997 年〕を参照。最近の論文集として、Alison Bashford, ed., *Medicine at the Border: Disease, Globalization, and Security, 1850 to the Present* (New York: Palgrave Macmillan, 2007) がある。

11. Allan Pred, *Urban Growth and the Circulation of Information: The United States System of Cities, 1790-1840* (Cambridge, MA: Harvard University Press, 1973). Pred, *The Spatial Dynamics of U.S. Urban Industrial Growth, 1800-1914* (Cambridge, MA: MIT Press, 1966) ,および Pred, *Urban Growth and City Systems in the United States, 1840-1860* (Cambridge, MA: Harvard University Press, 1980) も参照。

# 10：時間

　ビジネスにおける時間は通例、道具に関係し、時計とカレンダーは最も古いものであるが、さらに予定表、締め切り、計画、次第書、さらにはラップトップコンピューターや携帯電話に補足されている。これらの道具はそれ自体、時間が誰にとっても同じものであり、時間が継続的に流れるように、時間の使用がトップの経営者から完全にコントロールされうるということを示唆している。こうした道具は直接に仕事に関係しているが、主体は時間をすべてお金に関係している薄切りに切る他の器具にも向かい合っている。内部的にはそれは会計システムであり、また企業の持ち主、経営者、大会社の場合は、取締役の会合である。外部的にはそれは、ますます世界的に顧客に株を売ったり買ったりする助言を与える 20 世紀の金融アナリストから出される月例や四半期のレポートである。もう一方には、地方政府や中央政府から課される税金の支払いもまた外部で時間を区切

るものである。これらすべては時間を周期的な期間にしていくものである。経営史家はこれらがすべての時間に関連する要素を構成するという時間の流れを自然にみせるような想定に挑戦するために、さらに先へいくべきである。というのもこうした接近方法は、仕事をしていたり市場に参加していたりする男女による時間の経験の深みを浅くするものだからである。

　仕事の関係においては、リズムとペースは常に問題となる。速度は企業外部の消費者と企業内部の経営者、職長、監督者の双方にとって必要なものである。後者のグループは製品をよりたくさん作り、商品、サービスを早く届け、修理を早くするために、繰り返し速度を上げようとする。日本の自動車メーカーのトヨタ自動車は、部品供給業者から生産現場により定期的に部品を供給することで、生産を同期化する「ジャスト・イン・タイム生産」を1950年代に導入することで、賞賛すべき新しい水準に達した。しかし学者は速度を落とす人間の傾向という時間経験の逆の局面をしばしば無視している。中小企業の方が「自分のペースで時間を過ごす」ことがより容易かもしれないが、単に企業の大小の問題ではない。大きな組織においても生産現場の労働者は、1850年代以降、遅い期間を再び作り出す方法をみつけることで速度の向上にしばしば反応しているし、研究開発の人びとは、経営のトップ、特に金融部門に対し、自らが活動している領域の時間の流れ方が異なることを認めてもらおうと要請している。しかしジャスト・イン・タイム生産が生産現場の仕事の経験を変えているとき、設計活動においても同様の大きな変革があったことが観察されている。最初はアメリカ空軍が1950年代に導入したプロジェクト管理は、やがて日本の産業人によって導入され、設計や新製品開発のテンポを変えた（第Ⅲ部「展望」の「6：プロジェクト」を参照）。約30年後、これらに要する時間は、今度は同時期開発によって短くなった[1]。ゆえに経営史家は、時間を扱う一般的な企業の指針や規範の出現を記述したり、説明したりしているだけでは十分ではない。企業のなかと外の異なった利害関係者が発達させた、実際の時間に関する習慣の多様性やそれらの調整や調和の努力の成功や失敗に、関心を向ける必要がある。

　第二に時間は、企業間関係の重要な部分である。これらの実践には、生産や物流における遅れに対する制裁や強要—たとえば、遅れの罰金と早期達成の賞与—も含まれる。同様に企業が請求書の支払いを行う方法も多様である。企業はいくつかの供給業者を優先するかもしれないし、ある一定期間（30日や90日などの）経過ののちに支払いの規則に従うかもしれない。期日どおりに支払うことはよい

第Ⅳ部　資源——創造的な概念と枠組み

名声の効果が生まれるか、遅れの機会を利用しようとしない純真な企業であると
特色づけられるかであろう。一定期間経過後に支払うという後者の選択は時間の
重しを他社に転嫁する方法であろうし、恐慌のときにはよくみられる動きである
（1920年にフォードは注文がないのにアメリカのディーラーへＴ型車を送りつ
けたときにこの方法を用いた）[2]。さらに時間の先見性の違いが企業とその仲間、
顧客、労働者との間でもち上がるかもしれない。銀行家と産業人はしばしば同じ
時間軸を共有していない。19世紀の南フランスのある鉱山企業では、農民労働
者が都市で訓練を受けた技術者による時間管理に適応するのに60年以上を要し
た[3]。学習と抵抗の時間もまた非常に不均等である。

　時間の刻みは、工場の壁を超えた問題である。列車では1840年代の南カロラ
イナ鉄道で明らかにされたように、日曜日の運行を考慮に入れて、時刻表を区別
し、変更するときに問題が生じうる。南北戦争前の南部において、「時間の認識
が産業資本主義と結びついていない領域で作動しており」、そして「いくつもの
時間が同時に機能し得た。時計が鉄道の運行には重要であったが、会社は時計で
はない、いくつもの時間にも取り組まねばならなかった。さらに会社自らの時
間を完全には支配できず、共同体のなかの多様な集団と常に対立し、交渉してい
た」[4]。産業化が進む明治時代の日本において、輸送貨物量が増加し、交通量が
増加するにつれて、列車の動きを支配するために時間どおりに運行しようとする
鉄道当局の努力が、従業員と乗客の時間認識を形作っていったのみならず、時刻
表どおりの出発と到着の期待を広げ、全国的な標準時間の確立に貢献していっ
た[5]。市場において時間は、いくつかの方法で分化していて、さらにおそらく柔
軟である。信用は古代から行われてきた習慣であるが、19世紀以来相当に進化
してきている。負債は時計を押し戻す手段として分析されうる。今日の小売り信
用は、顧客が利用可能な資源を使用することを試み、管理しようとさせる。金融
は将来の利得の今日における割引を含意している。そのうえ株式取引所は、経済
主体が異なった時間軸で株式を売買できるようにしている。

　次に時間と空間の結びつきは、企業とその主体にとって、もう一つのしばしば
起こる重要な問題である。大小にかかわらず、商店、事務所、工場、作業場はす
べてその地域の共同体の鼓動と共鳴する必要がある。しかし同時にそれらは、取
引相手によって供給されるかメディアを通じて広まる情報、家族・銀行・企業・
政府機関によって配分される信用、多国籍企業によって発せられる指令、出稼ぎ
労働者や移民の存在によってもたらされる時間のリズム、工場の開設や閉鎖によ

263

りもたらされる断絶、他の場所での発展に結びついている子会社などの地球の脈動にも従う。

　企業もしくはそのネットワークとそれに結びついている主体は、異なった時間軸のなかに位置づけられる。アルミニウム鉱石および溶融施設の立地の選択もしくは石炭鉱山（ところで21世紀においても産出が増加している産業である）の開発など、いくつかの産業では少なくとも1世紀にわたって問題となる意思決定が行われうる。その帰結は広範にわたり、金融、雇用、政治、環境問題に影響する。他には影響が少し短く継続するものがある。原子力発電所の事例がそれであり、安全に運用しうる期間についての論争が続いているが、廃炉が運命づけられているものである。そして共通の知恵にもかかわらず、すべての産業が短期志向というわけでもない。さらに短期の行動ですら、他の時間軸と交差している。歴史家のジョセフ・コーン（Joseph Corn）が示すように[6]、博覧会、旅行、メディア、文学と芸術、そしてたぶん1950年代からは、シンクタンクによって、未来への洞察力が企業に染み込まされている。

　産業のもしくは普遍的な展示会は明日を設計することに特化している。その催しのなかで、アメリカの『大衆機械工』（Popular Mechanics）のような技術雑誌は、決して訪れることのなかった未来で満ちていた[7]。その未来はなお少なくとも主体の一部にはある種の印を残している。それもまた変化する。もう一人の歴史家ローレンス・サミュエル（Lawrence Samuel）は、1920年代から現在までアメリカを支配してきた連続する未来のイメージの概略を描いてきた。未来は固定した観念ではなく、それを想像する人の価値観を反映する非常に可変的なものであるということを措定したのち、サミュエルは「未来の物語に関する六つの異なった時代」を定義し、「航空宇宙旅行、原子力・核兵器、女性と市民の権利の運動、そして生物学・遺伝子工学の到来に特にかかわる、これらの時代において達せられた画期的事件が、公衆の想像力における明日の可能性を輝かせ、20世紀を過去よりも未来にかかわることが多い最初の世紀にするのを助けたと論じている。未来に関する観念が技術の波にのって新しい千年紀へいくのにつれて、その観念は量と重要性が増した」[8]。ビジネスに携わる人にとって未来は、思索的な講話の主題以上のものである（第I部「罠」の「5：後付けの合理化」を参照）。未来は多数の特定の活動を含むが、そのほとんどは最近発明されたものではなく、予測（顧客、勘定、市場にかかわるもの）、試掘（資源、石油、金を求める）、教育と訓練、環境の継続可能性（森林の開発からエコロジーにもとづいた計画まで）、

264

第Ⅳ部　資源——創造的な概念と枠組み

維持補修、廃棄物の破壊もしくはリサイクリングなどである。

　多くの産業において、通常のビジネスの時間の地平が5年間にわたり広がる傾向があるなら、大企業において、そして多くの小企業においてすら、一連の過去と未来の間をつなぐものがある。企業文化（1980年代に注目された概念）はそのうちの一つと考えられるかもしれない。それへの言及、言語、心象は数十年にわたり続きうる[9]。会社の持ち主や戦略が変わったのち、企業文化が経営トップから下へと変革されることがありうるが、また一方、対立ののち、部分的には企業の下のレベルから上へと変革されることもある。しかしコンサルタント、実業家、経営者のいらだちにもかかわらず、こうした変更はすぐには効果を現さない。新しい持ち主や経営者は、企業文化の深さを過小評価するか、新しい文脈においてその衝撃がどれほど異なりうるのかを常にみようとするわけではない傾向がある。さらに他のビジネス生活の要素（農業活動、民族文化、国民的独自性）はもっとずっと長い、数世紀にわたる時間の地平に関係する。このようにビジネスの活動と主体をより大きな共同体のなかに挿入することは、文化史家、社会史家、経済史家の業績を利用することを、時間に対する態度と時間の習慣についての理解を向上させる際に価値あるものにする。社会理論家と社会学者もまた私たちの道具箱を豊かにするのに貢献しうる[10]。特に文化史は、「すぐに」「いま」「まもなく」と呼ばれていることの意味が、歴史的および空間的に多様であるということを明らかにしている。さらにそれは時間が偽られうるということも証拠書類にもとづき立証している。文書上の日付の変えられたスタンプや先日付・後日付の小切手などは一般的な習慣である。

　国際関係の歴史家は、世界的な一日の時間の標準化の過程に対する関心を最近高めてきている。「使用されているカレンダーの年・四半期・月は、会計士やビジネスの統計家が切望している比較可能性を欠いている。アメリカにおける商業会議所と全米製造業者組合は、最も活動的にこの問題を支援してきた。その活動は第一次世界大戦にいたる数年間にピークを迎えたが、大戦直後の1920年代にのみ活動の継続がみられた。…しかしこのように相互に結びついてはいたが、統一しつつある時間が形成したのは、一つの世界ではなく、多くの世界であった」。この移行を引き起こしたより産業化した国々の間の強い協調と「前例をみない調整」の過程は、確かに厳しい競争と、それらの国々がその予定表を規制した「年老いていく大陸の領土帝国とその植民地」および中東における人びとからの強い反発をともなった[11]。全体として世界的に時間を標準化することは、ビジネスの利害と組織化された宗教の双方にとっての資源として働いた。

265

歴史家のフェルナン・ブローデル（Fernand Braudel）は、時間の複数性が絶えず共存しうると主張している。金融、戦争、政治の「短く、急速で、神経質な振動」を超えて、また経済の周期や局面のような中期の要素を超えて、毎日の生活において洞察を形作り、「可能性を限定する」ずっと長期の決定要因の重要性をブローデルは強調している。1949 年から 1958 年の間の著作においてブローデルは、地形の進化、気候要因、地質学、人間と環境との関係、「思考と行動の古い態度と、ときにすべての論理に逆らってなかなか変化しない頑固な枠組み」[12] といったこれらの決定要因を、長期波動を構成するものとして定義した。

　半世紀後、ドイツの歴史家ラインハルト・コゼレック（Reinhart Koselleck）の研究にもとづいて自説を構築したフランソワ・アルトーグ（François Hartog）は、過去・現在・未来の範疇の間の結合が、空間的、歴史的にどれほど多様であるかを示している。歴史性の異なった支配体制という概念を作り出して、彼は最初に過去が「現在に対して権威がある」ということを強調してきた。18 世紀後半から現在まで、未来は「実際的な方向付けの目的となった」。そして現在の見込みに対して重要と判断された物事のみが尊重される「現在主義」[13] の出現の時期を特定し、1989 年のベルリンの壁の崩壊からであるとした。これらの「時間の時間のなかにおける位置づけ」の置き換えは、生活、会話、時間の理解の様式について広範にわたる含意がある。このことは歴史の関連する包容力が、多様なビジネスの主体に対してどれほど大きなものであるのかという疑問を提起する（第IV部「資源」の「5：過ぎ去った未来」を参照）。

　ゆえに生産やサービスの中核にある主体の集団的行動と組織や市場における個人的な経験の双方は、意識的であれ無意識的であれ、異なったレベルの時間を考慮に入れる。このことは経済学や経営学の文献が示しているような、企業が出来事や環境の変化に対応しているとか、その逆に経路依存性が少なくとも少しの間はある、ということを否定するものではない。やはり分析をこのような両極端に限定してしまうことは、誤解を招きやすい。個人のみでなく組織もまたたくさんの時間の層のなかに存在している。企業やネットワークや市場において継続的な瞬間に認識された時間の地平の多様性の徹底的な評価のみが、多様な主体の手段の余地や変化の可能性を明らかにしうるということが主張されうるであろう。

第Ⅳ部　資源——創造的な概念と枠組み

## 注　10：時間

1. Biren Prasad, *Concurrent Engineering Fundamentals: Integrating Product and Process Organization* (Upper Saddle River, NJ: Prentice-Hall, 1996), および M. Lawson and H. M. Karandikar, "A Survey of Concurrent Engineering," *Concurrent Engineering* 2 (1994): 1-6 を参照。

2. Thomas Dicke, *Franchising in America: The Development of a Business Method, 1840-1980* (Chapel Hill: University of North Carolina Press, 1994)〔河野昭三、小嶌正稔訳『フランチャイジング—米国における発展過程』まほろば書房、2002 年〕。

3. Rolande Trempé, *Les mineurs de Carmaux, 1848-1914* (Paris: Editions Ouvrières, 1971).

4. Aaron W. Marrs, "Railroads and Time Consciousness in the Antebellum South," *Enterprise and Society* 9 (2008): 433-56.

5. Naofumi Nakamura, "Railway Systems and Time Consciousness in Meiji Japan, 1868-2004" (working paper, Institute of Social Science, University of Tokyo, 2008).

6. Joseph J. Corn, *Imagining Tomorrow: History, Technology, and the American Future* (Cambridge, MA: MIT Press, 1986).

7. Gregory Benford and the editors of *Popular Mechanics, The Wonderful Future That Never Was: Flying Cars, Mail Delivery by Parachute, and Other Predictions from the Past* (New York: Hearst Communications, 2010).

8. Lawrence R. Samuel, *Future: A Recent History* (Austin: University of Texas Press, 2009).

9. 日本の例については、Toyohiro Kono, *Transformations of Corporate Culture: Experiences of Japanese Enterprises* (Berlin: Walter de Gruyter, 1998) を参照。

10. Barbara Adam, *Timewatch: The Social Analysis of Time* (Cambridge, UK: Polity, 1995), および Eviatar Zerubavel, *Time Maps: Collective Memory and the Social Shape of the Past* (Chicago: University of Chicago Press, 2003).

11. Vanessa Ogle, *The Global Transformation of Time 1870-1950* (Cambridge, MA: Harvard University Press, 2015).

12. Fernand Braudel and Sarah Matthews, *On History* (Chicago: University of Chicago Press, 1982).

13. François Hartog, *Régimes d'historicité: Présentisme et experiences du temps* (Paris: Le Seuil, 2003)〔伊藤綾訳・解説『「歴史」の体制—現在主義と時間経験』藤原書店、2008 年〕、および Stefan Berger and Chris Lorenz, "National Narratives and Their 'Ohers': Ethnicity, Class, Religion, and the Gendering of National Histories," *Storia della Storiagrafia*, no. 52 (2006): 59-98.

# 結　語

　ここが本書の終わりだが、あなたはここに最初から順に読み進んできたのか（私たちはあなたにそうしないようにいったのである）、飛ばし、飛ばしやってきたのか（すばらしい）、それとも最初か最初のうちにやってきたか（ミステリー小説ならばルール違反だが、ここではそうではない）だろう。私たちが経営史を再構想し始めたときに、私たちが行っていると考えていたことについて、最後にいくつか所見をここで述べておくこととしよう。第一にこの拡張された概観（みたところ聡明な洞察である）の集積を思いついたきっかけは、18世紀のある意味では小説で、その主な性格はトリストラム・シャンディが叔父のトウビーの話を語るのだが、それとは関係ない話に何百ページも費やすローレンス・スターン（Laurence Sterne）の権威ある『トリストラム・シャンディ』（Tristram Shandy）であった。横道にそれた四つの節のあとに、スターンの語り手は、線形も非線形もあり、脱線がたくさんあり、それ以前の問題や場所に予期なく戻るという、それまでの本の流れを要約する隣接する線図を提示する。

　他の節へと言及していることを示す、各点を他の線の各点と結びつけているいくつかの斜行平行線があるべきだろうが、この図は私たちの四つのパートの適切な表現でもある。トリストラム・シャンディのように『経営史の再構想』は、移

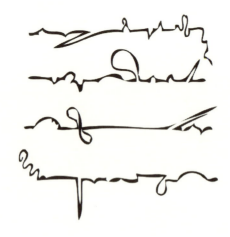

り変わりがなく、一つの話題から別の話題へと飛び、スターンの本のように、特に「小説」というものをパロディーにしているので、最初から最後まで読み通すことは難問である。さらにスターンの本も本書もどこへも「行か」ないが、それぞれのなかで多くの話題の移動がある。どちらの本においても読者は、自分が価値があると思うもの、使えるもの、自分を駆り立てるものを、自分で取り出すように誘われるが、（「これはどうでしょう」より他の）中心的な伝達事項や主張はない。

　本書には中心的な主張がないので、確かに読者のうちの何人かは隠喩的な暖炉へと本書を投げ込むということを考えているだろう。結語を読んでから、なお投げ込むかもしれない。結局、もし私たちが経営史が再構想されることを望むのならば、いかにだけを述べればいいのではないだろうか。しかし私たちはそうすることを拒否してきた。その代わりに私たちは、あらゆる方向へとみちびき、スターンが残した「小説の無秩序の構造」と共鳴し合う多数の示唆を与えている。それでもブロガーのロノソーラス（ronosaurus）が説明するように、

> 直線は理想的な計画線をあらわすかもしれないが、説明のための休止、意味を探る脱線、文脈を与える回想場面、連続的に語られる同時に起こっている場面なしに、話はそんなに直接的に進むものではない。事実、スターンは脱線を通じて自分の話を語ることによって、小説のしきたりを破っているのではなく、ただ小説のしきたりを馬鹿らしいくらいにまで極端に行っているだけなのである。学問的文章であっても、できるだけ論理的にあろうとして、一歩、一歩進んでいるが、あちこち動いたり、さまよったり、それ自身で輪を作ったりしている[1]。

さらにそうして、この精神において、私たちは学問的しきたりを馬鹿らしい位にまで極端に拡張し、始まりそして終わり、途中でたくさんの主張を述べ、広範囲な引用を行うが、筋はもたない緩く結びついた学問的観察の寄せ集めを提供した。

　第二に、よりトリストラムのやり方に共鳴しているが、あなたの見通しのきいた歴史家は、少しばかりの自己批判を行って本書を終える。最初に私たちは経営史が「あまりにアメリカ的」もしくは「あまりに西洋的」であると警告しているが、この小本はきわめてうまくその観察を例示している。私たちは言語、文化、アジアやラテンアメリカの専門的文献をあまりに無視しているので、この分野におけるアジアやラテンアメリカの視角を効果的に提示できてはいない。もしも私

たちの地域を越えた同僚が、自らの再構想の概念を追求して本書のコメントを記し、反応したならば、すばらしいことだろう。

　第三に、実際には経営史がアルフレッド・チャンドラーの影から何年も抜け出てきているときに、「伝統的な」経営史の出来事について書くことで、私たちはよろめく藁の生き物を作ってきた。確かにそのうちのいくつかはこれまでに引用してきたが、たくさんの散らばってはいるが活気のある新しい研究、自分を経営史学者だと思っている人によって書かれたのではないが、経営史にかかわるたくさんの研究が、この実践に対する一連の刺激を表している。

　第四に、私たちは「経営史はその学際的な筋肉をまげると、ほとんどすべてが経営史の一部になる」[2]という「経営史帝国主義」を表明していると正しくみなされるかもしれない二つの銘句で序論を始めた。私たちはなおこの考えが好きだが、それは単に経済史の経営史に対する「植民地」的態度をひっくり返すからのみでなく、著者の一人の母が、しばしばいっていたように、「もし物事がやるに値するなら、それはやり過ぎるに値する」からである。ビジネスと経営史を、文化と社会の毎日の遂行の中心に置くのと同じく、大きな出来事と動態的な過程の中心に位置づけるという主張をすることは、そのことが私たちの想像力を広げ、私たちの仕事への関与を引き上げ、未来に対する根本的な問題に関して世界において幅広く語るように私たちに求めるがゆえに、やるに値することである。私たちはここで終えるが、次はあなたの番である。

## 注

1. Ronosaurus, "Tristram Shandy ****s Up the Page," Metablog on Metafiction, 13 Mar 2010, http://ronosaurusrex.com/metablog/2010/03/13/tristram-shandys-audacious-layout/（2011 年 7 月 12 日閲覧）。スターンの図は、www.cabinetmagazine.org/issues/13/timelines.php（2011 年 7 月 12 日閲覧）で利用可能。それは小説の第 7 版（ロンドン、1768 年）の 152-153 ページにみられる。このバージョンは、http://special.lib.gla.ac.uk/exhibns/month/oct2000.html でみることができる。

2. Paul Gootenberg, "Between a Rock and a Softer Place: Reflections on Some Recent Economic History of Latin America," *Latin American Research Review* 29（2004）: 239-57. 引用は 246-47 ページ。

# 日本語版への結語

　著者たちは日本の読者に結びの言葉を述べる機会があることを大変に喜んでいる。最初に三つの点について述べ、さらにそれに続けて一つの大きな議論を行うこととする。

　第一に、これまでの節にみられるとおり、同僚には避けて欲しいと思っている接近方法とともに、概念や行動に関する多数の例を出してきた。この精神において私たちは、世界の経営史の方法を、ときには強制的とみられてきた北アメリカの接近方法に連動させようと主張するものでは根本的にない。むしろ私たちは、地方と世界の相互連結性を双方向のフィードバックの環の重要性とともに強調する。

　第二に、私たちは多くの日本企業が、周年記念が続くと 10 年ごとに鋳直され、改訂される物語である自身の会社史を、回想や一次史料を用いて内部から書いているということをよく知っている。歴史家としてこういう報告を、他のビジネスの行動のように、分析やコメントに対し開かれていて、歴史学・文学・さらに人類学の手段を用いたビジネスの仕事とみなすことができる。このような努力は、会社が自らを日本の経済・社会・歴史および世界経済のなかに位置づけ、その紹介を定期的に調節しようと求める方法を記録し、批評しうるものである。

　第三に、貴重な研究が企業の内部の組織や関係について行われてきていることは認識しているが、異なる大きさの、異なる産業の、異なる地域や国の会社同士の間や、国家機関、政府、競争と協調の関係にある他の利害関係者との間の相互作用に研究の注意を向けるべきことを強調したい。

　より一般的に、私たちの見解では、経営史学は、技術史が長く用いている叙述の基礎としての「進歩物語」との類推であるところの「成功物語」の使用の繰り返しという、応答されていない問題に苦しみ続けている。通例の経営史は、間断なく成功への途や克服されるべき障害に焦点を当てている。それでも本書では、失敗を学ぶことを真面目な研究のテーマとみなすのみならず、ビジネスと歴史

について語るために学ぶかもしれない多くの他の方法についても示唆を与えている。本書について過去数年を回想するなかで、たいていの同僚がそうしていなかったのと同じく私たちも、ビジネスが現場でリアルタイムに実際にいかに行われているのかについて十分考察してこなかったとの結論に達した。戦略、協調、意思決定、情報の流れといった抽象化は重要だが、経営者が精神的な圧迫と不完全な情報のもとで成し遂げねばならない具体的な仕事に結びついたときには、さらに有用なものとなる。ゆえに私たちは、ビジネスの行動における中核的な仕事（task）の暫定的なリストを以下に作成したが、このリストは本書のたくさんのアイデアや示唆を、時代を通じた企業行動と調和させるものと私たちは希望している。

　ビジネスには、多かれ少なかれ同時に理解され、計画され、やりくりされて完成されねばならない本当に多数の仕事がある。これらの行動は、その利害と目標をビジネスのオーナーや経営者が不完全にしか理解せず、またその新規構想が部分的にしか予期しえない再帰的調整を引き起こす他者（競争者、納入企業、政府、金融業者、労働者、消費者）の行動と交差する。ゆえに企業は前に進んでいる間に、不完全な知識と相当の不確実性にもかかわらず、具体的な問題を解決しなければならない。このことは小企業でも大企業でも、資本主義、共産主義、植民地もしくは発展途上世界の環境において活動している会社にも当てはまる。ゆえに私たちは、一揃いの企業にとっての「中核的な仕事」と呼ぶものを認定したが、それは経営者が戦後世界のいずれの場所においても解決しようとした問題である。ビジネスの実践とは、この「解決」がプロジェクト、規則、決まった手順、儀礼、評価、競合といったもののなかで具体化する方法である。私たちはこの一揃いを「戦後」の仕事としているが、なぜならそれらは特定の時代に生じたものだからであり、異なった一揃いが、19世紀中葉にはたぶん必要となっただろう。私たちの一揃いは不完全だが、ここにあるが、最初の三つは基礎的なものであり、残りの九つは重要性の順には並んでいない。


　仕事1。企業の目的と運営の方法を定義すること。この組織は何を成し遂げようと期待しているのか、そしてどのようにそれをやろうとしているのか。その努力が満足させようとしているニーズとはどのようなものだろうか。他者がすでにそれをやろうとしているのか、もしそうなら、この集団はどのようにしてよりうまくやるのだろうか。本当のところ、その人たちはよりうまくやっているということをどのように知るのだろうか。この主体は自らの製品やサービスを作り、届ける

のに必要な能力について、何を知るのか、あるいは何を知る必要があるのか。必要とするもののうちどの位を内製でき、どの位を単に他者から購入できるのだろうか。こうした選択肢を評価する最良の方法は何だろうか。

　仕事2。資源を確保し配分すること。仕事を始め、継続するのにその企業はどの程度の資金を必要とするだろうか。こうした一連の資源はどこから、どのような条件でやって来るのだろうか。空間、権力、技術、専門的知識、原料はどの位必要で、それらを獲得するのにどのような他の選択肢があるだろうか。こうした構成要素を組み合わせるのにどれ位の時間が必要で、誰がこうした過程を援助できるだろうか。どのような人材（労働者）が求められ、どのような誘因がその人たちの効果的な業績遂行を奨励し、会社に留まらせるのか（例、企業福祉計画）についての質問への最良の解答は何だろうか。

　仕事3。組織構造と組織過程を作り、責任とともに内部および外部の利害関係者を特定し、組織能力を構築すること。企業はどのように意思決定を行い、目標を定め、活動を調整し、運営に継続性をもたせるのか。責任部署は誰に報告するのか、それはなぜか、そしてどのようなありうる結果がともなうか。優れた業績と失敗をどのように定義し、処理するか。組織のなかを情報や権威はどのように流れるのか。経営者は創造性、信頼性、反応の良さを強調するのか。もし三つとも強調するなら、どのような割合で、どのように平衡を取るのか。

　仕事4。会計と記録の管理を確立し、妥当性と規則・規範を定義すること。量的および推論的にどの程度効果的に現在起こっていることを追えるか。何が、なぜ、数えられ、分析されるのか。何が、なぜ、どこに保存されるのか。目標、支出、活動を調節するのに、こうした組織的記憶の構成要素をどのようにすれば最も活用できるだろうか。情報とデータの費用効果的な供給、流れ、処理をどのように保証するか。

　仕事5。購買と値付けの実行手順を導入すること。もし企業が製品を生み出すなら、経営者はいかに部品を確保することとユーザーへの提供価格を決定することを組織化するか（例、価値連鎖、価格調査〔price testing〕、競争や公的・私的規制への対応）。もしも企業がサービスを提供するなら、そのサービスを作る

ためにどのような投入物が確保されねばならず、またいかにユーザーへの課金を決定するのか（比較対象、交渉、市場がどれくらい支払うのか、のどれによるか）。どちらの場合にも、どのような誘因がこれらの手順をシステム化するように促すだろうか。

仕事6。マーケティングを実施し、流通を組織すること。誰が顧客や依頼人になりそうか。いかにその人たちを認識し、購買を促すような情報、見本、試験データをもってそこにいたるか。この仕事にどの程度の資源を割くべきか。製品やサービスを届けるのにどのようなインフラストラクチャーをどの程度の費用で整えられるか。同じもしくは似たような市場で、自社の産出物を他者のそれから、いかに差別化できるか。

仕事7。外部関係をはっきりと表現すること。私たちは、企業の外部の誰に、何のために責任があるのか。政府、規制当局、団体、顧客、競争企業、共同体、専門家のネットワークとの関連を通じて、どのような報酬や制裁が予想されうるのか。それぞれの集団に市場取引を超えて、どのような便益、情報、価値を提供しうるのか。

仕事8。業績を監視すること。企業のなかで行われていることの有効性をいかに測定するのだろうか。経営者と従業員は誰に対し、何についての説明責任があるのか。このことには、業績を他社と比較して一定基準にもとづいて評価すること、管理を定義すること、出現した問題を突きとめること、さらに品質管理とリスク管理に留意することが含まれる。再び不十分な業績には、どのような制裁がなされるのか、またどのような政策変更が結果を改善するのか。逆に素晴らしいことを奨励するためにどのような誘因を案出するのか、素晴らしいことが示されたときに、どのように報いるのか。

仕事9。学習、見通しをもつこと、再帰的であることを奨励すること。技術と情報の世界は動学的なので、能力を高めるために、企業はいかに訓練を促進し、フィードバックを評価し、規則や決まった手順を変更するのか。どの程度そしてどの位の費用をかけて、経営者と労働者の教育は公式化されるべきなのか。どのような方法で企業は、学習する組織が生み出す価値を手に入れるべきなのか。

274

日本語版への結語

仕事 10。成長、危機、紛争、革新のための計画を練ること。企業の現在の状態と将来の可能性を探ることにどの程度の優先権を与えるのか。どのような手段でこのような計画の目標とそれにかかわる人員を選択するのか（柔軟性か階層制か）。「過去の業績は将来の収益の保証にならない」ことを前提とすると、どのようなレベルでの計画が最も有効なのだろうか。製品開発はどうだろうか。戦略的資源配分はどうだろうか。国際化と（もしくは）多角化はどうだろうか。

仕事 11。操業と革新の間の緊張に対処すること。創造性は現在のやり方を変えようとするが、操業は視野の狭さを強化しうる。発生期の産業にいるのか成熟産業にいるのか、そしてどちらにせよ、私たちの企業は発生期にあるのか、成熟期にあるのか。革新は企業が属している産業においてどのような役割を果たすのか。あるいはもし安定性、耐久性、信頼性が決定的に重要ならば、このことは操業手順にどのような含意があるだろうか。このことは特別なプロジェクトを援助するかどうか、どのような種類の費用分析を行うのか、どのくらい研究開発もしくは応用科学を強調するのか、に密接な関係がある。

仕事 12。環境との関係を評価すること。製品や製法についての古典的問題は、操業から排出される廃棄物もしくは最早必要ない余剰物資を処理する最も費用対効果の高い合法的な方法は何か、ということである。企業活動が環境に対してどのような危険性とおそらく資源を与えるのだろうか。廃棄物と汚染とともにエネルギーを節約するか危険もしくは希少な鉱物の使用を最小限にする生産的な方法も考察すべきである。企業の広範な原料環境において、どのような危険と資源が現存しているか。原料の枯渇、水と空気の汚染、価値ある供給連鎖について、リサイクルからの代替となる投入物とともに考察しなければならない。

少なくともビジネスに従事する人びとやビジネスの歴史を研究する人にとって、確かにこれらの多くはかなり自明である。ところが実際には、ハースト社（Hearst Corporation）が 1984 年に行ったアメリカの公衆についての調査が明らかにしたとおり、ビジネスや経済がどのように機能するかについての知識は非常に浅い[1]。企業が何をしていて、どのように運営されているかについての理解は、巨額の資金が毎日投資されている資本市場においてすら乏しい。最近イギリスの経済学者ジョン・ケイ（John Kay）が説明したように、

275

金融産業の外から金融取引の世界に入る人は誰でも、トレーダーの一般的な知識の浅薄さに衝撃を受けやすい。...ファンド・マネージャーと投資銀行家は、かかわっているビジネスについてあるいはそのビジネスの戦略について、初歩的理解しかないのに、株式を取引し、あるいは会社すら売買する。多数の上級の重役は、自分たちの会社を見守っているアナリストについて、私的には軽蔑の念をもって話している[2]。

ゆえに私たちの読者層を、知識を身につけることによりビジネスの実践についてすでによく知っている人たちに限定するよりもむしろ、私たちは12個の仕事を明らかにしたので、この航海に出る人すべてが、ビジネスの実践が解明しようとする問題を少なくともそのあらましだけでも理解できるようになったのである。


注

1. Hearst Corporation, *The American Public's Knowledge of Business and the Economy* (New York: The Company, 1984).

2. John Kay, *Other People's Money: The Real Business of Finance* (New York: Public Affairs, 2015), 82-83.

# 訳者あとがき

　本書は、Philip Scranton and Patrick Fridenson, *Reimagining Business History* (The Johns Hopkins University Press, Baltimore, 2013) の全訳である。原著タイトルは直訳すれば「経営史を再イメージする」ということになろうが、本訳書では『経営史の再構想』とした。

　著者のひとり、スクラントン氏は 1946 年ペンシルヴェニア生まれ、ペンシルヴェニア大学（University of Pennsylvania）で学び 1975 年に同校で博士号を取得し、現在はラトガース大学（Rutgers University-Camden）教授として教鞭を執っている。航空機の技術開発の経営史研究に携わりながら数多くの経営史・技術史関連のジャーナルの編集委員も務めている。邦訳書としては『エンドレス・ノヴェルティ——アメリカの第 2 次産業革命と専門生産』（廣田義人、森杲、沢井実、植田浩史訳、有斐閣、2004 年）を通じてわが国でも知られている。

　著者のもうひとり、フリダンソン氏は 1944 年パリ生まれ、高等師範学校（Ecole Normale Supérieure）を卒業して、社会科学高等研究院（Ecole des Hautes Etudes des Sciences Sociales）の教授を長らく務めてきた。ルノー自動車についての先駆的な著書（*Histoire des usines Renault*, t. 1, 2e éd. revue, Paris, Éditions du Seuil, 1998）をはじめ、多くの論考でフランス内外の経営史研究を牽引してきた。わが国では『思想』1086 号（2014 年）に訳出された「組織、新たな研究対象」の筆者として、さらには渋沢栄一研究のプロジェクト論集（パトリック・フリダンソン、橘川武郎編著『グローバル資本主義の中の渋沢栄一』東洋経済新報社、2014 年）の編著者として広くその名を知られるようになった。

　スクラントン、フリダンソン両氏とも、*Enterprise and Society, Entreprises et Histoire* 等の雑誌の創刊にかかわり、またいずれも経営史の国際学会たる経営史会議（Business History Conference）の会長職を歴任した斯界の重鎮である。

　さて本訳書の内容であるが、タイトルからも明らかなように本書は経営史とい

277

う学問領域を再構想しようとする試みである。これまでの経営史研究は 20 世紀のアメリカの大企業を範型としてチャンドラーによって体系化されたものだが、本書はこれに明確に異を唱え、隣接する社会科学との共同も視野に入れたまったく新しい学問として経営史を再構想する。経営史といえば企業の歴史を研究するのが当然と思いきや、本書は「企業を特権化すること」は避けるべき「罠」であり、「儀式的および象徴的行為」が新たな研究の「機会」になるという。企業の組織や戦略のみならず、たとえば「詐欺といかさま」がこれから期待されるテーマとして「展望」され、文書資料だけでなく、研究の「資源」として「記憶」のありかたが深く考察される——。いずれも 70 歳代を迎えられた経営史研究の大御所おふたりから発せられる本書のメッセージは若々しく新鮮であり、大いなる刺激に富んでいる。本書が広く読まれることを願う所以である。

　本書のこうした新鮮なメッセージを支えるふたつのキーワードについて、ごく簡単にふれておこう。ひとつは「歴史化」historicize である。これは本書の著者たちが好んで用いる「文脈」context（あるいは「文脈に置く」contextualize）にもつながるキーワードであるが、要するに、既成の概念や思想を、それが発生した歴史的状況のなかでとらえなおし、歴史的文脈のなかで理解するということである。いまひとつは「行為」practice（あるいは「実践」）である。われわれが日々くりひろげる「行為」は、明確な意思や練り上げられた戦略にしたがっているようにみえて、実は無意識のうちに、長年の慣行や直近の歴史的状況に浸されている。「行為」「実践」は、このように所与の前提から演繹されるものではなく、多層的な「文脈」から帰納的にとらえられなければならないというのが筆者たちのメッセージである。注意したいのは、こうした立論は単なる歴史相対主義や理論へのシニシズムではなく、西欧の学知に根ざした、いわば隠れた体系を蔵していることである。本書でも言及されているタルド（Gabriel Tarde）の所説などがこうした体系に近づくヒントとなるだろう。

　本書の翻訳は第一部・第三部を矢後が、第二部・第四部を粕谷が担当した。訳者の求めに応じてフリダンソン氏に日本語版への結語を寄せていただいたほか，お二人の著者には訳者の質問に対し丁寧にご説明いただいた。このほか翻訳に際しては、高井哲彦氏（北海道大学）、松田紀子氏（静岡大学）のご支援をいただいた。最後に翻訳出版の労をお取りいただいた蒼天社出版・上野教信社長にも深く感謝する。

粕谷誠・矢後和彦

# 《事項索引》

## 【和文】

### ・あ行・

アマゾン・ドット・コム　170, 175
アメリカ化学技術者協会　222
アメリカ航空宇宙局　174
アメリカ・ラジオ会社　122
アメリカ連邦倒産法　124
アリアンツ　165
アルカテル・リュセント　204
イングランド銀行　106
インターギャラクティック・デジタル・リ
　　サーチ　117
インチ法　186
ウォルマート　122, 197
エアバス　41, 77, 83, 195
英国王立造幣局　21
エイボン　90
エマウスの共同体　99
エンジニア基準協会　185
エンロン　126, 143
欧州核研究機構　188
欧州共同体　177
欧州経営史学会　1, 41, 57
オランダ東インド会社　150, 198

### ・か行・

会社法　166
科学産業博物館　243
科学的管理法　44, 195, 237
カシディ・アンド・アソシエーツ　169
カルパース　180, 182
カルフール　122, 197
カロア　116

### ・（右列）・

行政法　166
グッドイヤー　241
クライスラー　112
グラス・スティーガル法　60
グラミン　89
クレディ・モビリエ　143
クレディ・リヨネ　195, 201, 243
ゲイツ財団　101
ケルン再保険　252
憲法　180
コーニング　185
国際標準化機構　185
国際民間航空機構　195
国際郵便連盟　195
国際ラジオ機構　195
国法銀行　145
国立土木学校　20
国境なき医師団　9, 100
コンパニ・ジェネラル・デレクトリシテ
　　204

### ・さ行・

サウスカロライナ鉄道　263
サンタフェ研究所　81
シアーズ　6
CERN 研究所　185
資生堂　158
シティバンク　241
シトロエン　196, 243
商業会議所　15, 30, 161, 265
消費者連盟　157
女性労働組合連合　157
所有権法　137

279

重量基準法　21
ジョン・ルイス　98
シリル・ロード　126
スイス・リ　255
スクリブナー　223
世界銀行　8, 56, 170
世界保健機構　194
赤十字　101, 189
赤新月社　101, 189
ゼネラル・エレクトリック　140, 242
ゼネラル・モーターズ（GM）　6, 33, 112,
　　114, 228
セラーズ　186, 187
ゼロックス　83, 84
全米製造業者協会　129, 265
ソーベル　24
ソニー　121, 122, 124, 186, 187

・た行・

タイコ　143
ダイムラー・ベンツ　41
ダウ・ケミカル　255
タタ社　196
ダッソー・システム　70
ダン・アンド・ブラッドストリート　178
ディアスポラ　151, 199
ティーポット・ドーム　143
ディズニー　121, 243
テムズ鉄鋼・造船会社　185
デュポン　6, 217, 229
ドイチェ・バンク　165
特別法　107
トマス・クック社　152
トムスン・ウストン　204
トヨタ自動車　179, 180, 228, 241, 242,
　　262

・な行・

ナショナル・トラスト　99
ナポレオン法典　137
日産自動車　206, 237
ニューディール　5, 27, 129
ノードストローム　121

・は行・

ハーバード・ビジネススクール　53
ハーレー　249
ハドソン湾会社　198
ハリウッド・ビデオ　74
パリ国立高等鉱業学校　72
パリ商工会議所　70
パルマラット　112
反トラスト法　139, 207
東インド会社　150, 198, 207
ビクター　122
ピュー家族財団　101, 102
ヒューレット・パッカード　74
ファイアストン　241
フィラデルフィア管弦楽団　99
フォード自動車　66, 121, 185, 235, 263
フォード生産様式　177
フォルクスワーゲン　196, 248
富士通　73
富士電機　73
プジョー　105, 228
プジョー・シトロエン　243
フランス銀行　106
フランス王立科学アカデミー　20
フランス国立科学研究センター　72, 95, 174
フランス第三共和政　65, 90, 161
フランス・テレコム　207
フリースタンディングカンパニー　198
フリーメイソン　207
ブレトンウッズ　4
ブロムリー　74
ベル研究所　85, 174
防衛技術情報センター　97
ボーイング　41, 121, 132
ボーダフォン　72
ホーナー　130
ボストン・コンサルティング・グループ　182
ボルボ　35

・ま行・

マイクロソフト　72, 117, 249
マクドナルド　71

事項索引

マクドネル・ダグラス　41
マテル　74
マラソン石油　246
マルクス主義　18, 22
民法　21
メートル法　186
メトロポリタン生命保険　165
メルク　121
綿業繊維研究所　208
モトローラ　121
モルガン　42, 140, 241
モントリオール・クラブ　31

・や行・

US スチール　6, 42, 242, 246
郵政事業　207
郵貯銀行　106
ユーロスター鉄道　174
ユーロディズニー　243
ユナイテッド製靴機械会社　139

ユニオン・カーバイド　252
ユニセフ　8
ユネスコ　194

・ら行・

ラガルデール　41
RAND 研究所　85, 95, 97, 112
リーマンブラザーズ　114
ルノー　72, 237, 243
連邦準備銀行　106
連邦破産法　99
ロイズ　254
ローヌ・アルプ歴史研究所　95
ロスチャイルド　103
ロレアル社　160, 195
ロンドン王立協会　20, 216

・わ行・

ワールドコム　143
ワルシャワ条約機構　195

【欧文】

・A・

AIG　254
ASA　89
ASEAN　198
AT&T　139

・B・

BRAC　89

・C・

CARE　9
CIA　54
CNN　9

COFACE　255

・D・

DHL　9

・E・

EADS　174
EAP　70
eBay　170, 172, 175
ESCP　70
EU　39, 162, 179, 198, 249

・F・

FANUC　73

*281*

FedEx   9
Filofax   70

· G ·

Google   9, 71, 72

· H ·

HSBC   8
Hungry Minds.com   74

· I ·

IBM   117, 139, 216
ILO   198
IMF   30, 55, 154
ISO   186

· J ·

JVC   187

· N ·

NAFTA   198
NATO   195, 218

· O ·

OECD   198

· P ·

PSA   243

· R ·

R&D   171, 172, 222
Real.com   74

· S ·

SEB   117
SEC   148
SEMATECH   206
Skype   72, 118

· T ·

T-Fal   72

· U ·

UCC   255
US Airways   83

· V ·

VINCI   104

· W ·

Whole Foods   74
WTO   154, 198

# 《著者索引》

## ・A・

Abbott, Andrew　168
Abdelrehim, Neveen　201
Abel, E. Malcolm　142
Abella, Alex　97, 114, 169
Abernathy, William　182
Ackerman, Frank　42
Adam, Barbara　259, 267
Adams, Scott　260
Adams, Sean　24, 250
Adler, Paul　86
Alarcon, Norma　120
Alder, Ken　188
Aldrich, Mark　181
Alferj, Pasquale　246
Alic, John　97
Almeida-Topor, Hélène d'　155
Alon, Ilan　142
Amato, Ivan　222
Amendola, Aniello　86
Amin, Ash　175, 223
Ammons, David　109
Andrzejewski, Anna　68
Anheier, Helmut　102
Anthony, Denise　91
Anwar, Syed Tariq　75
Aoyama, Yuko　201
Appadurai, Arjun　68, 149, 227
Appiah, Kingsley　127
Archer, Margaret　110, 113
Armendaniz, Beartriz　91
Armson, Rosalind　215
Arnberg, Klara　191, 192
Aronowitz, Stanley　114
Arrow, Kenneth　23

Artz, Frederick　24
Arzymanow, Andrew　175
Ashcroft, Bill　155
Ashe, Jeffrey　91
Ashford, Susan　209
Atkins, Elizabeth　245
Atkinson, Roger　175
Austin, Regina　92

## ・B・

Bach, Carl Justus von　217
Bakker, Karen　108
Balleisen, Edward　127, 145, 149
Barmeyer, Christophe　43
Bashford, Alison　261
Basye, Alli　119
Bauman, Zygmunt　11, 224, 227, 250, 251
Beaume, Romain　175
Beaur, Gérard　149
Beck, Ulrich　11, 113, 131, 133, 155, 227, 253
Becker, Gary　42
Beeson, Mark　156
Belhoste, Jean-François　222
Bell, Adrian　101
Bell, Emma　127, 239, 244, 245, 246
Bellan, Gérard　109
Bellan-Santini, Denise　109
Ben Ali, Zine el-Abidine　90
Benford, Gregory　267
Benoit, Serge　222
Berger, Mark　156
Berger, Molly　168
Berger, Stefan　267
Berghoff, Hartmut　132
Berliner, Paul　86

*283*

Berners-Lee, Tim   185
Bettencourt, Liliane   160, 164
Beyer, Janice   209
Bhabha, Homi   192
Biswas, Asit K.   201
Blanc, Honoré   184
Blaszczyk, Regina Lee   163
Bleicher, Josef   48
Bluedorn, Allen   259
Bobe, Bernard   255
Boden, Deirdre   256
Bonacich, Edna   89, 92
Bonin, Hubert   149, 246
Bonney, Richard   23
Booth, Charles   245
Booth, Wayne   61
Borg, Kevin   220, 223
Botkin, Benjamin   119
Boulard, Denis   169
Boulat, Régis   17
Bourdieu, Pierre   53, 113
Boutinet, Jean-Paul   176
Bowles, Samuel   81
Boyd, Roddy   256
Braithwaite, John   109, 144, 145, 148
Brau, James   92
Braudel, Fernand   266, 267
Bredillet, Christophe   175
Breward, Christopher   120
Broberg, Oscar   42
Brodiez, Axelle   102
Broughton, Edward   255
Brown, Bill   68
Brown, Stephen   227
Browning, Larry   209
Bruno, Anne-Sophie   92
Bruszt, Laslo   22, 24
Buchanan, James M.   188
Bucheli, Marcelo   54, 56
Buera, Francisco   168
Buffet, Warren   8
Bulkley, Harriet   215
Burchell, Graham   32

Burigana, David   189
Burke, Deborah   142
Burkhart, Roger   223
Burns, Kathryn   101

· C ·

Calarescu, Emilia   48
Calder, Kent   108
Callède, Jean-Paul   43
Carli, Augusto   48
Carmona, Salvador   182
Carnegie, Andrew   100, 159
Carrol, Stephen   209
Carter, Jimmy   25
Casale, Riccardo   86
Casanova, Lourdes   201
Casey, Andrea   246
Casson, Mark   17
Castells, Manuel   210, 227
Cafkin, Melissa   49
Caves, Richard E.   215
Chandler, Alfred   11, 38, 39, 54, 56, 143, 224, 231, 271
Chapel, Vincent   75
Charette, Laurence de   169
Charle, Christophe   108
Chassagneal, Serge   222
Chatriot, Alain   23, 163
Chauncey, George   158, 163, 193
Chauveau, Sophie   102, 141, 256
Chen, Clara Xiaoling   86
Chessel, Marie-Emmanuelle   23, 163, 169
Chudacoff, Howard   163
Cibarra, Claudio   86
Cicmil, Svetlana   175
Cilliers, Paul   77, 78, 81
Clark, Mike   118
Clarke, Sally   210
Claudet, Dominique   120
Claveranne, Jean-Pierre   102
Clavin, Patricia   25, 28
Clifford, James   42
Coates, Benjamin   169

著者索引

Coblence, Emmanuel　188
Coffin, Edward　182
Cohen, Abner　202
Cohen, Michael　34, 37, 223
Colignon, Richard E.　108
Colli, Andrea　201
Collin, Sven-Olof　108
Collins, Harry　167, 169
Collins, James　121, 126
Collins, Martin　3, 6, 11
Colomb, Gregory　61
Colpan, Asli M.　210
Coniff, Richard　142
Connell, Raewyn　163
Connelly, Matthew　29, 30, 32
Connolly, Tomoko　117, 120
Contractor, Farok　208
Cooke, Bill　191, 193, 239, 244, 246
Cooke-Davies, Terence　175
Coolidge, Calvin　25
Coopersmith, Jonathan　18, 163
Corbacho, Ana　143
Cordon, Colin　32
Corn, Joseph　264, 267
Cowan, Robin　127
Cowie, Jefferson　61, 250
Cox, Andrew　220, 221, 223
Cramer, Christopher　23
Crawford, Matthew　223
Crossan, Mary　86
Cuff, Robert　97
Cusumano, Michael　188, 200

・D・

Dale, Richard　101
Daumas, Jean-Claude　163
Dauvin, Jean-Claude　109
Davidson, Janet　155
Davis, Anita　127
Dear, Peter　24
Deloge, Pascal　189
Dent, George W.　215
Deresiewicz, William　60, 61

DeVany, Arthur　175
Dezalay, Yves　169
Dicke, Thomas　139, 142, 267
Djellal, Faridah　168
Dobbin, Frank　209
Dobry, Michel　24
Dolnick, Edward　148
Donzé, Pierre-Yves　238
Dora, L. Costa　42
Dornenberg, Andrew　222
Dosi, Giovanni　223
Douglas, Mary　11, 120
Douglas, Susan　239
Downey, Brian　49
Downey, Greg　223
Drewe, John　148
Driessen, Henk　154
Drummond, Helga　215
Dudley, John　142
Duguid, Paul　209
du Pont, Pierre-Samuel　228, 237
Durand, Jean-Pierre　119
Durand, Marguerite　161
Duroselle, Jean-Baptiste　127
Dye, Ronald　57

・E・

Eade, John　210
Earles, Robert　210
Edgerton, David　29, 48, 66, 68, 97, 177,
　　181, 194, 200, 236, 239
Edison, Thomas　72
Edkins, Graham　86
Egawa, Masako　163
Egidi, Massimo　223
Ehrenreich, John　102
Eifert, Christian　164
Elenkov, Detelin　200
Elias, Norbert　199
Epstein, Kate　96, 137, 141
Eriksen, Thomas　49
Etchegoin, Marie-France　164
Evans, Peter　22, 23

*285*

Evans, Robert   167, 169
Evans, Thomas Mellon    159, 164

· F ·

Fabian, Johannes   42
Fagiolo, Giorgio   81
Fahim, Hussein M.   201
Fahim, Kareem   92
Favero, Giovanni   15, 17, 53
Feldman, Gerald   168
Femina, Jerry Della   37
Ferry, Claude   164
Finsch, Norbert   238
Fischer, Claude   164
Fisher, Melissa   49
Fisk, Catherine   142
Fitch, Noel Riley   222
Fitzgerald, Deborah   142
Fitzgerald, Guy   48
Flamant, Nicolas   49
Flandreau, Marc   200, 201
Fleischman, Richard K.   182
Fligstein, Neil   23
Fogu, Claudio   245
Ford, Gerald   25
Ford, Henry II   242
Foucault, Michel   32, 145, 149
Fouilloy, Jean- Pierre   96
Fouquet, Annie   163
Fourastié, Jean   29
Fox, Eleanor   251
Fox, Justin   17, 48, 182
Francoz, Dominique   168
Frevssenet, Michael   250
Frick, Henry Clay   159
Fridenson, Patrick   75, 127, 182, 209,222,
   245, 246
Frieden, Jeffry   151, 155
Friedland, Roger   256
Friedman, Ray   42
Froot, Kenneth   255
Fruin, W. Mark   210
Funch, Flemming   77

· G ·

Gabrielsson, Assar   35
Gage, Henry P.   185
Galambos, Louis   208
Galanter, Marc   169
Gall, Richard   114
Gallouj, Camal   168
Gallouj, Faiz   168
Gamber, Wendy   164
Garcia-Escribano, Mercedes   143
Gardey, Delphine   65, 68
Garth, Bryant   169
Gates, Bill   101, 117
Gaughan, Patrick   61
Geertz, Clifford   42
Gell, Alfred   260
Gershenson, Carlos   81
Geyikdagi, V. Necla   55, 57
Ghemawat, Pankaj   182
Ghosn, Carlos   237
Giraudeau, Martin   239
Gibbert, Michael   75, 213
Giddens, Anthony   10, 81, 82, 112, 113,
   114, 132, 166, 169, 250
Gieryn, Thomas   215
Gille, Zsuzsa   261
Girschik, Katja   227
Glete, Jan   23
Glynn, Mary Ann   245
Goldman, Stephen   17
Goldstein, Carolyn   163
Gongla, Patricia   222, 223
Goodman, Dena   108
Gootenberg, Paul   1, 11, 272
Goss, David   120
Gould, Carol   163
Graham, Billy   101
Graham, Margaret   188
Grandin, Karl   48
Gravelle, Jane   101
Green, Venus   164
Gregoire, Corina   102

286

著者索引

Greif, Avner 250
Greve, Carsten 108
Grigoire, Gheorghe 102
Gross, David 117
Grundy, Tony 215
Gugler, Klaus 215
Guigueno, Vincent 75
Gunston, Bill 43, 114

· H ·

Hacker, Jacob 109
Haddock, Mary 193
Haller, William 92
Hallyday, Johnny 249
Hamilton, Alexander 125
Hamon, Maurice 120
Hanna, Bridget 255
Harding, Warren 25
Harlaftis, Gelina 202
Harris, Howell 5, 11, 132
Harrison, John 20
Hartley, L. P. 61
Hartog, François 266, 267
Harvey, David 11, 23, 260
Hatchuel, Armand 75
Hatzfeld, Nicolas 119, 231
Hautcoeur, Pierre-Cyrille 127
Hayes, Robert 182
Hazbun, Waleed 155
Healy, Kieran 102
Hefny, Mostafa 1, 11
Heide, Lars 188
Hellinger, Marlis 48
Henriques, Diana 164, 202, 208
Heppenheimer, Thomas A. 133
Herf, Geoffrey 238
Hertz, Ellen 49
Heylighen, Francis 81
Hikino, Takashi 210
Hill, Debra 109
Hilton, Matthew 21, 24, 157, 163
Hirsch, Paul 42
Hirschheim, Rudi 48

Hirschman, Albert O. 116, 120, 223, 243
Hitler, Adolf 196
Ho, Karen Z. 49, 164
Hodge, Graeme 108
Hodgson, Damian 175
Hodgson, Geoffrey 23
Hoerr, John 246
Hogselius, Per 201
Holland, Peter 238
Hollander, Anne 120
Holtfrerich, Carl-Ludwig 200
Hopkins, Anthony G. 149, 150, 154
Horlick-Jones, Tom 86
Hornstein, Jeffrey 168, 183
Horowitz, Roger 17
Horwitz, Morton J. 108, 250
Hosmer, Larue 203, 209
Hounshell, David 29, 222, 231
Howell, Martha 11, 53
Hudson, Ray 260
Huff, Anne 206, 209, 245
Hughes, Thomas P. 170, 175
Hujanen, Taisto 239
Humphrey, John 201
Hunt, John Patrick 53
Hunt, Philip 23
Hyman, Gwen 222
Hyman, Louis 53, 182
Hyytinen, Ari 75

· I ·

Ilmakunnas, Pekka 75
Inaba, Seiuemon 75
Inchauste, Gabriela 143
Ingram, Paul 23
Ingrassia, Paul 114
Iribarne, Philippe d' 256
Iriye, Akira 30, 31, 32
Ison, Raymond 215

· J ·

Jack, Gavin 192

287

Jackson, Mike   114
Jacquin, Yves   168
Jaeger, Christine   86
Jajesniak-Quast, Dagmara   188
James, Harold   200
Jensen, Daniel   182
Jensen, Michael Friis   155
Jessop, Bob   22
Ji, Xu- dong   175, 200
Jobert, Guillaume   102
John, Richard   142
Johns, Adrian   24, 137, 138, 142, 202, 208
Johnson, Chalmers   108
Johnson, H. Thomas   45, 46, 47, 49
Johnson, Walter   183, 190, 191
Johnston, Judy   74
Jones, Geoffrey   155, 163, 198, 201, 210
Josephson, Matthew   148
Jun Lin, Z   200
Jürgens, Ulrich   250

· K ·

Kaboski, Joseph   168
Kaiser, Arne   201
Kaiser, Robert   169
Kaiser, Wolfram   188
Kammen, Michael   242, 245
Kamsteeg, Frans H.   49
Kandel, Eugene   250
Kang, David   155
Kanigel, Robert   44, 48
Kanno, Akiko   163
Kansteiner, Wulf   245
Kant, Immanuel   231, 238
Kaplan, Caren   120
Kaplan, Robert   45, 49
Kaplan, Steven L.   17
Karandikar, H. M.   267
Kawabe, Nobuo   23
Kay, John   277, 278
Keire, Mara   192, 193
Keller, David N.   169
Kelly, John   76, 81

Kelty, Christopher   142
Kendall, Jeremy   102
Kennedy, Robert Jr.   201
Keynes, John Maynard   130, 131, 132, 133
Kildall, Gary   117
Killman, Ralph   215
Kim, Hannah   102
Kinch, Nils   37
Kipping, Matthias   201
Kirby, R. Kenneth   37
Kirsch, David   61
Klein, Heinz   48
Knight, Frank   128, 132
Kobrak, Christopher   168, 255
Kodama, Mitsuru   75
Koepp, Cynthia J.   17
Kojima, Yuitiru   241, 245
Kondo, Dorinne   120
Kono, Toyohiro   267
Koph, Edwin   255
Koselleck, Reinhart   232, 233, 234, 236, 238, 266
Kotabe, Masaaki   142
Kraft, James   239
Kramer, Jane   102
Kramer, Roderick   208
Kraut, Alan   261
Kreuger, Ivar   143
Krishna, Vijay   183
Krozewski, Gerold   155
Krugman, Paul   60, 61, 155
Kuhn, Philip   151, 154
Kumar, Krishan   108
Kwolek-Folland, Angela   156, 163
Kynaston, David   29

· L ·

Laird, Pamela   210
Lamoreaux, Naomi   235, 238
Langer, Robert   222
Langlois, Richard   133
Lapatin, Kenneth   149

著者索引

Lapierre, Dominique  255
Lash, Scott  113
Latour, Bruno  36, 37, 49, 65, 75, 132, 155, 229, 231
Laufer, Jacqueline  163
Laurence, Anne  164
Lawson, Mark  267
Lebow, Richard Ned  245
Lee, Alexander  61
Lee, John S.  17
Lefebvre, Henri  258, 259, 260, 261
Legget, J. M.  48
Leheis, Stéphanie  108
Leicht, Astrid  68
LeMaistre, Charles  185, 188
Lemercier, Claire  149
Lenfle, Sylvain  175
Lépinay, Vincent  37, 49
Lesser, William  142
Levenson, Thomas  24
Levich, Richard  53
Levi-Strauss, Claude  11, 38, 40
Levy-Leboyer, Maurice  209
Lewis, Michael  61, 86, 114, 132
Lewis, Norman  33, 37
Lewis, Susan Ingalls  90, 91, 92
Lichtenstein, Nelson  97
Light, Ivan  89, 92
Lincoln, James R.  210
Lincoln, Martha  92
Lindblom, Charles  18, 22, 23
Lindkvist, Lars  223
Lippert, Amy  158, 163
Livermore, Jesse  60, 61
Longhi, Christian  201
Lorange, Peter  208
Lorenz, Chris  267
Lowe, Gregory  239
Lowenthal, David  61, 231, 238
Lubinski, Christina  164
Lucskso, David  223
Lund, Joachim  97
Lung, Yannick  246

Lynch, Paul  222
Lyytinen, Halle  48

・M・

Mackensie, Donald  131, 133
Madoff, Bernard  143, 203
Magoon, Linda  119
Maier, Charles  17
Maifreda, Germano  246
Mair, Andrew  250
Majnoni, Giovanni  53
Makai, Toni  109
Maleckova, Jitka  28
Malpas, Simon  163
Maltby, Josephine  164, 201
Mangrove, Philip  109
Maniak, Remi  175
March, James G.  37
Marchand, Roland  53, 260
Marcus, George  42
Marcuse, Peter  210
Marengo, Luigi  223
Marion, Gilles  175
Markovits, Claude  202
Marrs, Aaron W.  267
Martschukat, Jürgen  238
Marx, Karl  257, 260
Mason, Christopher  183
Masson, Pascal Le  75, 222
Masten, Larry  96
Masten, Scott  142
Matthews, Sarah  267
Mayer, Arnoud de  75
Mayrhofer, Ulrike  43
McCabe, Ina Baghdiantz  202
McCartney, Layton  169
McClintock, David  215
McCormick, Leander  228
McCutcheon, Robert T.  57
McKenna, Christopher  113, 163, 169, 231
McMahon, Michal  23
McNaugher, Thomas  97

*289*

McShane, Marilyn 148
Meergeren, Hans van 148
Meillassoux, Claude 202
Mele, Christopher 210
Mellahi, Kamel 127
Merkle, Judith 44, 48
Messner, Dirk 210
Meyer, Stephen 68
Michaels, Stuart 42
Michel-Kerjean, Erwann 11
Midler, Christophe 175
Mihm, Stephen 24, 145, 146, 149
Mikel, Mark 142
Milet, Marc 109
Miliband, Ralph 22
Miller, Daniel 163
Miller, Karen 168
Miller, Michael 152, 155
Miller, Peter 32
Mingers, John 43, 48
Minoglou, Ioanna Pepelasis 202
Minow, Martha 108
Mintzberg, Henry 237, 239
Miranti, Paul 182
Miskell, Peter 222
Misztal, Barbara 209
Mitchell, Allan 188
Moallem, Minoo 120
Moeran, Brian 49
Mohun, Arwen 164, 168
Mollering, Guido 208
Montgomery, David 223
Mordrich, Jonathan 91
Morehouse, Ward 255
Moriceau, Caroline 231
Morin, Edgar 81
Morini, A. 195
Moro, Javier 255
Morris, Peter 175
Muehler, Dennis 215
Mugler, Thierry 159
Muller, Reinhold 68
Mumford, Enid 48

Murphy, Craig N. 188
Murphy, Michelle 32
Murphy, Sharon 168
Muske, Glenn 91
Mussolini, Benito 26
Myatt, John 148
Mylonadis, Yiorgos 188

· N ·

Nae, Georgeta 102
Nakamura, Naofumi 267
Nathan, John 127
Navarre, Christian 32
Nelson, Daniel 48
Newhouse, John 43
Newton, Issac 21
Nielsen, Finn 49
Nijhof, Eric 182
Nissey, Nick 246
Nohria, Nitin 210
Nowotny, Helga 68

· O ·

O'Brien, Patrick 23
O'Casey, Mike 118
O'Donnell, Rod 132
Oetinger, Bolko von 82
Offerle, Bernard 91
Ogle, Vanessa 267
Ohga, Norio 122
Ollerenshaw, Philip 123, 127
Olsen, Johan 34, 37
Ormerod, Paul 68
Orr, Julian 83, 86
Owens, Susan 215

· P ·

Packendorff, Johann 175
Page, Karen 222
Pagoulatos, George 108
Palay, Thomas 169
Palmer, Alexandra 148
Papineau, David 215

著者索引

Paris, Valérie　92
Parthasarathi, Prassanan　210
Paton, Rob　238
Paul, David　256
Pauweis, Ann　48
Pease, William　82
Peiss, Kathy　120, 163
Peppas, Nicholas　222
Perkins, Kenneth　155
Perrow, Charles　17
Perry, Guillermo　143
Perry, James　108
Persons, Talcott　5
Peters, Jean-Jacques　189
Petts, Judith　215
Pfister, Peter　86
Phillips, Ruth　192
Pierre, Abbé　99
Pierson, Christopher　250
Pierzo, Dominique　120
Piovesan, David　102
Piquet, Caroline　201
Plummer, Valerie　91
Poirer, Mark　109
Pollard, Jane　89, 92
Polton, Dominique　92
Ponte, Stefano　155
Por, George　82
Porras, Jerry　121, 126
Porter, Michael　178, 182
Porter, Theodore　15, 17, 51, 53
Portes, Alejandro　92
Posner, Elliot　182
Posner, Richard　42
Prasad, Biren　267
Pred, Allan　259, 261
Preda, Alex　23
Prevenier, Walter　11, 53
Proudhon, Pierre-Joseph　136, 141
Pymer, Amanda　238

・Q・

Quataert, Donald　148

・R・

Rabaut, Jean　164
Rabinowitz, Carla　109
Radcliffe, Vaughan S.　182
Radford, Gail　30, 32
Raikes, Philip　155
Rainey, Hal　108
Ramamurti, Ravi　201
Rao, Hayagreeva　23
Rawlinson, Michael　245
Reagan, Ronald　4
Reason, James　86
Redner, Harry　48
Reid, Donald　67, 68
Reid, Herbert　48
Reingold, Jennifer　126
Renault, Louis　72
Reynolds, Terry　222
Richardson, Kurt　81
Ricoeur, Paul　239
Rifkin, Jeremy　29
Riveline, Claude　17
Rivier, Paul　72
Rizzuto, Christine　222, 223
Robbin, Nathaniel　48
Robelet, Magali　102
Roberts, Joanne　220, 222, 223, 245
Rockefeller, John D.　100
Rond, Mark de　209, 221
Roodman, David　91
Rosenbloom, Richard　188
Rostas, Veronique　209
Roy, Thirthanakar　153, 154,155
Rueschemeyer, Dietrich　22, 23
Ruhlman, Michael　222
Russell, Andrew　188
Russell, Edmund　45, 49, 142, 256
Rutterford, Janette　164

・S・

St. Aubin, Donna de　119
Saint-Léon, Etienne Martin　222

*291*

Salerno, Mario   201
Salisbury, Laney   148
Salter, Malcolm   37, 127
Samuel, Lawrence   238, 264, 267
Sandage, Scott   127, 182
Sandier, Simone   92
Sandoval-Straus, Andrew K.   168
Sanghera, Balihar   89, 90, 91, 92
Sapolsky, Harvey   96
Sarangi, Satinath   255
Sarna, David   148
Sassen, Saskia   199, 202
Savas, E. S.   108
Savona, Maria   168
Saxenian, AnnaLee   221, 223
Scarpellini, Emmanuella   23
Schama, Simon   238
Scharff, Virginia   164
Scharmer, Otto   80, 82
Schiffer, Michael Brian   61
Schivelbusch, Wolfgang   257, 260
Schmidt, Eric   71, 75
Schön, Donald A.   86
Schot, Johan   188
Schrader, Mike   61
Schultz, Kenneth   61
Schumpeter, Joseph   185
Schwartz, Bernard   141
Schweitzer, Frank   81
Schweitzer, Sylvie   163
Scott, James   23, 51, 53
Scott, Joan   15, 17, 51, 53
Scranton, Philip   29, 75, 155, 175, 246
Scuccimarra, Luca   238
Searle, John   235
Seely, Bruce   194, 200
Segrave, Kerry   68
Seibel, Wolfgang   102
Self, Dennis   61
Sellers, William   186
Senge, Peter   80, 82
Sennett, Richard   116, 120

Servén, Luis   143
Shandy, Tristram   269, 270, 271
Shane, Sanford   250
Shapin, Steven   222
Shapiro, Helen   201
Sheingate, Adam   188
Sherlock, Molly   101
Shetler, Judy   209
Shibata, Tomoatsu   75
Shimizu, Koichi   250
Shoemaker, Paul A.   182
Sifneos, Evridiki   154, 201
Silva Lopes, Teresa da   209
Simon, Gildas   202
Siriex, Michael   96
Skinner, Wickham   181
Skocpol, Theda   18, 22, 23, 97
Skorman, Stewart   74
Slovic, Paul   11
Smelser, Neil   92
Smith, John K.   222
Smith, Ken   209
Smitten, Richard   61
Snyder, Edward   142
Soares de Oliveira, Ricardo   192
Sobel, Dava   24
Soll, Jacob   23
Soon, Chin-Boo   227
Sorkin, Andrew Ross   86
Sornette, Dider   81
Soros, George   113
Spang, Rebecca   168
Spears, Timothy   223
Spooner, Brian   148
Stalk, George   182
Stanziani, Alessandro   79, 82, 149, 183
Stark, Klaus   68
Starr, Paul   169
Staudenmaier, John   17
Steger, Manfred   11
Steiner, Christopher   192
Steiner, Philippe   102
Stepan, Alfred   19, 23

著者索引

Sterne, Laurence 269, 270, 271
Stevens, Rosemary 109
Stewart, Mary Lynn 148
Stierand, Marc 222
Stiglitz, Joseph 156
Storper, Michael 175
Strasser, Susan 102
Sturrock, John 41
Suire, Yannis 109
Sujo, Ali 148
Sullenberger, Chesley 83
Sunder, Shyam 57
Susman, Thomas 109
Sutcliffe, Kathleen 86
Swedberg, Richard 92
Sznaida, Naptan 155

· T ·

Taleb, Nassim 256
Tarde, Gabriel 36, 37, 49
Taylor, Alex III 114
Taylor, Frederick 44, 48, 228
Taylor, Scott 127, 238, 239, 244, 245, 246
Tenner, Edward 194, 200
Thagesen, Bent 57
Thatcher, Margaret 4
Thomas, Janice 175
Thompson, J. Walter 197
Thomson, Ross 139, 142
Titmuss, Richard 141
Tolliday, Steven 246
Toms, Steven 201
Tone, Andrea 182, 256
Tooze, Adam 96
Torres, Félix 120
Toyoda, Kiichiro 242
Trempé, Rolande 267
Trubeck, Amy 222
Trump, Donald 159
Turner, B. A. 83, 86
Tyler, Tom 208

· U ·

Ullman, Owen 155
Underwood, Ryan 126
Ungson, Gerardo 241, 242, 245
Urry, John 258, 260
Usui, Chikako 108

· V ·

Vandermeulen, David J. 127
Varian, Hal 75
Vaughn, Heather 120
Veenis, Milena 141
Veenswijk, Virginia Keys 169
Vega-Redondo, Fernando 81
Velkar, Aashish 188
Vera, Dusya 86
Verbeek, Peter-Paul 68
Vermeer, Johannes 148
Viveret, Patrick 81
Vleuten, Eric van 201
Vogel, Ezra 155
Volpato, Giuseppe 250
Vorberg-Rugh, Rachel 101

· W ·

Wacquant, Loic 101
Wake, Paul 163
Waldrop, M. Mitchell 81
Waller, Gary 92
Walsh, James 34, 241, 242, 245
Walzer, Norman 91
Wang, Jennifer 75
Wang, Wallace Hsin-Chun 255
Ward, Kerry 154
Warglein, Massimo 223
Webb, Stanley & Beatrice 24
Weber, Max 5
Weick, Karl 37, 84, 86, 130, 132, 241, 244, 245, 246
Weil, Benoît 75, 222
Weinstein, Olivier 168
Weintraub, Jeff 108

293

Welch, Jack   140
Welle, Deutsche   127
Wells, Edward   132
Wels, Harry   49
Wenger, Etienne   216, 219, 220, 221, 222
Wenzel, Richard   132
Westwood, Robert I.   192
Wettenhall, Roger   108
White, David L.   201
White, Douglas   81
White, Hayden   239, 244, 245
Whitworth, Joseph   186
Widmalm, Sven   48
Wilkins, Mira   198, 201
Wilkinson, Adrian   127
Williams, F. P.   148
Williams, James R.   221, 223
Williams, Terry   175
Williamson, Oliver   209
Wilms, Johannes   133, 227
Wilson, John   101
Wilson, Mark   19, 23, 96
Winter, Sidney   223
Withnow, Robert   209
Wittgenstein, Ludwig   112, 251

Woodcock, George   141
Wood-Harper, Trevor   48
Woods, Michael   91
Wormbs, Nina   48
Wright, J. Patrick   114

· Y ·

Yacob, Shakila   11
Yacob, Sheila   155
Yanarella, Ernest   48
Yanow, Dvora   49
Yarmie, Andrew   255
Yates, Alexia   168, 183
Yates, JoAnne   65, 68, 168, 188
Ybema, Sierk   49
Yeager, Mary   156, 163
Yeung, Henry Wai-chung   260, 261
Yortuglu, B. Burton   215

· Z ·

Zalc, Claire   89, 92
Zammito, John   238, 239
Zeitlin, Jonathan   210
Zerubavel, Eviatar   260, 267
Zulehner, Christine   215
Zunz, Olivier   102

## 【著・訳者紹介】

**著者**

フィリップ・スクラントン（Philip Scranton）
　1946 年生まれ、ラトガース大学教授
パトリック・フリダンソン（Patrick Fridenson）
　1944 年生まれ、元・社会科学高等研究院教授

**訳者**

粕谷 誠 （かすや まこと）
　1961 年生まれ、東京大学大学院経済学研究科教授
矢後 和彦（やご かずひこ）
　1962 年生まれ、早稲田大学商学学術院教授

## 経営史の再構想

2017 年 1 月 25 日　初版第 1 刷発行

| | |
|---|---|
| 著　者 | フィリップ・スクラントン |
| | パトリック・フリダンソン |
| 訳　者 | 粕谷 誠・矢後 和彦 |
| 発行者 | 上野 教信 |
| 発行所 | 蒼天社出版（株式会社　蒼天社） |
| | 101-0051　東京都千代田区神田神保町 3-25-11 |
| | 電話 03-6272-5911　FAX 03-6272-5912 |
| | 振替口座番号　00100-3-628586 |
| 印刷・製本所 | シナノパブリッシングプレス |

©2017 Makoto Kasuya and Kazuhiko Yago
ISBN 978-4-901916-49-3　Printed in Japan
万一落丁・乱丁などがございましたらお取り替えいたします。
Ⓡ〈日本複写権センター委託出版物〉
本書の全部または一部を無断で複写複製（コピー）することは、著作権法上での例外を除き、
禁じられています。本書からの複写を希望される場合は、日本複写センター（03-3401-2382）
にご連絡ください。

# 蒼天社出版経済関係図書

| 書名 | 執筆者 | 定価 |
|---|---|---|
| 米国経済白書 2016 | 萩原伸次郎監修・『米国経済白書』翻訳研究会訳 | 定価：本体 2,800 円 + 税 |
| 日本財政を斬る<br>国際マイナス金利に惑わされるな | 米澤潤一著 | 定価：本体 2,400 円 + 税 |
| 発展途上国の通貨統合 | 木村秀史著 | 定価：本体 3,800 円 + 税 |
| アメリカ国際資金フローの新潮流 | 前田淳著 | 定価：本体 3,800 円 + 税 |
| 中小企業支援・政策システム<br>金融を中心とした体系化 | 村本孜著 | 定価：本体 6,800 円 + 税 |
| 競争と結合<br>資本主義的自由経済をめぐって | 岡田与好著 | 定価：本体 3,500 円 + 税 |
| 元気な中小企業を育てる | 村本孜著 | 定価：本体 2,700 円 + 税 |
| 揺れ動くユーロ<br>通貨・財政安定化への道 | 吉國眞一・小川英治・春井久志編 | 定価：本体 2,800 円 + 税 |
| カンリフ委員会審議記録全3巻 | 春井 久志・森 映雄訳 | 定価：本体 89,000 円 + 税 |
| システム危機の歴史的位相<br>ユーロとドルの危機が問いかけるもの | 矢後和彦編著 | 定価：本体 3,400 円 + 税 |
| 国際通貨制度論攷 | 島崎久彌著 | 定価：本体 5,200 円 + 税 |
| バーゼルプロセス<br>金融システム安定への挑戦 | 渡部訓著 | 定価：本体 3,200 円 + 税 |
| 銀行の罪と罰<br>ガバナンスと規制のバランスを求めて | 野﨑浩成著 | 定価：本体 1,800 円 + 税 |
| 現代証券取引の基礎知識 | 国際通貨研究所糠谷英輝編 | 定価：本体 2,400 円 + 税 |
| 国際決済銀行の 20 世紀 | 矢後和彦著 | 定価：本体 3,800 円 + 税 |
| サウンドマネー<br>BIS と IMF を築いた男 ペール・ヤコブソン | 吉國眞一・矢後和彦監訳 | 定価：本体 4,500 円 + 税 |
| 多国籍金融機関のリテール戦略 | 長島芳枝著 | 定価：本体 3,800 円 + 税 |
| 拡大するイスラーム金融 | 糠谷英輝 | 定価：本体 2,800 円 + 税 |
| HSBC の挑戦 | 立脇和夫著 | 定価：本体 1,800 円 + 税 |
| 国立国会図書館所蔵 GHQ/SCAP 文書目録 全11巻 | 荒敬・内海愛子・林博史編 | 定価：本体 420,000 円 + 税 |
| 外国銀行と日本 | 立脇和夫著 | 定価：本体 3,200 円 + 税 |